LES
GUERRES DES ANTILLES
DE 1793 A 1815

NANCY, IMPRIMERIE BERGER-LEVRAULT ET Cⁱᵉ.

LES
GUERRES DES ANTILLES
DE 1793 A 1815

Par le Colonel H. de POYEN

(Extrait du *Mémorial de l'Artillerie de la marine*)

AVEC 7 CARTES

BERGER-LEVRAULT ET Cie, ÉDITEURS

PARIS | NANCY
5, RUE DES BEAUX-ARTS | 18, RUE DES GLACIS

1896

Tous droits réservés

LES GUERRES DES ANTILLES DE 1793 À 1815.

Depuis une trentaine d'années, toute l'activité coloniale de la France s'est reportée sur l'Afrique occidentale et sur les pays de l'Extrême-Orient; c'est au Sénégal et au Soudan, en Cochinchine et au Tonkin que se trouve le théâtre des guerres et expéditions d'outre-mer. Il n'en était pas de même il y a cent ans; alors la Martinique et la Guadeloupe, qui vivent actuellement d'une vie paisible, presque assimilable à celle des départements français, ont ressenti le contre-coup des guerres engagées entre l'Europe monarchique et la Révolution française, et elles ont eu à soutenir des luttes répétées contre l'Anglais, l'éternel rival de la France aux colonies. C'est l'analyse de ces luttes qu'on se propose de rapporter ici; elles offrent un double intérêt, d'abord au point de vue de notre histoire coloniale, dont elles forment une des pages les plus mouvementées, ensuite au point de vue des enseignements pratiques qu'on en peut tirer, au point de vue de la défense des colonies dans l'avenir.

Mais avant d'entreprendre le récit de ces guerres locales, il est nécessaire d'exposer la situation des deux îles au moment où elles allaient commencer.

CHAPITRE PREMIER.

SITUATION DE LA MARTINIQUE ET DE LA GUADELOUPE EN 1792-1793.

§ 1. SITUATION POLITIQUE.

Le mouvement révolutionnaire commencé en France en 1789 s'était rapidement propagé dans les colonies des Antilles, mais le nouvel ordre de choses qui s'établissait dans la métropole y avait rencontré beaucoup d'opposition. Si les progrès successifs de la Révolution étaient accueillis et salués avec enthousiasme dans les villes, il n'en était pas de même dans les campagnes où les planteurs, c'est-à-dire les grands propriétaires d'esclaves, se sentant menacés dans leurs privilèges, témoignaient hautement de leur aversion pour les idées nouvelles. De là des dissensions intestines, des émeutes, des troubles allant jusqu'à la guerre civile, qui ensanglantèrent parfois le sol des deux colonies.

Au commencement de 1792, la Martinique avait pour gouverneur le comte de Béhague, lieutenant général des armées du roi, et la Guadeloupe le baron de Clugny, capitaine de vaisseau. Ce dernier se trouvait subordonné au comte de Béhague, qui était en même temps gouverneur général des *îles du Vent* [1]. Plusieurs fois il dut lui prêter son concours pour aider à la pacification de la Martinique, plus violemment troublée que la Guadeloupe. Ces deux gouverneurs s'efforçaient de faire appliquer les mesures décrétées par le gouvernement de la mère-patrie, qui parlait encore au nom

---

[1] On donnait le nom d'*îles du Vent de l'Amérique* au groupe des petites Antilles. La France, en 1792, possédait quatre îles dans ce groupe : la Martinique, la Guadeloupe et dépendances, Sainte-Lucie, Tabago.

du roi, mais leur naissance, leur éducation et leur passé, la tendance naturelle de leurs opinions, leur attachement pour la famille royale des Bourbons, en faisaient nécessairement un appui pour le parti contre-révolutionnaire. C'est pourquoi l'Assemblée législative, au mois de juillet 1792, rendit un décret appelant à sa barre le comte de Béhague pour y rendre compte de sa conduite. En même temps, elle désignait, pour le remplacer, le général de division Donatien Rochambeau [1] et appelait au gouvernement de la Guadeloupe le général Collot, au gouvernement de Sainte-Lucie le général Ricard.

Ces trois généraux partirent de Lorient, le 10 août 1792, sur la frégate la *Sémillante* (commandant Bruix), avec les quatre commissaires civils envoyés par l'Assemblée dans chacune des îles du Vent [2]. La frégate accompagnait un convoi qui portait des troupes de ligne et des gardes nationales, formant un total voisin de 2.000 hommes, et la petite expédition arriva à la Martinique le 15 septembre.

Mais pendant ce voyage de trente-cinq jours, de graves événements étaient survenus aux Antilles : une fausse nouvelle, comme il s'en répand souvent dans les temps de crise, fut apportée à la Guadeloupe par une lettre venue de l'île anglaise de Montserrat; elle annonçait que les Prussiens et les Autrichiens venaient d'entrer à Paris et que la contre-révolution triomphait en France. Le capitaine de frégate de Mallevaut, commandant la *Calypso*, qui se trouvait alors sur rade de la Basse-Terre, s'empressa, malgré le refus du vicomte d'Arrot, gouverneur par intérim [3], d'arborer le dra-

---

[1] Donatien-Marie-Joseph Vimeur de Rochambeau, fils du vieux maréchal de Rochambeau, le compagnon d'armes de Lafayette dans la guerre de l'indépendance des États-Unis d'Amérique.

[2] Nous possédions alors, comme il a déjà été dit, outre la Martinique et la Guadeloupe, les îles de Sainte-Lucie et Tabago.

[3] Le baron de Clugny venait, à ce moment, de mourir à la Basse-Terre, et son commandant en second, le vicomte d'Arrot, avait pris les fonctions de gouverneur.

peau blanc à son bord en l'appuyant de 21 coups de canon. La population et le gouverneur se laissèrent entraîner par l'exemple, et le drapeau blanc fut officiellement repris à la Guadeloupe.

La *Calypso* fit aussitôt voile pour la Martinique, afin d'y porter ces nouvelles : en les apprenant, le comte de Béhague et tous les commandants des navires de la station firent hisser aussi le pavillon blanc [1].

Aussi, lorsque Rochambeau voulut envoyer ses dépêches à Fort-Royal (aujourd'hui Fort-de-France), il trouva une singulière réception. L'aide de camp, porteur de ces dépêches, fut arrêté et renvoyé à bord, tandis que la *Calypso* amenait à bord de la *Sémillante* trois députés de l'assemblée coloniale chargés d'exposer la situation, et portant de la part du gouverneur et du commandant de la station navale, M. de Rivière, l'invitation aux chefs de l'expédition de s'éloigner d'un pays où ils ne pouvaient apporter que la guerre civile; en cas de refus, ils seraient traités en ennemis. Cette invitation fut appuyée de quelques coups de canon tirés à boulet par les forts.

Rochambeau, n'ayant d'autre navire de combat que la *Sémillante*, ne pouvait avoir la prétention de vaincre cette résistance par la force. Il avait, en effet, contre lui, outre les batteries de terre, toute une division navale composée de : 1 vaisseau de 74 canons, la *Ferme*; 2 frégates, la *Calypso* et la *Royaliste*, et 2 corvettes, le *Maréchal-de-Castries* et le *Ballon*. Il se vit donc obligé de prendre le large et fit voile pour Saint-Domingue.

Cependant la nouvelle, venue de Montserrat, ne recevant aucune confirmation, le parti révolutionnaire commença à s'agiter; l'agitation gagna les troupes et les équipages; il se produisit de nombreuses désertions. D'autre part, la Conven-

---

[1] Le commandant de Sainte-Lucie conserva seul les trois couleurs, d'où le surnom d'*île Fidèle* décerné à Sainte-Lucie par la Convention.

tion nationale, qui venait de remplacer l'Assemblée législative, avait envoyé en mission aux îles du Vent le capitaine de frégate Lacrosse, avec mission d'éclairer les habitants sur les événements qui s'accomplissaient en Europe, d'employer tous les moyens pour faire aimer et respecter la République, et de rendre compte au Ministre de la conduite des agents civils et militaires aux colonies.

Lacrosse, parti de Brest le 24 octobre 1792 sur la frégate la *Félicité*, arriva le 1er décembre à Saint-Pierre (Martinique), où il apprit la défection de la Martinique et de la Guadeloupe et la retraite forcée de l'expédition Rochambeau. Il jugea alors prudent d'aller à Sainte-Lucie, d'où il agit par lettres et par émissaires sur les habitants des deux îles. Les idées révolutionnaires, ainsi excitées, continuèrent à faire leur chemin; les patriotes se soulevèrent, et les deux gouverneurs, comte de Béhague et vicomte d'Arrot, ne se voyant pas les moyens de réprimer ces mouvements avec les effectifs très affaiblis de troupes dont ils disposaient, se résignèrent presque simultanément à abandonner la partie et se réfugièrent tous deux, dans les premiers jours de 1793, le premier à Saint-Vincent, le second à l'île espagnole de la Trinité [1]. Aussitôt après leur départ, les trois couleurs reparurent sur les villes et les forts des deux colonies, qui rentrèrent ainsi dans le giron de la République. Lacrosse prit le gouvernement de la Guadeloupe, et un comité de cinq membres fut chargé du pouvoir exécutif à la Martinique, en attendant l'arrivée de Rochambeau qui avait reçu l'ordre de quitter Saint-Domingue pour rallier son poste aux îles du Vent. Il arriva le 28 janvier 1793 à la Guadeloupe, et le 3 février à la Martinique. Le général Ricard, qui l'accompagnait, alla prendre, le 5 février, son gouvernement de Sainte-Lucie.

---

[1] Ils furent suivis dans cette émigration par un certain nombre d'habitants compromis dans le mouvement contre-révolutionnaire et d'officiers royalistes.

Quant au général Collot, parti de Saint-Domingue sur un autre bâtiment, il n'arriva à la Basse-Terre que le 6 février et trouva Lacrosse en possession de son gouvernement. Ce ne fut que le 28 mars suivant que celui-ci lui remit le gouvernement, conformément à une décision un peu tardive du général Rochambeau.

§ 2. SITUATION MILITAIRE.

Il n'existe pas, dans les bibliothèques de la marine, d'annuaires de la Martinique et de la Guadeloupe pour l'année 1793, qui permettent de trouver le tableau détaillé de la garnison des deux colonies à cette époque; mais ces annuaires existent pour l'année 1789, et, en prenant la situation de 1789 comme point de départ, on peut arriver assez facilement à reconstituer celle qui existait en 1793. On aura, en outre, l'avantage de faire connaître ainsi d'une manière précise la constitution de la garnison des Antilles aux derniers jours de l'ancien régime.

L'annuaire de la Martinique, où nous puisons ce renseignement, est un curieux petit volume, de 9 centimètres sur 5 centimètres, intitulé : *Étrennes mignones de la Martinique et dépendances pour l'année commune* 1789 [1]. Il détaille ainsi le personnel militaire de la colonie :

I. *Gouvernement.* — Un officier général, gouverneur général des îles du Vent; un commandant en second de la Martinique; un intendant.

II. *État-major.* — Un commandant et un aide-major pour chacun des deux forts (Fort-Royal et Fort-Bourbon).

---

[1] Imprimé à la Martinique, chez Pierre Richard, imprimeur du roi et du conseil souverain. La désignation *année commune* est ici opposée à celle d'*année bissextile*. En effet, l'almanach similaire de l'année précédente est intitulé : *Étrennes mignones... pour l'année bissextile* 1788.

III. *Corps royal d'artillerie des colonies.* — Un état-major composé d'un lieutenant-colonel, d'un chef de brigade et d'un aide-major, et le personnel de trois compagnies, avec deux gardes-magasins de l'artillerie, l'un à Fort-Royal, l'autre à Saint-Pierre.

IV. *Corps royal du génie.* — Un officier général directeur, deux capitaines et un lieutenant.

V. *Le régiment d'infanterie de la Martinique* à trois bataillons, créé par ordonnance du roi du 18 août 1772. Il était alors commandé par le colonel de Gimat dont nous aurons à parler plus tard, et comptait 15 compagnies.

VI. *Milices* organisées suivant l'ordonnance du 1ᵉʳ janvier 1787.

Ces milices comprennent des compagnies de canonniers, de dragons, de milices proprement dites (ou infanterie des blancs) et de gens de couleur. Toutes les paroisses ne fournissent pas à la fois les quatre corps : la plupart n'ont que des milices et des gens de couleur; les compagnies de canonniers et de dragons sont, en général, fournies par le concours de deux ou plusieurs paroisses [1].

L'annuaire de la Guadeloupe, de format un peu plus grand que le précédent, est intitulé : *Calendrier de la Guadeloupe et dépendances pour l'année* 1789 [2]. Le personnel militaire qui y figure se résume de la manière suivante :

[1] Les uniformes de ces troupes locales sont réglées de la manière suivante :

Dragons : Habit rouge, doublure verte et culotte blanche; boutons, parements et revers blancs; poches en long.

Canonniers : Habit blanc, doublure verte et culotte blanche; boutons jaunes, parements et revers rouges; poches en long.

Milices et gens de couleur : Habit blanc, doublure verte et culotte blanche; boutons blancs, parements et revers rouges, poches en long.

[2] Imprimé à la Guadeloupe, chez la veuve Bénard, imprimeur-libraire du roi.

I. *Gouvernement.* — Un gouverneur des îles Guadeloupe et dépendances; un commandant en second, un intendant, un colonel, commandant particulier à Marie-Galante.

II. *État-major.* — Un lieutenant-colonel, lieutenant du roi pour le fort Saint-Charles et la ville de la Basse-Terre; un major d'infanterie aide-major.

III. *Corps royal d'artillerie des colonies.* — Le chef de brigade de la Martinique, commandant; le personnel d'une compagnie avec un garde d'artillerie ayant rang d'officier.

IV. *Corps royal du génie.* — Un capitaine et un lieutenant.

V. *Le régiment d'infanterie de la Guadeloupe*, créé par ordonnance du roi du 18 août 1772, porté à deux bataillons par celle du 1er mai 1775 et à trois bataillons par celle du 26 février 1784. Il était alors commandé par le colonel de Fitz-Maurice et comptait 15 compagnies.

VI. *Milices* organisées exactement comme celles de la Martinique.

Tel était encore en 1790 l'état des troupes des deux îles lorsqu'une insurrection militaire éclata à la Martinique. La presque totalité du régiment de la Martinique et l'une des compagnies d'artillerie étant pour les révoltés, le vicomte de Damas, qui était alors gouverneur général, se trouva impuissant à la réduire. C'est pourquoi l'Assemblée nationale, par un décret du 29 novembre 1790, sanctionné par le roi le 8 décembre, décida qu'il serait envoyé 6.000 hommes aux Antilles pour y rétablir l'ordre; un nouveau gouverneur, le comte de Béhague, devait emmener ces troupes et aller remplacer M. de Damas. Ces troupes comprenaient dix bataillons tirés de différents régiments (Forez, Aunis, Bassigny, Maréchal-de-Turenne, la Sarre, etc.). Elles furent embarquées sur une escadre qui fit voile à la fin de janvier 1791 et arriva à la Martinique le 12 mars. Le 14 mars, les mutins remirent le fort Bourbon à M. de Béhague; celui-ci les fit aussitôt désarmer et les embarqua sur deux flûtes qui les transportèrent à Lorient.

Sur les dix bataillons qui l'accompagnaient, M. de Béhague en envoya un seul à la Guadeloupe (2ᵉ bataillon du régiment de Forez); il dut envoyer aussi un bataillon à Tabago et à Sainte-Lucie, dont les garnisons étaient formées en principe par un bataillon détaché des régiments de la Guadeloupe et de la Martinique. Et, comme il ne fut plus envoyé de troupes aux Antilles avant les guerres de 1793-1794 contre les Anglais, on voit qu'au moment de ces guerres l'état de la garnison de la Martinique, comparé à celui de 1789, en diffère par la suppression du régiment de la Martinique et l'addition de sept bataillons d'infanterie de France; à la Guadeloupe, la seule différence consiste dans l'addition d'un bataillon d'infanterie de France.

Mais, dans ces diverses unités, le déchet, de 1790 à 1793, a été considérable; pendant ces trois années la maladie et la mort ont éclairci les rangs, et la désertion y a fait des vides encore plus considérables. Sous le gouvernement réactionnaire de M. de Béhague et de ses collègues, il se produit des défections parmi les soldats partisans de la révolution; quand ces gouverneurs sont remplacés par des généraux républicains, tous les royalistes, surtout les officiers, émigrent en masse avec eux, de sorte qu'à la fin, les effectifs et surtout les cadres se trouvent réduits à presque rien.

On peut en juger par une lettre de M. de Freyssineaux, lieutenant-colonel du régiment Maréchal-de-Turenne, écrite le 6 février 1793, à la Trinité espagnole, et adressée à Monsieur, frère de Louis XVI, alors émigré en Angleterre. Cette lettre, conservée dans les archives des colonies [1], fournit au prince

---

[1] Martinique, *Archives des colonies*, *Correspondance générale*, année 1793, registre n° 101.

un état nominatif des officiers et sous-officiers des garnisons des Antilles qui sont demeurés fidèles au roi et sont venus, soit au moment même du départ de MM. de Béhague et d'Arrot, soit quelques jours après, se rallier sous le pavillon de M. de Rivière et se trouvent actuellement à la Trinité, «sur les vaisseaux du roi très-chrétien». En faisant la récapitulation de cet état, on trouve :

4 lieutenants-colonels, 2 majors, 46 capitaines, 40 lieutenants, 31 sous-lieutenants et 39 sous-officiers, soit un total de 162 gradés émigrés, dans lesquels le corps royal de l'artillerie figure pour 2 capitaines et 2 lieutenants.

Encore ne faut-il pas voir dans cet état la totalité des officiers émigrés, car il y en avait un certain nombre qui s'étaient réfugiés dans diverses îles des Antilles anglaises ou espagnoles et qui ne se trouvaient pas à la Trinité avec M. de Freyssineaux. On ne s'étonnera donc pas de la faiblesse des garnisons que nous trouverons à la Martinique et à la Guadeloupe pour défendre ces colonies contre les Anglais.

CHAPITRE II.

INSURRECTION ROYALISTE À LA MARTINIQUE ATTAQUE DE L'ÎLE PAR L'AMIRAL GARDNER.

Le général Rochambeau, malgré ses qualités réelles et sa bonne volonté, ne put arracher la Martinique aux crises violentes qu'elle subissait depuis le commencement de la Révolution, c'est-à-dire depuis quatre années. Les patriotes excités par les clubs de Saint-Pierre et de Fort-de-la-République (nouveau nom de la ville de Fort-Royal) redoublaient d'arrogance, tandis que les royalistes, soumis à toutes sortes de menaces et de vexations, cherchaient un moyen de se soustraire à leur oppression. Déjà, quelque temps avant le départ de M. de Béhague, deux créoles [1] avaient été envoyés en mission auprès des princes de la maison royale réfugiés à Londres, et par leur entremise avaient sollicité le gouvernement anglais de porter secours aux partisans de la royauté dans les Antilles. Dubuc avait même laissé entendre que si des forces anglaises se présentaient devant la Martinique pour protéger la colonie contre la République, on leur remettrait les forts à la condition d'y laisser flotter le drapeau blanc en signe de la souveraineté de la France. Le ministre anglais Pitt avait fini par souscrire à ces propositions et avait promis que l'Angleterre prendrait la Martinique sous sa protection sans y exercer aucun droit de conquête; et le cabinet anglais en informa M. de Béhague. Deux vaisseaux, la *Vengeance* et l'*Ulysse*, furent envoyés de Portsmouth pour rejoindre aux Antilles l'amiral Gardner qui devait diriger l'expédition.

[1] Dubuc, député de la Martinique; de Clairefontaine, député de la Guadeloupe.

Une quarantaine d'émigrés appartenant à des familles créoles qui se trouvaient en Angleterre prirent passage sur ces vaisseaux.

Mais, pendant les préparatifs de l'expédition, les choses avaient changé de face : Béhague, qui aurait probablement consenti à rendre les forts aux Anglais se présentant au nom des Bourbons, avait été obligé de fuir; de plus la République venait de déclarer la guerre à l'Angleterre. Il n'y avait donc plus d'entente à espérer avec le gouvernement de l'île, mais on pouvait compter sur l'appui des planteurs qui venaient de se soulever, occupaient plusieurs points importants et se trouvaient en pleine insurrection contre le gouvernement de Rochambeau.

Cette insurrection royaliste, outre la connexité qu'elle présente avec l'attaque de l'amiral Gardner, présente de véritables faits de guerre intéressants par eux-mêmes; à ce double titre nous en résumerons ici les principales phases d'après le récit très complet et très détaillé de l'historien Sidney Daney [1]. Le général Rochambeau a lui-même d'ailleurs compris la lutte contre les rebelles royalistes dans son *Journal de l'attaque de la Martinique en 1793*, journal auquel nous emprunterons aussi quelques détails. L'âme de cette insurrection, qui fut une sorte de Vendée ou de chouannerie coloniale, était M. de Percin, créole énergique et audacieux qui y joua un rôle analogue à celui de Charette ou de Cadoudal.

Il avait affronté avec témérité les républicains dans les clubs, pour y combattre vigoureusement les doctrines du jour; il se savait suspect et, sentant que lui et les siens étaient menacés, il résolut de se défendre par la force. Pour cela il fallait se procurer des armes et des munitions, et il ne trouva pas de meilleur moyen pour y réussir que d'enlever par sur-

---

[1] *Histoire de la Martinique depuis la colonisation jusqu'en 1815*, par M. Sidney Daney, membre du Conseil colonial de la Martinique. Fort-Royal 1846. E. Ruelle, imprimeur du Gouvernement, tome V, pages 323 et suivantes.

prise la batterie Sainte-Catherine, située à la Case-Navire et qui n'était gardée que par un détachement de 30 hommes. De Percin [1] et ses amis se rendirent, en effet, facilement maîtres de cette batterie, prirent toutes les armes qui s'y trouvaient, ainsi que le contenu du magasin à poudre, et, ainsi approvisionnés, vinrent s'installer dans une habitation caféière peu éloignée de Fort-Royal, où ils se fortifièrent, et qui reçut le nom de *Camp-Décidé*.

Les habitants royalistes, encouragés par ce hardi coup de main et exaspérés d'ailleurs par l'exécution du roi Louis XVI, se soulevèrent aussitôt : l'un de leurs chefs [2] occupa la batterie Carmicas au Gros-Morne; un autre se fortifia entre le Gros-Morne et le Robert; un troisième sur le morne Vertpré. Le fort de la Trinité, les batteries du Marin et celles de la pointe basse de la Borgnesse tombèrent aussi bientôt en leur pouvoir. Il est à remarquer que les troupes de ces chefs étaient surtout composées d'hommes de couleur et d'esclaves qui avaient pour eux un dévouement absolu, parfois héroïque [3].

Ce mouvement, qui mettait aux mains des insurgés une notable partie de l'île, était trop important pour que Rochambeau ne s'efforçât pas de le réprimer sans retard. Il forma trois bataillons avec les gens de couleur qu'il put rallier et les fit commander par trois mulâtres auxquels il donna

---

[1] Claude-Joseph-Bernard de Percin, né à la Martinique en 1763, était alors âgé de trente ans. Il était entré à quinze ans au régiment de Hainaut pour faire la guerre de l'indépendance d'Amérique, avait servi ensuite au régiment de la Martinique, l'avait quitté pour se jeter dans le parti royaliste et avait pris une part importante à la défaite des *patriotes* au Lamentin le 25 septembre 1790.

[2] De Catalogne, ancien officier au régiment de la Martinique. On a déjà fait remarquer que plusieurs officiers de ce régiment avaient, comme leur colonel, embrassé la cause royaliste.

[3] Cependant Rochambeau avait lancé une proclamation promettant la liberté et une récompense pécuniaire à tout esclave armé par son maître, qui se rendrait avec son fusil.

le grade effectif de chef de bataillon, Bellegarde, Meunier et L'Enclume. Ces bataillons, qui devaient appuyer les opérations des troupes régulières, furent placés l'un au Morne-Rouge (bataillon Meunier), pour couvrir Saint-Pierre de ce côté, les deux autres dans les environs de Fort-de-la-République.

Le 15 avril 1793, Rochambeau marcha à l'attaque de Camp-Décidé. Il sortit de la ville avec une troupe de 500 hommes munie d'artillerie de campagne, et partagea cette troupe en deux colonnes, l'une sous son commandement direct, l'autre sous le commandement du colonel d'artillerie de Saint-Cyran. Rochambeau devait marcher directement sur le camp, situé à une distance de 6 à 7 kilomètres sur le chemin des Pitons; Saint-Cyran devait passer par la Case-Navire pour exécuter une attaque de flanc.

Le morne sur lequel était assis le Camp-Décidé est accessible par sa partie sud-est qui descend en pointe vers la campagne du littoral; une partie de cette pointe est naturellement défendue par un escarpement assez raide, l'autre partie, qui est en pente douce, avait été barrée par un retranchement avec fossé et épaulement. En avant de la pointe se trouve un plateau assez étroit par lequel devaient arriver les assaillants. De Percin avait eu soin de faire découvrir complètement ce plateau en rasant les arbres et les buissons qui auraient pu fournir des abris à l'ennemi. Il avait, au contraire, conservé un petit bois qui se trouvait à mi-morne, à une centaine de pas sur la gauche du camp, dont il était séparé par une ravine assez profonde, et avait jeté dans ce bois une poignée de tirailleurs. La garnison du camp comprenait environ 70 habitants blancs, avec les hommes de couleur et les esclaves qui s'étaient attachés à leur fortune.

De Percin, qui avait fait la grande guerre aux États-Unis, savait faire usage des éclaireurs; d'ailleurs, des cornes sonnaient de tous côtés dans la campagne dès que l'ennemi se mettait en mouvement; il fut donc averti bientôt de la sortie des troupes républicaines et envoya un petit poste de dix hommes dans une maison située à quelque distance en avant du camp pour arrêter la tête de colonne de Rochambeau. Les grenadiers de Turenne qui formaient cette colonne ne purent parvenir à les chasser de cette maison qu'après une lutte très vive et très rapprochée. Le chef[1] fut blessé et fait prisonnier, ses dix hommes purent rallier le camp.

La colonne de Rochambeau arriva alors sur le plateau situé au-dessous du camp et dont les dimensions restreintes ne lui permettaient pas de se développer commodément. Elle fut aussitôt assaillie par le feu des défenseurs du camp et des tirailleurs du petit bois. Le général donna l'ordre de riposter par des feux de peloton, en même temps que par le feu des pièces d'artillerie. Mais l'avantage de la position était tout du côté des habitants; étant à peu près à couvert par les arbres ou les arbustes, ils pouvaient viser à leur aise les républicains qui étaient à découvert, tandis que les feux partis du plateau et tirés dans une direction ascendante n'avaient qu'une médiocre efficacité à cause de la différence notable de hauteur des deux positions. Le combat dura quatre heures sans que les troupes aient pu arriver jusqu'au camp; elles perdirent beaucoup de monde; Rochambeau eut un cheval tué sous lui, son panache coupé, ses habits troués par les balles. Il est difficile de comprendre qu'il ait mieux aimé supporter une fusillade de quatre heures que donner un assaut qui avait des chances de réussite, vu le faible profil des retranchements. Il est probable que, fidèle à son plan primitif, il attendait l'attaque latérale de la colonne Saint-Cyran; mais il se lassa d'attendre au bout de quatre heures et se décida à la retraite. Peu de temps après, la colonne attendue arrivait sur le terrain où elle ne trouvait plus que les cadavres abandonnés par la première colonne; elle reprit

---

[1] Jaham-Dérivaux. — Rochambeau, pour faire un exemple, le fit fusiller quelques jours après sur la Savane.

alors le chemin de la ville, n'osant pas renouveler la tentative infructueuse du général en chef. D'ailleurs elle n'avait plus de chef : Saint-Cyran, suspect comme aristocrate, avait été fusillé en route par quelques-uns de ses soldats qui l'accusaient de trahison. Cet acte d'insubordination suffit pour expliquer l'arrivée tardive de la troupe.

Quelques jours après, de Percin, à la tête d'une petite colonne sortie de Camp-Décidé, surprend au milieu de la nuit le poste de Colon, situé à une demi-lieue du camp dans une position menaçante pour lui, l'enlève et tue le mulâtre qui le commandait. [1]

Mais les républicains étaient plus heureux sur d'autres points : le 11 mai, Rochambeau surprend et taille en pièces un rassemblement de volontaires royalistes qui s'était formé à l'Acajou. Un autre rassemblement royaliste s'étant formé à la même époque aux Trois-Ilets [2], Rochambeau envoya le 15 mai une expédition qui le dissipa facilement et livra aux flammes plusieurs habitations d'aristocrates. D'après le journal de Rochambeau, cette expédition était forte de 3 à 400 hommes et appuyée par deux pièces de canon montées sur des chaloupes qui battaient les aristocrates depuis leur mouillage dans la baie.

Un peu plus tard, 7 juin, il attaque le camp du morne Vertpré, qui était après Camp-Décidé le poste le plus important des insurgés. Le morne Vertpré, qui atteint une altitude de 310 mètres, est situé sur les confins du Lamentin et du Robert : sa cime se divise en trois plateaux distincts, orientés parallèlement du sud au nord; les habitants blancs, au nombre d'environ 130, avec les hommes de couleur qui défendaient leur cause, s'étaient rassemblés en prévision de

[1] Le commandant de Rivière, stationné à la Case-Navire, avait fait passer au Camp-Décidé un supplément d'armes et de munitions, qui facilita sa résistance. D'après le journal de Rochambeau, M. de Gimat était auprès de Percin et partageait alors avec lui le commandement des royalistes.
[2] Au fond de l'anse la plus méridionale de la baie de Fort-Royal.

l'attaque de Rochambeau sur le plateau du milieu. Ce plateau était protégé à l'est par un escarpement inaccessible, à l'ouest par un autre escarpement moins à pic, mais suffisant pour en rendre l'abord très désavantageux à l'assaillant. L'ennemi devait donc attaquer par le nord ou le sud, qui étaient en pente douce et boisés, et les habitants avaient élevé de ces deux côtés des retranchements avec embrasures pour les quelques pièces de canon qu'ils avaient réussi à traîner sur le plateau : un ancien officier du régiment de la Martinique, Dubuc de Marcussy, avait le commandement de cette petite artillerie. Les habitants avaient aussi muni de quelques fortifications le plateau de gauche, mais ils avaient négligé de fortifier celui de droite, parce qu'il se trouvait dans la direction du Gros-Morne, alors entre les mains de leurs partisans, ce qui semblait devoir les garantir de ce côté de toute surprise de l'ennemi.

Cependant Rochambeau était sorti de grand matin du Fort-de-la-Convention (ancien Fort-Bourbon) avec une forte colonne composée d'infanterie régulière, de compagnies de gens de couleur, et d'artillerie (un obusier, deux pièces de quatre et une pièce de deux). Il fit coucher sa troupe sur les hauteurs qui dominent le Gros-Morne, et le lendemain 8 juin, la subdivisa en trois colonnes pour marcher à l'attaque. La colonne de droite, qu'il commandait lui-même, arriva la première à huit heures du matin devant le côté sud du plateau occupé par les rebelles, et engagea aussitôt la fusillade en attendant l'arrivée des deux autres colonnes.

Le feu ouvert depuis le matin par Rochambeau n'avait pas produit de résultats bien appréciables : les habitants, qui se trouvaient dans une situation analogue à celle de Camp-Décidé, avaient fait subir de nombreuses pertes aux troupes républicaines; le mulâtre L'Enclume, commandant des hommes de couleur, avait été mortellement blessé. Mais les deux autres colonnes, avec lesquelles se trouvait l'artillerie, arrivent à l'ouest du plateau et commencent à tirer sur les défenseurs. Cette attaque imprévue jette chez eux un grand désordre et Rochambeau en profite pour enlever la position par une charge à la baïonnette; le commandant de l'artillerie est tué sur ses pièces. Dès lors la déroute fut complète; les vaincus s'enfuirent à la hâte dans la direction du Gros-Morne et de là à la Trinité, où ils s'embarquèrent en masse sur des navires en partance pour la Dominique [1]. Rochambeau constate dans son journal qu'il s'est emparé de trente-trois bouches à feu de divers calibres, des magasins de munitions et de vivres, et même de la correspondance des rebelles.

Satisfait d'avoir détruit ce centre important de résistance, il ne chercha pas à s'opposer à l'émigration forcée des royalistes.

Pendant que Rochambeau remportait ces succès sur les royalistes, les Anglais s'occupaient à la Barbade de préparer l'expédition convenue contre la Martinique. Ils avaient commencé par s'emparer de Tabago le 17 avril : cet exploit ne coûta pas grand effort au major-général Cuyler, commandant en chef des troupes britanniques dans les Indes occidentales, et aux forces navales qui l'accompagnaient. La garnison de l'île était très faible [2]; le gouverneur maréchal de camp de Marguenot et le chevalier de Jobal, commandant en second, venaient d'émigrer à la Grenade quelques jours auparavant (mars 1793) et avaient écrit au comte de Béhague, qu'ils con-

---

[1] Tous ceux des esclaves qui combattaient avec leurs maîtres et qui purent s'embarquer avec eux n'hésitèrent pas à le faire.

[2] Les *Étrennes mignones de la Martinique et dépendances pour l'année commune 1789* indiquent, pour la garnison de Tabago, un bataillon détaché du régiment de la Guadeloupe, un détachement d'artillerie commandé par un lieutenant et un capitaine du génie. La composition de la garnison était la même en 1787 et en 1788 d'après les *Étrennes mignones* pour ces deux années. Il est très invraisemblable que le gouverneur général des îles du Vent ait envoyé de nouvelles troupes à Tabago de 1790 à 1793, alors que celles dont il disposait étaient insuffisantes pour maintenir l'ordre à la Martinique et à la Guadeloupe. On peut donc admettre que telle était encore la composition de la garnison le 17 avril 1793.

sidéraient toujours comme leur chef, qu'ils étaient prêts à se joindre à lui pour venger la mort du roi; enfin presque tous les habitants et propriétaires de l'île étaient Anglais [1]; n'y avait donc pas à compter sur leur concours. Aussi, le lieutenant-colonel Montel du régiment d'Aunis, qui se trouvait devenu commandant de l'île, la remit aux Anglais sans résistance sérieuse.

Aussitôt après, le général Cuyler avait été relevé par le général Bruce qui devait commander les troupes chargées d'aller prendre la Martinique avec l'escadre de l'amiral Gardner : le général Garth était adjoint au général Bruce. En même temps le secrétaire d'État anglais Henry Dundas avait fait parvenir au gouverneur de Saint-Vincent (résidence actuelle de M. de Béhague) une lettre dans laquelle il l'informait que l'ancien gouverneur général des îles du Vent aurait à s'entendre avec les généraux anglais pour le succès de la cause commune.

Nous reproduisons ici, d'après le mémoire de M. de Béhague, cet important document qui fait voir comment M. de Béhague se trouva amené à faire aux généraux anglais des avances d'ailleurs bien mal récompensées.

« Whitehall, 19 march 1793.

« Sir I highly approve of the hospitable reception given by you to M. de Béhague, as stated in your letter n° 43 and you will not fail, immediately on the receipt of this, to apprize him that the commanders of his Majesty's land and naval forces, will most probably, on their arrival in the West Indies, lose no time in communicating with him upon such steps as it may be most expedient to pursue in support of

---

[1] Les noms des commandants des huit paroisses de Tabago, d'après les *Étrennes* précitées, sont assez significatifs : Wilson, Bruce, Hamilton, White. Lyons, Dixon, Meyer, Petrie.

what is become *a common cause*, and for the attainment of objects equally important to both parties.

« Signé : Henry Dundas.[1] »

Deux lettres, contresignées par le lord Hawkesbury, parvenaient directement par le même courrier à M. de Béhague et, témoignant en termes flatteurs de la confiance qu'on avait dans ses talents et dans son expérience, l'invitaient à se réunir d'urgence avec les officiers généraux de S. M. B. « pour combiner avec eux les moyens les plus sûrs et les plus prompts de parvenir à l'heureuse et entière exécution de l'accord fait par le gouvernement ».

M. de Béhague, convaincu d'après ces lettres que la cause commune dont parlait le ministre anglais était « le résultat d'un pacte entre Monsieur, régent du royaume, et la Cour de Londres », partit le 6 mai pour la Barbade, s'aboucha dès son arrivée avec les généraux anglais, et, sur leur demande expresse, leur remit le 13 mai un plan très détaillé et d'ailleurs bien conçu pour l'attaque et la prise de la Martinique. Le 17 mai, sur le désir du général Bruce, il ajouta une note complémentaire dans laquelle étaient indiquées quelques dispositions ultérieures et un projet de proclamation à adresser aux habitants.

C'est alors qu'arriva l'amiral Gardner, qui était allé se montrer le 12 et le 13 mai devant la Martinique. « Il s'y était

---

[1] Whitehall, 19 mars 1793.

Monsieur, j'approuve l'accueil hospitalier que vous avez fait à M. de Béhague, comme il est établi dans votre lettre n° 43, et vous ne manquerez pas, au reçu de cette lettre, de lui faire savoir que les commandants des forces de terre et de mer de S. M. s'empresseront probablement, dès leur arrivée aux Antilles, de communiquer avec lui au sujet des moyens qu'il sera opportun d'employer pour le succès de ce qui est devenu *une cause commune* et pour atteindre le but également important pour les deux parties.

Signé : Henry Dundas.

abouché, dit M. de Béhague, avec le sieur Gimat et ses suppôts. Il avait laissé le commodore Murray avec deux vaisseaux qui gardaient à vue M. de Rivière devant la Case-Navire, où le sieur Gimat et le comité avaient établi leur quartier général; M. de Mallevaut[1] était demeuré gardé à vue par quelques frégates anglaises dans la baie Sainte-Anne. » L'amiral refusa de recevoir M. de Béhague à son bord; cependant l'amiral et les généraux consentirent à dîner avec lui le 23 mai chez le gouverneur de Saint-Vincent, M. Pary. De Béhague demanda à être envoyé en reconnaissance à la Martinique pour vérifier si la situation était aussi favorable que l'avaient dit les députés des colons, et, en tout cas, pour étudier les moyens de réussir avec la moindre effusion de sang. Le général Garth répondit qu'il ne fallait pas qu'il y eût une seule goutte de sang versée.

Cependant, la nuit suivante, le général Bruce fit partir secrètement sur la frégate l'*Iphigénie* un colonel et un ingénieur anglais chargés de faire la reconnaissance proposée par de Béhague. Celui-ci insista de nouveau, disant que les officiers anglais envoyés, ne connaissant rien aux affaires de l'île, seraient obligés de s'en rapporter à M. de Gimat, mais ses insistances répétées jusqu'aux premiers jours de juin se heurtèrent finalement à un refus formel.

Enfin le 9 juin commença l'embarquement des troupes destinées à l'expédition sur les navires de l'amiral Gardner; tous les émigrés français présents avaient été autorisés à se joindre à l'armée anglaise, sauf M. de Béhague, qui resta seul à terre, humilié et furieux de cet abandon, lorsque l'escadre mit à la voile le 10 juin à 11 heures du matin. Néanmoins, il partit le soir sur le bateau du gouverneur de Saint-Vincent qui l'avait porté à la Barbade, et, doublant les vaisseaux anglais pendant la nuit, il arriva le 11 au soir devant la Case-

---

[1] M. de Rivière avec son vaisseau la *Ferme*, M. de Mallevaut avec sa frégate la *Calypso*.

Navire et se rendit aussitôt à bord du vaisseau de M. de Rivière.

Le 12 il descendit à terre et se présenta aux postes des habitants placés sous le commandement de M. de Gimat; l'accueil très froid qu'il y reçut le détermina à se rembarquer. Cependant l'amiral Gardner qui louvoyait devant la Case-Navire communiqua avec M. de Gimat et voyant l'attitude très ferme de Rochambeau, les forts bien armés et prêts à la lutte, il parut décidé à se retirer comme il était venu; mais, dans la matinée du 14, il reçut une protestation des colons qui le suppliaient de « ne pas les abandonner à la rage et à la fureur de leurs implacables ennemis » et lui représentaient tous les maux dont ils étaient victimes pour avoir voulu favoriser la conquête de l'île. Cette démarche le fit hésiter; puis, le 15 au matin, la *Vengeance* et l'*Ulysse* étant arrivés avec les émigrés de Londres, il se décida enfin à agir, le 16 juin.

M. de Béhague était passé à bord de la *Vengeance* où il fut bien reçu, et c'est de là qu'il assista à toutes les phases de l'affaire. La narration qu'il en donne dans son mémoire et que nous allons reproduire est donc celle d'un témoin oculaire.

« L'armée anglaise[1] était composée des vaisseaux la *Reine* et le *Duc* de 98; du *Monarque*, de l'*Orion*, de l'*Hector*, de l'*Annibal* et de la *Vengeance* de 74; du *Beaulieu*, de l'*Ulysse*, du *Wolwich* et de l'*Experiment* de 44; et des frégates l'*Héroïne* et l'*Iphigénie*. Ces bâtiments portaient en troupes de débarquement 200 hommes du 60ᵐᵉ régiment, 800 grenadiers et chasseurs, 100 soldats d'artillerie et 150 hommes de troupes noires, au total 1.250 hommes qu'il eût été facile de doubler en prélevant une centaine de soldats de marine et matelots sur chaque vaisseau de ligne s'il avait pu en être besoin...

---

[1] *Archives des colonies*, Martinique, *Correspondance générale*, année 1793, registre n° 101 (Affaire de MM. de Béhague et de Rivière). Compte rendu de M. de Béhague.

l'armée des colons était de 1.000 à 1.100 hommes commandés par le sieur Gimat.

« Déjà les colons, fiers de leurs nouveaux drapeaux[1], avaient pris poste au morne Ducasse et avaient envoyé une partie de leur monde occuper le petit fond du Carbet et les hauteurs environnantes en attendant que deux vaisseaux aient fait taire une batterie de deux pièces de 18 qui défendaient le chemin de Saint-Pierre. Les courants et le calme qui survint dans l'après-midi du 16 n'en ayant pas sans doute permis suffisamment l'approche à ces bâtiments, comme à ceux qui attaquaient en même temps les batteries basses du Prêcheur et qui les démontèrent, les colons étaient rentrés au poste Ducasse et les troupes anglaises qui étaient descendues au fond Capot avaient été s'y réunir avec leurs généraux.

« Le soir un orage considérable avait occasionné du dommage à plusieurs bâtiments de guerre, entre autres au vaisseau le *Duc*, qui avait eu son grand mât coupé par le feu du ciel.

« Le 17 et le 18 avaient été employés par les généraux à de grands préparatifs d'attaque et à divers mouvements d'artillerie.

« A la nuit tombante, l'ennemi[2] s'étant aperçu que les Anglais faisaient conduire des pièces de 6 sur une hauteur qui le commandait, s'était avancé pour les enlever. Une fusillade très vive s'en était suivie entre lui et les troupes qui escortaient ces pièces ; mais, primé par l'avantage d'un feu de mousqueterie soutenu de canon, il s'était retiré non sans quelque perte du côté des Anglais; le capitaine Dunic avait été tué et plusieurs soldats blessés.

« Sur les onze heures de la nuit (le 18), l'armée s'était mise en marche sur plusieurs colonnes pour se trouver avant le jour en présence de plusieurs postes que les généraux avaient jugé

---

[1] Phrase ironique ; M. de Béhague ayant dit plus haut que les généraux avaient envoyé des drapeaux anglais aux troupes de M. de Gimat.

[2] M. de Béhague désigne ainsi les troupes de Rochambeau, les défenseurs de la Martinique.

nécessaire d'attaquer tous à la fois et qui tous pouvaient être tournés par quiconque eût connu le local : cette marche de nuit se fit par des chemins mal reconnus, sans aucune précaution, sans mot de ralliement, sans signaux convenus, sans guides à la tête des colonnes, sans même de commandant désigné au besoin, ni d'instructions particulières aux chefs de divisions.

« Le 19 à trois heures du matin, deux têtes de colonne des planteurs s'étant croisées, l'une d'elles fit feu sur l'autre qui riposta de suite et elles s'étaient fusillées déjà avec perte lorsque le sieur Gimat, qui était accouru au bruit de la mousqueterie, reçut un coup de fusil dans la cuisse qui l'obligea de se faire transporter au quartier général du morne Ducasse. La déroute eut lieu dans un instant et la terreur panique, au point qu'à six heures tout était rentré au camp dans le plus grand désordre.

« Cependant les généraux anglais étaient restés jusqu'au soir dans leurs positions sans prendre aucun parti; à neuf heures enfin ils s'étaient décidés à donner l'ordre de faire rentrer l'artillerie et de se tenir prêt à marcher pour faire la retraite, ce qui avait eu lieu pendant la nuit, ce qui fit que M. Gimat fut apporté à 11 heures à bord de la *Vengeance* où j'aidai à le faire panser.

« Les planteurs regagnèrent par terre la Case-Navire dans la même nuit, et les chaloupes de la plus grande partie des vaisseaux ayant eu ordre de se trouver à la pointe du jour au fond Capot, elles y reçurent les troupes anglaises qui avaient été chargées de l'arrière-garde; cette retraite se fit d'autant plus tranquillement que pas un ennemi ne parut...

« Ainsi finit la campagne des généraux anglais : Je me borne à dire que *s'ils avaient l'ordre d'attaquer, ils n'en ont point fait assez et que s'ils n'avaient point l'ordre, ils en ont trop fait.* »

Il n'y a pas évidemment à contredire cette dernière appréciation de M. de Béhague, mais elle laisse inexpliquée la conduite des généraux anglais. Comme la volumineuse correspondance d'où nous extrayons ce récit est un simple plaidoyer qui ne brille pas par l'impartialité, on peut se demander si l'auteur a bien dit tout ce qu'il avait vu. L'animosité qu'il laisse percer contre son ancien subordonné M. de Gimat[1], qu'il affecte d'appeler dédaigneusement le sieur Gimat et qui est motivée probablement par le dépit de le voir choisi à sa place pour prendre le commandement en chef des colons, pourrait le faire soupçonner d'inexactitude dans le récit de leur lamentable expédition. Il ne paraît donc pas superflu de confirmer ces faits par le compte rendu succinct d'un autre témoin oculaire, le commandant de Rivière, qui, pendant toute la durée de l'affaire, demeura sur son vaisseau *la Ferme* mouillé auprès des vaisseaux anglais, et dont la franchise ne saurait être mise en doute[2].

M. de Rivière s'exprime à ce sujet de la manière suivante :

« Les Anglais, d'après un conseil, arrêtèrent pourtant de faire le siège de Fort-Royal ; en conséquence, ils débarquèrent une partie de leurs troupes qui furent campées au poste Lacoste, occupé par mes officiers; ils préméditèrent aussi de faire l'attaque de Saint-Pierre avec les autres troupes et celles aux ordres de M. de Gimat (14 juin)...

« Le lendemain 15, l'amiral Gardner se rendit devant Saint-Pierre avec sa division et les bâtiments de transport sur lesquels étaient les détachements aux ordres de M. de Gimat. Il

---

[1] M. de Gimat, qui avait été aide de camp de La Fayette et qui étant colonel du régiment de la Martinique avait su acquérir l'estime et la sympathie des principaux habitants, devait cependant être un officier de quelque valeur.

[2] Les Anglais eux-mêmes ne paraissent pas être bien fixés à cet égard. Le colonel Boyer-Peyreleau dans son histoire des Antilles cite en effet un passage de l'historien anglais de ces guerres *(Bryan Edwards history of the war in the West Indies.* Londres 1807, t. III, p. 438) qui dit qu'on n'a rien su de ces événements en Angleterre, en dehors d'un rapport très bref du général Bruce, lequel rejette toute la faute sur les émigrés royalistes, *dont la conduite prouva évidemment qu'on ne pouvait pas compter sur eux.*

commença par attaquer le fort du Carbet situé à une lieue de la ville avec deux vaisseaux qui ne lui firent aucun dommage, s'étant tenus hors de portée; ensuite on fit avancer les troupes vers Saint-Pierre, partagées en deux colonnes; mais par un malentendu dont j'ignore la cause, s'étant rencontrées dans la nuit sans se reconnaître, elles se fusillèrent et se tuèrent et blessèrent environ 15 hommes de part et d'autre; cet accident fit manquer l'entreprise, ne s'étant trouvé personne pour remplacer M. de Gimat, qui fut du nombre des blessés. Les Anglais, qui *peut-être désiraient avoir un prétexte suffisant pour abandonner leurs projets de conquête* et s'éloigner de la Martinique, ne manquèrent pas de profiter de celui-ci pour faire retirer leurs troupes[1]. »

M. de Gimat, qui était au commencement de l'année 1793 maréchal de camp gouverneur de Sainte-Lucie, avait quitté son gouvernement dès les premiers jours de mai pour se mettre à la tête des royalistes de la Martinique; il connaissait bien le pays, ayant été précédemment colonel du régiment de la Martinique. Il avait avec lui des officiers expérimentés ayant également servi à la Martinique, comme en témoigne le passage suivant du même rapport de M. de Rivière : « Quelques jours après (fin de mai) je donnai ordre à M. de Freyssineaux, lieutenant-colonel du régiment du *Maréchal-de-Turenne*, de descendre à terre avec les officiers des différents corps d'infanterie et leurs détachements embarqués à mon bord en qualité de volontaires pour se ranger sous ceux de M. de Gimat qui venait de m'en faire la demande; ils furent occuper le poste Lacoste, le plus important et imposant par sa situation. Comme sa proximité avec l'ennemi exigeait le service le plus actif et qu'en outre ces messieurs y mettaient

---

[1] *Archives des colonies*, registre n° 101 déjà cité. Rapport du commandant de Rivière écrit à bord de *la Ferme* en rade de Porto-Cabello le 11 septembre 1793. Les deux colonnes d'habitants étaient commandées l'une par M. de Gimat, l'autre par M. de Malherbe, qui était aussi un ancien officier du régiment de la Martinique.

tout le zèle dont sont susceptibles des officiers aussi distingués, j'y en joignis douze de mon état-major pour les seconder dans leurs travaux, etc. »

M. de Béhague dit bien, il est vrai, que la plupart de ces officiers, et M. de Freyssineaux en tête, refusèrent de marcher sous les ordres de M. de Gimat et revinrent à bord de la *Ferme* au moment de la marche sur Saint-Pierre ; mais son antipathie pour son ancien subordonné rend ce témoignage un peu suspect. Quoi qu'il en soit, il restait toujours assez d'officiers pour bien encadrer les deux petites colonnes.

Le général Rochambeau, dans un mémoire qu'il a écrit sur ces affaires [1], fait comprendre comment se produisit parmi eux cette panique qu'ils n'ont pas pu expliquer : « Je savais, dit-il, que leur intention était d'aller attaquer Saint-Pierre, du côté du Carbet. Je les fis attaquer moi-même, en pleine marche, à la nuit close, par 300 ou 400 hommes. Jaquet, avec un détachement du *Maréchal-de-Turenne*, s'y conduisit à merveille. On leur tua le commandant de l'avant-garde et quelques soldats. Gimat y eut la cuisse cassée. »

C'est donc cette attaque imprévue de nuit qui porta le désordre dans les deux colonnes voisines, amena leur fusillade réciproque et les détermina à faire retraite et à venir rejoindre dans les postes de la côte les Anglais qui y étaient prudemment restés, sous la protection des canons de leur escadre.

Quant aux officiers généraux anglais, si l'on se rappelle qu'ils étaient partis avec l'espoir de se voir remettre les forts dès leur arrivée et de prendre possession de l'île sans verser une goutte de sang et qu'ils avaient fortement hésité à entreprendre une action de vive force, on ne s'étonnera pas

---

[1] Ce mémoire intitulé : *Journal du blocus et du siège de la Martinique* (1793) est conservé dans les archives de l'ancien dépôt des colonies, à l'Inspection générale de l'artillerie de la marine, Martinique, carton n° 7, document n° 469.

trop de leur voir abandonner la partie après le premier échec. D'ailleurs l'hivernage approchait, saison dangereuse dans ces parages pour les navires; aussi le conseil de guerre réuni par l'amiral Gardner décida de faire rembarquer les troupes sans délai et de revenir à la Barbade.

Cette fin de l'expédition anglaise fut aussi la fin de l'insurrection royaliste. En effet, quand la décision des Anglais fut connue, les familles des colons compromis dans l'insurrection, afin de se mettre à l'abri des vengeances des républicains, accoururent en masse pour se réfugier sur les vaisseaux et se faire transporter dans les îles voisines. De Rivière recueillit à bord de la *Ferme* et du *Maréchal-de-Castries* autant de monde qu'il en put recevoir et prit ainsi 2.500 passagers; il en restait beaucoup d'autres qui se dirigèrent vers les vaisseaux anglais, mais tout d'abord l'amiral Gardner refusa de les recevoir. De Percin, qui pendant l'affaire était resté, sur la demande des généraux, dans sa position de Camp-Décidé [1], descendit alors, laissant la moitié de sa troupe sur le morne Caïman pour couvrir la cohue des émigrants contre une attaque possible des républicains venant de Saint-Pierre, et l'autre moitié à la batterie Sainte-Catherine pour les couvrir contre une attaque venant de Fort-de-la-République. Mais Rochambeau témoigna ici la même générosité qu'après la prise du morne Vertpré, et ne chercha pas à inquiéter cette foule d'hommes, de femmes, d'enfants et d'esclaves qui fuyaient affolés vers l'émigration. De Percin se rendit auprès de l'amiral Gardner afin de solliciter un passage pour ces infortunés, mais l'Anglais, qui était dans cette occasion leur allié, fut moins généreux que Rochambeau qui était leur ennemi, et persista froidement dans son refus. Le chef créole laissa éclater alors une telle indignation que les officiers an-

---

[1] Les Anglais avaient tenu à l'y maintenir pour empêcher les troupes de Fort-de-la-République de marcher au secours de Saint-Pierre ou de couper la communication des colonnes de troupes débarquées avec la flotte.

glais en furent émus, et que l'amiral lui-même finit par céder; le 22 juin, tous les émigrants purent enfin s'embarquer sur les vaisseaux le *Monarque*, commandé par le chevalier Wallace, et l'*Ulysse*, commandé par le capitaine Morris. Ils furent plus tard déposés, presque sans ressources, dans diverses îles anglaises.

CHAPITRE III.

PRISE DE LA MARTINIQUE PAR LES ANGLAIS EN 1794.

L'Angleterre, humiliée de l'échec qu'elle venait d'éprouver à la Martinique, ne devait pas rester longtemps sans chercher à prendre sa revanche. On le sentait bien dans cette colonie et on comprenait qu'il fallait se mettre en mesure de résister bientôt à une attaque plus sérieuse que la première : dès le commencement de l'année 1794, le général Rochambeau réclamait des secours à la Métropole dans les termes suivants, qui, assurément, ne manquent pas d'originalité : « Je vous répéterai sans cesse qu'il faut porter des coups mortels à nos ennemis dans ces parages, que *la chose est aisée, parfaitement aisée*, si vous envoyez seulement 8 à 10.000 hommes de troupes et des vaisseaux en assez grand nombre pour être maîtres de la mer. Les Anglais ont quatre vaisseaux de force, les Espagnols six à Porto-Cabello. Expédiez d'Europe une douzaine de vaisseaux de ligne et laissez-moi agir. Comptez ensuite qu'il faut être un sot ou un traître pour ne pas avoir quelque succès [1]. »

Malheureusement la République avait assez à faire en Europe contre la coalition et se trouvait dans l'impuissance d'envoyer des secours à ses colonies des Antilles.

Il fallut donc se borner à faire le possible avec les ressources locales. On commença, pour garnir le Trésor, par confisquer les biens des émigrés et des communautés religieuses, puis, afin de pourvoir à la défense, l'Assemblée représentative arrêta que tous les citoyens domiciliés dans la

---

[1] Lettre datée du 8 pluviôse an II. *Archives des colonies*, Correspondance générale, Martinique. Registre n° 102. (Le général Rochambeau, commandant général des Iles du Vent.)

colonie, depuis l'âge de 16 ans jusqu'à celui de 55 ans, seraient, pendant le cours de la guerre, tenus à faire le service militaire dans les citadelles et dans les camps, outre leur service ordinaire dans les quartiers [1]. Elle n'excluait pas d'ailleurs, pour cela, les citoyens au-dessous de 16 ans ou au-dessus de 55 ans dont les forces seraient suffisantes pour seconder leur bonne volonté.

D'autre part, on s'occupa de mettre en bon état de défense les forts qui devaient assurer la protection de l'île.

« La possibilité d'une nouvelle attaque de la part des ennemis du dehors fit songer au moyen de mettre les citadelles en état de défense, autant que le permettaient la privation des secours métropolitains et les faibles ressources de la colonie. Le Fort-Bourbon, surnommé *Fort-de-la-Convention*, avait surtout besoin d'être armé et d'être approvisionné; ses remparts avaient besoin de réparation. Il fut statué que tous les travaux qui seraient ordonnés dans la colonie par le gouverneur général seraient également et proportionnellement répartis, au toisé, entre tous les habitants qui avoisineraient le lieu où le travail serait nécessité, et ce, suivant la quantité de nègres qui composeraient chaque atelier. Des commissaires étaient nommés par le gouverneur général pour faire cette répartition des travaux. Quant à ceux du *Fort-de-la-Convention*, ils étaient laissés aux habitants du Lamentin et de la Case-Pilote comme les plus proches du lieu et ces habitants avaient à fournir un nègre sur six travailleurs. On employait, de plus, tous les nègres appartenant aux émigrés et qui ne payaient pas de loyers [2]. »

Tous ces préparatifs ne furent que trop justifiés. Le 26 novembre 1793, une expédition était, en effet partie de Portsmouth pour aller attaquer les îles françaises du Vent de

---

[1] Le mot quartiers est ici pris dans le sens colonial de paroisses ou cantons.

[2] Sidney Daney, *Histoire de la Martinique*, t. V, p. 370.

l'Amérique. L'escadre placée sous les ordres de l'amiral sir John Jervis (depuis lord Saint-Vincent), comprenait quatre vaisseaux et neuf frégates, plusieurs corvettes et galiotes à bombes et les transports pour les troupes; ces dernières étaient commandées par le général sir Charles Grey. Cette expédition arriva à la Barbade le 6 janvier 1794 et y fut renforcée par quelques frégates de la station navale : elle passa un mois en préparatifs à la Barbade, installation de six chaloupes-canonnières, encadrement d'un supplément de troupes venues des îles anglaises, etc. Enfin elle fit voile pour la Martinique et arriva devant l'île le 5 février. Elle était forte alors de trente bâtiments de guerre dont six chaloupes-canonnières et portait 6.085 hommes de troupes de débarquement [1]. C'était six ou sept fois plus que Rochambeau ne pouvait leur en opposer.

L'expédition anglaise avait atteint la Martinique dans sa partie sud-est; là elle se partagea en trois divisions; la première aux ordres du général Prescott, et avec laquelle marchait le général en chef Grey, s'arrêta dans cette partie même de l'île devant Sainte-Luce dans l'anse des Trois-Rivières; la deuxième aux ordres du major-général Dundas remonta au nord, près de la Trinité dans la baie du Galion, tandis que la troisième, commandée par le colonel Gordon, se portait devant la Case-Navire près de la capitale de la colonie. Le général Prescott put débarquer sans difficulté le 6 février à Saint-Luce. En vain Rochambeau se porta dans la direction du Marin en passant par la rivière Salée, le Trou-au-Chat et la rivière Pilote pour tenter de s'opposer avec les milices de ces quartiers, au débarquement et à la marche de la colonne anglaise; il ne put parvenir à rassembler ces gardes

---

[1] Rochambeau dans ses lettres accuse souvent un chiffre plus élevé, 8.000, 10.000 et même 12.000 hommes; il faut lui tenir compte de la tendance naturelle à grossir les effectifs de l'ennemi qu'on a combattu; peut-être aussi comprend-il dans ces chiffres les marins fournis par la flotte pour aider les troupes.

nationales qui s'étaient dispersées et dont une partie se soumit immédiatement aux Anglais. Le général Dundas débarquait en même temps aussi facilement à la Trinité, car le mulâtre Bellegarde, que Rochambeau avait fait lieutenant-colonel et qu'il avait chargé, avec son bataillon de chasseurs noirs, de défendre cette position, ne se crut pas en état de résister, abandonna le poste après avoir mis le feu aux approvisionnements et gagna la campagne.

La division du colonel Gordon fut moins heureuse : les batteries de côte de la Case-Navire empêchèrent complètement son débarquement par le feu de leurs canons, et au bout de trois jours seulement (8 février), il put mettre son monde à terre, en reculant jusqu'au delà de la Case-Pilote, ce qui l'éloignait notablement du point de concentration. Les trois divisions débarquées séparément devaient, en effet, former trois colonnes convergeant sur le Fort de la Convention où s'était renfermé Rochambeau.

Le général Dundas arriva le premier sur les hauteurs qui dominent le fort en traversant le quartier du Gros-Morne où il eut à soutenir quelques escarmouches contre les mulâtres de Bellegarde [1]; le colonel Gordon arriva aussi aux postes qui lui étaient assignés (Gentilly, Lacoste, Larcher), après avoir fait un long détour imposé par le feu des batteries de côte et dispersé quelques milices qui étaient venues l'attaquer (11 février). Enfin les généraux Grey et Prescott partant des Trois-Rivières se dirigèrent vers le fort en passant par la rivière Salée et le Trou-au-Chat, mais pour maintenir leur communication avec la flotte, dans cette marche, ils durent se débarrasser des batteries du cap Salomon et de l'Ilet à Ramiers. Ils firent descendre 200 marins pour établir, conjointement avec

---

[1] Rochambeau dans son journal de siège reproche à Bellegarde de s'être retiré dans la direction de Saint-Pierre au lieu d'avoir pris position sur le Gros-Morne pour couvrir la route du Fort-de-la-Convention. «Ce faux mouvement, dit-il, avancera les progrès de l'ennemi de sept à huit jours.»

leur artillerie de terre des batteries sur les hauteurs qui dominent l'Ilet à Ramiers. Ces batteries comprenaient 12 pièces de canons de 12, 2 mortiers et 3 obusiers; les Anglais perdirent une douzaine d'hommes pendant leur construction. Le feu fut ouvert le 12 février; la garnison se défendit vaillamment, elle subit pendant une heure une violente canonnade où elle eut une quarantaine d'hommes hors de combat, et qui fit sauter son magasin à poudre; elle dut alors se rendre en abandonnant à l'ennemi 17 canons, 14 mortiers et quantité de munitions. La batterie du cap Salomon suivit le sort de celle de l'Ilet à Ramiers[1]. L'amiral put alors faire entrer ses bâtiments dans la baie de Fort-Royal et se tenir en communication avec les troupes.

Pour avoir également les coudées franches de l'autre côté, il fallait encore s'emparer de Saint-Pierre. L'attaque eut lieu le 16 février; une forte colonne commandée par le général Dundas marcha sur la ville par la voie de terre, tandis qu'une autre colonne embarquée sur des navires de l'escadre et commandée par le colonel Symes, devait faire la route par mer. Les habitants, quoique Saint-Pierre fût une ville ouverte, avaient résolu de se défendre jusqu'à la dernière extrémité, et dans leur ardeur, ils se portèrent au devant de la colonne anglaise, traînant avec eux deux pièces de campagne. L'avant-garde de cette colonne commandée par le colonel Campbell, subit le premier choc de ces vaillants soldats et fut culbutée; le colonel Campbell fut tué, et Dundas dut se hâter pour sauver les débris de son avant-garde. Mais quand toute la colonne fut réunie, la petite troupe épuisée de fatigue et presque à bout de munitions, dut profiter de la nuit pour se replier sur la ville. Le 17 au matin, au moment où la colonne Dundas allait arriver devant Saint-Pierre, les troupes du co-

---

[1] La batterie de l'Ilet à Ramiers était défendue par 186 hommes. Les Anglais outre les 200 marins canonniers avaient envoyé 400 hommes d'infanterie sur les hauteurs qui la dominent.

lonel Symes y effectuaient leur débarquement sous la protection des vaisseaux. Les habitants se dispersèrent alors sans capituler, un grand nombre alla rejoindre Rochambeau par des chemins détournés, d'autres se sauvèrent en bateau et s'expatrièrent.

Il n'y avait plus dès lors que Bellegarde et ses mulâtres à tenir la campagne; dans la nuit du 18 février il descendit du morne Surrirey où il s'était retiré et vint attaquer les Anglais pour tâcher de couper la communication des troupes avec la flotte; mais les forces dont il disposait étaient insuffisantes pour arriver à ce résultat, il fut repoussé [1] et se retira derrière la rivière Monsieur. De là encore, il aurait pu gêner les Anglais; aussi pour s'en débarrasser ils eurent recours à un procédé qui n'est pas sans exemple dans leur histoire, ils traitèrent avec lui à prix d'argent : moyennant une somme de 200.000 livres, Bellegarde trahissant la cause qu'il avait défendue jusqu'alors, mit bas les armes, et se fit transporter sur bâtiment anglais aux États-Unis. Une grande partie des chasseurs mulâtres qu'il commandait consentit à se laisser désarmer par les Anglais, le reste alla rejoindre les défenseurs de la capitale et de ses forts. C'était tout ce qui restait dès lors à Rochambeau; les Anglais maîtres de tout le reste de l'île commencèrent les travaux nécessaires pour effectuer le siège régulier de la place, dont l'investissement fut complet le 20 février.

Rochambeau a rédigé lui-même le journal de ce siège, et nous ne croyons pouvoir mieux faire pour en décrire les péripéties que de reproduire dans leur ordre chronologique des extraits de ce journal. Mais il faut tout d'abord indiquer les forces dont disposaient l'attaque et la défense. Pour l'attaque

---

[1] Rochambeau, dans son journal, blâme sévèrement cette attaque maladroite qui n'était peut-être qu'un commencement de trahison : « Bellegarde fut repoussé au dehors dans sa sotte expédition, pendant que les Anglais s'emparaient du poste qu'il n'aurait jamais dû quitter. Il perdit, en outre, l'artillerie de campagne que je lui avais confiée bien à regret. »

le général nous fournit lui-même un état des forces navales qui assiégeaient la Martinique, et un état des batteries de siège construites par les Anglais autour de la place avec leur armement; un plan signé par Rochambeau indique l'ensemble de ces attaques par terre et par mer. Nous reproduisons ici ces trois documents importants [1].

[1] Tous les documents dont il est question ici sont conservés dans le registre déjà cité, n° 102, des Archives des colonies. Le plan signé par Rochambeau est reproduit à l'échelle de $\frac{1}{2}$ pour les longueurs; il est du reste assez défectueux.

ÉTAT DE L'ARMEMENT DESTINÉ CONTRE LA MARTINIQUE.

(Joint au journal de siège de Rochambeau.)

Vaisseaux de guerre.	Canons.
Boyne (Sir John Jervis, vice-amiral)	98
Irrésistible (Capitaine Nugent)	74
Vengeance (Commodore Thompson)	74
Asia	64
Veteran	64
Experiment	50
Ulysses	44
Assurance	44
Rœbuck	44
Dromadeary	44
Beaulieu	40
Santa-Margaretta	36
Blonde	32
Québec	32
Blanche	32
Terpsicore	32
Winchelsea	32
Cérès	32
Rose	28
May Flower	18
Vesuvius (bombship)	8
Actnes (bombship)	8
7 gun boats	1-24

7.000 hommes de troupes choisies, venues d'Europe sur des bâtiments suffisants de transport.

Les *Flahk Companies* (?) et des détachements des garnisons des Indes occidentales, 3.000 à 4.000 matelots enrégimentés, armés de fusils et de piques; un corps régulier de nègres armés.

Signé : D. ROCHAMBEAU.

ÉTAT DES BATTERIES ENVIRONNANTES DES FORTS DE LA MARTINIQUE.

(Joint au journal de siège de Rochambeau.)

NUMÉROS.	BATTERIES.	CANONS.	OBUSIERS.	MORTIERS.
1	Grande batterie du front d'attaque................	11 de 24	3	"
2	Batterie des Bananiers......	"	2	6
3	Batterie de l'habitation Tully..	"	5	"
4	Batterie nouvelle du front d'attaque...............	3	"	"
5	Batterie de revers en avant de l'habitation Lacoste........	5	"	"
6	Batterie de revers près la redoute Latapy...........	"	5	"
7	Batterie en avant de l'habitation Larcher.............	"	"	6
8	Batterie du morne Tartanson..	3	"	"
9	Batterie Destourelles........	3	1	"
10	Batterie Destreuse..........	4	3	"
11	Batterie du morne Patate....	4	3	"
12	Pièces de campagne sur le chemin de Case-Navire......	2 de 4	"	"
13	Batterie de la pointe Destourelle............	1	1	"
14	Batterie de l'habitation Quesnot.	5	"	"
15	Chaloupes-canonnières.......	7	"	"
16	Deux bombardes...........	"	"	4
17	Pièces de campagne à l'habitation Laborde...........	2 de 4	"	"
	TOTAUX............	50	23	16
	TOTAL GÉNÉRAL.......		89	

Quant aux forces de la défense, elles se trouvent indiquées dans la correspondance du général avec une égale précision. Dans une lettre adressée aux ministres et datée de Newport (Rhode Island) le 29ᵉ jour du 7ᵉ mois de l'an ıı de la République française, une et indivisible (18 avril 1794), il s'exprime ainsi : « Nous avons succombé sous le poids des forces majeures déployées contre nous. Quelle différence, en effet entre 15 à 16.000 hommes de troupes d'élite [1] aux ordres du général Grey et du vice-amiral Jervis et 171 hommes de troupes de ligne, 30 à 40 artilleurs, 160 matelots, 3 à 400 gardes nationales et quelques hommes de couleur et nègres armés dont je pouvais disposer. »

Une autre lettre également adressée aux ministres et écrite au Fort-de-la-Convention pendant le siège [2], sous la date du 11ᵉ jour, 6ᵉ mois de l'an ıı de la République française, une et indivisible (1ᵉʳ mars 1794), précise encore mieux la situation à cette date : « Il me reste pour la défense des forts 100 hommes du 37ᵉ régiment (maréchal de Turenne), 18 de la Sarre, 21 de Bassigny, 30 à 40 de l'artillerie, 3 à 400 gardes nationales, tandis qu'il m'en faudrait 4.500.

« Livrez-vous à vos remords, citoyens, et réfléchissez au crime énorme que vous avez commis en abandonnant lâchement des citoyens fidèles à nos lois. Il faut de prompts secours. »

Dans cette lettre, le général oublie les 160 matelots mentionnés dans la lettre précédente; ils étaient cependant avec lui dans le fort et s'y sont vaillamment comportés jusqu'à la fin du siège. En résumé, les forces que Rochambeau conservait à sa disposition, au moment de l'investissement de la

---

[1] Rochambeau doit évidemment comprendre dans ce chiffre les équipages des navires anglais, qui ont, en effet, pris une part active aux opérations du siège.

[2] Cette lettre fut envoyée par un petit bateau à Sainte-Lucie au général Ricard, qui la fit passer en France; elle se trouve aussi dans le registre cité.

place, formaient un effectif total de 800 hommes environ [1]. Quant à la flotte française elle n'était pas représentée dans les eaux de la Martinique. M. de Rivière, le chef de la division royaliste, pour éviter de servir les Anglais qui voulaient lui faire rendre ses navires, mais n'avaient pas osé les attaquer, était allé se mettre au service de l'Espagne, à Puerto-Cabello, et le commandant républicain Lacrosse avait disparu quelque temps auparavant avec sa frégate la *Félicité*. Rochambeau avait signalé cette désertion aux ministres et demandé que Lacrosse fût traduit devant une cour martiale et jugé suivant la rigueur des lois. Une simple gabarre de l'État, la *Bienvenue*, se trouvait, au moment de l'investissement, mouillée à Fort-Royal.

La garnison française occupait République-Ville (ci-devant Fort-Royal) avec ses deux forts, le fort d'en haut, dit Fort-de-la-Convention (ci-devant Fort-Bourbon), et le fort d'en bas, dit Fort-de-la-République (ci-devant Fort-Saint-Louis).

Les forces en présence étant ainsi établies, nous allons emprunter au journal de Rochambeau les détails du siège à partir du 21 février, qui marque le commencement réel des attaques. En effet, le 19 février, le général Grey avait sommé Rochambeau de rendre immédiatement les forts [2], et n'ayant obtenu qu'un refus, il avait accordé un délai de vingt-quatre heures pour donner le temps de la réflexion, mais la garnison française n'ayant pas changé d'avis, les hostilités furent reprises le 21 février.

---

[1] Sidney Daney rapporte qu'une dame remarquable par sa beauté et qui s'était attachée à la fortune du général républicain, Mme de Tully, ne voulut pas l'abandonner au moment du danger et se renferma avec lui dans la forteresse assiégée. Après la capitulation, elle suivit Rochambeau aux États-Unis.

[2] Dans cette sommation, le général Charles Grey dit bien, il est vrai : « J'ai déjà fait débarquer 15.000 *hommes d'élite* de l'armée et de la flotte anglaise », mais il grossit probablement le chiffre pour intimider les défenseurs.

EXTRAITS DU JOURNAL DE SIÈGE.

21 février. — Le fort tira sur le poste Surirey [1] et deux chaloupes-canonnières firent feu sur le fort de la République. Elles ne purent cependant y rester longtemps. Une des deux fut obligée de se retirer tout de suite, et l'artillerie fut si bien dirigée que l'autre resta longtemps engagée. Si j'eusse été en force dans la rade, si Lacrosse n'eut pas déserté, certainement j'aurais fait amariner ce bâtiment.

Les chaloupes-canonnières et deux bombardes tirèrent sur les forts et la ville pendant la nuit. Il est à remarquer que nous allons soutenir un siège sans avoir un seul ingénieur pour conduire les défenses. La garnison du Fort-de-la-Convention fut renforcée de la compagnie de la Case-Pilote.

22 février. — Le feu du front d'attaque et de la redoute continua pour inquiéter le logement de l'ennemi au poste Surirey, où ils établissent des batteries. Ils travaillent aussi à une batterie en avant des habitations Lacoste et Larcher pour prendre à revers le front d'attaque, quoique de loin. C'est à cette époque que les Anglais ont effectivement ouvert leur première parallèle irrégulière. Bellegarde vint me demander à sortir dans la campagne pour faire une diversion. Je le lui permis sans en attendre de grands avantages: car il était bien tard pour commencer un semblable mouvement. Il tenta donc son évasion militaire; il ne fut pas loin et occupa l'habitation Laborde, en avant de l'habitation Dillon, à un quart de lieue de la ville. La ville et les forts furent bombardés la nuit, mais avec peu de chaleur et de pièces.

23 février. — Le feu du Fort-de-la-Convention continua du côté du front d'attaque, une bombarde s'embossa devant

---

[1] Le poste abandonné le 18 février par Bellegarde et occupé aussitôt par les Anglais.

le Fort-de-la-République : elle y jeta des bombes ainsi que sur la ville ; les chaloupes-canonnières s'y joignirent.

24 février. — Les Anglais reçurent un renfort imprévu de 1.000 grenadiers venant de Gibraltar, escorté par la frégate *Winchelsea*. Les chaloupes-canonnières et les bombardes tirèrent sur le Fort-de-la-République et la ville.

25 février. — Toujours le même découragement, la même désertion, la même envie de capitulation. Bien des gens la portent dans leur cœur, alors qu'ils ont le mot de bataille sur les lèvres. Quatre chaloupes-canonnières et une bombarde firent feu sur le Fort-de-la-République et la ville. Les hommes de couleur et les nègres armés attendent un instant où les Anglais tireront sur le Fort-de-la-Convention pour s'enfoncer dans la campagne et y désorganiser les ateliers, à ce qu'ils disent. Ce projet destructeur est purement chimérique. (Il explique ensuite qu'ils veulent faire comme Bellegarde, qui a profité de sa sortie pour se vendre aux Anglais.) Les esprits de la garnison du Fort-de-la-Convention fermentent : un grand nombre de gardes nationales désirent faire une pétition tendant à une capitulation.

26 février. — La pétition me fut présentée, et je répondis qu'on ne devait plus demander des conseils quand il fallait se battre. Les bombardes et les chaloupes tirèrent sur le Fort-de-la-République et sur la ville. Je fis entrer la compagnie d'Octavius [1] dans ce fort pour y tenir garnison.

27 février. — La municipalité de République-Ville m'envoya copie d'une lettre qui lui avait été écrite par un ingénieur de l'armée anglaise. Le général Grey y cherchait, une

---

[1] La compagnie d'Octavius appartenait au bataillon de gens de couleur du mulâtre L'Enclume.

troisième fois, à prévenir l'effusion du sang par une capitulation : il y présentait aux municipaux le dénuement de notre position qu'il connaissait aussi bien que nous.

Les chaloupes-canonnières reprirent leur service de nuit et firent feu sur la ville et sur le Fort-de-la-République. L'ennemi continua ses travaux. Il approche du point qui doit décider du sort de cette colonie et va bientôt démasquer son feu.

28 février. — Les travaux de l'ennemi se perfectionnent : ils y mettent toute la lenteur nécessaire pour consolider leurs ouvrages et la prudence qui assure le succès. Le feu de notre front d'attaque se dirige toujours sur l'ennemi. Je fis mettre de distance en distance, sur tout le pourtour du rempart, des obus chargés prêts à être enflammés par l'infanterie, afin de les jeter dans les fossés dans le cas d'une escalade ou d'une attaque de vive force.

1er mars. — Il existe toujours la même activité dans les travaux de l'ennemi, le même découragement parmi nous : la désertion augmente tous les jours et par conséquent les moyens de défense diminuent. Je préviens le conseil exécutif de notre position par la voie de Sainte-Lucie [1].

2 mars. — La désertion fait des progrès rapides; le découragement augmente; l'abattement des esprits est à peine concevable. Même célérité prudente dans les travaux des Anglais; il n'est pas même à supposer qu'ils tentent aucune attaque de vive force; il paraît au contraire que, connaissant tout l'avantage de l'attaque sur la défense dans les sièges, ils

---

[1] Il s'agit de la lettre citée plus haut (page 344). Ceci démontre que les chiffres donnés dans cette lettre s'appliquent à un effectif déjà notablement réduit par les désertions : comme ils accusent environ 800 hommes, on peut admettre qu'aux premiers jours de l'investissement, Rochambeau avait avec lui un millier d'hommes au moins.

mèneront leurs opérations avec la plus grande méthode. J'envoyai la première moitié de la compagnie de L'Enclume, qui n'avait pas voulu suivre le traître Bellegarde pour tenir garnison à la redoute.

3 mars. — Je fis renforcer le chemin couvert de la redoute par la compagnie du 1er bataillon de chasseurs qui avait résisté aux offres de Bellegarde [1]. Les chaloupes-canonnières tirèrent la nuit sur la ville et le Fort-de-la-République; elles y mirent un grand acharnement pour se venger des imbéciles qui avaient tiré dans la journée sur l'habitation Dillon où il n'y avait plus que des femmes.

4 mars. — La batterie que l'ennemi avait commencée en avant des habitations Lacoste et Larcher présente une grande étendue : elle pourra contenir de 12 à 16 bouches à feu et a pour objet de prendre à revers, quoique de loin, l'artillerie du front d'attaque. En conséquence, j'ai donné l'ordre qu'on y fît des traverses dans chaque bastion pour l'en défiler. Je fis également occuper les demi-lunes en avant des habitations Dillon, Lacoste et la porte d'entrée par les compagnies d'Eugène Pierre, de ci-devant Pierre Milet et celle du Vauclin [2]. (Suivent les détails au sujet de l'arrestation d'un homme de couleur de Sainte-Lucie, nommé Genty, qui excitait à la guerre civile, et prêchait la révolte contre le gouverneur et l'assemblée coloniale.) Les travaux de l'ennemi continuent autour de nous : les chaloupes-canonnières firent feu sur la ville et le fort pendant la nuit.

5 mars. — Il y eut une escarmouche entre nos chasseurs et les tirailleurs anglais. L'ennemi démasqua les embrasures

[1] Les autres compagnies de ce bataillon de chasseurs mulâtres avaient trahi avec Bellegarde et s'étaient fait désarmer par les Anglais sur l'habitation Dillon.
[2] Compagnies de gardes nationales.

d'une batterie qu'il avait formée sur notre front d'attaque : elles étaient à peu près de 12 à 16.

Les chaloupes-canonnières continuèrent à inquiéter la ville et le Fort-de-la-République.

6 mars. — L'activité de l'ennemi redouble dans ses travaux, mais sa circonspection continue; il est même probable que le général Grey ne démasquera les nombreuses batteries qui nous entourent qu'à l'instant où elles feront feu toutes à la fois. On en a découvert une nouvelle en avant de l'habitation Tully.

7 mars. — Enfin, le jour de l'attaque générale est venu ! Le feu commença au soleil levant par les quatre batteries qui étaient en avant du front d'attaque du Fort-de-la-Convention et celle du côté de l'habitation Larcher; les chaloupes-canonnières et les bombardes agirent aussi en même temps sur le Fort-de-la-République et la ville : il fut assez bien dirigé pour abattre et cribler tous les bâtiments qui étaient dans le Fort-de-la-Convention; aucun des postes, aucun des bastions n'étaient à l'abri de cette artillerie redoutable, et les efforts que nous ferons pour la soutenir et attendre les secours promis par la France nous mériteront sans doute l'estime des ennemis et la reconnaissance de la mère-patrie, assez injuste jusqu'à présent pour nous avoir oubliés.

Le mur intérieur de la redoute est, au tiers, abattu. Pélage[1], qui y commande, y a été blessé légèrement. Plusieurs de nos pièces furent démontées et j'eus 40 à 50 hommes tués ou blessés, ce qui fait à peu près le douzième de notre monde[2]. Je le fus légèrement au front, d'un éclat de bombe.

Nos garnisons reprennent courage. Les marins se distinguent par la manière dont ils servent l'artillerie de nos rem-

---

[1] Pélage, jeune officier mulâtre, que nous verrons plus tard appelé à jouer un rôle important à la Guadeloupe.

[2] Cette phrase indique, à la date du 7 mars, un effectif d'environ 600 défenseurs dans la place.

parts. Je fis réparer les pertes pendant la nuit, recharger les embrasures, parce que le feu est ralenti de part et d'autre, et qu'il ne continue que dans la proportion nécessaire pour s'inquiéter mutuellement.

Les canaux qui conduisaient l'eau au fort furent coupés et les gouttières des bâtiments qui amenaient les eaux à la citerne furent entièrement détruites par l'artillerie anglaise.

8 mars. — Le feu fut modéré. Une bombe enflamma un des dépôts de poudre du Fort-de-la-République et incendia, sur le cavalier, plusieurs bombes chargées; nous eûmes beaucoup de monde hors de combat par cet accident : Mary, le capitaine de l'aviso l'*Union*, et Noël Labaltière, fort brave homme, furent blessés. Les bombes et les obus nous inquiétèrent beaucoup pendant la nuit et nous blessèrent 15 hommes. Je fis réparer, autant que possible, les avaries de notre artillerie. Les chaloupes-canonnières et les bombardes firent feu sur la ville et le Fort-de-la-République.

9 mars. — Le poste de l'hôpital se permit de faire une attaque sur les ennemis placés sur le morne Tartanson. Cette manœuvre ridicule ne peut qu'être funeste, puisqu'elle expose les malades à être inquiétés et fusillés dans leurs lits. Les deux forts, afin de l'éloigner et de faire cesser un combat inutile par son objet et nuisible en ce qu'il pouvait exposer la vie de nos malades et de nos blessés, tirèrent sur l'ennemi.

Le courage de nos garnisons croît à vue d'œil; les marins surtout montrent le plus grand zèle et la meilleure volonté; le 37° régiment (ci-devant maréchal de Turenne) et les canonniers méritent les plus grands éloges : je voudrais bien pouvoir en dire autant de toutes les gardes nationales.

Je fis rejoindre la compagnie du Vauclin qui avait abandonné son poste, et je donnai l'ordre positif de tirer à mitraille sur celle de ci-devant Pierre Millet, si elle ne restait dans la demi-lune que je lui avais donné à garder.

L'action de l'ennemi se porte tout entière sur le Fort-de-la-Convention : les chaloupes et les bombardes ne tirent que de temps à autre sur le Fort-de-la-République. L'ennemi paraît travailler à des nouvelles batteries sur le petit morne de l'extrémité de sa gauche, devant notre front d'attaque; je suis même étonné qu'il n'en ait pas encore construit dans ce lieu. Nous eûmes 22 hommes hors de combat.

10 mars. — (Nouvelles reçues du général Ricard et du général Collot.) On augmenta la grande batterie du front d'attaque de trois embrasures. On en construit une nouvelle sur le morne Tartanson; elle peut inquiéter notre communication avec la ville et le Fort-de-la-République. Le feu, des deux côtés, fut excessivement vif jusqu'au soir, mais il se ralentit pendant la nuit. Les chaloupes-canonnières et les bombardes s'acharnèrent à tirer contre la ville et le Fort-de-la-République.

11 mars. — Les travaux de l'ennemi pour battre les forts croissent en proportion de nos efforts : les palissades de la redoute sont fort endommagées et le feu des assiégeants est très vif sur ce point d'attaque. Les chaloupes-canonnières firent un feu très soutenu sur la ville et le Fort-de-la-République.

12 mars. — Le feu de l'ennemi a été très vif à la pointe du jour, mais il s'est apaisé deux heures après. Les travaux de l'ennemi continuent. Il poussa ses postes avancés sur l'habitation Destourelles pour nous resserrer davantage.

J'ai fait mesurer l'eau de la citerne; je vois avec peine qu'elle diminue et ne peut pas se renouveler, tous les conduits de ce réservoir ayant été coupés par l'ennemi.

Le général Grey et le vice-amiral Jervis m'écrivirent, ainsi qu'aux autorités constituées et aux citoyens de République-Ville, pour nous sommer de rendre les forts. Ils donnèrent quatre heures pour faire réponse. Le capitaine Cunningham portait leur dépêche en qualité de parlementaire. J'écoutai d'autant plus volontiers ces propositions que j'employai le temps de cet armistice à réparer nos batteries et à approvisionner notre artillerie.

Je répondis que, résigné sur l'avenir, je me défendrais de manière à mériter l'estime des généraux et des troupes anglaises, et que nous recommencerions les hostilités quand l'officier parlementaire serait de retour vers elles.

A cette époque, j'ai le sixième de notre monde hors de combat par le feu de l'ennemi et l'autre sixième affligé de dysenterie. Le peu de troupes qui défend les forts est donc réduit du tiers. De tout cela, il résulte que nous aurons plus de mérite à prolonger notre défense en cherchant à la rendre célèbre. Je vais donc travailler pour l'histoire.

Les hostilités recommencèrent à 6 heures 45 minutes du soir. Nous eûmes 15 à 20 hommes hors de combat et dans ce nombre d'excellents canonniers.

13 mars. — Lucas, canonnier de la *Bienvenue*, eut l'épaule emportée d'un coup de canon. Roch, homme de couleur, enfant de 16 à 17 ans, eut le bras droit emporté d'un éclat de bombe. La batterie du morne Tartanson démasqua deux embrasures sur la ville. Une autre batterie se prépare à la gauche de la grande batterie du front d'attaque. (Construction signalée le 9 mars.)

Les chaloupes-canonnières s'avancèrent sous le Fort-de-la-République; je les fis éloigner par la vivacité du feu des batteries de ce fort.

On pressa le lieutenant-colonel Saint-Frémond[1] d'envoyer sur l'habitation Destourelles afin de prendre les bestiaux qui y étaient dans la savane; il fit partir deux chaloupes

---

[1] On verra au paragraphe du 14 mars que ce lieutenant-colonel Saint-Frémond était le commandant particulier du Fort-de-la-République.

armées pour cette expédition; mais les troupes ennemies qui y étaient empêchèrent la réussite de l'entreprise. Nous y eûmes 4 blessés et 4 hommes tués, au nombre desquels le capitaine Dupain, du 31° d'infanterie.

Le feu continua de part et d'autre assez vivement; il ne fut ralenti que pendant la nuit. Nous eûmes 25 hommes hors de combat.

14 mars. — Nous aperçûmes, le matin, une nouvelle batterie de 8 pièces en avant de l'habitation Tully et à la droite de la batterie d'obusiers qui y était déjà construite.

D'après le relevé des hôpitaux, il y a déjà 201 blessés par le feu de l'ennemi et 100 dysentériques.

Le colonel Mestre[1] de l'artillerie a eu la tête emportée d'un boulet de canon. J'ai été couvert de son sang et j'ai eu une légère contusion au talon. Cet officier était d'un grand mérite et sa perte est irréparable. Il était jour et nuit sur les remparts. Son activité m'était de la plus grande utilité pendant le siège et il se multipliait assez pour être en même temps directeur d'artillerie, capitaine d'ouvriers, pointeur et bombardier. Il laisse une femme et deux enfants : la République doit avoir soin d'eux et leur faire une pension, car ce brave homme n'avait pour toute fortune que ses talents, son courage et ses vertus.

J'avais nommé d'Aucourt, mon ancien aide de camp, colonel du 37° d'infanterie, au commandement des forts et, sous lui, Saint-Frémond, au commandement particulier de celui du Fort-de-la-République. Ces deux officiers s'acquittent avec zèle et bravoure de leurs fonctions. Mes aides de camp, le lieutenant-colonel Penaut, le lieutenant-colonel Panisse,

---

[1] A la date du 10 février, le journal cite le fait suivant à l'honneur de ce colonel : «La batterie Sainte-Catherine fut attaquée par trois bâtiments anglais et menacée par deux colonnes d'infanterie. Le tout fut vigoureusement repoussé. Mestre, que j'avais nommé colonel d'artillerie, et Ducassou s'y distinguèrent.»

le sous-lieutenant Marlet, auxquels je dois ajouter l'adjudant-major Naverre et Dupeyron, de la garde nationale de Saint-Pierre, font près de moi un service pénible et fatigant.

L'ennemi a ouvert une batterie de 3 pièces de canon en avant de l'habitation Debeuze.

Marlet, mon aide de camp, a été blessé aux reins par les os du crâne du colonel Mestre.

Le feu des assiégeants a diminué pendant la nuit. Nous avons eu 20 hommes tués ou blessés, ces derniers très grièvement.

15 mars. — Les assiégeants ont fait une troisième embrasure à la batterie du morne Tartanson. Ils ont acquis beaucoup relativement à la justesse de leur tir. Peu de coups outrepassent le fort; ils donnent dans l'intérieur ou sur le revêtement extérieur des fortifications. Je fis venir le citoyen Peyre, de Sainte-Lucie, pour le service de nos contre-mines.

Panisse, mon aide de camp, a reçu une contusion au bras gauche.

Les chaloupes-canonnières et les bombardes tirèrent pendant la nuit sur la ville et le Fort-de-la-République. Il y eut 6 hommes hors de combat.

16 mars. — On mit des pièces de 24 à la batterie nouvelle de 3 pièces de 8 construite sur le front d'attaque; elle a été, je crois, augmentée et portée à 5.

Il s'établit une batterie sur l'habitation Destourelles. Toujours la même activité de part et d'autre dans le service de l'artillerie. J'ai peine à concevoir que le petit nombre d'hommes qui est garnisonné dans les forts puisse soutenir un service aussi excessif et qui est sans interruption, car il n'y a pas de repos. On disposa les travaux de contre-mines.

La nuit a été paisible; le feu a singulièrement diminué.

17 mars. — Les chaloupes-canonnières et les bombardes

se sont avancées sous la pointe du morne des Capucins et elles tirèrent à la pointe du jour. A ce signal, toutes les batteries qui nous environnent firent feu à la fois. La batterie du morne Tartanson, des pièces de campagne placées à la gauche de ce lieu, celle du morne Patate, les batteries Destourelles et Debeuze se joignirent à celles du front d'attaque du Fort-de-la-Convention.

Vers les 10 heures du matin, 10 à 15 chaloupes armées, chargées de 600 à 700 hommes de troupes, s'approchèrent de la gabarre la *Bienvenue* pour l'enlever et même tenter un coup de main et donner l'assaut au Fort-de-la-République. Mais le feu d'artillerie et de mousqueterie du fort les empêcha d'effectuer leur dessein. Elles furent obligées de se retirer après avoir cependant emmené le lieutenant de vaisseau Pelletier, commandant des forces navales des Îles-du-Vent, ainsi que quelques officiers. L'état déplorable et inoffensif de notre marine pendant le siège est entièrement dû à la désertion criminelle de Lacrosse. Le lieutenant de vaisseau Pelletier a été blessé d'un éclat de bombe; il est resté constamment à son poste et s'est conduit avec la plus grande bravoure, quoique attaqué par des forces dix fois plus considérables que le nombre des matelots qui composaient son équipage.

Je fis charger les contre-mines de manière à faire sauter la redoute et notre galerie de communication avec la place si nous étions forcés d'abandonner la première. A cette époque, son angle saillant, sa face de droite et le mur intérieur sont écroulés.

La conduite de Pélage, homme libre de couleur, qui y commande, mérite les plus grands éloges et l'attention particulière de la République.

La petite poudrière du bastion de gauche du front d'attaque sauta en l'air. Celle du Cavalier du Fort-de-la-République sauta une seconde fois.

Nous fîmes sauter celle que l'ennemi avait construite sur le morne Tartanson.

Nous eûmes 35 hommes hors de combat. Je fis mettre deux pièces en batterie en avant de l'arsenal.

18 mars. — Les batteries qui entourent la ville et le Fort-de-la-République tirèrent avec beaucoup de vivacité sur ces deux points; celles qui regardent le Fort-de-la-Convention ralentirent leur feu pour un instant, mais elles le reprirent ensuite avec la plus grande chaleur. A cette époque, une grande partie de notre artillerie est démontée et brisée par les batteries des assiégeants... (Ici, le détail d'une pétition du peuple demandant la capitulation...) Je ne fis aucune réponse à une demande de cette nature. Je comptais encore sur les promesses du ministère et je me suis bien trompé.

19 mars. — L'ennemi continua à faire feu de toutes ses batteries au soleil levant. Il en démasqua même de nouvelles : la première, sur la pointe Lacarrière, de deux pièces de canon et d'un obusier dirigés sur le Fort-de-la-République; la seconde, sur la droite de notre front d'attaque, composée de cinq pièces de canon, pour enfiler la courtine de notre droite.

Lorsque je fis une tournée de la ville, je trouvai le poste de l'hôpital évacué sans combat par la compagnie de Pellerin. C'est pour la centième fois que je m'aperçois de la faiblesse des hommes de couleur qui sont, ici, bien différents de ceux de Saint-Domingue.

Le Fort-de-la-République est abîmé par le feu de l'ennemi : les batteries qui l'environnent le dominent, et le plongent à tel point que les canonniers souffrent considérablement dans leurs postes et peuvent à peine y tenir.

Je donnai ordre à la compagnie de la garde nationale du Robert de venir tenir garnison à la demi-lune occupée par la compagnie de Joseph Leau ; mais cette compagnie, qui était le matin composée de 70 rationnaires, se trouva réduite par la peur à 12 combattants.

On aperçut le commencement d'une batterie nouvelle si rapprochée de la redoute qu'elle en était à portée de pistolet; elle était dirigée sur la face et le flanc gauche de la redoute et le bastion de gauche de notre flanc d'attaque. Elle prenait également à revers la courtine de notre gauche. Cette batterie, construite sur le terrain de Bagatelle, est le commencement de la seconde parallèle : elle remplit même l'objet de la troisième par son rapprochement du corps de place.

Le feu fut très vif des deux côtés. On continua les travaux des contre-mines.

20 mars. — Desmarets, de l'artillerie, fut tué d'un boulet de canon; il avait toute ma confiance. La poudrière du bastion qui regarde la ville sauta en l'air. Les Anglais placèrent deux pièces de bataille sur l'habitation Laborde pour battre notre communication avec la ville pendant qu'une corvette et un vaisseau de guerre accompagnés de chaloupes canonnières et de bombardes s'approchaient du Fort-de-la-République. Ils protégeaient la marche de 800 à 900 hommes qui remplissaient les chaloupes de débarquement, et comme les batteries de terre inquiétaient la garnison, *qui tout entière était employée au service de l'artillerie*, les Anglais s'emparèrent du Fort-de-la-République à l'instant où les forces républicaines furent obligées de l'abandonner.

La municipalité et le Comité de salut public me firent une réquisition tendant à la capitulation. Je la communiquai aux gardes nationales du Fort-de-la-Convention; elles y adhérèrent. J'en prévins les troupes de ligne, les canonniers et les marins dont la bravoure avait soutenu les armes de la République dans ce fort, et ils me pressèrent d'envoyer un parlementaire au général Grey pour entrer en arrangement et obtenir des conditions honorables. J'envoyai donc l'adjudant-major Naverre pour leur porter ma lettre. Les généraux ennemis acceptèrent ma proposition d'envoyer trois commissaires à l'habitation Dillon afin de rédiger les articles de la capitulation.

Nous eûmes 12 à 15 hommes hors de combat.

21 mars. — Je nommai le colonel d'Aucourt, le capitaine Dupreyret et Gaschet[1] en qualité de commissaires pour traiter de la capitulation. Les commissaires revinrent le soir avec les articles convenus.

22 mars. — Je renvoyai les commissaires aux généraux anglais avec les pouvoirs suffisants pour traiter. Ils me rapportèrent le soir la capitulation telle qu'elle avait été débattue et signée par eux. Le capitaine Cunningham les accompagnait.

23 mars. — Je signai les articles de la capitulation et les renvoyai aux généraux anglais par les commissaires. Les troupes britanniques s'emparèrent des ouvrages extérieurs. Quant à la garnison, elle fut embarquée le 25 mars, après avoir soutenu un blocus de 70 jours, un siège de 48, dont plus d'un mois de tranchée ouverte. Ainsi se termina la défense d'une poignée de soldats braves et fidèles qui ont été lâchement abandonnés par la France dans ces parages.

Signé : D. Rochambeau.

La capitulation signée par les trois commissaires français désignés ci-dessus et par les trois commissaires anglais (commodore Thompson, colonel Symes et capitaine Cunningham), contresignée par le général Rochambeau, le général Grey et l'amiral Jervis, stipulait à l'article 1er que la garnison du fort, composée de troupes de ligne, d'artillerie, de canonniers de marine et de gardes nationales, sortirait du fort enseignes déployées, 30 coups dans la giberne, avec 2 pièces de canon munies de 12 gargousses, mais qu'elle poserait les armes à un endroit indiqué et ne pourrait servir contre Sa Majesté Britannique et ses alliés pendant toute la guerre.

---

[1] Ce dernier, de la garde nationale.

Elle accordait aux officiers le droit de conserver leurs épées et promettait des bâtiments pour transporter en France tous ceux qui le désireraient.

Un délai de trois jours était admis pour l'évacuation complète du fort. La garnison devait sortir par la grande porte, être conduite au lieu indiqué pour chaque corps par les commissaires signataires de la capitulation et déposer les armes en s'embarquant.

Un article spécial portait que les malades et blessés seraient traités avec le plus grand soin et qu'il leur serait fourni des bâtiments pour les porter en France au fur et à mesure de leur guérison.

Si on tient compte du nombre de ces malades et blessés, des hommes tués pendant le siège et des désertions, on peut estimer tout au plus à 250 ou 300 hommes le nombre des défenseurs du fort au moment de la capitulation[1].

On ne sera donc pas étonné de l'impression produite sur les vainqueurs par la vue de cette petite troupe, impression qui est signalée dans les termes suivants par l'historien de la Martinique :

« Les restes de l'immortelle garnison du Fort-de-la-Convention se rendirent sur la savane de la ville pour exécuter les termes de la capitulation. Là le général anglais sir Ch. Grey les attendait. Lorsqu'il aperçut ce petit nombre de braves à qui les traces de fatigue et les blessures imprimaient encore un air plus martial, il demanda à l'officier où était le reste de la garnison, croyant que ce qu'il voyait n'était sans doute qu'une avant-garde. En apprenant que c'était là

---

[1] Il ne faut pas perdre de vue que la capitulation s'appliquait exclusivement à la garnison du Fort-de-la-Convention. Les commissaires anglais avaient en effet posé tout d'abord le principe suivant : « Toute la colonie de la Martinique étant soumise aux armes de Sa Majesté Britannique et les villes et forts de Saint-Pierre et Fort-Royal ayant été enlevés l'épée à la main, le général Rochambeau ne peut faire de capitulation que pour le fort Bourbon et ce qu'il contient. »

cette poignée d'hommes qui avait tenu si longtemps contre les nombreux régiments anglais qui n'avaient pas osé livrer un assaut à la forteresse, il en eut presque honte. Tous ceux qui voulurent quitter la Martinique furent embarqués sur 12 transports et dirigés vers la France. Dans quelques-uns de ces bâtiments, les Français, craignant d'être conduits en Angleterre, s'emparèrent du commandement[1]. »

L'historien anglais Bryan Edwards prétend que Rochambeau était sorti du fort avec 900 hommes au moment de la capitulation, mais il est certain que la garnison atteignait à peine 800 hommes après les premiers jours du siège. C'est donc une exagération manifeste, démentie d'ailleurs par les documents officiels aussi bien que par les historiens français. Cela n'empêcha pas les Anglais de se faire honneur de leur triomphe, car « le 17 avril les drapeaux pris à la Martinique furent portés en grande pompe à Saint-Paul, à Londres, en présence d'une grande foule avide de voir des drapeaux français[2]. »

Le général Rochambeau demanda à se rendre aux États-Unis, les Anglais le firent conduire à Newport sur un bâtiment escorté par la frégate *Vesuvius*. Une lettre écrite quelques jours après son arrivée à Fauchet, ministre plénipotentiaire de la République française près des États-Unis de l'Amérique, fait connaître les officiers qui l'avaient suivi à Newport, à savoir : le colonel du 37e régiment d'infanterie, les lieutenants-colonels du 32e et du 51e d'infanterie, un capitaine, le chirurgien-major du 37e et le médecin du fort.

Le lieutenant Panisse, son aide de camp, était aussi auprès de lui.

Il resta longtemps aux États-Unis, écrivant fréquemment aux ministres pour se plaindre de l'abandon dans lequel on

---

[1] Sidney Daney, ouvrage cité, tome V, page 399.
[2] *La Martinique depuis sa découverte jusqu'à nos jours*, par Pardon, chef de bataillon du génie. Paris, librairie Chalamel, 1877, page 131.

l'avait laissé et présenter des projets de vengeance contre les Anglais : descente en Angleterre, attaque des îles anglaises de l'Amérique, reprise de la Martinique. Nous citerons seulement un passage d'une lettre du 18 avril 1794, relatif à cette dernière opération, parce qu'il se rattache au sujet qui nous occupe. Après avoir demandé une force maritime égale ou supérieure à celle des Anglais, de bons guides de la colonie, un intendant d'une grande activité qui ne se laisse pas rebuter par les difficultés, il ajoute qu'il faudrait « des ingénieurs exercés par la pratique de quelques places assiégées, des officiers d'artillerie et, dans le nombre, deux qui aient servi dans le corps d'artillerie à cheval, des vivres, des poudres, des effets d'artillerie..., donner à chaque soldat une chemise de flanelle, des caleçons et des chaussons de la même étoffe, les contraindre à les porter pendant la durée de la campagne sous les tropiques et leur faire porter des habits courts. Ces attentions, méconnues jusqu'à présent dans nos armées, préviennent les maladies d'un climat aussi brûlant, etc. »

Le général Rochambeau, appelé plus tard à Saint-Domingue, fut encore obligé de capituler et demeura longtemps prisonnier des Anglais. Il vint reprendre du service en France en 1813 et fut tué devant Leipsick le 18 octobre de la même année.

CHAPITRE IV.

PRISE DE SAINTE-LUCIE ET DE LA GUADELOUPE PAR LES ANGLAIS EN 1794.

Après la capitulation de la Martinique, les Anglais s'occupèrent sans retard de s'emparer des autres possessions françaises des îles du Vent. Ils avaient déjà pris Tabago l'année précédente, il leur restait à prendre Sainte-Lucie et la Guadeloupe.

Laissant donc à la Martinique le général Prescott, nommé gouverneur de l'île, et cinq régiments pour former les troupes d'occupation, ils firent partir l'escadre avec le reste du corps expéditionnaire pour Sainte-Lucie (31 mars 1794). La situation de cette colonie était la même que celle de Tabago l'année précédente, avec cette seule différence que les colons de l'île étaient français et non anglais[1]. L'attaque devait donc fatalement avoir le même résultat, ce qui démontre bien l'inutilité des petites garnisons détachées sur des points isolés. Il est évident que le petit nombre d'hommes impuissant à défendre Sainte-Lucie et Tabago aurait été beaucoup mieux placé à la Martinique, où il eût augmenté d'une façon appréciable les effectifs placés entre les mains de Rochambeau et lui eût permis peut-être de soutenir Bellegarde dans la baie du Galion et de s'opposer d'une manière efficace au débarquement du général Dundas près la Trinité. Quoi qu'il en soit,

---

[1] Les noms des officiers des milices relevés sur les *Étrennes mignones* de 1789 ne sont pas moins significatifs à cet égard que ceux que nous avons cités pour Tabago. Prenons par exemple deux compagnies de canonniers : canonniers du Gros-Islet : de Seguiran, capitaine-commandant; le chevalier de Guisselin, aide-major; Jore, lieutenant; canonniers du Vieux-Fort : Déglos Saint-Hubert, capitaine; La Burguière Sainte-Marie, lieutenant.

voici comment le colonel Boyer-Peyreleau résume en quelques mots la prise de Sainte-Lucie[1] : « Le général Ricard, réduit à une très faible garnison, malade et dénué de tout, était hors d'état de faire une grande résistance; après quatorze heures d'attaque, il capitula aux mêmes conditions que le général Rochambeau. Le colonel Gordon désigné pour commander à Sainte-Lucie y resta avec quelques troupes et l'expédition retourna à la Martinique. »

Nous pouvons ajouter que l'état pitoyable dans lequel se trouvait le fort de Sainte-Lucie élevé sur le morne Fortuné (dans le quartier du Carénage, appelé aussi quartier de Castries) ne permettait pas d'y faire une défense de quelque durée.

Nous trouvons en effet dans les archives de l'ancien dépôt des fortifications des colonies un mémoire de M. le lieutenant du génie Lemaire qui ne laisse aucun doute à cet égard[2]. Nous reproduisons ici ce mémoire et le croquis sommaire qui l'accompagne parce que ces renseignements faciliteront, quoique bien incomplets, l'intelligence des deux sièges de Sainte-Lucie que nous aurons prochainement à raconter et qui aboutiront le premier à la prise de l'île par les Français, le second à sa reprise par les Anglais.

Le citoyen Sabathier, ingénieur en chef, avait fait élever le rampart A du front qui regarde le grand Cul-de-Sac et avait fait construire au milieu de ce front le redan B pour pouvoir en défendre les côtés C C, qui n'étaient flanqués par aucune partie de la place. Les saucissons que cet ingénieur avait employés pour l'élévation de ce

---

[1] *Les Antilles françaises, particulièrement la Guadeloupe depuis la découverte jusqu'au 1ᵉʳ janvier 1823*, par le colonel Boyer-Peyreleau (Eugène-Édouard). Paris, librairie de Brissot-Thivars, 1823, t. II, p. 440.

[2] Mémoire sur les fortifications de Sainte-Lucie depuis le 24 janvier 1794 jusqu'au 4 avril de la même année, jour de leur prise, auquel est joint un croquis du réduit par Lemaire, lieutenant du génie. [Sainte-Lucie, document n° 495.] Ce mémoire porte la date du 4 avril 1794.

rempart n'étant liés que par des lianes qui ont pourri par les pluies abondantes qui sont survenues, ont fait écrouler ce front, au point

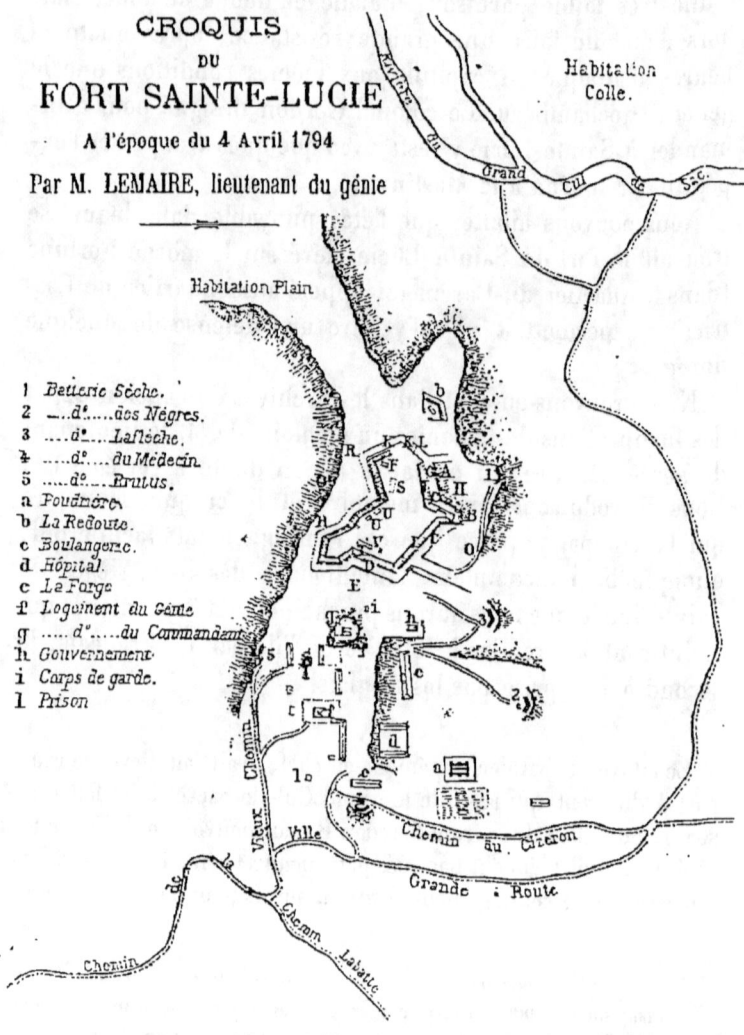

CROQUIS
DU
FORT SAINTE-LUCIE
A l'époque du 4 Avril 1794
Par M. LEMAIRE, lieutenant du génie

1 Batterie Sèche.
2 ...d°.....des Nègres.
3 ....d°....Laflèche.
4 .....d°....du Médecin.
5 .....d°....Brutus.
a Poudrière
b La Redoute.
c Boulangerie.
d Hôpital.
e La Forge
f Logement du Génie
g .....d°.....du Commandant
h Gouvernement.
i Corps de garde.
l Prison

qu'il n'offrait plus à l'époque du 24 janvier qu'une brèche immense d'un accès si facile qu'un cavalier tout équipé pouvait y passer sans aucuns risques.

Il avait fait boucher la brèche D que l'ingénieur qui avait fait le tracé du fort avait laissée dans le front d'attaque E qui regarde le Gouvernement pour y construire un pont-levis. Les gazons que cet ingénieur avait employés pour cette réparation n'étant point taillés dans les règles de l'art ni brochetés comme de coutume, se sont séparés et desséchés par l'ardeur du soleil; la poussée des terres que les pluies venaient de détremper venant alors à se faire, les gazons ont été obligées de céder à la force que l'ingénieur n'avait pu calculer.

Le même Sabathier avait fait construire un magasin à poudre d'après les ordres du général Ricard : ce magasin F n'en a eu que le nom, car il n'a jamais pu servir à cet usage, étant en bois, et d'une élévation trop prodigieuse pour pouvoir être blindé sans faire courir des risques tant au corps de place qu'à la garnison, puisqu'il présentait déjà à l'ennemi par son excédent de parapet un point de mire infaillible.

Le 13 février fut l'époque où le citoyen Landrin prit le commandement en chef du bureau du génie par la désertion de son prédécesseur. Il s'occupa dès cet instant, ainsi que son lieutenant Lemaire, à réparer, autant qu'il était en leur pouvoir et que les défectuosités de la place pouvaient le permettre, les fautes de leur prédécesseur.

Ils commencèrent à ouvrir le même jour le grand fossé G qui se trouve derrière l'ancien fossé H, comblé par l'éboulement du rempart dont nous avons parlé plus haut; les nouveaux remparts I I ont été élevés à la hauteur de deux toises jusqu'à la berme et fraisés dans toute la longueur ainsi que le redan B que nous avons été obligés de refaire. Les banquettes de ce front commençaient à s'ouvrir lorsque les habitants refusèrent simultanément d'envoyer leurs nègres aux travaux de la République.

Nous réparâmes, avec 53 nègres qui nous restaient à l'époque du 15 mars, la brèche D qui s'était écroulée sous Sabathier : elle a été exhaussée et fraisée avec beaucoup de peine et à force de bras; les terres que nous étions obligés d'employer sortaient d'un fossé distant de la brèche d'environ 100 toises, ce qui rendait l'exportation longue et difficile.

Nous entreprimes (malgré le peu de moyens qui nous restaient et qui diminuaient tous les jours) d'ouvrir le fossé K et de l'approfondir, ce fossé devenait plus important de jour en jour puisque c'est lui qui sépare la redoute d'avec le corps de la place; nous lui donnâmes 7 ou 8 pieds de profondeur et 12 de largeur; nous fîmes construire aussi sur le même fossé un pont-levis volant L, afin de faire communiquer la place et la redoute.

Le péril auquel nous étions exposés par l'apparition des Anglais sur nos côtes nous fit entreprendre l'ouverture du chemin O qui communique à une batterie dite *batterie Sèche*, que nous avions établie en avant des ouvrages du côté du grand Cul-de-Sac et dont la position heureuse ôtait à l'ennemi l'espoir de nous surprendre au revers du morne sur lequel la redoute et le corps de place sont situés.

Le front Q, qui regarde les avenues de la campagne, était sans aucune défense quelconque, puisque le tracé, qui est en maçonnerie, laisse les deux côtés R, sans être flanqués. La plus grande hauteur de ce front est celle qui se trouve devant le magasin; elle n'excède pas 6 pieds, sans parapets, sans revêtements, manquant même de parement au fondement du tracé.

Le bombardement du fort de la Convention (Martinique) par les ennemis nous força de suspendre nos travaux extérieurs pour pourvoir à la sûreté de nos poudres. Nous commençâmes, à cet effet, une casemate S, qui n'eut pas le temps de s'achever par la désertion totale des noirs, des charpentiers et par l'arrivée des Anglais qui venaient de prendre la Martinique.

Nous n'avions pour tout logement dans le réduit qu'un grand corps de bâtiment fort ancien T, dont une partie servait de caserne à la troupe et l'autre d'ambulance, et deux petites maisons U U, qui contenaient à peine les vivres et quelques officiers.

La citerne ressemblait au fort; elle n'en avait que le nom. Elle consistait dans une mare V, de la capacité de 10 barriques d'eau, dont la couleur verte et le mélange d'ordures ne laissaient aux personnes qui en buvaient que la répugnance de sa malpropreté.

Après la capitulation, le général Ricard alla rejoindre son ancien chef aux États-Unis, et aussitôt après Rochambeau rendit compte au Gouvernement français de la prise de Sainte-Lucie par une lettre datée du 21 floréal an II qui est conservée dans le registre n° 102 des Archives des colonies déjà cité et qu'il paraît intéressant de reproduire ici:

« Newport, le 21, 8ᵉ mois, l'an 2ᵉ de la République française, une et indivisible.

« Le général Ricard est arrivé ici le 19ᵉ de ce mois, Citoyens ministres, après avoir été obligé de rendre la colonie de Sainte-Lucie aux armées Britanniques; il était attaqué par cinq mille hommes [1] et avoit à peu près cent hommes pour la défendre.

« Je ne crois pas que vous soyés étonné du délabrement de nos garnisons aux Indes Occidentales. Vous en étiés instruit depuis longtemps par moi, vous n'y avés porté aucun remède et vous êtes restés spectateurs tranquilles d'une scène aussi horrible : oui depuis que je suis dans ces climats j'ai la mesure de vos talents et de votre capacité, je connais même toute l'exiguité de votre prévoyance.

« Plaignés donc ceux que votre inertie a réduit à la triste situation de prisonniers puisque vous n'avés pu leur offrir que des regrets impuissants; allés! vous vous êtes couverts d'ignominie.

« *Signé* : Dʳ. ROCHAMBEAU. »

Les Anglais se reposèrent trois ou quatre jours à la Martinique après la prise de Sainte-Lucie, et le 8 avril ils firent voile sur la Guadeloupe, dont la conquête ne devait pas leur coûter beaucoup d'efforts, car la colonie ne fut, en réalité, pas défendue. Il ne faut pas cependant se hâter d'accuser la

---

[1] Ici encore Rochambeau nous paraît exagérer un peu l'effectif des troupes anglaises. Les Anglais n'avaient pas amené beaucoup plus de 6.000 hommes à la Martinique. Ils y avaient laissé environ 4.000 hommes; ils ne devaient donc guère avoir pour l'attaque de Sainte-Lucie plus de 2.000 soldats. Mais c'est déjà, en y joignant toutes les forces de l'escadre, beaucoup plus qu'il n'en fallait pour réduire à l'impuissance la poignée d'hommes, d'ailleurs mal outillés et mal approvisionnés, qui constituaient la garnison de l'île. Le chiffre de 5.000 hommes énoncé par Rochambeau peut d'ailleurs être admis si l'on y comprend les canonniers de la flotte et les marins susceptibles de débarquement.

mauvaise volonté du gouverneur, le général Collot, comme
cela peut sembler naturel au premier abord et comme il a
été fait, en réalité, plus d'une fois. Victor Hugues, le terrible
proconsul de la Guadeloupe, a été jusqu'à traiter le général
de scélérat. « Croyez-vous donc avoir affaire au scélérat Collot? »
dit-il dans sa réponse à une pétition de la municipalité du
Lamentin[1]. Cette opinion, un peu mitigée toutefois, a été
généralement suivie, et, dans un ouvrage semi-officiel, *Les
Notices illustrées des colonies françaises* publiées en 1889, par
ordre du sous-secrétaire d'État des colonies, sous la direction
de M. Louis Henrique, commissaire spécial de l'Exposition
coloniale, il est dit à propos de cette affaire à l'historique de
la Guadeloupe : « Les Anglais entrèrent ensuite à la Basse-
Terre que le général Collot, gouverneur de l'île, n'avait pas
jugé à propos de défendre. » Or le général avait parfaitement
jugé à propos de se défendre. Le journal de siège qu'il a laissé[2]
en fait foi. Malheureusement il ne sut ou ne put pas se faire
obéir et fut réduit à l'impuissance absolue. Peut-être n'a-t-il
pas eu toute la fermeté et l'énergie désirables, mais c'est le
seul reproche qu'on puisse équitablement lui faire. On sait
d'ailleurs combien était faible à cette époque la garnison de
la Guadeloupe. Le colonel Boyer-Peyreleau[3] nous apprend
que, dès le milieu de l'année 1793, les détachements[4] et les
désertions en avaient réduit l'effectif à 27 hommes du 14ᵉ régiment d'infanterie (ci-devant Forez) et 144 hommes du régi-

---

[1] Lettre de Victor Hugues à la municipalité de Lamentin portant la
date du 20 frimaire an III et conservée dans les Archives des colonies
(Guadeloupe). Correspondance générale 1794. — Les commissaires délégués
par la Convention. — Registre n° 47.

[2] Ce journal de siège existe dans les archives de l'ancien dépôt des fortifications des colonies, à l'Inspection générale de l'artillerie de la marine
(Guadeloupe), carton n° 7, document n° 449.

[3] *Les Antilles françaises, particulièrement la Guadeloupe*, t. II, p. 426.

[4] Les dépendances de la Guadeloupe, Saintes, Marie-Galante, etc. ab-
sorbaient en effet en détachements une bonne partie de la garnison de la
colonie.

ment de la Guadeloupe, soit au total 171 hommes. On peut donc facilement croire le général Collot lorsque dans sa lettre de justification à Victor Hugues, datée du 27 juin 1794, il dit qu'en 1794, au moment de l'attaque des Anglais, il n'avait avec lui que 120 hommes de troupes régulières.

Nous avons dit que les Anglais étaient partis le 8 avril 1794 de la Martinique à destination de la Guadeloupe; une partie de l'escadre alla directement vers cette île et se trouva le 9 avril en vue de la Basse-Terre; l'autre partie se dirigea sur les Saintes. Bien que le poste qui gardait cette dépendance fut approvisionné de 3 mois de vivres et de 150 coups par pièce, il se rendit à la première sommation, sans avoir tiré un coup de canon; le pavillon anglais y fut hissé dès le 10 avril et deux frégates restèrent mouillées dans la rade.

Cependant le général Collot, à qui l'arrivée de la flotte anglaise avaient été signalée le 9 avril, à 6 heures du soir, avait passé la soirée de ce jour et la journée du 10 à donner des ordres aux compagnies de milices des diverses paroisses, leur prescrivant des mouvements et leur assignant des postes de défense; mais ses ordres furent mal ou pas exécutés, car le général écrit à la fin de la journée du 10 avril : « La coupable négligence des paroisses à m'envoyer les renforts que j'ai ordonnés me nécessite de borner ma défensive entre la rivière des Pères et celle du Bananier », c'est-à-dire dans les environs immédiats de la ville et du fort de la Basse-Terre.

La flotte anglaise avait poursuivi sa marche, s'était présentée le 12 devant la rade de la Pointe-à-Pitre, et avait aussitôt débarqué ses troupes au bourg du Gozier sur la côte de la Grande-Terre, un peu en avant du petit morne sur lequel était assis le fort Fleur-d'Épée. Le même jour, ce petit fort fut enlevé d'assaut par les troupes de débarquement et la majeure partie de la garnison fut passée au fil de l'épée. C'est l'historien anglais Bryan Edwards (cité par Boyer-Peyreleau) qui raconte lui-même cet acte de cruauté. Les petites garnisons du fort Saint-Louis, situé au-dessous du fort Fleur-d'Épée, et de la batterie de l'Ilet-à-Cochons, qui croise ses feux avec ces deux forts pour la défense de la passe, furent terrifiées et se rendirent, en sorte que les Anglais se trouvèrent maîtres de la Pointe-à-Pitre et de toute la Grande-Terre.

Le 15 avril, le général Dundas avait opéré un nouveau débarquement de 800 hommes d'infanterie et 100 cavaliers à la Grande-Anse des Trois-Rivières pour marcher par terre sur la Basse-Terre, tandis que l'escadre s'y porterait par mer. Les faibles batteries élevées entre les Trois-Rivières et le Palmiste lui tirèrent quelques coups de canon pour arrêter sa marche, puis furent bientôt abandonnées : en effet, le général Collot, qui avait continué jusqu'alors à envoyer dans tous les sens des ordres répétés, à faire des reconnaissances à cheval, et à placer lui-même des postes sur les points où il voulait arrêter le général Dundas, écrit à la date du 16 avril : «Les canonniers marins de la batterie Grande-Anse ont abandonné leur poste, après avoir encloué leurs canons et jeté leurs munitions à la mer... Je me suis porté au Trou-au-Chien, où j'ai visité le Vieux-Réduit; de là je me suis porté au Trou-au-Chat, où j'ai eu la certitude que les canons du poste de la Plaine ont été précipités dans la falaise, que ceux du poste de Sallé sont restés chargés. J'ai trouvé à ce poste une partie de la compagnie de Roger [1] avec le lieutenant, et j'ai appris que le capitaine et le sous-lieutenant avaient emmené le reste et s'étaient livrés aux ennemis, que j'ai reconnus campés dans la savane de Poyen-Bellisle [2]. J'ai été confirmé dans la bonne position de Sallé et de la Plaine qui, s'ils eussent été défendus, eussent empêché l'ennemi de pénétrer de ce côté.... En retournant au Palmiste, je me suis arrêté à Dollé pour observer les mouvements de l'escadre que je voyais depuis le matin. J'ai reconnu dix-sept bâtiments que j'ai jugés destinés à doubler le Vieux-Fort,

---

[1] C'était une compagnie du régiment de la Guadeloupe.
[2] Ces ennemis étaient les troupes de débarquement du général Dundas.

passer devant la Basse-Terre et tenter un débarquement au Baillif. Quelques-uns d'eux avaient déjà dépassé la Grande-Anse et avaient leurs chaloupes à la traîne; je présume qu'ils avaient mis des hommes à terre au Bananier pour se joindre aux forces campées chez Poyen. » Il donne, à raison de cette situation nouvelle, des ordres multiples, qui n'aboutissent pas d'ailleurs à un meilleur résultat que les précédents.

Le 17 avril, le général Dundas ayant quitté son campement de la savane Poyen et suivant les hauteurs du quartier vient s'emparer du Matouba et du pont Nozières; dès lors il domine et prend à revers tous les ouvrages de la rivière des Pères. Le général Collot juge que la position du Houelmont peut seule maintenant être défendue, et donne des ordres dans ce sens.

Dans la nuit du 17 au 18, une bande de pillards met le feu à la Basse-Terre et brûle l'hôpital, l'intendance et tout un quartier de la ville; un nouvel incendie éclate dans la nuit du 18 au 19. Sur ces entrefaites, dans la journée du 18, les Anglais somment le général de se rendre. Collot répond qu'il va consulter les autorités constituées et fait continuer les préparatifs de défense du Houelmont; on fusille même un chasseur de la milice qui est pris désertant avec armes et bagages.

Le 19 avril, il lutte contre l'incendie, fait fusiller quelques-uns des incendiaires qu'il parvient à saisir et va visiter le fort Saint-Charles; il reçoit des autorités constituées de la colonie une réquisition formelle d'avoir à capituler. Il communique cette réquisition dont voici le texte : « D'après le résultat de la délibération prise hier au soir, 18 avril, par les autorités constituées réunies au quartier général, au Palmiste, suivant le procès-verbal ci-joint, le gouverneur général est requis de rendre la place aux conditions qui pourront assurer l'honneur et l'existence des citoyens ainsi que la dignité nationale, ce qui sera plus amplement détaillé dans la capitulation qui pourra avoir lieu. »

Les officiers de la garnison, réunis immédiatement en conseil de guerre, reconnurent qu'il y avait impossibilité de défendre le fort avec une garnison inférieure à 120 hommes alors que l'étendue des remparts en eût exigé 1.000 au moins et décida qu'il y avait lieu d'adhérer à la réquisition des autorités de la Guadeloupe. En conséquence, le général Collot écrivit ce même jour, 19 avril, aux généraux anglais en demandant une suspension d'armes de quarante-huit heures pour traiter.

Le 20, au matin, l'amiral Jervis envoie un parlementaire auquel le général Collot remet ses propositions pour la capitulation, tandis que les troupes anglaises avançant toujours enlèvent le poste du Palmiste, et en chassent les autorités qui s'y étaient établies. La réponse à la lettre du 19 est envoyée par le général Grey qui somme le gouverneur de rendre à discrétion le fort et la garnison. « Plutôt le faire sauter et m'ensevelir sous ses décombres! » écrit Collot dans son journal. Heureusement il reçoit quelques instants après la réponse de l'amiral Jervis à son message du matin. L'amiral lui accorde les mêmes conditions qu'au général Rochambeau pour la remise du fort Bourbon à la Martinique : La Désirade, Marie-Galante et autres dépendances du gouvernement de la Guadeloupe seront comprises dans la capitulation. Collot, qui apprenait en ce moment que la garnison du Houelmont venait de faire défection et qu'il n'y restait plus que 5 ou 6 hommes, *se trouva trop heureux d'accepter ces conditions.*

Les négociations ayant été terminées trop tard, les portes du fort ne furent pas ouvertes aux troupes anglaises dans la soirée du 21 ; celles-ci couchèrent sur les glacis de la forteresse, dans les fossés et sur les ponts. Elles en prirent possession dans la journée du 22 avril.

Le général Collot obtint l'autorisation de rester quelques jours à la Guadeloupe pour régler quelques affaires et se fit ensuite porter aux États-Unis.

On voit bien par cette narration, faite d'après des documents sûrs, que le gouverneur fut plus malheureux que coupable et que sa bonne volonté ne saurait être mise en doute. Le registre n° 47 déjà cité des *Archives des colonies* contient 27 pièces justificatives sur ce siège et cette capitulation; leur analyse ou même leur énumération n'ajouterait pas grand chose à ce qui vient d'être résumé; c'est surtout un défilé de rapports de commandants de différents postes annonçant qu'ils ont été abandonnés par tout ou partie de leur troupe. Une pièce pourtant est plus intéressante, c'est la délibération du conseil de guerre tenu le 19 avril dans le fort Saint-Charles, car elle fait connaître la liste des officiers de la garnison qui tous y ont pris part, savoir : Serane, commandant en second du fort; Vignaux, adjudant de place; Lacoste, Taillandier, Caillol, Lesueur, Bonneterre, Jean-Louis Lesueur, capitaines; Cornette, ingénieur en chef; Lattier, sous-ingénieur; Berthelot, officier d'administration; Chavaroche, capitaine d'artillerie; F. Porquet, officier d'artillerie; Orange, garde-magasin d'artillerie; Caussin, lieutenant au 4ᵉ régiment d'infanterie française; Lemoyne fils, Sallenave fils, Roussel, Borrouée, Jaquet, Guyard, Jean-Salvator, lieutenants; Rivaux, Hamond, Lafite et Tucot, sous-lieutenants.

L'avis du commandant en second Sérane, auquel se rallia tout le conseil, est ainsi formulé dans le procès-verbal de la délibération :

« Comptant sur la bravoure des citoyens qui composaient la garnison du fort Saint-Charles, j'avais résolu de défendre ce poste jusqu'à la mort; mais, par l'évacuation des postes de la ligne droite et des batteries qui défendaient la partie maritime du fort, par la désertion de la plus grande partie des soldats, par l'état d'affaissement et de fatigue du petit nombre de citoyens qui défendent le fort Saint-Charles, par la désorganisation des postes de la gauche du Palmiste, et surtout d'après la décision des autorités constituées administratives remise sur le bureau, je crois que la résistance serait inutile; mais j'observe que, fort de ma conscience et de mon courage, je ne veux plier qu'en conservant mon honneur et celui de ma nation; dans le cas contraire, j'aime mieux mourir les armes à la main. »

Ces sentiments étaient les mêmes que ceux du gouverneur. En somme, on voulait une capitulation honorable ou « la défense jusqu'à la mort ». Les Anglais préférèrent accorder tout de suite la capitulation honorable.

Il y a lieu de mentionner aussi la 27e et dernière pièce qui est la lettre écrite de Philadelphie par Collot, le 18 frimaire an III, à Victor Hugues pour justifier ses actes de gouverneur de la Guadeloupe, sous le rapport politique, administratif et militaire. Il y dépeint de nouveau les désertions et les abandons de postes multipliés qui ont paralysé la défense et repousse avec indignation l'accusation d'avoir volontairement livré la colonie aux Anglais. Si telle avait été son intention, dit-il, « aurait-il pris tant de peine pour faire des ouvrages pour la défendre? aurait-il passé vingt-deux mois presque, à cheval, pour suivre des travaux? aurait-il au moment de l'arrivée des forces (anglaises) dans les Antilles fait partir deux avisos, un pour Philadelphie et l'autre pour la France, pour demander des secours? Il prévoyait déjà tous ces malheurs; voyez ma lettre au ministre portée par Henry : *deux frégates, un bataillon de républicains français, cent mille écus, deux mille fusils, et surtout des commissaires, et je réponds de la colonie.* Quels sont donc les secours qui sont arrivés si ce ne sont pas ceux que j'ai demandés? [1] et, si cela est vrai, je n'avais donc pas envie de livrer la colonie. »

Puis se plaignant des calomnies dont il est l'objet, il ajoute: « Qui peut me préserver de cette injustice? toi! toi, si tu es un homme juste, en examinant ma conduite, et en m'obligeant, si tu trouves quelque chose de louche, de venir à ton

---

[1] A ce moment Victor Hugues venait de reprendre la Guadeloupe avec l'expédition de secours envoyée de France, comme on le verra dans le chapitre suivant.

tribunal, te faire connaître la vérité, ou mourir, si je suis coupable; parle; je suis tout prêt. »

On ne trouvera probablement pas ces citations inutiles parce qu'elles permettent de sauver l'honneur d'un général français qui a été injustement accusé de trahison. On ne pourra retenir contre lui, comme nous l'avons déjà dit, qu'une faiblesse de caractère et une inhabileté à se faire obéir.

Nous terminerons ce qui est relatif au général Collot en citant une courte note de Boyer-Peyreleau qui résume la fin de sa carrière. Cette note est d'ailleurs intéressante parce qu'elle fait voir combien la coutume des *pots-de-vin* était florissante sous le Consulat. Voici le texte de cette note :

« Le général de division Collot resta six ans prisonnier des Anglais et arriva à Bordeaux le 1ᵉʳ vendémiaire an IX (23 septembre 1800) sur un parlementaire des États-Unis avec 72 autres prisonniers. [*Moniteur* du 9 vendémiaire an IX (1ᵉʳ octobre 1800).] Sous le Consulat, le général Collot sollicita la place de gouverneur de la Louisiane; mais, n'ayant pu compter 12.000 francs à l'employé qui pouvait la lui faire avoir, il ne l'obtint pas. Ce général mourut peu de temps après. »

On remarquera facilement dans cette note une légère inexactitude : Collot n'était pas prisonnier des Anglais; il avait capitulé dans les mêmes conditions que les généraux Rochambeau et Ricard et était seulement astreint comme eux à ne plus porter les armes pendant la durée de la guerre[1]. Il avait été les rejoindre aux États-Unis. Ainsi les trois généraux républicains qui avait été envoyés pour remplacer les gouverneurs royalistes des îles du Vent (MM. de Béhague à la Martinique, de Clugny à la Guadeloupe, et de Gimat à Sainte-Lucie), qui avaient été repoussés ensemble en 1792

---

[1] C'est ce qu'on appelait dans le langage du temps être *prisonnier sur parole*. Ainsi s'explique l'expression employée par Boyer-Peyreleau qui nous paraît aujourd'hui impropre.

par M. de Béhague et rejetés sur Saint-Domingue, et qui étaient revenus prendre possession de leurs gouvernements respectifs au commencement de l'année 1793, se trouvaient en 1794 réunis sur la terre étrangère après avoir tous les trois signé la même capitulation avec les Anglais.

CHAPITRE V.

REPRISE DE LA GUADELOUPE PAR VICTOR HUGUES EN 1794 [1].

On a vu dans les précédents chapitres que les gouverneurs des îles du Vent avaient vainement attendu les secours demandés en France à la Convention nationale. Une petite expédition de secours était cependant préparée à Rochefort, mais elle ne fut en mesure d'appareiller à l'île d'Aix que le 23 avril 1794, c'est-à-dire au moment précis où la Guadeloupe se rendait à l'amiral Jervis. Cette expédition, placée sous les ordres du capitaine de vaisseau Leissègues, comprenant les frégates la *Pique* et la *Thétis*, le brick le *Cerf-Volant* et six bâtiments de transport. Elle devait porter aux îles du Vent les deux commissaires civils délégués de la Convention, Pierre Chrétien et Victor Hugues, et environ 1.100 hommes de troupes, comprenant un bataillon d'infanterie légère (commandant Boudet), une forte compagnie d'infanterie de ligne, et 150 canonniers organisés en deux batteries sous les ordres du capitaine Pélardy : trois officiers généraux, Aubert, général de division, Cartier, général de brigade et Rouyer, adjudant-général, accompagnaient les commissaires.

L'expédition mit 40 jours à traverser l'Océan, fit en route deux prises de bateaux anglais et vint atterrir à la grande

---

[1] Pour abréger les notes et citations, nous établissons, une fois pour toutes, que ce chapitre est composé sur les documents nombreux et très complets qui sont conservés dans le registre n° 47 déjà cité des Archives des colonies, et qui émanent principalement du commissaire Victor Hugues et du commandant de la marine Leissègues. Il faut y joindre un intéressant mémoire du général Pélardy conservé dans les Archives de l'ancien Dépôt des fortifications des colonies (Guadeloupe, carton n° 7. Document n° 451) et intitulé : *Précis des événements qui se sont passés à la Guadeloupe, depuis le 14 prairial an II jusqu'au 21 frimaire an III.* [2 juin-11 décembre 1794.]

terre de la Guadeloupe, du côté de Saint-François, le 14 prairial an II (2 juin 1794). Un officier envoyé aussitôt à terre par le commandant leur apprit que l'île était depuis une cinquantaine de jours au pouvoir des Anglais. Leissègues fit part de cette nouvelle aux commissaires-délégués, qui, sur sa proposition, décidèrent, d'un commun accord, de faire un débarquement pour reprendre l'île [1].

Cette résolution fut aussitôt exécutée et, dans la nuit du 15 au 16 prairial (2-3 juin), le débarquement fut exécuté à la pointe des Salines, au-dessus du bourg du Gozier. « Nous fîmes une de ces tentatives de flibustiers, dit Victor Hugues, dans la lettre adressée au Comité de salut public, le 17 juin 1794; nous fîmes notre débarquement au nombre de 1.000 hommes, sans autres ustensiles de siège que nos bayonnettes et d'autres remparts que nos corps. » En apprenant ce débarquement imprévu, tout ce qu'il y avait d'Anglais à la Pointe-à-Pitre, y compris les équipages des bâtiments du commerce et les Français que leurs opinions politiques ou leurs intérêts avaient jetés dans le parti anglais, s'enferment, au nombre de 900 hommes, dans le fort Fleur-d'Épée, qui était défendu par 16 canons et 1 obusier.

Le commissaire délégué Chrétien se met à la tête des troupes qui comprenaient le bataillon Boudet de 800 hommes et 200 marins, et, secondé par le général Cartier, les entraîne, au pas de charge, à l'assaut du fort. En vain, les ennemis leur opposent le feu soutenu de leur puissante artillerie, les Français enlèvent le fort à 1 heure du matin. « Nous avons eu dans cette affaire, dit Victor Hugues, dans la dépêche déjà citée du 17 juin, 90 sans-culottes tant tués que blessés, les ennemis plus du double et quelques prisonniers, tant Français qu'Anglais. Le major Drumond et quelques officiers qui y commandaient y ont perdu la vie. »

---

[1] L'escadre anglaise avait, à ce moment, quitté la Guadeloupe et se trouvait à la Martinique. Elle ignorait l'envoi de l'expédition.

Pendant l'assaut, le capitaine d'artillerie Pélardy et le commissaire Victor Hugues étaient restés au Gozier, avec leurs canons. Aussitôt après la prise du fort, Hugues donna à Pélardy l'ordre de monter à Fleur-d'Épée pour désenclouer les canons, remettre en état les pièces et réparer le dommage fait par les Anglais en l'évacuant.

A la suite de cette affaire, l'ennemi, épouvanté de l'audace des Français, se hâta d'évacuer toutes ses positions de la Pointe-à-Pitre et de repasser au delà de la Rivière-Salée. Les Français prirent alors possession de la ville, et le commandant Leissègues se hâta de faire entrer sa petite division dans le port. Les Français purent ainsi s'emparer des 87 bâtiments de commerce anglais qui se trouvaient dans le port et des magasins de denrées coloniales appartenant aux habitants et confisqués par les Anglais. Le commissaire Chrétien, qui avait conduit l'assaut du fort Fleur-d'Épée, homme vertueux et énergique, mais d'une santé débile, mourut épuisé de fatigue, en arrivant à la Pointe-à-Pitre, où régnait d'ailleurs alors une petite épidémie de fièvre jaune.

Cinq ou six jours après, l'amiral Jervis, devenu lord Saint-Vincent, qui avait appris l'arrivée de l'expédition française à la Guadeloupe, se présentait devant la Pointe-à-Pitre avec une escadre composée de 6 vaisseaux de ligne, 12 frégates ou corvettes, 5 canonnières et 16 transports chargés de troupes de débarquement[1] et de matériel de siège (11 juin). Pour l'empêcher d'entrer dans le port, Leissègues fit couler dans la passe deux bâtiments de transport, afin d'en fermer l'entrée; quatre bâtiments légers et d'un faible tirant d'eau furent rasés et armés en canonnières; plusieurs postes furent établis à terre, l'artillerie des frégates y fut transportée et les officiers de marine commandèrent les batteries ainsi organisées avec leurs canonniers; le reste des marins forma un bataillon qui fut armé « de toute espèce

---

[1] Avec lesquelles se trouvaient un certain nombre d'émigrés royalistes.

d'armes » et qui fit le service avec les troupes de terre. La marine prêta donc son plus large concours à la défense. Les Anglais purent néanmoins opérer un double débarquement : le premier, au Gozier, à l'endroit même où ils avaient déjà débarqué au mois d'avril; le second, au Petit-Bourg, pour donner la main aux restes de la garnison de la Pointe-à-Pitre, qui s'étaient repliés au delà de la Rivière-Salée et s'y étaient fortifiés dans le camp de Berville. Sur ces entrefaites, les généraux Cartier et Rouyer étaient morts de la maladie du pays. Victor Hugues, en portant cette nouvelle à la connaissance du Comité de salut public, par sa dépêche du 22 juillet, traite assez durement ces deux généraux qu'il taxe de lâcheté [1]. Le général anglais Dundas, qui avait pris une part active à la conquête de l'île et en avait été nommé gouverneur, était mort aussi de la même maladie à la Basse-Terre dans les premiers jours de juin et avait été enterré au fort Saint-Charles.

Les Anglais débarqués au Gozier ne tentèrent pas d'enlever d'assaut le fort Fleur-d'Épée, comme nous l'avions fait deux mois auparavant. Ils s'en approchèrent progressivement suivant les règles de l'art des sièges, jusqu'au morne Mascot qui le domine et que nous n'avions pu occuper, faute de monde. Ils avaient établi devant le fort cinq batteries : une de 5 mortiers de 12 pouces; une de 5 canons de 36; une de 3 obusiers; une de 8 pièces de petit calibre et une de 3 canons de 16 avec 2 obusiers; ils avaient, en outre, 3 chaloupes canonnières qui tiraient continuellement sur le fort; celui-ci avait donc à subir un véritable bombardement. Le général Aubert, dans cette situation critique, donna l'ordre au capitaine Pélardy de conduire deux pièces de 4 sur un

---

[1] Le colonel Boyer-Peyreleau les juge plus favorablement : « Cartier mourut d'un excès de fatigue sous ce ciel brûlant, et Rouyer, des suites d'un éclat de bombe. Tous les deux, braves et bons militaires, furent très regrettés. »

morne assez difficile d'accès, d'où il pourrait prendre à revers le camp anglais du morne Mascot et lui faire beaucoup de mal; Pélardy avec 15 canonniers y traîne ses pièces; le lendemain matin, au point du jour, il devait recevoir 50 hommes de renfort; mais l'ennemi les aperçoit, découvre les travaux de Pélardy, dirige son feu de ce côté; plusieurs hommes sont tués, d'autres s'enfuient, et Pélardy resté presque seul reçoit l'ordre de rentrer. On tente alors une attaque directe contre le morne Mascot; deux colonnes de 250 hommes furent formées à cet effet, mais l'une fut égarée par ses guides et l'autre, ayant seule à donner l'assaut à 1.800 hommes retranchés fut bientôt repoussée et dut se replier après avoir perdu « 110 ou 112 Républicains [1] ». Cependant, comme la nécessité de se dégager s'imposait, on recommença cette tentative quelques jours après, avec une sortie en masse de 800 hommes. Elle parut d'abord avoir plus de succès, car les Républicains purent arriver jusque sur les retranchements de l'ennemi; mais tout à coup une voix que Victor Hugues dit payée par l'ennemi s'écria : nous sommes perdus! nous sommes coupés par une colonne anglaise! et provoqua une panique désastreuse. On se replia en laissant 300 hommes sur le terrain.

L'attaque des Anglais ne se bornait pas d'ailleurs au fort Fleur-d'Epée; ils avaient aussi établi plusieurs batteries de mortiers et de canons au delà de la Rivière-Salée, sur la pointe Saint-Jean située vis-à-vis la ville et au morne Savon, et, de là, dirigèrent sur la Pointe-à-Pitre un feu si vif que bientôt un grand nombre de maisons furent détruites ou incendiées. « Les frégates allaient infailliblement subir le même sort, puisqu'on tirait sur elles à boulets rouges, mais le commandant les en préserva en les bastinguant avec du feuillard et des balles de coton, et en plaçant en travers dans la direction des batteries quelques-uns des bâtiments

---

[1] La perte des Anglais dans cette affaire a été de 250 hommes.

marchands qui avaient été pris dans le port». (Ce passage montre que Leissègues est un précurseur du cuirassement des navires.)

La ville, de son côté, avait été munie de canons pour sa défense; la plus grande partie de l'artillerie des frégates avait été montée sur le morne du Gouvernement, situé à l'extrémité de la ville et qui devait former le dernier réduit de ses retranchements. Le capitaine de vaisseau Merlet assisté des lieutenants de vaisseau Dupont et Desroches commandait ce poste important; l'autre capitaine de vaisseau, Ecubar, commandait les autres canons dispersés dans diverses avenues de la ville.

Cependant, la situation des assiégés devenait de plus en plus critique dans le fort et dans la ville. Le chef de bataillon Dumont, ancien capitaine au régiment d'Auvergne, qui commandait à Fleur-d'Épée et avait déployé autant de talent que d'intrépidité dans la défense de sa forteresse, venait d'avoir la cuisse cassée par un biscaïen, et le poste, démoralisé, était sur le point de se rendre. «Les Anglais sont loin de connaître notre détresse, notre contenance leur en impose; ils cherchent à faire une tentative sur le Port-de-la-Liberté[1], et cette tentative les perd et cause notre salut». [2]

Cette tentative, qui tourna si mal pour les Anglais, commença dans la nuit du 13 au 14 messidor (1er-2 juillet). De 6 heures du soir jusqu'à 2 heures du matin, pendant huit heures consécutives, les batteries de Saint-Jean et du morne Savon, dépendantes du camp de Berville, firent un feu violent sur la ville, puis, ce feu ayant cessé, les habitants commencèrent à se livrer au sommeil. Alors, deux colonnes anglaises, d'un millier d'hommes chacune, arrivent en silence aux portes de la ville, égorgent les sentinelles et s'emparent

---

[1] C'est le nouveau nom que Victor Hugues venait d'imposer à la Pointe-à-Pitre.

[2] Mémoire de Pélardy.

sans résistance des postes avancés. Au point du jour, les Anglais sont maîtres de la ville, et, comme il était convenu, la garnison, les chefs militaires et le commissaire Hugues s'étaient retirés sur le morne du Gouvernement. Le capitaine Pélardy, qui avait quitté ce jour là le fort Fleur-d'Épée pour venir présider à l'installation d'un mortier en ville, s'était joint à eux sur le morne.

Tous les canons français chargés à mitraille ouvrent contre les Anglais un feu très vif soutenu par la mousqueterie, qui déconcerte les assaillants et leur fait abandonner le projet d'emporter le morne d'assaut. Néanmoins, l'ennemi restait maître de la ville et la situation des défenseurs du morne devenait critique, car deux canons anglais venaient d'être installés de manière à les battre en écharpe et leur faisaient beaucoup de mal. On commençait d'ailleurs à manquer de munitions pour les canons et de cartouches pour les soldats, lorsqu'une canonnière française mouillée dans la baie, dirigea son feu sur le point d'où partait la canonnade des Anglais; ce feu fut assez bien dirigé pour faire sauter la maison où ils avaient déposé leurs poudres. L'explosion tua un grand nombre d'Anglais, parmi lesquels un capitaine de vaisseau et d'autres officiers; ce fut pour eux le signal d'une panique et le commencement de la déroute. A ce moment, Boudet et le capitaine d'artillerie Pélardy rassemblant tous les hommes disponibles descendent du morne et se précipitent sur les Anglais avec tant d'impétuosité qu'ils les forcèrent, en les poursuivant la baïonnette aux reins, à se réfugier dans les retranchements dont ils étaient sortis la veille pour venir attaquer la ville. Ils laissaient sur le champ de bataille 900 hommes morts ou blessés, tandis que nous leur faisions 300 prisonniers dont 35 officiers, et que nous leur prenions deux pièces d'artillerie; 2 ou 300 Français avaient mis en fuite 2 ou 3.000 Anglais. Le général Symes, commandant en chef de l'attaque, avait été blessé, le général Gown qui commandait en second avait été tué.

Le résultat de cette mémorable journée détermina les Anglais qui occupaient le morne Mascot à l'abandonner et à se rembarquer pour aller rejoindre le gros de leurs forces au camp de Berville. Ils nous laissaient donc complètement maîtres de l'île de la Grande-Terre, et se concentraient derrière la Rivière-Salée, pour en défendre le passage et nous empêcher d'entrer dans l'île de la Basse-Terre.

Victor Hugues décréta que le morne du Gouvernement porterait désormais le nom de morne de la Victoire, et son emplacement porte encore aujourd'hui à la Pointe-à-Pitre le nom de place de la Victoire. Le commissaire délégué dans son rapport sur cette affaire, daté du 4 thermidor an II (23 juillet 1794), malmène fort le général Aubert qu'il accuse d'avoir donné « des preuves de la plus grande lâcheté. » Il força ce général à donner sa démission, et Aubert mourut quelques jours après de la maladie régnante, qui paraît avoir été une épidémie de fièvre jaune [1]. Victor Hugues, qui n'avait plus de généraux, donne au capitaine d'artillerie Pélardy, le grade de général de division et le commandement en chef de la force armée, tandis qu'il nomme le chef de bataillon Boudet général de brigade.

La situation ne se modifia pas sensiblement pendant trois mois; les Anglais se renforçaient par de nouveaux retranchements dans leur camp de Berville entre la Rivière-Salée et la baie Mahault, et leurs batteries de Saint-Jean et du morne Savon faisaient pleuvoir nuit et jour une grêle de bombes et de boulets sur la ville et sur le port de la Pointe-à-Pitre [2]; il n'y eut bientôt plus une maison intacte dans la ville : « l'hôpital même de la montagne, asile des prisonniers an-

---

[1] Le général Aubert avait d'ailleurs été blessé le 8 juin d'une balle dans la poitrine en allant inquiéter du côté de la Rivière-Salée les Anglais, qu'il voulait empêcher de s'y fortifier.

[2] Victor Hugues venait de remplacer le nom de la Pointe-à-Pitre par celui de Port-de-la-Liberté. Mais ce changement, bien que ratifié par un décret de la Convention, n'a pas subsisté.

glais ne fut pas épargné de ces féroces ennemis, quoiqu'il fût distingué par un pavillon [1]. »

La place, très à court de munitions, ne pouvait guère riposter; heureusement, malgré le blocus et la vigilance des Anglais, elle put recevoir au bout de quelque temps un petit approvisionnement de munitions par des bâtiments américains.

Victor Hugues avait fait pendant ce temps une levée de 2.000 hommes de couleur, dont le général Boudet forma rapidement des bataillons bien organisés et bien exercés; les républicains réfugiés dans les îles neutres vinrent se rallier à lui, comme les émigrés royalistes s'étaient ralliés aux Anglais, il se trouva ainsi à la tête d'une troupe assez importante; malheureusement le feu continu des Anglais et la fièvre jaune en éclaircissaient tous les jours les rangs. Pour sortir de cette situation, les Français conçurent l'idée hardie d'aller attaquer l'ennemi dans son camp, de l'en chasser et de l'expulser ensuite complètement de la Guadeloupe. Les Anglais ne prévoyaient pas cette attaque audacieuse; ils pensaient épuiser à la longue les Français déjà si réduits et les forcer à se rendre à discrétion. Le général Grey, leur commandant en chef, avait même cru pouvoir retourner à la Martinique avec les gros vaisseaux qui allaient y passer l'hivernage, et il avait, pendant son absence, laissé le commandement au général Graham.

Le général Pélardy avait décidé de marcher sur l'ennemi en trois colonnes, dont l'une débarquerait du côté de la Goyave et l'autre du côté du Lamentin, c'est-à-dire l'une au vent et l'autre sous le vent du camp pour couper ses communications avec la mer, tandis que la troisième (colonne du centre) effectuerait une attaque directe en traversant la Rivière-Salée. Mais la rive opposée de ce petit bras de mer était défendue par une batterie qui rendait le passage impraticable, il fallait

[1] Mémoire de Pélardy.

donc tout d'abord détruire cette batterie. A cet effet, Pélardy installe de nuit et silencieusement deux pièces de 18 en face de la batterie anglaise, la démonte et force les Anglais à l'abandonner. Maître du passage, il fait jeter, par le chef du génie Danjau, un pont flottant qui permettra de faire passer la colonne du centre, lorsque la colonne de droite (général Boudet) et la colonne de gauche (général Pélardy) tomberont sur l'ennemi.

Tous ces préparatifs étant prêts le 5 vendémiaire (26 septembre), Pélardy embarque le soir sa colonne dans des pirogues et des embarcations légères, passe à la faveur de la nuit au milieu des vaisseaux anglais mouillés dans la rade et effectue son débarquement à la Goyave. Il se met en marche au point du jour, arrive à midi et demi au Petit-Bourg, et de là s'élance impétueusement sur l'ennemi. Il le culbute rapidement et lui tue 140 hommes. Les 3 officiers et les 160 hommes qui gardaient la pointe à Baghus sont faits prisonniers; on désencloue aussitôt les canons de ce poste et l'on fait feu sur les bâtiments anglais mouillés près du rivage, qui sont obligés de s'éloigner, non sans avaries. L'attaque avait été menée si vivement que Pélardy ne perdit pas plus de 8 hommes.

La colonne Boudet, qui s'était embarquée en même temps, fut aperçue par une corvette anglaise et eut à essuyer son feu; néanmoins elle effectue facilement son débarquement au Lamentin, traverse la baie Mahault sans résistance et vient camper tout près du camp de Berville sur une habitation où elle est rejointe par la colonne du centre (chef de bataillon Bures) qui a traversé la Rivière-Salée sur le pont flottant et mis en fuite les postes avancés de l'ennemi. Jusque-là le plan de Pélardy avait parfaitement réussi et l'affaire du Petit-Bourg lui avait livré, par surcroît, des canons, des munitions et des magasins de vivres bien approvisionnés.

Le 8 vendémiaire au matin (29 septembre), Victor Hugues, ayant connaissance de ces résultats, envoie directement au général Boudet l'ordre d'attaquer Berville avec les deux colonnes réunies sous son commandement, près de ce camp. L'attaque eut lieu en effet, aussitôt, sans reconnaissance préalable du terrain, elle fut désastreuse; les Français arrêtés devant les retranchements dans un défilé y sont écrasés, et doivent battre en retraite ayant eu 400 hommes tués ou blessés; le général Boudet a l'épaule fracassée par un biscaïen, et les troupes sont ramenées par le chef de bataillon Paris que Victor Hugues nomme général. Le commissaire informe Pélardy de cet échec, et lui ordonne de venir rejoindre les deux colonnes de Berville avec 300 ou 400 hommes de la sienne. Ce général arrive en effet, prend le commandement, et, avant de recommencer l'attaque, installe des batteries pour battre les retranchements de l'ennemi. Après avoir dirigé quelque temps leur feu sur le camp, il s'apprête à l'enlever de vive force, mais auparavant il somme le général anglais de capituler, et Graham, complètement cerné, accepte cette proposition, 7 octobre 1794.

La capitulation accordait aux 1.400 Anglais les honneurs de la guerre et les renvoyait comme *prisonniers sur parole* sur les navires de leur escadre, mais elle stipulait que les émigrés français qui se trouvaient dans leurs rangs seraient livrés pour subir la rigueur des lois contre les traîtres à la patrie. Ils étaient au nombre de 600 environ dont 300 blancs, 100 hommes de couleur libres et 200 nègres esclaves. Les 400 premiers furent aussitôt fusillés[1] et la tradition rapporte que le brigadier général Graham eut le triste courage d'assister, à côté de Victor Hugues, à l'exécution de ses alliés; il n'avait rien voulu stipuler pour eux pour obtenir des conditions plus favorables pour les Anglais. La Martinique nous avait montré une petite Vendée; la Guadeloupe nous offre un Quiberon.

---

[1] Les 200 nègres esclaves furent seulement condamnés aux travaux publics.

Le matériel du camp anglais, savoir : 38 bouches à feu [1], 2.000 fusils avec une grande quantité de munitions et de vivres fut remis au général Pélardy. Deux jours auparavant on s'était emparé d'une canonnière anglaise portant une pièce de 24 ; les ressources des Français se trouvaient donc, tout d'un coup, notablement accrues.

Le général en profita pour poursuivre ses succès et marcher sur la Basse-Terre où le général Prescott était venu prendre le commandement après la mort du général Dundas. Il partit le 21 vendémiaire (13 octobre) n'emmenant que deux petits canons anglais pour toute artillerie ; il lui eût, en effet, été impossible de traîner des pièces de gros calibres, et il espérait s'en procurer en arrivant à la Basse-Terre. A l'approche des Français, les troupes britanniques abandonnèrent toutes les hauteurs et les positions environnantes ; elles évacuèrent aussi la ville de la Basse-Terre après avoir détruit l'arsenal, les magasins, les batteries, brûlé les affûts et cassé les tourillons d'un grand nombre de pièces. Le général Prescott, ne voulant pas avoir à renouveler l'infamie commise par le général Graham se renferma dans le fort Saint-Charles avec les seules troupes anglaises au nombre de 860 hommes et refusa d'y laisser entrer un seul émigré royaliste.

Le 23 vendémiaire (15 octobre) à midi, Pélardy arrive à un quart de lieue de la ville, y établit son camp sur l'habitation Vermont et commença à préparer les travaux de siège. Il put trouver quelques mortiers dans les batteries abandonnées par les Anglais ; il put aussi ramasser à force de bras ceux des canons qui n'avaient pas les tourillons cassés et qui avaient été précipités dans les falaises, enfin il demanda à la Pointe-à-Pitre un supplément d'artillerie et des munitions. En attendant il fait construire à la hâte des affûts pour les canons anglais.

---

[1] Dont voici le détail : 3 canons de 4, 6 canons de 6, 2 canons de 12, 3 canons de 18, 9 canons de 24, 2 mortiers, 6 obusiers, 2 carouades et 4 couleuvrines.

Le 28 vendémiaire (20 octobre), il peut déjà faire tirer sur le fort deux pièces de 18 et le lendemain deux pièces de 24 et un mortier; « des citoyens noirs » de la campagne viennent aider au travail et procurent les bois nécessaires à la construction des batteries. Pélardy surmené, qui n'avait pas pris de repos depuis son débarquement à la Goyave tombe malade le 2 brumaire (24 octobre); le général Boudet guéri de sa blessure vient de la Pointe-à-Pitre pour le remplacer et pousse les travaux avec la même activité. Un mois après (25 novembre) Pélardy est en état de reprendre le commandement, mais la pénurie de munitions le mettait dans l'impossibilité de mener le siège avec vigueur; le 18 frimaire (9 décembre) il n'en avait plus que pour quelques heures. Le lendemain 10 décembre, il reçut de la Pointe-à-Pitre 4.500 livres de poudre avec des boulets et des bombes, et il put recommencer un feu plus soutenu. Les Anglais se décidèrent alors à abandonner le fort; pendant la nuit du 10 au 11, après avoir tiré quelques coups de canon sur les assiégeants pour donner le change, ils descendirent en silence par la poterne du bord de la mer et allèrent s'embarquer sur les sept vaisseaux et les quatre frégates qui étaient mouillés près du fort.

Les Français s'aperçurent bientôt que le fort était évacué et se hâtèrent d'y entrer à 3 heures du matin. Ils y trouvèrent 76 pièces de gros calibre en bon état, 75 milliers de poudre, plus de 20.000 boulets, 1.200 gargousses, 854 fusils avec plus de 150.000 cartouches, enfin beaucoup de vivres. « Avec une semblable quantité de munitions et les ennemis ayant la faculté de s'en procurer par mer, il y aurait eu de quoi résister longtemps encore, dit Pélardy dans son mémoire, mais les batteries du fort étaient presque hors d'état de tirer et le général Prescott craignait avec raison d'être pris d'assaut ».

Le siège [1] et la prise du fort Saint-Charles n'avaient

[1] Ce siège prolongé par le manque d'artillerie d'abord, et ensuite de munitions, avait duré 58 jours.

coûté aux Français que 14 tués et quelques blessés. Les pertes des Anglais avaient dû être beaucoup plus considérables, car ils avaient jeté de nombreux cadavres dans le Galion; le fort était délabré, les murs renversés, les bâtiments à demi ruinés, la plupart des affûts brisés.

Pélardy, en terminant son mémoire sur le siège, donne sur lui-même un renseignement personnel qu'il paraît intéressant de rapporter ici; parmi les causes du succès obtenu il indique « la confiance que j'ai su inspirer à la petite armée que je commandais, qui voyait avec satisfaction à sa tête un soldat parvenu, de 24 ans de services, qui lors des troubles de la Martinique en 1790 fut le seul officier d'artillerie resté fidèle à la République, avec ses braves canonniers [1] ». En somme cet officier d'artillerie devenu général de division, par le caprice de Victor Hugues, connaissait bien son métier et se montra à la hauteur de sa nouvelle situation.

Victor Hugues, qui était venu rejoindre les assiégeants pendant la maladie de Pélardy, entra avec eux dans le fort. Son premier acte fut la profanation des restes du général Dundas enterré dans le fort; le fougueux commissaire prit en effet un arrêté dont voici la partie essentielle. « Arrête : que le corps de Thomas Dundas décédé à la Guadeloupe le 3 juin (style esclave) sera exhumé et jeté à la voirie; que, sur la même place, il sera élevé aux frais de la République un monument apparent portant d'un côté cet arrêté et de l'autre l'inscription suivante : Cette terre rendue à la liberté par la valeur républicaine était souillée par le corps de Thomas Dundas, major-général et gouverneur de la Guadeloupe pour le tyran Georges III. Au souvenir de ses crimes, l'indignation publi-

---

[1] Pélardy était rentré en France après cette période de séjour à la Martinique, car, lorsqu'il reçut l'ordre d'aller à Rochefort s'embarquer avec l'expédition du commandant Leissègues, il commandait l'artillerie à Port-Louis (Morbihan). Il est mort en France après avoir obtenu sa retraite de général de division.

que l'a fait exhumer et a élevé ce monument pour les attester à la postérité. »

La haine de l'Anglais était assurément bien naturelle à ce moment, car ils emportaient à leur départ la malédiction unanime de tous les partis, y compris ceux qui avaient été leurs alliés; mais la manière dont le commissaire délégué de la Convention manifestait cette haine sur le cadavre d'un général mort à son poste était au moins inconvenante, et le monument de mauvais goût qu'il avait fait élever fut détruit quand il eut quitté la Guadeloupe.

La prise du fort Saint-Charles et la fuite des Anglais devait faire tomber entre les mains des Français la petite île de Marie-Galante, dépendance de la Guadeloupe et toujours liée à son sort. Mais ceux-ci n'avaient pas attendu la fin du siège pour s'en emparer. Quarante citoyens patriotes de Marie-Galante, ne voulant pas prêter le serment de fidélité à George III exigé par les Anglais lorsqu'ils prirent possession de l'île après la capitulation du général Collot, s'étaient réfugiés à la Pointe-à-Pitre auprès de Victor Huges. Ayant appris au mois de novembre qu'il n'y avait plus de garnison anglaise dans leur colonie [1], ils demandèrent à y passer dans quelques pirogues, Victor Hugues y consentit; ils s'embarquèrent, en conséquence, à 5 heures du soir, le 27 novembre 1794, débarquèrent pendant la nuit à Marie-Galante, surprirent les aristocrates qui gardaient les batteries pour le compte des Anglais, s'emparèrent de ces batteries et, ralliant tous les autres patriotes, arborèrent le pavillon tricolore. Maîtres des batteries, ils forcèrent la frégate anglaise qui était mouillée devant l'île à déguerpir et délivrèrent ainsi complètement leurs compatriotes de la présence des Anglais.

[1] Cette petite garnison avait dû rallier le général Prescott à la Basse-Terre.

CHAPITRE VI.

LUTTES EXTÉRIEURES DE VICTOR HUGUES CONTRE LES ANGLAIS.

§ 1. *Reprise de Sainte-Lucie.* — Victor Hugues, lorsqu'il était serré de près à la Pointe-à-Pitre par les Anglais, avait envoyé en France deux officiers pour faire part à la Convention de ses premiers succès et réclamer des renforts. La Convention faisant droit à cette demande avait fait partir de Brest, le 17 novembre 1794, un convoi de dix-neuf bâtiments de transport pour porter à la Guadeloupe des troupes, des armes et des munitions. Le capitaine de vaisseau Duchêne, commandant le vaisseau rasé l'*Hercule*, était chargé de la direction de ce convoi, dont l'arrivée avait été annoncée par la canonnière la *Cruelle*, expédiée quelques jours à l'avance [1]. Victor Hugues ainsi prévenu envoya la corvette la *Carmagnole* et la frégate la *Pique* au-devant du convoi pour lui fixer un point d'atterrage sûr, en dehors de la surveillance des croiseurs anglais. Mais la *Carmagnole* fut obligée de se jeter à la côte à la Désirade après un combat contre la frégate anglaise *Blanche*, et la *Pique* fut à son tour amarinée par deux vaisseaux anglais à la suite d'une action meurtrière avec cette même frégate. Quoi qu'il en soit, le convoi put arriver à bon port à la Pointe-à-Pitre, le 6 janvier 1795. Il avait seulement perdu, presque au dernier moment, en vue de la Désirade, un transport chargé de 550 soldats avec des canons et des munitions, qui avait été enlevé par une frégate et une corvette anglaises. Le renfort de 2.070 hommes embarqué à Brest arrivait donc à la Guadeloupe le 52º jour après son départ et réduit à 1.520 hommes, savoir : une compagnie de canonniers de

---

[1] Cette canonnière entra à la Pointe-à-Pitre le 29 décembre 1794.

120 hommes et deux bataillons d'infanterie de 700 hommes, le bataillon de la *Réunion* et celui des *Antilles*. Ce dernier, commandé par le chef de bataillon Cottin, avait été formé en France avec tous les créoles blancs ou de couleur qui avaient été déportés pour motifs politiques dans le courant des années précédentes. Enfin l'*Hercule* apportait 1.200.000 francs en numéraire.

Victor Hugues fut loin d'être satisfait par cet envoi, car, quelques mois après (9 juin 1795), il disait dans une lettre au président de la Convention nationale :

« Aucun des bâtiments de la dernière station n'a pu nous servir; ce qu'il y avait de plus mauvais nous a été destiné : des mortiers de siège au lieu de mortiers de côte, une artillerie dont on n'a pas pu se servir en France, des fusils qui crèvent, se brisent et blessent nos camarades; de la poudre avariée, et, pour combler la mesure, un bataillon composé de ces colons qui avaient fui devant l'Anglais, lui avaient rendu les forts à la première sommation et sans brûler une amorce, de ces colons qui se sont vantés d'une déportation que la plupart auraient eue sous tous les gouvernements possibles. Heureusement pour nous que les Anglais nous ont munis en artillerie, en poudre et en armes; mais il est temps que la Convention vienne à notre secours d'une manière efficace [1]. »

En dépit de ces appréciations un peu pessimistes, les renforts amenés par le commandant Duchêne augmentaient notablement les moyens d'action de la Guadeloupe, et Victor Hugues allait en profiter pour rayonner au dehors et tenter diverses attaques sur les possessions anglaises des Antilles. Il venait de recevoir, en même temps que ces renforts, deux collègues, Lebas et Goyrand, le premier désigné précédemment pour compléter à trois le nombre des commissaires

---

[1] *Archives des colonies.* Correspondance générale. Guadeloupe. Année 1795. Registre n° 48.

délégués, le dernier nommé en remplacement de Chrétien, mort à la Pointe-à-Pitre[1]. Si Lebas, homme faible et sans aucune valeur, ne devait être d'aucune utilité, on verra que Goyrand au contraire lui apporta un concours très utile, et fit preuves de grandes qualités.

La première expédition tentée par Victor Hugues fut dirigée contre Sainte-Lucie. Nous avons fait remarquer précédemment que les habitants de cette île étaient des Français. On ne s'étonnera donc pas que, même après la conquête de cette île par les Anglais (avril 1794), un certain nombre de ses habitants aient refusé d'accepter la domination de l'étranger et se soient réfugiés dans la partie boisée de l'île, tenant campagne sous le drapeau français. La fièvre jaune qui décimait les troupes anglaises dans cette région malsaine leur permit de résister longtemps contre des forces supérieures. Les commissaires de la Guadeloupe leur firent envoyer au commencement de l'année 1795 un petit renfort commandé par le chef de bataillon Cottin, qui put heureusement passer avec ses petits bâtiments légers à travers les croiseurs anglais. Ce petit renfort leur avait permis de prendre l'offensive et ils étaient venus se présenter devant le Morne-Fortuné, le fort principal occupé par les Anglais, mais ils furent repoussés et leur situation devenait critique. C'est alors que les commissaires de la Guadeloupe résolurent d'envoyer l'un d'entre eux dans cette île pour parer à toutes les éventualités. Goyrand, qui fut désigné pour cette mission, accepta sans hésitation et partit dans la nuit du 18 avril sur un petit balaou, et débarqua à la Soufrière de Sainte-Lucie. Il envoya aussitôt à Cottin, poursuivi par les Anglais et menacé d'être cerné par eux, l'ordre de se replier sur la Soufrière, où ce commandant

---

[1] Goyrand était arrivé à bord de l'*Hercule*, où, par sa connaissance locale des parages de la Guadeloupe, il avait pu donner des indications et des conseils utiles au commandant Duchêne pour l'arrivée du convoi à la Pointe-à-Pitre. Lebas était déjà à la Guadeloupe depuis quelques jours.

put en effet le rejoindre avec les 250 hommes qui composaient toute sa troupe[1].

Le 21 avril, les Anglais les avaient rejoints, mais leur attaque fut repoussée et on leur fit subir d'assez grandes pertes. « Pendant ce temps, dit Goyrand, la Providence veillait à notre subsistance : un bateau anglais chargé de barils de bœuf et de farine fut enlevé à l'abordage par deux pirogues armées. »

Le 25 avril, un balaou de la Guadeloupe entrait à la soufrière avec un détachement de 100 hommes commandé par le citoyen Chalvidan ; ce renfort arrivait à propos, car le même jour, à midi, les Anglais, revenus en force, attaquaient tous les postes occupés par les Français ; la lutte dura 5 heures et fut acharnée : Goyrand se trouvait dans l'un de ces postes, que le général anglais Stuart chercha vainement à envelopper. « La mousqueterie d'une poignée de Républicains répondit si bien à l'artillerie ennemie composée de deux canons de 6 livres de balles que le général ennemi ordonna la retraite à l'approche de la nuit..... Sa perte s'est élevée au moins à 600 hommes tués, blessés ou prisonniers. »

Le général Stuart se retira pendant la nuit avec les débris de sa troupe dans une anse de la côte peu éloignée (l'anse Citron) où trois jours après des bâtiments armés escortés par une corvette vinrent les embarquer pour les transporter au Morne-Fortuné ; en même temps un vaisseau de 74, une frégate et une chaloupe canonnière étaient venus faire une diversion en tirant sur le port de la Soufrière, mais les batteries de côte qui le défendent les forcèrent bientôt à s'éloigner. Dès que Goyrand eut la certitude que le général Stuart s'était retiré au Morne-Fortuné, il se porta en toute hâte sur une hauteur

---

[1] Le rapport établi par Goyrand sur cette affaire de Sainte-Lucie, daté du 16 vendémiaire an IV, se trouve dans le registre n° 48 déjà cité des Archives des colonies avec la lettre d'envoi au ministre Dalbarade. C'est d'après ce document original que nous donnons ici les détails de l'expédition.

qui fait face à ce fort, avec 250 hommes et un canon de 3 livres, qui constituait toute son artillerie, en attendant 2 obusiers et 2 mortiers que lui avaient promis ses collègues. De là il surveillait l'ennemi et le faisait harceler toutes les nuits par de fausses alertes. Le poste du Gros-Ilet dans une situation très forte défendue par deux batteries, l'une de gros canons, l'autre de mortiers de 12 pouces, fut enlevé par surprise, grâce aux renseignements que Goyrand obtint d'un sergent anglais prisonnier. Le commandant de ce fort se rendit avec ses 120 soldats sans tirer un coup de fusil.

Enfin les 2 obusiers et les 2 mortiers attendus arrivèrent à la Soufrière et avec eux le reste du bataillon qui avait fourni les premiers détachements. La troupe alla rejoindre directement le camp d'observation en face du Morne-Fortuné et l'artillerie fut envoyée par mer.

Fort de ces nouveaux moyens d'action, Goyrand attaque le 9 juin une batterie, dite batterie Cizeron, située sur une éminence qui domine le fond du port et que cette situation avantageuse faisait regarder comme la clef du Morne-Fortuné. Elle était armée de 2 pièces de 24 et une de 6, et défendue par 120 soldats d'élite. Elle fut enlevée d'assaut par deux compagnies, dont l'une attaquait de front et l'autre par le revers. Elles étaient sous les ordres d'un officier de couleur, le capitaine Pélage, que Goyrand éleva au grade de chef de bataillon. Le général Stuart tenta vainement dans une sortie de reprendre cette batterie, où s'étaient aussitôt ralliées deux autres compagnies. Goyrand dit que cet affaire lui a coûté 24 grenadiers et un bon guide du pays; le commandant anglais fut fait prisonnier avec 25 de ces hommes, puis il ajoute: « le général Stuart exhala le lendemain sa rage par une vive canonnade qui ne nous fit aucun mal, quoique nous fussions occupés à enterrer les morts et à relever ses propres blessés. »

La petite artillerie de siège envoyée de la Guadeloupe, augmentée des deux canons de 24 pris à la batterie Cizeron, fut alors installée pour tirer contre le Morne-Fortuné et put ouvrir son feu le 17 juin; après 8 heures d'un feu continu, Goyrand fit sommer le général Stuart de rendre la place; celui-ci, après avoir assemblé un conseil de guerre, décida qu'on demanderait des secours immédiats à la Martinique. Alors Goyrand fit approcher ostensiblement des échelles de 24 pieds préparées pour l'assaut, et pendant la nuit il fait enlever par le capitaine Chalvidan [1] le poste de la Vigie, qui venait cependant d'être renforcé par 150 soldats de marine envoyés de la Martinique. Le succès de ce nouvel assaut acheva de décourager les Anglais, et, pendant la nuit du 18 juin, le général Stuart craignant d'être enlevé de vive force, fait comme Prescott à la Basse-Terre, abandonne le fort en toute hâte, s'embarque sur son escadre et va se réfugier à la Dominique: pour la seconde fois, en peu de temps, les navires des Anglais épargnaient donc à leurs généraux la honte d'une capitulation, mais la fuite avait été si précipitée que les Anglais avaient laissé à terre leurs effets, leurs malades au nombre de 60, leurs femmes au nombre de 36 et leurs enfants. L'honnête Goyrand fit d'ailleurs renvoyer quelques jours après à la Dominique ces familles des officiers anglais du 68e régiment. D'après le rapport de ce commissaire, le général Stuart aurait eu encore avec lui 2.400 hommes au moment de l'évacuation, chiffre qui est peut-être un peu exagéré; il nous fournit aussi le chiffre de la population totale de Sainte-Lucie, qui comprenait alors *quelques centaines de blancs et 13.000 noirs.*

Goyrand, aussi doux et bienveillant que Victor Hugues était violent et emporté, organisa dans l'île qu'il venait de conquérir une administration honnête et paternelle qui lui gagna l'estime et l'affection de tous les habitants. Il jugeait lui-même les contestations civiles, et ses décisions étaient empreintes d'une telle équité qu'elles étaient approuvées même par les parties lésées.

---

[1] Chalvidan, entré dans ce poste l'épée à la main à la tête de ses hommes, fut grièvement blessé.

§ 2. *Attaques contre l'île de Saint-Vincent.* — Victor Hugues, dès qu'il eut reconquis la Guadeloupe sur les Anglais, s'occupa d'assurer son pouvoir absolu dans la colonie. Il réprima tout d'abord une émeute des nègres qui voulaient se refuser à tout travail, sous prétexte du décret de la Convention (16 pluviôse an II ou 4 février 1794) qui leur avait donné la liberté. Ils avaient formé un rassemblement, près des Abymes, dans la banlieue de la Pointe-à-Pitre; Victor Hugues le dispersa, fit quelques exemples sévères sur les mutins, et imposa aux noirs un travail forcé, substituant simplement la discipline militaire à l'ancienne servitude. Dès lors, blancs, noirs, hommes de couleur furent courbés sous la même et impitoyable loi, qui était la volonté dominatrice du commissaire de la Convention. Ayant ainsi assuré sa domination à l'intérieur, il reporta vers l'extérieur l'activité de sa fougue méridionale et l'ardeur de sa jeunesse.[1]

---

[1] Victor Hugues, né vers 1770, à Marseille, d'une famille de négociants, fit, dans sa jeunesse, un voyage d'affaires à la Guyane. En 1793, c'est-à-dire, à l'âge de 23 ans, il remplit les fonctions d'accusateur public près des tribunaux de Brest et de Rochefort; c'est là que la Convention nationale le prit pour en faire son délégué aux îles du Vent. Rappelé en France, en 1798, dans les conditions qui seront indiquées, il fut nommé, le 1er septembre 1799, agent du Directoire à Cayenne; il resta près de dix ans dans cette colonie et la rendit, par capitulation, le 12 janvier 1809, aux forces alliées hispano-anglo-portugaises. Accusé d'avoir mal défendu la Guyane, il fut traduit, à son retour à Paris, devant un conseil de guerre qui l'acquitta.

En 1817, il retourna à la Guyane, pour y vivre sur ses propriétés, menant la vie du simple planteur; puis, en 1822, il rentra de nouveau en France et vint mourir, en 1826, dans le département de la Gironde. Il n'avait que 56 ans, mais il paraît qu'il était devenu aveugle. Boyer-Peyreleau prétend que, s'étant rendu très utile, en 1814, aux armées étrangères, il obtint, en 1817, avant de se retirer sur ses terres, à Cayenne, le titre de «commissaire du Roi», titre qui ne pouvait être évidemment qu'honorifique. — Dezobry et Bachelet, dans leur dictionnaire de biographie et d'histoire, constatent que ses procédés arbitraires de Gouvernement lui ont valu le surnom de *Robespierre des colonies.*

La première expédition, avec celle de Sainte-Lucie, fut dirigée contre l'île anglaise de Saint-Vincent, dont les indigènes caraïbes avaient toujours manifesté de la sympathie pour les Français, mais elle aboutit à un insuccès. Le général Pélardy, dans un mémoire intitulé : *Notes sur la situation où j'ai laissé les îles du Vent à l'époque où j'ai quitté la Guadeloupe* (21 messidor an III [2]), explique les causes de cet insuccès par la faiblesse des moyens employés. « Cette île, dit-il, a été attaquée par 50 Républicains auxquels s'étaient joints les Caraïbes. Le commandant Soubalat chargé de cette expédition y a laissé la vie, ainsi que tous ses malheureux frères d'armes. Les Caraïbes qui s'étaient déclarés en faveur des Français se sont réfugiés dans les bois où ils sont réduits à la plus grande misère. Les Anglais les considérant comme des sujets rebelles font pendre tous ceux qui leur tombent entre les mains. Il est plus que probable que 200 hommes se seraient emparés de l'île de Saint-Vincent; mais elle n'a été attaquée que par 50 hommes que les ennemis ont aisément détruits ou dispersés. Sûrement, si le chef de la force armée (Pélardy) eût été consulté, il eût évité de pareils malheurs. »

Malgré ce premier insuccès, Hugues soutint longtemps encore son entreprise à Saint-Vincent et y fit passer de nouveaux détachements. Il fut puissamment secondé par Goyrand, qui, aussitôt après la prise de Sainte-Lucie, y envoya un de ses deux bataillons d'*Africains* et un approvisionnement de munitions. Cette petite troupe livra plusieurs combats dans lesquels les Anglais, d'après le rapport de Goyrand, perdirent 3.000 hommes; mais ils devaient finir par triompher, grâce à la supériorité du nombre.

Le chef des Caraïbes ayant été pris et pendu, les indigènes de Saint-Vincent exaspérés usèrent de représailles et massacrèrent tous les Anglais qu'ils purent saisir. Ce fut une

---

[1] Registre n° 48 déjà cité des Archives des colonies. Guadeloupe, 1795.

guerre d'extermination qui se termina à l'avantage des Anglais ; le plus grand nombre des Caraïbes avait péri ; le petit nombre des survivants fut déporté par les Anglais sur l'îlot de Bonnaire voisin de Curaçao, îlot désert et dépourvu de toutes ressources.

§ 3. *Attaque contre l'île de la Grenade.* — Une attaque analogue fut dirigée contre l'île anglaise de la Grenade et n'eut pas beaucoup plus de succès : Victor Hugues, opérant comme à Saint-Vincent, avait donné à trois mulâtres, chassés de l'île par les Anglais, des commissions d'officiers au nom de la République et les avait chargés d'y provoquer une insurrection, qu'il fit soutenir par un détachement de Guadeloupéens. Mais ceux-ci, toujours trop peu nombreux, eurent à peine effectué leur débarquement qu'ils furent dispersés par les Anglais et durent se réfugier dans la partie montagneuse de l'île. Là, ils purent se soutenir encore quelque temps et Victor Hugues leur envoya des renforts. Goyrand, à la Grenade, comme à Saint-Vincent, seconda avec dévouement son collègue Victor Hugues. Il y fit passer un détachement sous les ordres du chef de bataillon Josse, et ce détachement, malgré sa faiblesse numérique, était parvenu à conquérir la plus grande partie de l'île. Mais, au moment où il se préparait à assiéger Saint-Georges, chef-lieu de l'île, il fut écrasé par des forces supérieures.

Les commissaires délégués, Victor Hugues et Lebas, dans une lettre adressée au Comité de salut public, le 21 novembre 1795, fournissent quelques détails sur la suite de cette expédition : « Pour achever la conquête de la Grenade, nous nous étions déterminés à y faire passer un renfort assez considérable ; la *Républicaine* et le *Brutus* furent chargés de l'y porter. Au moment où on le mettait à terre, plusieurs bâtiments anglais furent aperçus et les nôtres furent obligés de couper leurs câbles. Le brick (le *Brutus*) cingla dans une anse où il acheva son débarquement ; il s'y croyait à l'abri de toute poursuite, lorsqu'une frégate vint le canonner et contraignit l'équipage à se réfugier à terre et à abandonner le bâtiment. Il ne serait pas devenu la proie de l'ennemi si un officier resté à bord pour sauver ses malles, préférant des fers et une existence honteuse à une mort glorieuse, n'avait éteint le feu qui y avait été mis.

« La *Républicaine* avait pris le large, et, à la faveur de la nuit, elle avait échappé à l'ennemi. Elle revenait le lendemain pour tenter un nouveau débarquement, lorsqu'une frégata lui donna chasse; ne pouvant l'éviter, elle se détermina à la combattre et à l'aborder; après cinq heures et demie de combat, ayant plusieurs hommes tués ou blessés, ses voiles criblées et toutes ses manœuvres coupées, elle a été contrainte d'amener. Le capitaine de la frégate anglaise ne pouvait croire qu'une corvette, n'ayant que du 4, eût pu se battre avec tant d'opiniâtreté..... Notre bâtiment était à peine entré dans la rade de Saint-Georges que les troupes mises à terre par le *Brutus* nous vengeaient de cette perte. Elles se sont emparées du bourg de la Gouyave. 70 hommes ont été tués dans cette affaire, beaucoup ont été blessés et 200 ont été faits prisonniers[1]. La prise de ce poste, emporté d'assaut, malgré une pluie effroyable et des chemins impraticables, a causé l'évacuation de deux autres. Les munitions de guerre trouvées dans le premier serviront, avec un nouveau renfort que nous allons encore envoyer dans cette île, à s'emparer de Saint-Georges, dont nos Républicains ne sont pas éloignés.

« L'équipage du *Brutus* s'est battu sur terre avec autant de bravoure qu'il l'avait fait différentes fois sur mer; il n'a pas peu contribué à la victoire que nous avons remportée. Peu de jours après, une action hardie a encore étonné nos ennemis. Le citoyen Daniel, ci-devant capitaine du *Brutus*, a osé, lui septième dans une pirogue, attaquer une goélette

---

[1] Bien entendu, ces chiffres se rapportent aux Anglais.

anglaise percée de 14 sabords, portant 4 canons et 30 hommes d'équipage, et, malgré un feu très vif qui a blessé plusieurs de ses camarades, ce brave officier s'en est emparé et a conduit ici sa prise. »

On voit par ce dernier détail que, si l'audace était la qualité dominante de Victor Hugues, il rencontrait sous ses ordres des officiers d'une audace qui n'avait rien à envier à la sienne.

Les Français purent garder longtemps encore cette situation militante à la Grenade, car le 28 décembre 1795 les commissaires écrivaient au Comité de salut public : « Notre armée à la Grenade fait toujours des prodiges, elle consume peu à peu les forces de l'ennemi. » Ils avaient pu utiliser, pour satisfaire aux besoins de ces expéditions, le bataillon de colons apporté par la division Duchêne et jugé d'abord si défavorablement par Victor Hugues, et ils lui rendent justice dans les termes suivants, par une lettre du 26 décembre 1795, adressée aussi au Comité de salut public : « Nous devons dire à la louange des colons déportés arrivés de France dernièrement que leur conduite nous confirme qu'ils avaient été induits à erreur; que l'exaltation des principes et l'éloignement de la métropole les avaient seuls égarés [1]. » Néanmoins, des renforts envoyés d'Angleterre réduisirent complètement l'insurrection. 30 habitants français furent pendus, ainsi que 300 noirs ou mulâtres; les autres partisans des Français furent chassés de l'île et leurs biens confisqués.

§ 4. *Attaque contre Saint-Eustache et Saint-Martin.* — Aux îles Saint-Eustache et Saint-Martin, Victor Hugues avait eu

---

[1] Goyrand dit dans son rapport que cette affaire de la Grenade a coûté « sans exagération » la vie à 6.000 Anglais. Il ajoute que cette île a été tellement dévastée par l'insurrection qu'elle s'en ressentira plus de vingt ans.

un succès plus caractérisé; il avait suffi d'y envoyer un corsaire guadeloupéen pour amener leur soumission; ces îles, si facilement enlevées aux Anglais, furent restituées à la Hollande sous la protection de la République française. On ne conserva que la partie française de Saint-Martin.

§ 5. *Attaque contre la Dominique.* — Mais l'expédition la plus importante tentée par Victor Hugues contre les Antilles anglaises fut celle dirigée sur l'île de la Dominique. Au commencement de juin 1795, il envoya 210 hommes, sous le commandement du commandant Rameau, pour attaquer l'île; la garnison anglaise, qui était nombreuse, les repoussa et Victor Hugues s'empressa de leur envoyer un renfort de 260 hommes, ce qui portait à 470 l'effectif des Français débarqués dans l'île. Mais les deux détachements, attaqués séparément par les Anglais, ne purent effectuer leur jonction, furent entourés et faits prisonniers [1].

Le général Pélardy, dans le mémoire cité plus haut, critique la maladresse et la lenteur avec laquelle cette expédition a été conduite : les 470 hommes qui ont attaqué la colonie ont été près de 5 jours avant d'y débarquer; s'ils avaient agi brusquement, de manière à surprendre les Anglais, ils auraient pu se saisir de quelque poste important et s'y maintenir.

Le général reproche aussi à Victor Hugues, tandis qu'il s'efforçait de porter ses armes au loin, dans la mer des Antilles, de n'avoir fait aucune tentative sur les Saintes, cette sentinelle placée à la porte de la Guadeloupe et dont le port offre un abri sûr aux bâtiments pendant l'hivernage. Il juge, avec raison, qu'aussitôt après l'abandon de la Guadeloupe par les Anglais, il eût été facile de s'en emparer, car, alors, les batteries étaient mal gardées et les Anglais étaient découragés

---

[1] C'était précisément le moment où la garnison anglaise chassée de Sainte-Lucie par Goyrand arrivait à la Dominique.

par les défaites qu'ils venaient de subir à la Grande-Terre et à la Basse-Terre.

Cette réflexion ne manque pas de justesse, mais il faut reconnaître que Victor Hugues sut atténuer l'inconvénient de ce voisinage des Anglais en couvrant les côtes de la Guadeloupe de batteries bien armées et bien défendues [1], qui donnaient toute sécurité au cabotage de l'île, et aussi, en appelant ailleurs, par ses multiples actions offensives, les forces navales de l'ennemi.

§ 6. *Tentatives dirigées contre la Martinique.* — L'idée de reconquérir sur les Anglais la Martinique, comme il l'avait fait pour la Guadeloupe, devait naturellement venir à Victor Hugues, et il n'avait pas tardé en effet à faire entrer cette conquête dans ses projets : voici comment il s'exprime à cet égard dans une lettre adressée au Comité de salut public le 30 brumaire an IV (21 novembre 1795).

« Tandis que nous occupions les Anglais à défendre Saint-Vincent et la Grenade, nous eussions pu les attaquer à la Martinique, tel était notre projet ; nous vous l'avions annoncé, et il eût été effectué s'ils n'eussent pas tenu la mer pendant tout l'hivernage. Néanmoins cet obstacle n'était pas insurmontable. Un autre motif nous a déterminés à retarder cette entreprise : elle est hardie ; il y a plus, elle est téméraire. L'enthousiasme qui a contribué au succès de toutes celles de cette espèce nous ayant paru se refroidir..... nous avons craint qu'on ne nous fît un crime d'un revers, et nous avons cru que le moment n'était pas favorable pour nous livrer à notre témérité ordinaire. Nous ne nous amuserons pas à vous prouver que c'est en avoir beaucoup d'aller attaquer la Martinique avec 2.000 à 2.400 hommes au plus que nous pouvons tirer des 11.000 qui sont répartis dans huit îles : La Guadeloupe, Sainte-Lucie, Marie-Galante, la Désirade, en-

---

[1] Voir l'appendice au présent chapitre.

tièrement en notre pouvoir; Saint-Eustache et Saint-Martin, sous la protection de la République, moitié de cette dernière appartenant à la France, la Grenade et Saint-Vincent où nous combattons. Cependant, malgré les Anglais et les agents nombreux qu'ils ont parmi nous, nous sommes parvenus à relever l'opinion; nous allons en profiter, et des fusils vont être donnés au noyau que nos intelligences ont formé dans cette colonie. »

Mais les Anglais, redoutant l'audace du proconsul de la Guadeloupe, qui faisait enlever par ses corsaires des navires à eux sur la côte même de la Martinique, surveillaient ses agissements avec la plus grande vigilance et recouraient pour s'en défendre aux moyens les plus énergiques. Le fidèle Goyrand aida encore de son mieux Victor Hugues dans cette nouvelle entreprise. Il envoya à la Martinique deux émissaires [1] porteurs de lettres et de proclamations de Victor Hugues et de ses collègues. Ils avaient réussi à débarquer de nuit au Lamentin, mais, trahis par leur hôte, ils furent pris, condamnés comme espions par un conseil de guerre et fusillés sur la savane de Fort-Royal.

Mais cet accident ne découragea pas Goyrand; ayant appris à ce moment que le général anglais Irving venait de quitter la Martinique avec 600 hommes à destination de Saint-Vincent, il résolut de tenter un coup de main sur le quartier du Vauclin à la Martinique, afin de faire une diversion qui obligerait le général Irving à renvoyer la plus grande partie de ses soldats dans cette île et dégagerait ainsi les Français qui continuaient à lutter à Saint-Vincent dans des conditions

---

[1] Fourne et Tiberge, riches propriétaires de Sainte-Lucie, tous deux originaires de la Martinique; quoique pères de famille, ils avaient offert spontanément leurs services à Goyrand pour cette mission délicate. Goyrand fut très affecté de leur fin et indigné contre le traître qui les avait livrés : « J'avoue, dit-il, que je cherchai à venger leurs mânes et que j'ai envoyé en vain trois balaous successifs pour enlever ce misérable. Je désire qu'il reçoive tôt ou tard le prix dû à ce noir forfait. »

désavantageuses. Il se proposait d'ailleurs, si le coup de main réussissait et était soutenu par les habitants, de passer lui-même dans l'île et d'essayer d'en faire la conquête. Le premier résultat visé par Goyrand fut réellement obtenu, car le général Irving, dès qu'il eut reçu la nouvelle d'un débarquement à la Martinique, fit rembarquer ses hommes à destination de Fort-Royal. Le commandant Marinier et le capitaine Bonni, qui commandaient le détachement des Français de Sainte-Lucie dans l'île Saint-Vincent, prévenus à l'avance par Goyrand, attaquèrent le camp anglais dès qu'ils s'aperçurent du départ d'Irving, l'enlevèrent d'assaut et poursuivirent les Anglais, la baïonnette aux reins, jusqu'aux portes de la ville de Kingstown.

Quant au coup de main tenté sur la Martinique, nous en emprunterons les détails au mémoire de Goyrand, car c'est le seul document où il se trouve mentionné : « Un débarquement de 62 Républicains avec des munitions de guerre et des fusils fut heureusement effectué au Vauclin sous les ordres des citoyens Beuze et Borelli; ils m'avaient précédemment apporté une liste de 400 confédérés du bourg du François. Ils s'emparèrent du bourg sans coup férir, mais ils y attendirent en vain les colons qui devaient les seconder. L'alarme devint générale; toutes les milices marchèrent sur le Marin; la compagnie des montagnards écossais qui y était en garnison combattit depuis 3 heures jusqu'à la nuit, sans succès, notre faible détachement. Le commandant anglais fut blessé mortellement; 40 de ses soldats furent tués ou blessés; nous ne perdîmes que 4 volontaires. A 8 heures du soir, le citoyen Beuze fit sa retraite dans les bois avec ses compagnons.

« Le lendemain de la descente, le même balaou partit pour le même endroit à 1 heure après minuit avec 120 volontaires du bataillon des Antilles et 2 pièces de campagne. Le capitaine du bâtiment fit à l'entrée de la passe le signal de reconnaissance; comme celui-ci ne fut pas répété, il retourna d'après mes ordres au carénage à Sainte-Lucie. »

Ainsi ce coup de main fut manqué par l'inertie des colons, qui laissèrent couper de la mer la poignée de Républicains débarqués. Si les 400 hommes qui s'étaient fait inscrire étaient venus effectivement se joindre à eux, ils auraient probablement pu tenir la côte, faire leur jonction avec le renfort envoyé le lendemain de Sainte-Lucie, et se fussent trouvé en état de disputer aux Anglais la possession de l'île.

Les débris des Républicains débarqués purent heureusement revenir à Sainte-Lucie, quelques jours après, dans de petites pirogues; mais plusieurs avaient été pris et fusillés, entr'autres le chef Borelli et deux sergents du bataillon des Antilles.

Malgré son insuccès, cette audacieuse tentative avait inquiété les autorités anglaises de la Martinique, qui redoublèrent leur surveillance et leurs rigueurs contre le parti français.

Le gouverneur déclara, dans une proclamation visant les Guadeloupéens, que tout ennemi qui débarquerait clandestinement à la Martinique serait traité comme espion; une récompense était promise à toute personne qui dénoncerait ou ferait arrêter un de ces espions. On arrêtait et l'on déportait, d'ailleurs, sans façon dans quelque île éloignée tous les nègres ou mulâtres qui paraissaient susceptibles de nouer des intelligences avec l'ennemi. Plus tard, pour renforcer la surveillance exercée par la nombreuse garnison anglaise, on leva dans la colonie un corps de 1.000 pionniers noirs. Grâce à ces mesures et aux précautions incessantes inspirées par la crainte que leur faisait éprouver le voisinage de la Guadeloupe, toutes les tentatives de Victor Hugues pour soulever la Martinique échouèrent, et cette île demeura pendant toute la durée de la guerre, c'est-à-dire pendant sept années, sous le joug de l'étranger et vit se succéder dans son administration quatre gouverneurs anglais : le général Robert Prescott, John Vaughan, Shore Milnes et le général William Keppel. La Guadeloupe, plus heureuse, grâce à l'énergie de Victor

Hugues, si bien secondé par Pélardy, était restée six mois à peine entre les mains des Anglais.

§ 7. *Insurrection militaire à Saint-Martin. Attaque contre l'Anguille.* — Vers la fin de l'année 1796, une insurrection eut lieu dans la garnison française de Saint-Martin, fournie par le bataillon de la Réunion. Victor Hugues constate, dans sa dépêche du 16 frimaire an v, que les officiers, les soldats blancs et quelques hommes de couleur ont seuls pris part à l'émeute, et que les soldats noirs n'y ont aucunement trempé.

Victor Hugues attribue ce soulèvement à « des insinuations de l'étranger » et ajoute que l'immoralité, l'incapacité et la faiblesse des officiers du bataillon n'y ont pas peu contribué. On sait déjà que l'agent particulier du Directoire a l'accusation facile contre les officiers, mais ici il faut se défier d'autant plus de cette appréciation sévère qu'elle a pour objet de masquer la faute de l'une de ses créatures, l'officier de marine Conseil [1]. Celui-ci, adjoint comme commandant militaire au délégué de Victor Hugues à Saint-Martin, avait apporté dans l'île, ainsi que le fait connaître un mémoire du citoyen Thouluyre Mahé, une grande quantité de chaînes dont il voulait se servir comme instruments de discipline vis-à-vis des troupes. Cette idée s'explique chez un marin qui avait vu appliquer couramment à bord et peut-être subi lui-même la peine des fers, mais son application aux soldats lui aliéna complète-

[1] C'est ce Conseil, marin, auquel Hugues avait donné le commandement d'une canonnière pendant le siège de Pointe-à-Pitre et qu'il fit capitaine de vaisseau après le siège. Il lui donna le commandement de la frégate la *Pique* de 40 canons et 400 hommes d'équipage, que Conseil laissa prendre par les Anglais lorsqu'il voulut sortir de la Pointe-à-Pitre pour aller au devant du commandant Duchêne. « Cet homme ignorant, sans talents, sans principes et sans mœurs, dit Th. Mahé, avait pour mérite auprès de V. Hugues d'avoir été autrefois son camarade d'équipage dans les voyages de mer, et d'avoir fait fusiller dans la colonie un grand nombre de personnes dans la tournée qu'il lui avait fait faire dans toutes les communes en qualité de président du tribunal militaire ambulant. »

ment les hommes du bataillon, et finalement amena leur insurrection.

Victor Hugues, pour réprimer cette insurrection, envoya une division sous les ordres du lieutenant de vaisseau Senez, commandant la corvette le *Décius*, avec le lieutenant-colonel Claire, commandant du bataillon, et 350 hommes. Les mutins furent embarqués et ramenés à la Guadeloupe où, dès leur arrivée, Hugues les fit passer devant un conseil de guerre composé de sept officiers supérieurs. Le jugement de ce conseil, qui se borna à destituer un certain nombre d'officiers et de soldats, fut trouvé par Victor Hugues « fort indulgent ». Néanmoins il ne suivit pas l'avis du général de division Boudet [1], qui voulait faire casser ce jugement par un tribunal militaire de cassation et soumettre l'affaire à un nouveau conseil dont il aurait attendu une sentence plus sévère. Les condamnés furent donc simplement renvoyés en France sur la frégate la *Sémillante*, à condition de faire partie de l'équipage pendant la traversée.

Cependant Hugues jugea à propos de rappeler son délégué à Saint-Martin et de le remplacer par un nommé Dormois, qui n'eut rien de plus pressé, après son installation, que de proposer à Victor Hugues une attaque contre l'Anguille, petite île anglaise, sans garnison, qui n'est guère à plus d'une lieue de Saint-Martin. Le détail de cette entreprise est donné dans les termes suivants par Thouluyre Mahé : « Victor Hugues y consent et l'autorise, si besoin en est, d'employer à cette conquête les compagnies du bataillon de la Réunion [2]. En conséquence, Dormois en fait faire l'attaque par le capitaine Senez, commandant le brick le *Décius*, accompagné d'un autre petit bâtiment de guerre. Senez fait débarquer son monde ; les insulaires sont attaqués et massacrés, mais ensuite les atta-

---

[1] Boudet venait d'être nommé général de division et commandant de la force armée par Victor Hugues, en remplacement de Pélardy, destitué.

[2] Celles qui venaient de relever et de remplacer les compagnies insurgées.

quants sont repoussés; plusieurs Français républicains sont faits prisonniers par les insulaires, les autres regagnent le *Décius*. Senez, résolu à les punir de leur résistance, retourne à Saint-Martin prendre du renfort. Dormois fait embarquer l'élite du bataillon, la compagnie des grenadiers. Ces Républicains brûlent d'aller combattre et croient voler à la victoire; mais, à peine le brick a-t-il commencé à faire feu sur le rivage et les grenadiers sont-ils embarqués dans les chaloupes pour faire leur descente sur l'île, qu'une frégate anglaise les atteint et met ces braves guerriers entre le feu de ses batteries et celui des insulaires. Le *Décius* répond au feu de la frégate; le combat s'engage, mais il est inégal : le *Décius* est coulé à fond; tout son équipage est perdu, ainsi que les grenadiers : ils sont engloutis sous les eaux. Le capitaine Senez et quelques hommes sont sauvés par la frégate, qui les fait prisonniers. Mais, pour comble de maux, ceux qui avaient été faits prisonniers par les insulaires dans la première attaque furent massacrés par eux quand le second combat commença et qu'ils virent les grenadiers diriger leur descente sur le rivage. Cet essai a coûté cher à nos défenseurs, mais n'a fait ni haut ni bas à Victor Hugues ni à Dormois, qui couraient la chance de se procurer quelques nouvelles dépouilles. »

Quoi qu'il en soit, les différentes entreprises de Victor Hugues avaient coûté cher aux Anglais et, de leur aveu même, ils avaient perdu dans l'espace de trente mois, à partir de la conquête de la Guadeloupe, 4.700 hommes de troupes aux îles du Vent, tant dans les combats que par suite des maladies et des intempéries du climat. En outre leurs colonies de la Grenade et de Saint-Vincent avaient été complètement ravagées.

APPENDICE AU CHAPITRE VI.

TABLEAU INDIQUANT LES BATTERIES DE CÔTE QUI ONT EXISTÉ À LA GUADELOUPE ET SES DÉPENDANCES À LA FIN DU SIÈCLE DERNIER, AVEC LEUR ÉTAT ACTUEL[1].

NUMÉROS D'ORDRE.	NOMS DES DIFFÉRENTS FORTS, POSTES OU BATTERIES.	OBSERVATIONS.
	QUARTIER DE LA BASSE-TERRE.	
1	Fort Richepanse..........	Cette citadelle est en mauvais état et ne peut être actuellement d'aucune utilité.
2	Batterie Caroline. (Haute et basse.)	Ces deux batteries qui n'en forment qu'une sont en bon état. Armement actuel : 9 pièces de 16 cent. mod. 1858-1860. (Bouche.)
3	Batterie de la Rivière-aux-Herbes.	N'existe plus.
4	Batterie de la Ravine-à-Billot.	Idem.
	QUARTIER DU VIEUX-FORT.	
5	Batterie Ricolet...........	Idem.
6	Vieux-Fort-l'Olive. (Redoute du Vieux-Fort, batterie haute et batterie basse.)	Ce fort est en ruines. Il n'était autre chose qu'une redoute renfermant 2 batteries, l'une appelée batterie haute et l'autre batterie basse. Il y existe encore une caserne, concédée au service local, qui y a établi un poste de douaniers.
7	Batterie des Trois-Pointes...	N'existe plus.
	QUARTIER DE GOURBEYRE.	
8	Batterie Pilate............	En ruines.
9	Batterie Turlet ou Césaire...	Il ne reste aucun vestige de cette batterie.
10	Batterie Saint-Nicolas.......	Elle est en assez bon état et est affermée.

[1] Ce tableau a été communiqué par M. le capitaine d'artillerie de marine Gerbault, actuellement faisant fonctions de directeur d'artillerie à la Guadeloupe.

NUMÉROS D'ORDRE.	NOMS DES DIFFÉRENTS FORTS, POSTES OU BATTERIES.	OBSERVATIONS.
	QUARTIER DE GOURBEYRE. (*Suite.*)	
11	Habitation Decroux........	Il existait autrefois une batterie sur cette habitation, mais il est impossible d'en déterminer la forme et l'emplacement.
12	Batterie de Houëlmont......	N'existe plus.
13	Batterie du Morne-Boucanier.	*Idem.*
14	Batterie du Grand-Camp....	*Idem.*
	QUARTIER DU PALMISTE.	
15	Batterie Boudet...........	*Idem.*
16	Batterie Sainte-Marie.......	*Idem.*
17	Batterie Langlet...........	*Idem.*
18	Batterie Marzial...........	*Idem.*
19	Batterie Croquet...........	*Idem.*
	QUARTIER DE BASSE-TERRE EXTRA-MUROS.	
20	Redoutes de l'Ilet..........	Elles sont tellement couvertes d'herbes qu'il est impossible d'en déterminer les formes.
21	Batterie du Gomnier.......	En ruines.
22	Batterie du Morne-Houël....	N'existe plus.
23	Redoute du Morne-Laforce...	*Idem.*
24	Redoute Tribourg..........	On n'aperçoit aucune trace de cette redoute que Delgrès avait placée sur un plateau entouré de fossés. Elle fut détruite par un tremblement de terre en 1843.
25	Batterie Bel-Air...........	Cette batterie est complètement en ruines.
26	Batterie Grandval.........	N'existe plus.
27	Batterie Guichard..........	*Idem.*
28	Batterie Constantin.........	*Idem.*
29	Redoute Ducharmois.......	Cet ouvrage d'une très grande importance est en ruines. La maçonnerie intérieure existe encore. Cette redoute défendait le passage Constantin et la route du Camp-Jacob. Aujourd'hui elle est nulle.

NUMÉROS D'ORDRE.	NOMS DES DIFFÉRENTS FORTS, POSTES OU BATTERIES.	OBSERVATIONS.
	QUARTIER DE BASSE-TERRE. (*Suite.*)	
30	Redoute Boulogne..........	N'existe plus.
31	Batterie Républicaine........	Est en ruines et affermée.
32	Batterie des Irois..........	Cette batterie est en bon état et a été comprise dans la défense de la colonie comme pouvant rendre de très bons services.
	QUARTIER DU BAILLIF.	
33	Tour Labat...............	Cette tour a été construite par le moine ingénieur Labat, en 1701. Elle est en ruines et cachée par les halliers qui ont poussé sur les murs.
34	Batterie Saint-Dominique....	En ruines et affermée.
35	Batterie Madeleine.........	Cette batterie a été construite sur les ruines du fort de ce nom et divisée en deux parties : l'une haute et l'autre basse. La 1re est en ruines, la 2e est en assez bon état et affermée.
36	Batterie du Gros-François....	Cette batterie est en mauvais état et ne peut servir à rien.
37	Batterie Négresse..........	N'existe plus.
38	Batterie du Morne-Belair....	*Idem.*
	QUARTIER DES VIEUX-HABITANTS.	
39	Batterie Beauchêne.........	*Idem.*
40	Batterie des Capucins.......	*Idem.*
41	Batterie du Marigot........	Est en ruines.
42	Batterie Coupart...........	*Idem.*
	QUARTIER DE BOUILLANTE.	
43	Batterie Lézard............	N'existe plus.
44	Batterie Pigeon............	*Idem.*
45	Batterie Malendure........	*Idem.*
	QUARTIER DE LA POINTE-NOIRE.	
46	Batterie Caillou...........	*Idem.*

NUMÉROS D'ORDRE.	NOMS DES DIFFÉRENTS FORTS, POSTES OU BATTERIES.	OBSERVATIONS.
	QUARTIER DE DESHAIES.	
47	Batterie Féry............	N'existe plus.
48	Batterie Deshaies.........	Idem.
49	Batterie de la Grande-Anse ou Camp.	Idem.
50	Batterie Bas-Vent.........	Idem.
	QUARTIER DE SAINTE-ROSE.	
51	Batterie Allègre..........	Idem.
52	Batterie Madame..........	Idem.
53	Batterie Saint-Pierre......	En ruines.
54	Batterie Sainte-Rose.......	Idem.
	QUARTIER DE LA BAIE-MAHAULT.	
55	Batterie de la Pointe-à-Négresse.	N'existe plus.
56	Batterie Bellecourt.........	Idem.
57	Batterie du Bourg.........	Idem.
58	Batterie Brêmegène........	Idem.
59	Batterie de la Madeleine.....	En ruines.
60	Batterie du Corps-de-Garde ou de la Pointe-à-Jarry.	N'existe plus.
61	Batterie de l'Habitation......	Idem.
	QUARTIER DU PETIT-BOURG.	
62	Redoute Vinée............	N'existe plus.
63	Batterie Bacchus..........	En ruines complètes.
64	Batterie Rougeolle.........	N'existe plus.
65	Redoute Rougeolle.........	Idem.

NUMÉROS D'ORDRE	NOMS DES DIFFÉRENTS FORTS, POSTES OU BATTERIES.	OBSERVATIONS.
	QUARTIER DE LA CAPESTERRE.	
66	Batterie Sainte-Marie.......	N'existe plus.
67	Batterie du Carénage.......	Idem.
68	Batterie du Marigot........	En ruines complètes.
69	Batterie Saint-Sauveur......	N'existe plus.
70	Batterie du Bananier.......	Idem.
71	Batterie Salée.............	Idem.
	QUARTIER DES TROIS-RIVIÈRES.	
72	Batterie de la Grande-Pointe..	Idem.
73	Batterie de la pointe Acomat..	Idem.
74	Batterie des Trois-Rivières....	Idem.
75	Batterie Gagneron.........	Idem.
76	Batterie Roussel...........	Idem.
77	Batterie La Mare ou Bombarde.	Idem.
78	Batterie de la Grande-Anse...	En ruines.
79	Batterie d'Arbaud ou Petite-Batterie.	N'existe plus.
80	Batterie Quétel............	Idem.
81	Batterie Casse-Cou.........	Idem.
82	Batterie Blondeau..........	Idem.
83	Batterie Delaunay..........	Idem.
84	Redoute Dubois...........	Idem.
85	Redoute Gagneron.........	Idem.
86	Batterie Boyer.............	Idem.
	CHEMIN DIT DE LA LIGNE.	
87	Batterie du Vieux-Chemin....	Idem.
88	Batterie du Treuil..........	Idem.
89	Batterie du Bois-Neuf.......	Idem.
90	Batterie Carbet............	Idem.
91	Batterie Mulet.............	Idem.
92	Batterie ou redoute Bombée..	Idem.

NUMÉROS D'ORDRE.	NOMS DES DIFFÉRENTS FORTS, POSTES OU BATTERIES.	OBSERVATIONS.
	GRANDE-TERRE.	
	QUARTIER DE LA POINTE-À-PITRE.	
93	Batterie n° 1 de l'Ilet-à-Cochons.	Cette batterie est en très bon état et est d'une haute importance pour la défense de la rade de la Pointe-à-Pitre. Il y existe un réduit en très bon état. Armement actuel : 9 pièces de 16 cent. mod. 1858-1860. (Bouche).
94	Batterie n° 2 de l'Ilet-à-Cochons.	Est également en très bon état et possède un petit magasin à poudre. Armement actuel : 4 pièces de 16 cent. mod. 1858-1860. (Bouche.)
95	Batterie n° 3 de l'Ilet-à-Cochons.	N'existe plus.
96	Batterie Fouyolle..........	Idem.
97	Redoute Stivenson.........	Idem.
98	Redoute de la Gabarre......	Idem.
99	Redoute Baimbridge........	Idem.
100	Fort l'Union (Batterie haute, batterie basse).	Son élévation est d'environ 30 mètres au-dessus du niveau de la mer et est d'une grande importance. Il fut construit en 1744 et est aujourd'hui en ruines. Il y existe encore 2 batteries en bon état.
101	Batterie Saint-Louis ou Royale.	N'existe plus.
102	Batterie Saint-Joseph.......	Est en assez bon état mais n'a pas d'armement.
103	Batterie Choisy ou Dauphine..	Est en assez bon état, n'a pas d'armement. Tous les terrains situés sous le fort l'Union sont affermés.
104	Fort Fleur-d'Épée..........	Est en très mauvais état et est affermé.
105	Batterie de l'Avancée.......	En ruines complètes.
	QUARTIER DU GOSIER.	
106	Batterie de la Verdure......	Est en assez bon état et est affermée.
107	Batterie du Corps-de-Garde..	N'existe plus.
108	Batterie du Gozier.........	Idem.
109	Batterie du Petit-Havre......	Idem.

NUMÉROS D'ORDRE.	NOMS DES DIFFÉRENTS FORTS, POSTES OU BATTERIES.	OBSERVATIONS.
	QUARTIER DE SAINTE-ANNE.	
110	Batterie Sainte-Anne........	N'existe plus.
111	Batterie de l'Anse-à-la-Barque.	Idem.
	QUARTIER SAINT-FRANÇOIS.	
112	Batterie Saint-François......	Idem.
	QUARTIER DU MOULE.	
113	Batterie du Moule..........	Idem.
114	Batterie des Nègres-Libres....	Idem.
	QUARTIER DE L'ANSE-BERTRAND.	
115	Batterie de la Vigie.........	Idem.
116	Batterie du Bourg..........	Idem.
117	Batterie du Belvéder........	Idem.
	QUARTIER DU PORT-LOUIS.	
118	Batterie de la Pointe-d'Antigues.	Est en ruines.
119	Batterie du Souffleur.......	Est en assez bon état et est affermée.
120	Batterie Rambouillet........	N'existe plus.
121	Batterie Molia ou Gris-Gris...	Idem.
	QUARTIER DU PETIT-CANAL.	
122	Batterie du Petit-Canal......	Idem.
	QUARTIER DU MORNE-À-L'EAU.	
123	Batterie du Morne-à-l'Eau....	Idem.

8

LES SAINTES.

TERRE-DE-HAUT.

NUMÉROS D'ORDRE.	NOMS DES DIFFÉRENTS PORTS, POSTES OU BATTERIES.	OBSERVATIONS.
124	Batterie du Bourg..........	N'existe plus.
125	Fort Napoléon............	Ce fort est en très bon état et est à 110 mètres au-dessus du niveau de la mer. Il y existe dans l'intérieur une caserne pouvant contenir 190 hommes et 1 officier, des latrines, 1 lavoir couvert, 1 prison cellulaire, qui a été terminée en 1887, pour la compagnie de discipline, et 1 citerne pouvant contenir 410.000 litres d'eau. Le fort possède 4 magasins à poudre souterrains avec des couloirs ayant accès dans le chemin de ronde et les bastions. Il est très bien placé pour défendre le canal des Saintes et l'entrée de la rade de la Pointe-à-Pitre. Armement actuel: 15 pièces de 16 cent. mod. 1858-1860. (Bouche).
126	Fort Morel...............	En ruines.
127	Batterie du Morne-Morel.....	Idem.
128	Batterie du Mouillage.......	N'existe plus.
129	Batterie Coquelet..........	Idem.
130	Batterie du Marigot.........	Idem.
131	Batterie du Vent...........	Idem.
132	Batterie de l'Anse-du-Figuier..	Idem.
133	Batterie de la Plaine........	Idem.
134	Batterie Cahouanne.........	Idem.
135	Batterie du Pain-de-Sucre....	Idem.
136	Batterie Grande-Pointe......	Idem.
137	Batterie Rodrigues..........	Idem.
138	Batterie Granier...........	Idem.
139	Batterie Rabès............	Idem.

NUMÉROS D'ORDRE.	NOMS DES DIFFÉRENTS FORTS, POSTES OU BATTERIES.	OBSERVATIONS.
	TERRE-DE-HAUT. (*Suite.*)	
140	Morne-Vigie............	La batterie n'existe plus; il y a actuellement une tour vigie sur le morne. C'est à cet endroit que l'on doit organiser un abri pour la garnison et un emplacement pour de nouvelles pièces de canon.
141	Batterie de la Tête-Rouge....	Cette batterie est en très bon état. Il y a un abri et un magasin à poudre convenablement installés. Il y existe aussi une citerne. Armement actuel : 8 pièces de 16 cent. mod. 1858-1860. (Bouche.)
	ÎLET-À-CABRITS.	
142	Fort Joséphine............	En ruines.
143	Batterie Bergeret..........	N'existe plus.
144	Batterie Pointe-à-Cabrit.....	Idem.
145	Batterie Cabrit............	Idem.
146	Batterie de l'Anse-à-Chaux...	Idem.
147	Batterie Bombarde.........	Idem.
	TERRE-DE-BAS.	
148	Batterie des Mûriers........	Idem.
	MARIE-GALANTE.	
149	Batterie de Joinville........	Idem.
150	Batterie Doyon............	Idem.
151	Batterie Maréchal..........	Idem.
152	Batterie Folence...........	Idem.
153	Batterie Saint-Louis........	Idem.
154	Batterie Massacre..........	Idem.
155	Batterie Cimetière.........	Idem.
156	Batterie du Vieux-Fort......	Idem
157	Batterie des Basses.........	Idem.
158	Batterie de la Capesterre.....	Idem.

8.

NUMÉROS D'ORDRE.	NOMS DES DIFFÉRENTS FORTS, POSTES OU BATTERIES.	OBSERVATIONS.
	SAINT-MARTIN.	
159	Fort du Marigot ou fort Saint-Louis.	En très mauvais état.
160	Batterie n° 1	N'existe plus.
161	Batterie n° 2 ou du Cavalier..	Idem.
162	Batterie n° 3 de 24........	Idem.
163	Batterie n° 4 ou d'Essaix.....	Idem.
	SAINT-BARTHÉLEMY.	
164	Fort Gustave III...........	Est en assez bon état et sert de caserne aux artilleurs miliciens.
	LA DÉSIRADE.	
165	Batterie de la Pointe-du-Nord.	N'existe plus.
166	Batterie de la Pointe-du-Sud.	Idem.

CHAPITRE VII.

SUITE DES LUTTES DE V. HUGUES CONTRE LES ANGLAIS.

§ 6. *Guerre sur mer au commerce anglais.* — L'idée la plus hardie qu'ait eue Victor Hugues est peut-être encore celle de faire la guerre aux Anglais sur mer, en capturant leurs navires de commerce et même leurs convois de guerre dans cette mer où ils entretenaient des forces navales considérables. Il commença par envoyer en croisière les quelques bâtiments placés sous les ordres de l'amiral Leissègues, dans des parages où les Anglais ne pouvaient pas présumer qu'ils seraient envoyés à cause de la grande supériorité de leurs forces. Il les avait partagés à cet effet en trois groupes distincts :

1° Les frégates l'*Hercule*, la *Thétis* et la *Concorde* avec la corvette le *Brutus*;

2° La corvette le *Décius* et la goélette la *Révolution*;

3° La flûte le *Marsouin* et les corvettes la *Républicaine* et le *Sans-Culotte*.

La première devait croiser en latitude de la Barbade, à 160 lieues au large, la deuxième à 60 lieues au vent d'Antigues, la troisième entre Porto-Rico et Saint-Thomas, les instructions les plus minutieuses étaient données aux commandants sur les routes à suivre pour effectuer la croisière et pour ramener les prises à la Guadeloupe. Des précautions spéciales, où la ruse s'alliait à la prudence, leur étaient en outre formellement prescrites. « Il tiendra sa croisière cachée autant qu'il sera possible, en envoyant à bord des bâtiments neutres un officier sachant bien parler anglais, et des hommes dans le canot (qui sera le plus petit possible) sans cocarde et mis autant qu'il sera possible à l'anglaise. Il leur sera fait défense expresse de parler. Il sera remis au citoyen Leissègues 12 vestes de soldats anglais, autant de gibernes, de chapeaux à cocarde noire et de pantalons de toile à l'anglaise. Il les distribuera lorsqu'il enverra à bord des bâtiments suspects et aura toujours soin d'en mettre deux dans les canots. Nous expédierons au contre-amiral un bâtiment léger tous les quinze jours à compter de son départ pour l'informer de la position des ennemis, lui donner des nouvelles des succès de nos armes et *lui transmettre nos ordres.* [1] »

La croisière si minutieusement réglée par Victor Hugues fut très fructueuse. Après 45 jours de mer, Leissègues rentra ayant fait onze prises au convoi de l'amiral John Laforey qui se rendait à la Martinique pour y prendre le commandement des forces navales anglaises. Il fut obligé d'en couler une, mais put ramener les dix autres à la Guadeloupe. Les commissaires délégués, dans une lettre adressée au Comité de Salut public (le 5 ventôse an IV), font ressortir que plusieurs de ces bâtiments portaient de la troupe, en sorte qu'on a fait 618 prisonniers, et que d'autres, chose beaucoup plus appréciable, étaient chargés d'un matériel de guerre très utile. On y gagnait, en effet, 87 milliers de poudre, 12 canons de campagne et 4 obusiers en fonte, quantité de gros canons et mortiers en fonte, des boulets, des artifices, des mèches, des ustensiles et des rechanges d'artillerie (affûts, triqueballes, chèvres, forges, refouloirs, lanternes, etc.), enfin des outils de toute sorte pour le service des arsenaux. La deuxième division de son côté fit cinq prises aux Anglais et la troisième n'eut pas moins de succès.

« Le Comité jugera, disent les commissaires, par les instructions que nous avons données de la sagesse de ces opérations [2] qui ont parfaitement réussi, malgré la répugnance de certains marins à sortir, vu les forces de l'ennemi. » Ces forces étaient

---

[1] Instructions des commissaires délégués au contre-amiral Leissègues, datées de la Basse-Terre, 18 floréal an III. (Registre n° 48 des Archives des colonies.)

[2] Cette lettre est écrite de la main de Lebas : V. Hugues, en général, ne se vante pas de «sagesse».

en effet considérables, les Anglais ayant une quarantaine de navires de guerre dans la mer des Antilles; en voici l'énumération d'après un état joint à la correspondance des commissaires délégués. Ce document, qui porte simplement la date de l'an III (1795), se trouve dans le registre n° 48, Guadeloupe, des Archives des colonies.

NOMS DES BÂTIMENTS.	NOMBRE DE CANONS.	DÉSIGNATION DES COMMANDANTS.
Majesty	80	Amiral Benjamin Caldwell. Capitaine Westcott.
Vanguard	74	Amiral Thompson. Capitaine Miller.
Bellona	74	Capitaine Wilson.
Theseus	74	Capitaine Calder.
Ramillies	74	Capitaine Sir Richd Bickeston.
Gange	74	Capitaine Truscott.
Montagu	74	Capitaine Jookès.
Veteran	64	Capitaine Kelly.
Reasonable	64	Capitaine Sir Hyd. Parker.
Trusty	50	?
Assurance	50	Capitaine Sawyer.
Experiment	50	Capitaine Miller.
Rœbuck	50	Capitaine Christie.
Woolwich	50	Capitaine Jaky.
Beaulieu	48	Capitaine Rew.
Blanche	32	Capitaine Watkin.
Terpsicore	32	Capitaine Bowen.
Alarm	32	Capitaine Carpenter.
Solbay	32	Capitaine Bayton.
Quebec	32	Capitaine Roggers.
Resolution	32	Capitaine Milnes.
Ressource	28	Capitaine Ross.
Inspector	16	Capitaine Cook.
Bull-Dogg	16	Capitaine Davis.
Zebra	16	Capitaine Vaughan.
Nautilus	16	Capitaine Rutterford.
Scorpion	16	Capitaine Stern.
Jacobine	24	?
Polly et Suckly	16	Capitaine Peniston.
Garland	12	Capitaine Wivels.
Berris	10	Lieutenant La Penitiere.

Soit : 31 bâtiments, portant ensemble 1.412 canons; plus quelques corvettes dont le nom n'était pas connu.

Les forces navales dont pouvait disposer V. Hugues étaient d'une grande infériorité, car il n'avait qu'une dizaine de bâtiments de guerre, de médiocre valeur, et quelques balaous armés; aussi recourait-il à la ruse pour obtenir le succès de ses croisières comme nous l'avons déjà indiqué, et même à l'espionnage, comme il l'explique dans une lettre au Ministre de la marine, en date du 20 ventôse an v (11 mars 1796)[1].

« Un espion des généraux anglais, avoué par nous, existe ici depuis deux ans; il reçoit une paie de 1.320 livres par mois, accompagnée d'autres gratifications à raison des avis qu'il donne. C'est l'un de nous[2] qui rédige la correspondance; elle est faite de manière à donner le change sur toutes nos opérations en les leur laissant presque toujours entrevoir, et leur donnant toujours avis de ce qu'ils ne peuvent empêcher. Quoique la confiance des généraux anglais dans cet agent soit entière, nous avons cru, pour la cimenter et l'entretenir, devoir lui permettre d'aller conférer plusieurs fois avec eux sur des opérations que nous eussions désiré qu'ils fissent; les croisières heureuses de nos frégates sont dues à cette correspondance. »

Une seconde croisière avait, en effet, été entreprise quelque temps après la première et avait eu un égal succès.

Mais, dans les deux cas, Hugues prit la totalité du produit des bâtiments capturés sans donner aux marins leurs parts de prise. Ceux-ci furent naturellement très mécontents et se plaignirent tout haut de l'injustice de cet agent, on finit par

---

[1] V. Hugues constate au début de cette lettre qu'il n'a reçu aucune communication du gouvernement français *depuis un an et demi;* la dernière dépêche qu'il avait reçue datait de fructidor an II (août 1794).

[2] L'un des deux agents particuliers : la signature de Lebas figure en effet toujours à côté de celle de V. Hugues, et la correspondance est rédigée en leur nom collectif; théoriquement les deux agents avaient des droits et des pouvoirs égaux.

leur distribuer une minime partie de ce qui leur revenait; mais il firent de nouvelles prises dont l'agent du Directoire s'adjugea encore la totalité. Le mécontentement des marins ne fit que s'accroître, et V. Hugues, ayant été visiter ses bâtiments de guerre, fut accueilli par des réclamations et des menaces. Il promit alors de leur rendre justice et se fit envoyer à cet effet, le lendemain, une délégation des matelots les plus intelligents et les plus entreprenants, pour régler en commun le compte des équipages. Mais, à peine débarqués, ils furent, conformément aux ordres de V. Hugues, entourés et saisis par la force armée et conduits en prison. Il les fit plus tard renvoyer en France « enferrés » et destitua plusieurs de leurs officiers. Ces mesures déterminèrent un grand nombre de marins à quitter la Guadeloupe, et à passer à Saint-Domingue. Il affaiblissait ainsi par sa faute la phalange de marins expérimentés qu'il avait eue d'abord à sa disposition; nous avons vu aussi disparaître une partie de ses bâtiments, la *Carmagnole* et la *Pique* devant la Guadeloupe, la *Républicaine* et le *Brutus* devant la Grenade, le *Décius* devant l'Anguille, etc. Quant à l'*Hercule* et à la *Thétis*, ils avaient été envoyés, en disgrâce, stationner sur un des points les plus malsains de la Guadeloupe au fond de la baie Mahault, sous prétexte d'empêcher une descente des Anglais. Hugues avait formellement défendu de laisser descendre personne à terre, punissant ainsi les marins d'avoir voulu revendiquer leurs droits.

Il envoya aussi à son collègue Goyrand, à Sainte-Lucie, une autre frégate, la *Concorde*, et là encore il semble avoir eu surtout pour but d'éloigner un certain nombre de marins, car Goyrand, dans son rapport, s'exprime ainsi sur cet envoi :

« Mes collègues de la Guadeloupe m'envoyèrent la frégate la *Concorde* : elle ne pouvait m'être d'aucune utilité, parce qu'elle était mal armée; continuellement observée par l'amiral Laforey, elle était contrainte de rester dans le port et me consommait trop de provisions; alors je ne vis d'autre moyen pour conserver cette belle frégate que de l'envoyer à Saint-Domingue : les observateurs furent trompés par cette manœuvre secrète. »

Ayant ainsi mis à l'écart la marine de guerre pour laquelle il avait conçu, à la suite de ses croisières, une antipathie d'ailleurs bien réciproque, V. Hugues eut recours à la guerre de course contre les navires de commerce anglais et contre les navires neutres qui faisaient l'approvisionnement des colonies anglaises. Sous son impulsion énergique, les Guadeloupéens armèrent une quarantaine de petits corsaires légers qui écumèrent, avec autant d'audace que de succès, toute la mer des petites Antilles. Le nombre des prises fait par ces corsaires fut considérable : à la fin des années de pouvoir de V. Hugues, il dépassa huit cents [1]. Un tribunal de commerce, nommé par V. Hugues et entièrement à sa dévotion, jugeait l'affaire de chaque bâtiment capturé, et naturellement décidait toujours qu'il était *de bonne prise*.

Nous verrons plus loin les abus considérables auxquels donna lieu cette entreprise des corsaires guadeloupéens, abus tels qu'ils forcèrent le gouvernement de la République à faire rentrer d'office en France V. Hugues. Mais il n'en est pas moins vrai qu'elle causa pendant longtemps au commerce anglais des dommages très considérables et fit rentrer à la Guadeloupe des valeurs et de l'argent qui donnèrent pendant quelque temps une splendeur et une activité extraordinaires au commerce de cette colonie.

§ 7. *Attitude insolente de V. Hugues envers les Anglais.* — Mais ce n'était pas seulement par ses actes que V. Hugues inspirait aux Anglais une véritable terreur. La correspondance fréquente qu'il entretenait avec les amiraux, les généraux ou

---

[1] Le journal des décisions de ce tribunal, depuis le mois de septembre 1795 au mois d'octobre 1799, existe dans les Archives des colonies : il contient, en effet, un peu plus de 800 articles.

les gouverneurs qui représentaient dans les Antilles le gouvernement de Georges III était conçue dans des termes si violents, si acerbes, on peut bien le dire parfois si insolents, que ces hauts fonctionnaires habitués à toutes les politesses de l'étiquette, aux formules recherchées de la diplomatie, étaient déconcertés par le sans-gêne à la fois hautain et familier d'un pareil adversaire. Ils y retrouvaient l'auteur de la profanation des cendres du général Dundas, de cet acte qui les avait à la fois indignés et terrifiés.

Nous ne croyons pas inutile de donner ici quelques spécimens du style de V. Hugues, car c'est un trait qui achève de faire connaître cet homme extraordinaire et le rôle qu'il a joué dans la mer des Antilles.

Lettre adressée à l'amiral John Laforey, commandant les forces navales britanniques et au gouverneur de la Martinique, Shore Milnes (date non indiquée):

« Vous n'ignorez pas, Messieurs, que depuis le ridicule blocus qui couvrira à jamais d'infamie Vaughan et Caldwell, quarante-six bâtiments de votre nation ont été pris et conduits dans nos ports, dix-sept du dernier convoi, dont trois avec des troupes et un chargé d'artillerie et poudres pour la Martinique. Vos caractères connus nous font espérer que nous ne traiterons plus avec des imbéciles et des bêtes féroces, et que vous ferez, ainsi que nous, ce qu'il sera en notre pouvoir pour faire cesser des maux que l'humanité souffrante réclame. »

Autre lettre adressée le 8 thermidor an III à M. Ch. Leight, major-général anglais, commandant à Saint-Cristophe :

« Le traitement qu'ont éprouvé les prisonniers à Saint-Cristophe, dans tous les temps, est d'une atrocité sans égale et ne peut avoir lieu que par l'instigation des chefs qui y commandent. Quant aux habitants de Saint-Cristophe, les républicains français sauront bien se venger sur eux et leurs propriétés de leur infâme conduite, et sachez, Monsieur, qu'ils n'ont jamais menacé en vain. »

Celle adressée le 11 thermidor an III à MM. Laforey et Irving, commandant les forces britanniques aux îles du Vent, est dans le même ton :

« Les actes d'atrocité commis par les Anglais aux îles du Vent formeraient une encyclopédie, et, malgré le ton de vos lettres, ils continuent encore. Vous me parlez d'un échange général auquel nous eussions consenti pour soulager l'humanité souffrante, et au même instant vous envoyez nos prisonniers en Europe dans votre convoi. La conduite de Thomson, contre-amiral, envers nos prisonniers, en les faisant maltraiter et leur arrachant leur cocarde, ne m'a jamais étonné. Sa lâcheté à la Guadeloupe et ses voleries justifient pleinement sa conduite. Je vous invite à nous faire savoir sous dix jours si vous êtes résolu à l'échange; autrement, à l'arrivée de notre flotte, nous le ferons à la Martinique.[1]

« Quant à ceux de Berville, lorsque vous aurez levé le blocus de l'île Guadeloupe, proclamé par Caldwell et Vaughan, je les enverrai en Angleterre, conformément à la capitulation. »

Il ne s'exprime pas avec plus de modération dans une autre lettre adressée aux mêmes, le 8 fructidor an III :

« Quant à la capitulation de Berville, les preuves multipliées que j'ai de la foi punique des généraux anglais, et le fameux blocus de la Guadeloupe m'ont retenu jusqu'à pré-

---

[1] Le mémoire de Pélardy, déjà cité dans ce chapitre, nous apprend qu'il y avait alors à la Pointe-à-Pitre (messidor an III) environ 3.000 prisonniers anglais répartis sur des bâtiments désarmés. Le général considère cette situation comme dangereuse, les Anglais pourraient enlever, par un coup de main, ces bâtiments qui sont mal protégés, et se procurer ainsi un renfort considérable.

D'autre part, une lettre de V. Hugues adressée aux commandants des forces britanniques (Abercrombie et Harvey), un an plus tard (26 messidor an IV), constate qu'il était mort dans les hôpitaux de la République 4.200 prisonniers anglais, dont 60 officiers; que 1.200 prisonniers ont été récemment envoyés à Saint-Domingue pour y être échangés, 512 à la Jamaïque, et que les prisons sont encore pleines.

sent, et ils ne seront renvoyés en Angleterre que lorsque vous aurez déclaré que le blocus n'existe plus.

« Quant à la rodomontade qui termine votre lettre, nous en avons vu plus d'une de ce genre. John Gervis, Charles Grey, Colin Graham, Stewart, Vaughan, Caldwell, Symes et Gown ont aussi fait les rodomonts avec nous. Un seul Anglais, Prescott, s'en est exempté; aussi s'est-il mieux battu qu'eux. Quant aux ordres généraux que vous dites avoir donnés et dont vous nous envoyez une copie, tout cela nous annonce de votre part plus de peur que de courage; cette réflexion n'échappera pas même à vos compatriotes. »

Dans une lettre adressée au général Vaughan et à l'amiral Caldwell (date omise), on retrouve la même violence de style.

« Comment pouvez-vous vanter la générosité de votre gouvernement? Dans tous les temps, ses expéditions ont eu pour base la perfidie la plus noire. Vous n'avez commis ici que des cruautés, et nous avons en mille occasions sauvé la vie à ceux de votre nation lorsqu'ils devaient être passés au fil de l'épée, suivant les lois de la guerre; le colonel Drumond, le capitaine Hall, le capitaine Suklin et le lieutenant Cudmore ne l'ignorent pas. Celui-ci avait cependant reçu l'ordre atroce de tout massacrer, sans distinction de sexe et d'âge. »

La même lettre se termine par une proposition d'échange entre deux capitaines d'artillerie ainsi conçue : « La protection que la nation française n'a cessé d'accorder aux amis des arts et la loyauté qui a toujours caractérisé toutes nos actions nous a déterminé à renvoyer sur parole le capitaine de l'artillerie anglaise Hulton avec toute sa famille. Il est convenu de ne point porter les armes contre la République, jusqu'à ce qu'il ait été échangé. Les événements de la guerre ont rendu le capitaine d'artillerie Cabaut votre prisonnier; nous espérons que vous userez envers nous de réciprocité. »

On pourrait multiplier ces citations, car le dossier de cette correspondance est assez volumineux, mais il faut se borner, et nous n'en ferons plus qu'une, extraite d'une lettre adressée au gouverneur de la Martinique W. Keppel, pour se plaindre du traitement infligé à un nègre, soldat français prisonnier, qui, au lieu d'être maintenu sur les pontons, avait été rendu comme esclave à son ancien maître.

« Si le citoyen Saint-Jean, dit V. Hugues, n'est pas réintégré à bord des prisons, conformément au droit des gens, nous vous donnons notre parole d'honneur de faire mettre à la chaîne le lieutenant-colonel Westheral, aide de camp du prince Édouard, et de l'employer aux travaux les plus abjects ainsi que Christinaw, lieutenant-colonel de dragons. Et que W. Keppel sache que des Français ne donnent pas leur parole en vain. »

CHAPITRE VIII.

CONQUÊTE DE SAINTE-LUCIE PAR LES ANGLAIS.

Tous les événements qui venaient de se passer à la Guadeloupe et dans les îles voisines, et surtout les menaces dirigées contre plusieurs de ses possessions dans les Antilles inspirèrent au gouvernement anglais la résolution d'en finir avec les Français en les expulsant une seconde fois de toutes les îles du Vent. Il rassembla donc à la Barbade un armement considérable; la flotte était commandée par l'amiral Christian, et les troupes, dont l'effectif s'élevait à 20.000 hommes, par le général Abercombrie.

A Sainte-Lucie, Goyrand, qui avait eu connaissance de ces préparatifs et qui avait compris qu'il serait le premier attaqué, avait préparé sa défense avec une grande activité; il avait construit de nouvelles batteries, organisé deux compagnies de canonniers, palissadé les forts, demandé à ses collègues de la Guadeloupe les objets qui lui manquaient, surtout de la farine et de la mitraille. Il faisait surveiller avec soin, et surveillait sans cesse lui-même « avec sa lunette d'approche » tous les abords de l'île, pour éviter toute surprise : il put ainsi reconnaître et faire prendre, par ses balaous armés, deux ou trois transports chargés de vivres pour l'expédition anglaise, et ces prises lui furent d'un grand secours, car Sainte-Lucie était très pauvre en provisions de bouche [1]. Enfin, il ordonna à tous les hommes en état de porter les armes de venir se joindre à lui pour soutenir la cause de la liberté.

---

[1] L'île n'a que 45 lieues de tour, et une bonne partie des terres n'était pas en culture. Tous les détails qu'on va donner sur le siège de Sainte-Lucie sont empruntés au journal de Goyrand. (Archives des colonies, Guadeloupe, Registre n° 49.)

Toutes ces dispositions étaient prises lorsque les forces anglaises parurent devant Sainte-Lucie, le 6 floréal an IV (28 mai 1796). Goyrand put compter 150 bâtiments de transport, 7 vaisseaux de ligne, et 12 frégates et corvettes. L'attaque commença le 30 mai au matin : 3 vaisseaux et 3 frégates vinrent s'embosser par le travers de l'anse Longueville, où venait d'être établi un camp volant de 200 volontaires, et canonnèrent de là le Gros-Ilet; puis ils mirent à terre sur la plage 2.000 hommes de troupes. Les volontaires français luttèrent toute la journée sous les ordres du brave Pélage, qui fut grièvement blessé [1]; mais, le lendemain, ils durent céder à la supériorité du nombre et se retirer. Dans l'intervalle le reste de la flotte était arrivé et avait mouillé dans une anse un peu plus éloignée (l'anse du Choc), hors de portée des canons et des mortiers du Gros-Ilet, qui ripostaient vivement au feu des navires embossés.

Le 1er juin à 10 heures du matin, l'amiral Christian et le général Abercombrie, ayant été informés que les 2.000 hommes débarqués avaient refoulé les défenseurs et occupaient tous les revers de l'anse du Choc, firent exécuter la descente générale. Les 200 ou 300 Français disponibles sur ce point ne pouvaient s'opposer à un pareil débarquement, d'autant plus que celui-ci était soutenu par le feu de tous les bâtiments. Ils s'étaient donc retirés sur une habitation peu éloignée pour observer l'ennemi. Mais les Anglais, aussitôt après le débarquement, se formèrent en trois colonnes et marchèrent sur cette habitation (habitation Chardavoine), ce qui força les Français à se reporter un peu en arrière, sur le morne Doudon où ils avaient installé deux pièces de campagne. Ils furent remplacés à Chardavoine par l'armée anglaise, qui y établit son camp.

[1] On se rappelle que ce Pélage, homme de couleur, s'était distingué comme capitaine à la prise de Sainte-Lucie, et avait été nommé chef de bataillon à titre provisoire par Goyrand qui avait demandé au ministre la confirmation de cette nomination.

Le lendemain 2 juin, à 3 heures du matin, le poste du Morne-Doudon est emporté par 3.000 hommes, après une fusillade assez vive : les Français y perdirent 80 hommes et les survivants durent rentrer au Morne-Fortuné. Les généraux anglais envoyèrent alors le colonel Sontag en parlementaire pour sommer Goyrand de rendre la place; la sommation fut repoussée par un refus énergique. Le même jour, Goyrand avait tenté d'expédier à la Guadeloupe un balaou suédois avec des dépêches pour V. Hugues; mais ce petit bâtiment fut capturé à la sortie du port.

Les Anglais s'étaient hâtés d'établir en deux jours, autour du Morne-Fortuné, une ligne d'investissement du côté de l'intérieur; cette ligne, qui avait cinq lieues de développement, achevait de cerner, dans le Morne, les Français déjà bloqués du côté de la mer. Le 4 juin, à 8 heures du matin, un détachement de 200 Anglais vint attaquer la batterie des Grenadiers située au-dessous de la vigie; une compagnie française, sortie du poste du carénage, marcha aussitôt à sa rencontre et le fusilla si vivement qu'elle le força à s'arrêter pour s'abriter derrière une haie de balisiers. Elle allait poursuivre son succès et le forcer à se retirer, lorsque le commandant anglais du Morne-Doudon, qui surveillait l'affaire, envoya au secours de son détachement un renfort important d'infanterie et une pièce de campagne. Le Morne-Fortuné fit alors sortir trois compagnies pour appuyer la compagnie engagée, et le combat devint sérieux; il se prolongea pendant quatre heures. Enfin, les Anglais durent rentrer dans leurs lignes sans avoir pu s'emparer de la batterie et après avoir perdu 120 hommes.

Le 7 juin, un peu avant le lever du soleil, nouvelle attaque des Anglais contre la batterie Cizeron. Ils avaient peut-être espéré la surprendre, car, ayant été reçus par une vive fusillade, ils ne tardèrent pas à s'éloigner. Le capitaine Chavidan, prévoyant un retour offensif, s'élance dans la batterie avec deux compagnies fraîches et fait charger à mitraille les deux pièces de 24 qui s'y trouvent. Pendant ce temps, en effet, l'ennemi, qui s'était reformé, revient à la charge avec fureur; on le laisse arriver et on tire à bout portant les deux coups à mitraille de 24. Cette décharge suffit pour le mettre en déroute, et les Français sortant de la batterie lui donnent dans la plaine une poursuite à la baïonnette.

Une autre colonne anglaise, commandée par le général Malcombe, avait eu d'abord plus de succès : après avoir refoulé un poste français, elle s'était emparée de la batterie sèche *distante de soixante toises du corps de la place;* elle avait même eu le temps de retourner une pièce de 12 et d'en tirer deux coups à mitraille contre la forteresse; quatre hommes furent tués à côté de Goyrand qui, montant sur le parapet, fit diriger à la fois contre les assaillants le feu de mousqueterie de la compagnie des sans-culottes et le tir à mitraille de l'artillerie. En deux minutes, la batterie sèche fut complètement balayée et la colonne anglaise dispersée. La batterie fut aussitôt réoccupée par les Français. Le général Abercombrie commandait en personne une troisième colonne qui devait donner l'assaut; mais l'échec des deux premières attaques le détermina à ne pas bouger. Les Anglais avaient perdu beaucoup de monde par le feu; un certain nombre d'hommes s'étaient noyés, en fuyant, dans la rivière du Grand-Cul-de-Sac, et ils avaient en outre laissé des prisonniers entre les mains des Français. Deux jours après, un parlementaire anglais vint demander des nouvelles de vingt officiers disparus depuis les affaires du 7 juin : on lui répondit qu'il n'y avait aucun officier parmi les prisonniers et que probablement les disparus devaient être restés sur le champ de bataille ou noyés dans la rivière. Le parlementaire, avouant les grosses pertes faites par les Anglais, dit que le général Malcombe était mort des suites des blessures reçues à la batterie sèche, et que le général Abercombrie, après avoir réuni un conseil de guerre, avait renoncé à enlever la place d'assaut et s'était décidé à entreprendre dans les règles le siège du Morne-Fortuné.

En effet, la tranchée fut immédiatement ouverte et les Anglais commencèrent la construction d'une parallèle avec neuf batteries de siège. Goyrand s'excuse de n'avoir pu s'opposer à ce travail par aucune sortie, parce qu'il lui restait à peine 500 hommes dans la forteresse, et que les postes avancés, très éloignés les uns des autres, exigeaient de forts détachements pour leur garde. Il s'efforça pourtant de contrarier les travaux en y faisant pleuvoir une grêle de bombes et d'obus. Malheureusement, une sécheresse persistante facilitait le travail et faisait baisser l'eau dans la citerne du fort, double sujet d'inquiétude pour les défenseurs.

Maintenant que le siège régulier est commencé, nous en poursuivrons le récit par des extraits du journal de Goyrand, comme nous l'avons fait, pour le siège du fort Bourbon, avec le journal de Rochambeau :

9 juin. — Bonne contenance : nos mortiers et nos obusiers ont joué à merveille.

10 juin. — Quelques coups de canon de nos batteries avancées; formation de deux compagnies de tirailleurs; elles se mirent en marche le soir pour inquiéter l'ennemi sur ses derrières.

11 juin. — Réception d'un paquet de la Guadeloupe. Mes collègues m'y annonçaient qu'ils feraient bientôt un mouvement qui inquiéterait l'ennemi; j'aurais désiré que cette diversion eût été celle que j'avais indiquée par mes lettres, mais je pense que le citoyen Hugues a été retenu par des obstacles insurmontables.

12 juin. — Un grand nombre de pionniers et soldats étaient employés à l'achèvement du chemin (la parallèle). Il fut enjoint aux chefs des compagnies qui battaient la campagne du côté du Gros-Ilet d'attaquer à toute outrance pendant la nuit les derrières du quartier général de l'ennemi.

Nous avons lancé quelques bombes à 10 heures sur Clairdijon [1].

13 juin. — Quelques cavaliers vinrent caracoler à la portée des deux Grognettes; trois coups de canon bien ajustés les firent repentir de cette bravade. Deux bricks armés de 18 canons tirèrent sur le Tapion et sur la batterie de Figuière; il y en eut un qui fut très endommagé : ils reprirent ensemble la route de l'anse du Choc.

14 juin. — Le capitaine Modeste partit dans une pirogue pour le Vent-de-l'Ile, où il devait s'embarquer pour la Basse-Terre sur un balaou. Il portait à mes collègues les dépêches où je sollicitais la prompte diversion dont il était question, et quelques barils de poudre. Après la vérification de notre poudrière, il fut enjoint à toutes les batteries de la côte de ne plus tirer sur l'ennemi qu'à bout portant, et aux canonniers de la forteresse de ne plus lancer de bombes que de demi-heure en demi-heure.

15 juin. — L'ennemi fit traîner à mains d'homme plusieurs mortiers, obusiers et canons de gros calibre pour garnir les neuf batteries du morne de Clairdijon. A 5 heures du soir, 50 bâtiments de transport avec des troupes fraîches, sous l'escorte de deux vaisseaux de ligne et de trois frégates, venant de la Barbade, mouillèrent à l'anse du Choc.

Alors je décidai de prolonger ma défense le plus qu'il serait possible et de ménager encore plus la poudre. On ne saurait s'imaginer la quantité qui s'en consomme pendant la durée d'un siège. Un atelier pour faire des cartouches fut établi, parce que nous ne voulions pas en manquer si nous étions exposés à un nouvel assaut.

---

[1] Poste anglais établi sur une hauteur faisant partie de la ligne d'investissement.

16 juin. — Au matin, une dernière flotte mit à terre 3.500 hommes : ils renforcèrent le camp Doudon et les troupes disséminées dans la ravine de Clairdijon. Ce renfort éleva le nombre des assiégeants à 17.000 hommes, sans y comprendre les troupes de marine et les pionniers[1]. Il est certain que cette armée était composée de *13 régiments sur pied de guerre* qui avaient fait la campagne de Flandre sous les ordres du duc d'York; de *4 régiments étrangers* et d'*un bataillon d'Africains*[2] bien disciplinés.

Je fis répandre de nouvelles lettres en anglais pour exciter à l'indiscipline et à l'insubordination; les premières ne m'avaient pas encore donné un résultat heureux.

17 juin. — Les pièces d'artillerie du fort furent pointées sur l'emplacement des batteries ennemies, où j'avais remarqué avec ma lunette d'approche les madriers qui devaient les supporter. Notre artillerie a été servie avec la plus grande vivacité, quoique je n'eusse que sept canonniers expérimentés et un jeune bombardier. J'avais placé les citoyens Jean Turc et Dupuis, capitaines des deux balaous de la République, aux batteries du port et de la vigie. Un convoi de farine de manioc échappa à la vigilance de l'ennemi. Le citoyen Rupez me manda qu'il avait accueilli 60 déserteurs de la légion de Lowenstein[3] et qu'il en avait formé une compagnie, et que la plus grande tranquillité régnait parmi les agriculteurs confiés à ses soins au Vent-de-l'Ile[4].

---

[1] Ces pionniers étaient des nègres levés et enrégimentés à la Martinique pour le travail des tranchées.

[2] Terme usité à cette époque pour éviter celui de nègres.

[3] L'un des quatre régiments étrangers signalé plus haut; régiment d'Allemands.

[4] Les habitants de Sainte-Lucie ne s'étaient pas livrés aux Anglais, comme ceux de la Martinique, à l'époque du siège soutenu par Rochambeau. Le général Abercombrie n'était maître que du terrain occupé par ses troupes.

18 juin. — La crainte de manquer trop tôt de poudre a un peu ralenti notre feu. Chaque bombe nous en consommait au moins 18 livres.

19 juin. — Quelques bombes et obus ont été tirés; nous avons besoin de ne les pas prodiguer.

20 juin. — L'ennemi a élagué les bois qui masquaient les batteries à la distance de 250 toises du fort. Plusieurs citoyennes sorties de la commune du Carénage pour aller chercher des bananes dans une ravine furent pourchassées par un bivouac ennemi; 30 volontaires coururent pour les soutenir; la batterie de la Petite-Grognette les protégea si bien que l'ennemi fit sa retraite avec précipitation. Le champ de bataille nous resta après un feu d'une heure et demie, et nos citoyennes portèrent en triomphe leurs régimes de bananes.

A 11 heures du soir, notre avant-poste a escarmouché longtemps avec les tirailleurs anglais. Nous avons découvert que l'ennemi avait établi une batterie de canons et de mortiers vis-à-vis la batterie Cizeron et qu'elle était croisée par une autre construite sur le piton de l'entrée du Grand-Cul-de-Sac. Un transfuge a déclaré que l'ennemi devait bientôt commencer son feu. Nous avons tiré avec beaucoup de vivacité sur ses ouvrages depuis la nuit tombante jusqu'à minuit.

22 juin. — Dès 6 heures du matin, neuf fortes batteries de canons, de mortiers et d'obusiers ont tonné toute la journée contre le Morne-Fortuné, la batterie Cizeron, la commune du Carénage et la Vigie qui était, de plus, exposée au feu de deux bombardes. Nous avons riposté vigoureusement : la batterie la plus voisine de la redoute a été démontée; elle n'a pu tirer qu'à 8 heures du soir.

Les Anglais ont continué le même feu pendant la nuit du 22 au 23. 1.500 boulets, bombes ou obus sont tombés sur nos différents postes. Les premiers coups de canon ont emporté la tête au capitaine Soubeiran. Ce capitaine africain était estimable sous tous les rapports. Nous eûmes 40 hommes tués ou blessés grièvement.

23 juin. — A 3 heures après midi, les bombes tuèrent et blessèrent plusieurs femmes et des petits enfants. Notre magasin des vivres fut endommagé.

Au point du jour, le bombardement avait repris de toute part avec une force indicible : une bombe et un obus sont tombés dans la maison où j'avais passé la nuit debout; la bombe me couvrit de terre en éclatant; l'obus ne tua qu'un petit chien. Mon cheval eut dans l'écurie la jambe coupée par un éclat; la maison nationale fut percée par plusieurs obus. Le brave Chavidan, commandant en second de la force armée, éprouva un accident fâcheux : un caisson de gargousses prit feu par imprudence au moment où il pointait les pièces de canon; cette explosion le brûla au visage, aux mains et aux cuisses. La Grosse et la Petite-Grognette avaient mitraillé avec succès 200 Anglais qui avaient osé s'avancer sur la chaussée, et l'ennemi avait ramené beaucoup de blessés.

Vers les 5 heures de l'après-midi, le citoyen Martin, commandant l'avant-poste de la redoute, soutint pendant une demi-heure l'effort de 300 hommes: mais, voyant qu'un corps s'avançait, il fit sa retraite par le ravin; cet intrépide militaire eut le malheur d'être blessé grièvement. Je prévins moi-même le commandant de la force armée que les mouvements de la rade m'indiquaient une prompte attaque sur la Vigie. Un bombardement terrible par terre et par mer précéda l'assaut de la Vigie; trois colonnes anglaises de 1.000 hommes s'avancent à 9 heures du soir dans le plus profond silence; le brave Vacherat, lieutenant au bataillon des Antilles, les aperçut; il se replia en criant de toutes ses forces, comme l'immortel d'Assas : *Camarades de la Vigie, l'ennemi s'avance; faites feu!* Le citoyen Lemaître, commandant le poste, eut le sang-froid de laisser approcher les Anglais et de ne faire son feu d'artillerie et de mousqueterie qu'à bout portant. Les baïonnettes se croisèrent; trois officiers subalternes ennemis furent percés de coups dans la redoute. Aussitôt un feu de file bien nourri et deux coups de canon à mitraille firent reculer les Anglais et jonchèrent les environs du fort de cadavres. Cependant ils revinrent encore deux fois à la charge; ils furent reçus de la même manière et obligés de battre en retraite sous la protection de la troisième colonne, qui n'avait pas pris part à l'action. Les Anglais y perdirent leur chef et 800 soldats. Le citoyen Lemaître tint bon à son poste jusqu'au point du jour : alors ce digne commandant parcourut les bois, où il fit 25 prisonniers. Je récompensai la bravoure des citoyens Lemaître et Vacherat; j'accordai au premier le grade de chef de bataillon, au second celui de capitaine. Nous avons évalué, sans exagération, les bombes, boulets et obus tirés dans ces 24 heures, à 1.500.

24 *juin*. — Les émissaires des féroces Anglais incendièrent, à 3 heures du matin, avec des boîtes à fusées, trois rues de la commune du Carénage; le vent qui soufflait de terre eut bientôt augmenté l'activité des flammes; il nous fut impossible d'en arrêter les progrès.

La ville entière, construite en bois, fut consumée en moins de deux heures, à l'exception du magasin général, de la prison et de la maison de l'administrateur en chef. Pendant cet embrasement affligeant, l'ennemi n'a cessé de jeter des carcasses dans le port et de faire un feu très vif de mousqueterie. Après ce désastre, 2.000 femmes avec leurs enfants vinrent demander un asile au Morne; elles furent placées sur une habitation hors de portée des batteries ennemies. 8 femmes et 10 petits enfants périrent dans cet affreux incendie.

J'ai jugé, par la quantité de bombes et obus de cette journée, que les Anglais avaient établi plusieurs nouvelles batteries; j'en ai compté dix-neuf qui nous foudroyaient notre petit coin de terre dans tous les sens.

25 juin. — A 1 heure après midi, les boulets, les bombes et les obus accablaient sans interruption le Morne, Cizeron et la Vigie; il n'y avait absolument aucun abri. La Vigie a essuyé de plus le feu de deux bombardes, de deux chaloupes canonnières et de deux bricks.

A 4 heures du matin, l'avant-poste de la Vigie a été assailli et contraint de se replier; mais l'ennemi a été délogé.

A 8 heures et demie, deux vaisseaux de 74 ont canonné sous voiles la Vigie et nos autres batteries le long de la côte jusqu'à Cizeron. Nous leur avons riposté avec modération, mais nos boulets ont porté en plein.

De 10 heures jusqu'à 1 heure, le bombardement a été très vif; à 4 heures il a recommencé avec la même force.

Nous avons envoyé un renfort en hommes et en munitions à la Vigie. Plusieurs officiers ont été tués ou blessés.

26 juin. — Nous eûmes à regretter le brave Vacherat; il eut, à la Vigie, le crâne emporté par un éclat de bombe. Six transfuges nous informèrent que l'ennemi avait resserré ses positions, qu'il travaillait à une nouvelle batterie sur l'éminence de l'habitation Ferrand, à l'opposite de la redoute, et qu'enfin il se disposait à donner un troisième assaut. Nous avons été canonnés et bombardés à l'ordinaire. Le bivouac de Cizeron a escarmouché avec celui de l'ennemi.

Le citoyen Lévêque, commandant de la Soufrière, et le citoyen Langavan, inspecteur des biens nationaux, m'annoncèrent qu'ils avaient tué à l'anse Laraye 50 Anglais, et qu'ils avaient conduit à la Soufrière 60 prisonniers.

Le citoyen Modeste [1] m'a avisé qu'il était retenu aux trois Ilets par les vents contraires, qu'il partirait pour la Guadeloupe au premier beau temps; que les trois compagnies franches du Vent-de-l'Ile harcelaient avec succès l'ennemi du

---

[1] On se rappelle qu'il était parti depuis douze jours pour porter à V. Hugues les dépêches de Goyrand.

côté du Choc⁽¹⁾; qu'elles avaient surpris le quartier de Bouillé fils, et que cet émigré, qui commandait un corps allemand, avait eu le bonheur de se sauver, sa culotte à la main.

27 *juin.* — Les mortiers et les obusiers nous ont rudement chauffés jour et nuit; c'était des nouvelles batteries qu'ils avaient établies. Je suis persuadé que le nombre des boulets, bombes et obus a excédé aujourd'hui, au Morne, 1.700.

Deux pirogues ont été expédiées pour aller chercher au Vent-de-l'Ile quelques objets que les balaous de la Guadeloupe y avaient déposé.

28 *juin.* — Les postes avancés des Anglais tirèrent plusieurs coups de fusil sur des femmes qui voulaient se retirer au Vent-de-l'Ile; j'en fus d'autant plus fâché que j'étais décidé de me débarrasser par là de toutes les bouches inutiles. J'étais plongé dans une tristesse profonde, parce que je ne pouvais fournir du pain à ces infortunées et à leurs enfants; si j'eusse satisfait à leurs besoins, mes provisions du fort n'auraient pas duré huit jours. Les officiers de santé me déclarèrent qu'il n'y avait plus de linge ni de médicaments pour les blessés, parce que l'incendie du Carénage avait consumé notre pharmacie, nos matelas et nos toiles. Il ne tombait pas une goutte d'eau, et nos deux citernes étaient vides depuis trois jours. J'étais obligé de renfermer en moi-même mes peines et d'encourager sans cesse mes compagnons d'infortune par des espérances de quelque secours.

Le bombardement a été un peu modéré.

29 *juin.* — 8 déserteurs polonais et autrichiens ⁽²⁾ ont été incorporés dans nos troupes. Une carcasse mit le feu à une

---

⁽¹⁾ Ce fait et le précédent montrent que, pendant que la force armée était assiégée dans le Morne-Fortuné, les habitants ne cessaient pas de tenir la campagne et de guerroyer contre les Anglais.

⁽²⁾ Provenant des régiments étrangers au service des Anglais.

caserne du fort, mais il fut bientôt éteint, malgré une grêle de bombes et d'obus. Un éclat de bombe nous a démonté deux pièces de canon dans le fort.

J'eus une conférence avec le commandant en chef de l'armée [1]; il sentit comme moi que nous étions perdus sans ressources, car il était à présumer que mes collègues n'avaient pas exécuté mon projet de diversion. Il proposa de faire une sortie vigoureuse du côté de Décotaux; j'adhérai volontiers à cette idée.

200 hommes se mirent en marche à 10 heures du soir vers la batterie de Décotaux pour la renverser et pour brûler la case qui servait de caserne. Cette expédition ne réussit pas; nos troupes rentrèrent au point du jour; nous n'avions perdu que 2 hommes. 1.000 bombes ou obus, au moins, ont éclaté sur le Morne ou sur nos divers postes.

30 juin. — A 3 heures trois quarts du matin, 5 vaisseaux ennemis ont canonné à boulet et à mitraille la Vigie, le Tapion et Cizeron. A 6 heures, d'autres vaisseaux sous voiles escortaient 100 chaloupes remplies de soldats; elles portaient sur la Vigie. Ces manœuvres nous ont facilement dévoilé que l'ennemi allait nous attaquer partout.

A 7 heures, les chaloupes ont retourné au Choc. Notre compagnie de grenadiers du bataillon des Antilles, qui avait été détachée pour attaquer la batterie de Décotaux, est rentrée au fort.

A 8 heures, les mêmes chaloupes ont encore menacé la Vigie. Au même moment, les 8 vaisseaux qui avaient fait un feu d'enfer sur toutes nos batteries ont repris la route du Choc. Pendant ce temps-là, 2.000 soldats anglais ont voulu pénétrer dans la ville. Ils ont été repoussés vigoureusement par nos républicains, secondés par les canons des deux Grognettes.

[1] Le chef de bataillon Cottin.

A 9 heures, le général anglais reprend son attaque générale. Notre avant-poste de la redoute est enlevé par deux régiments anglais : 200 hommes sortis du fort les en délogèrent, quoique le bombardement fût plus terrible qu'auparavant. Alors le général anglais, ralliant ses troupes, fit attaquer l'avant-poste par 5.000 hommes qui étaient suivis des pionniers portant sur leur tête des fascines et des sacs à terre. Il fut encore enlevé. Ensuite cette colonne s'avança fièrement vers la redoute, notre meilleur point de défense, quoique notre artillerie fît un ravage épouvantable dans ses rangs. Cependant elle fut arrêtée près de l'habitation Deplain par 300 hommes qui la combattirent avec acharnement pendant trois quarts d'heure.

Les ennemis harassés, étonnés de la bravoure de nos républicains, n'osèrent pousser plus avant, quoique deux colonnes fraîches fussent disposées de manière à faire deux autres fausses attaques pendant l'escalade. Enfin ils rebroussèrent chemin et furent se mettre à l'abri de l'épaulement que les pionniers avaient fait à l'avant-poste avec une célérité inouïe.

A 10 heures, le feu a cessé de part et d'autre. Il est constant que nos coups ne pouvaient plus atteindre les Anglais et que trois heures de feu *auraient consommé le restant de notre poudre.*

Cette bataille et le bombardement nous privèrent de nos meilleurs guerriers. Le citoyen Vial, capitaine au bataillon des carabiniers, le citoyen Miller, son sous-lieutenant, plusieurs autres officiers et 200 volontaires succombèrent glorieusement dans cette fatale sortie.

A 2 heures après midi, 2.000 Anglais défilèrent vers les balisiers de l'habitation Deplain; le restant de l'armée ennemie était occupé à perfectionner les retranchements et à placer les madriers d'une nouvelle batterie de 2 canons de 24, 2 obusiers et 2 mortiers, à 50 toises de la redoute.

A 3 heures, le retranchement de l'ennemi était fini : il fit tonner les pièces de la nouvelle batterie précitée. Les 2.000 hommes postés aux balisiers devaient être rejoints par une forte colonne du camp des hauteurs du Grand-Cul-de-Sac lorsque la redoute serait évacuée ou emportée.

Les anciens militaires qui connaissent la localité du Morne-Fortuné, le mauvais état de la forteresse, qui n'est entourée en partie que d'un mur de deux pieds et demi d'épaisseur, dont les fondements sont peu solides, sans casemates et sans magasins, conviendront que cette malheureuse bicoque a été défendue avec une constance inouïe *par des Africains inexpérimentés* contre les troupes les plus aguerries de la Grande-Bretagne [1].

Ces préparatifs des Anglais présageaient un autre assaut pour le lendemain. Je sentis qu'aussitôt que la nouvelle batterie serait ouverte, il était impossible de rester deux minutes dans le fort, parce que l'artillerie ennemie était au niveau de la redoute et qu'un entêtement déplacé sacrifierait entièrement tous les individus du Morne.

Le bombardement continuait; il était très meurtrier. Pressé par de sages représentations fondées sur l'épuisement de la poudrière, des citernes, la mauvaise qualité de l'eau croupissante dont il fallait se désaltérer, sur les cris des femmes et des enfants qui demandaient du pain, sur la conservation des républicains qui avaient survécu à ce siège mémorable, je n'hésitai plus d'écouter la voix de l'humanité souffrante en envoyant, à 5 heures du soir, un officier parlementaire auprès des généraux britanniques pour proposer un armistice jusqu'après la tenue d'un conseil de guerre qui serait convoqué le lendemain matin.

Le 1ᵉʳ juillet, à 6 heures du matin, le colonel Sontag se

[1] Il faut remarquer que Goyrand ne signale pas chez ses hommes une seule désertion. Nous avons vu, au contraire, que les désertions étaient nombreuses et continuelles parmi les défenseurs du Fort-Bourbon sous les ordres de Rochambeau.

présenta à la redoute avec une réponse favorable : il a été introduit dans la maison nationale avec les formalités usitées.

Tous les officiers supérieurs et inférieurs se sont constitués en ma présence pour tenir un conseil de guerre. Il a été présidé par le citoyen Cottin, commandant en chef de la force armée : il y a été exposé par le capitaine commandant de l'artillerie et par son garde-magasin que la poudrière ne renfermait plus que *deux barils de poudre de cent livres chaque*, et que les cartouches et gargousses faites ne permettaient seulement pas de faire un feu de deux heures.

Les rôles des différentes compagnies de la force armée y furent examinés et vérifiés : il en résulta que la compagnie des grenadiers et plusieurs autres furent renouvelées trois fois par des citoyens africains, qui n'avaient jamais manié le fusil, et que la garnison entière avait eu 24 officiers et 1.400 volontaires tués, blessés ou disparus.

Il fut aussi agité de passer dans les bois, mais il fut reconnu que cette retraite était impraticable. Cette discussion est consignée dans un procès-verbal déposé entre mes mains. Je rédigeai alors les articles de la capitulation; elle fut remise à midi au colonel Sontag, tous les articles furent à peu près acceptés par les commandants britanniques [1].

[1] La capitulation signée, pour les Français, par Goyrand et Cottin, pour les Anglais par le général Ralph Abercombrie et l'amiral Hugh Christian, comprenait treize articles; elle accordait à la garnison les honneurs de la guerre et stipulait à peu près les mêmes conditions générales que celles accordées à Collot et à Rochambeau ; mais les chefs britanniques y ajoutèrent un article additionnel motivé sur la contenance défensive des habitants qui occupaient encore en armes plusieurs points de la colonie. Voici le texte de cet article : « Des officiers convenables seront nommés par l'agent et le commandant de la force armée pour prendre les ordres nécessaires à l'effet de mettre les Anglais en possession du Gros-Ilet, du Vieux-Fort, de la Soufrière et de tous les autres postes qui peuvent être occupés dans l'île. On leur fournira les moyens de s'y rendre. Les munitions et provisions de toute sorte seront livrées par ces commissaires français à ceux de la Grande-Bretagne autorisés à les recevoir, lors de la remise de ces différents postes. »

Il est superflu de faire observer qu'un commandant français ne pourrait

2 juillet. — L'échange respectif des pièces de la capitulation eut lieu à midi : je défilai le sabre nu, avec la contenance d'un républicain inflexible, au milieu de 8 régiments anglais, à la tête des débris de notre garnison, jusqu'au lieu convenu; tout se passa avec calme et décence; les soldats anglais gardèrent le plus profond silence et les officiers me saluèrent tous avec l'épée. Après ce trajet, je me rendis à la maison nationale, où je trouvai le général Abercombrie. Il me témoigna beaucoup d'estime; il m'avoua que notre longue défense était faite pour humilier un vainqueur, puisque je *n'avais pas 90 soldats européens*. Il dit ensuite aux officiers anglais : « Ces pauvres Africains que vous avez vu passer presque sans chemise, sans bas et sans culottes, nous ont prouvé dans la défense de cette bicoque qu'ils savent distinguer le bien du mal, lorsqu'ils sont bien dirigés. »

Je n'eus pas à me louer de l'amiral Christian : je devinai à son humeur chagrine qu'il était fâché de voir que la Guadeloupe avait été préservée par notre résistance prolongée, et que sa glorieuse campagne se réduisait à la conquête d'une colonie qui ne valait pas la poudre et les hommes qu'elle avait coûtés à l'Angleterre.

L'amiral Christian fit embarquer d'office, trois jours après, Goyrand avec le commandant Cottin et 6 autres officiers sur une corvette qui les conduisit à la Barbade. Il fut maintenu trois mois en détention, et y attendit vainement des nouvelles de ses collègues de la Guadeloupe. Le général anglais Knox, qui avait organisé les pionniers de la Martinique et pris avec eux une part active au siège de Sainte-Lucie, étant passé par la Barbade pour rentrer en Angleterre, arracha Goyrand à sa captivé, et le fit embarquer avec lui pour Liverpool, le 16 fructidor an IV (7 septembre 1796). Après une traversée

---

accepter aujourd'hui une semblable condition. Mais outre la différence des temps, il faut remarquer que Goyrand n'était pas militaire.

de quarante-deux jours, ils arrivèrent à Liverpool, de là le général Knox l'accompagna à Londres, et obtint pour lui du ministre l'autorisation de rentrer en France quand il voudrait, parce qu'il méritait tous les égards dus à ceux qui servent bien leur patrie.

Cependant la remise des postes encore occupés par les Français, après la prise du Morne-Fortuné, avait demandé du temps; en outre, un certain nombre d'habitants armés, au lieu de remettre leurs armes aux Anglais, s'étaient réfugiés sur les mornes et dans les bois, et les troupes conquérantes durent encore faire une petite campagne pour les réduire. Le général Abercrombie, avec ce qui lui restait de monde, n'était pas en état d'attaquer la Guadeloupe, et dut se borner à pacifier Saint-Vincent et la Grenade, en écrasant le parti qui luttait dans ces deux îles pour les Français.

Puis, l'hivernage arrivant, sa campagne fut terminée, sans qu'aucune tentative ait été faite pour en atteindre le but principal. La résistance prolongée et le dévouement de Goyrand avaient sauvé la Guadeloupe et consolidé la situation de V. Hugues dans cette colonie.

Goyrand était encore à Londres lorsque le général Abercrombie y effectua son retour. Il reçut la visite de son vainqueur qui lui témoigna beaucoup d'égards, lui avoua que la résistance de Sainte-Lucie avait fait échouer son plan de campagne, et qu'il avait perdu aux Antilles (Sainte-Lucie, la Grenade et Saint-Vincent) par le feu et la maladie plus des deux tiers de son armée, ce qui fait au moins 13.000 hommes.

Goyrand rentra au mois de novembre à Paris, et, après un congé de deux mois passé à Aix [1], il donna sa démission d'agent, «*fondée sur ce qu'un républicain inactif ne devait point recevoir des émoluments.*» Cette délicatesse scrupuleuse achève le contraste entre cet honnête citoyen et son collègue Victor Hugues. Toutefois, comme il n'était pas riche, il sollicita un

---

[1] Goyrand était originaire de cette ville.

vice-consulat, mais quoiqu'il eût été très bien reçu par le citoyen Truguet, ministre de la marine et des colonies, il ne put jamais l'obtenir. « Toutes mes démarches, écrit-il à ce sujet, ont, je ne sais par quelle fatalité, été toujours infructueuses [1]. »

Goyrand mourut à Paris en 1799 ; il devait avoir 53 ans, car dans son rapport sur le siège de Sainte-Lucie, il se donne pour un homme de 50 ans. Le nom de ce brave citoyen est tombé dans un injuste oubli ; les dictionnaires usuels d'histoire et de biographie n'en font pas mention ; il nous semble cependant que cette héroïque défense d'une place sans valeur ayant pour garnison deux ou trois bataillons d'hommes de couleur, sans généraux, ni officiers de l'armée régulière, contre 20.000 hommes de bonne infanterie anglaise soutenus par une forte artillerie de siège et une puissante escadre, mérite d'être citée dans l'histoire de nos guerres coloniales [2].

[1] Il est probable qu'il a échoué pour le même motif que le général Collot dans la même demande : impossibilité de verser aux employés, de qui dépendaient les nominations, un pot-de-vin convenable.

[2] Nous ne connaissons pas un seul historien qui ait raconté ce siège, et nous avons tout lieu de croire que les détails fournis ici d'après le rapport de Goyrand sont complètement inédits.

CHAPITRE IX.

LA GUADELOUPE ÉTAT INDÉPENDANT. — V. HUGUES SOUVERAIN ABSOLU.

Si l'on résume les renseignements contenus dans les précédents chapitres, il est facile de conclure que, pendant la période qui nous occupe, la Guadeloupe peut être considérée comme un petit état indépendant ayant à sa tête un souverain absolu, V. Hugues. Pendant près de deux ans en effet, ainsi que nous l'avons fait remarquer dans une note empruntée à sa correspondance (chapitre VII, page 497), l'agent particulier du Directoire ne reçut aucune communication du gouvernement français; du reste, quand il en recevait il n'en tenait pas grand compte. C'est ainsi qu'il se refusa toujours à promulguer la constitution française à la Guadeloupe malgré les ordres réitérés du gouvernement. Il s'explique formellement à cet égard dans une lettre adressée aux ministres le 4 brumaire an VI (26 octobre 1797).

« D'abord nous ne cesserons de vous répéter : *La constitution française est impraticable, quand même toutes les volontés se réuniraient pour l'exécuter;* dans ces contrées, le sol n'est rien, les bras sont tout. Une propriété qui avait cent cultivateurs et qui valait 600.000 livres ne vaut pas cent sols si nos lois réglementaires n'obligent pas ces mêmes cultivateurs à travailler. »

Il continua en dépit de la Constitution à imposer aux nègres le travail forcé, sans quoi ces nouveaux citoyens eussent complètement laissé dépérir l'agriculture dans la colonie. Il s'opposa également à la convocation des assemblées primaires, à l'institution des juges de paix, au contrôle d'un ordonnateur, bref à tout ce qui pouvait gêner l'exercice de son pouvoir absolu.

Quand il trouvait une résistance, il la brisait sans hésiter. Nous avons déjà dit comment il avait traité les marins qui s'étaient permis de réclamer leurs parts de prises; il destitua le capitaine de vaisseau Duchêne, et, s'il n'osa pas destituer le contre-amiral Leissègues (craignant peut-être de ne pouvoir donner une sanction à cette décision), il demanda du moins énergiquement son rappel.

Il était plus à son aise vis-à-vis des généraux, qu'il tenait directement sous la main. Nous l'avons déjà vu destituer le général Aubert, qui n'avait pu s'entendre avec lui et le remplacer par Pélardy simple capitaine d'artillerie auquel il prodiguait alors des éloges mérités. Mais le général Pélardy n'ayant pas voulu se plier à tous ses caprices, il le destitua à son tour [1], sous prétexte d'incapacité, et le fit embarquer le 2 juillet 1795 pour aller rendre compte de sa conduite en France. Son collègue Lebas, avec lequel il était censé partager la dictature, s'était associé à cet acte arbitraire, comme à tous les autres.

Dès son arrivée à Bordeaux, Pélardy, dans une lettre énergique adressée aux membres du gouvernement, demandait instamment à aller se justifier devant eux :

« J'ose affirmer, citoyens, dit-il [2], que j'ai en mon pouvoir des pièces suffisantes, non seulement pour prouver mon innocence, mais encore pour vous ouvrir les yeux sur l'immoralité, les abus de pouvoir et les vexations d'un homme qui déshonore la Représentation nationale. A l'entendre, dans ses rapports mensongers, il a opéré presque seul la conquête de la Guadeloupe; il n'a pas rougi de déshonorer la mémoire de trois braves généraux estimés de toute l'armée [3] et dont

[1] Pélardy fut remplacé comme général de division et commandant de la force armée par Boudet, ami particulier de V. Hugues.

[2] Lettre de Pélardy du 19 fructidor an III. Archives des colonies, Guadeloupe, Correspondance générale, Registre n° 48.

[3] Il s'agit des trois généraux Cartier, Rouyer et Aubert accusés de lâcheté par V. Hugues, comme on l'a vu précédemment.

deux sont morts des suites de leurs blessures. Il en coûte à ma modestie, citoyens, d'être réduit à parler de moi; mais qui pouvait contribuer aux opérations d'un siège, plus qu'un officier d'artillerie de vingt-cinq ans de service, parvenu avant la Révolution, consommé dans la pratique, connaissant par expérience les avantages des positions, la construction des batteries, les propriétés de toutes les armes à feu, en un mot tout ce qui est relatif à la guerre? J'espère, citoyens, que je ne tarderai pas à recevoir de vous l'ordre et les moyens de me rendre à Paris. La modicité de ma fortune ne me permet pas de rester longtemps dans une ville où j'épuise insensiblement le peu de ressources qui me restent. Je me flatte qu'après avoir écouté ma justification, vous ne refuserez pas de me rendre justice et d'employer un ancien militaire qui brûle toujours du désir de servir sa patrie. »

Un mémoire sur lequel nous aurons occasion de revenir, qui se trouve conservé dans le même registre des Archives et qui est intitulé : « *Notes particulières sur la conduite et l'administration des agents particuliers du Directoire exécutif aux îles du Vent*», confirme dans les termes suivants la réclamation de Pélardy :

« C'est le général Pélardy qui a reconquis la Guadeloupe. C'est en vain que Hugues voudrait se parer des plumes du paon. Le Ministre de la marine [1] sait que ce brave et honnête républicain, pour récompense de ses services, a été une des victimes innocentes de V. Hugues. Il l'a anéanti, ce qui devait être. Pélardy avait eu la gloire; le nouveau Robespierre en voulait et en a recueilli le fruit. »

Un autre général, le général Girod, envoyé probablement en remplacement des généraux Rouyer et Cartier, fut aussi destitué pour avoir critiqué les actes du dictateur. Le mémoire où nous relevons ce fait dit que ce général avait 37 ans de

---

[1] Au commencement de l'année 1795, date de ce mémoire, le ministre était le capitaine de vaisseau Jean d'Albarade.

services quand il partit pour les Antilles, Hugues qui le révoquait n'avait pas 27 ans d'âge!

On a déjà vu, d'ailleurs, qu'il avait l'accusation facile contre les généraux : Collot a été traité de scélérat; Rouyer, Cartier, Aubert, de lâches; Pélardy, après sa destitution, reçoit l'épithète d'imbécile. Il allait même jusqu'à critiquer les généraux nommés à Saint-Domingue, qu'il ne connaissait peut-être que de nom ; et le ministre de la marine et des colonies, dans une dépêche du mois d'avril 1797, adressée aux agents particuliers du Directoire exécutif aux îles du Vent, leur fait sentir ce que cette prétention a d'excessif.

« J'ai vu avec peine, dans un paragraphe de votre lettre, que vous vous permettez de fronder les nominations qui ont été faites par le Directoire exécutif concernant les généraux Laveaux, Toussaint-Louverture et autres. Vos fonctions ne s'étendant qu'aux îles du Vent, vous ne devez en aucune manière vous immiscer dans celles des îles Sous-le-Vent. »

En revanche, aux îles du Vent, il était bien le maître. Il avait fait de la Guadeloupe une colonie militaire et en même temps commerçante et agricole; tous les nègres qui n'étaient pas soldats ou marins étaient employés à la culture des terres [1]. Les biens séquestrés des habitants absents ou émigrés et dont la valeur totale dépassait 800 millions étaient soigneusement cultivés, et les revenus qu'ils produisaient étaient

---

[1] Malheureusement, avec les nombreuses entreprises de V. Hugues, la population de l'île allait toujours en diminuant et le nombre des bras était insuffisant. V. Hugues dans une lettre adressée au ministre, le 22 août 1796, signale cette diminution et demande au Gouvernement de favoriser l'immigration aux Antilles. Il cite un curieux essai qu'il a fait dans le même but. Quelques Allemands du corps de Lowenstein qui servaient dans l'île Saint-Vincent, à la solde du gouvernement britannique, ayant été faits prisonniers de guerre, il offrit à ces Allemands, qui étaient laboureurs avant d'entrer au service, de leur rendre la liberté s'ils voulaient travailler aux champs. Ils acceptèrent avec plaisir, et on les envoya aussitôt travailler sur l'habitation Moyencourt.

versés au Trésor de la colonie et constituaient un premier élément pour le budget de V. Hugues.

Plus tard, il y ajouta un nouvel élément en monopolisant tout le commerce à son profit. Cette mesure arbitraire provoqua de nombreuses réclamations, mais V. Hugues n'en tint aucun compte. « On se plaint de ce que nous avons gêné le commerce, écrit-il au ministre pour justifier cette mesure, nous le savons : Eh bien! nous vous donnons l'assurance que si nous nous relâchons avant la paix, les colonies redeviennent anglaises. Si nous ouvrions le commerce aujourd'hui, avec le peu de confiance qu'une partie des colons a dans le gouvernement et la haine que l'autre lui porte, tout irait à l'ennemi; dans un mois nous n'aurions ni vivres, ni denrées, ni argent. Alors comment entretenir 11.000 hommes d'infanterie, 400 hommes de cavalerie, la marine flibustière que nous avons créée, près de 2.000 lits dans les hôpitaux, des employés de tout genre, et faire des conquêtes? Cela deviendrait impossible. »

Puis il rétablit, à son profit, les douanes qui avaient disparu avec les anciennes institutions monarchiques, mais la principale ressource qu'il se créa fut la guerre de course organisée sur un grand pied, et qui lui rapportait continuellement des prises riches et nombreuses.

Mais si V. Hugues pouvait se créer des ressources en argent, il ne pouvait pas se créer des ressources en hommes. La population de la Guadeloupe, au moment où commencèrent les guerres qui font l'objet de cette étude, s'élevait à près de 14.000 blancs (de tout sexe et de tout âge), 3.000 gens de couleur libres et 107.000 nègres, soit un total de 124.000 âmes. Mais un grand nombre de blancs avaient émigré d'abord à cause de leurs opinions royalistes; d'autres avaient fui plus tard, redoutant les horreurs que pouvait produire la licence effrénée des noirs au moment de la proclamation de leur liberté; 4.000 seulement restèrent dans l'île et acceptèrent de servir sous les drapeaux de la République; un millier périt dans les combats contre les Anglais ou par suite de la misère, de sorte qu'en 1797 il ne restait plus guère que 3.000 blancs (hommes, femmes ou enfants).

Les mêmes causes avaient produit une semblable diminution dans la population de sang noir qui se trouvait réduite à 80.000 âmes. La Guadeloupe n'avait donc plus en 1797 que 83.000 habitants [1].

La force armée de l'île avait suivi une progression encore plus rapidement décroissante que celle de la population, car elle avait laissé des morts et des prisonniers dans chacune des luttes multiples de V. Hugues contre les Anglais, et elle n'avait été alimentée par l'envoi d'aucun renfort venu de France, depuis le convoi qui avait apporté Goyrand en janvier 1795. Un état fourni au ministre par les agents particuliers du Directoire à la Guadeloupe montre que son effectif exact à la fin de l'année 1796 était de 4.612 hommes, dont : 1.005 blancs, 2.432 noirs, 180 câpres, 847 mulâtres et 148 métis.

Enfin les ressources du département de la Guadeloupe en bouches à feu, armes et munitions de toute espèce nous sont fournies par un *État général de l'artillerie* établi par le général Boudet à la date du 20 prairial an VI (8 juin 1797). Nous reproduisons ici ce document dont l'original se trouve dans les Archives de l'ancien dépôt des colonies (Guadeloupe, carton n° 7, document n° 452.)

[1] Elle en a aujourd'hui à peu près 200.000.

DÉPARTEMENT DE LA GUADELOUPE.

ÉTAT GÉNÉRAL DES BOUCHES À FEU MONTÉES DANS LES FORTS ET BATTERIES POUR LA DÉFENSE DES ISLES Y COMPRIS L'ARTILLERIE DE CAMPAGNE ET DE SIÈGE.

EXISTANT DANS LES ISLES.	GUADELOUPE.	MARIE-GALANTE.	LA DÉSIRADE.	SAINT-EUSTACHE.	SAINT-MARTIN.
Quantité de canons avec leur calibre.	12 de 36 73 de 24 12 de 22 67 de 18 29 de 12 31 de 8 35 de 6 41 de 4 6 de 3 4 de 2 12 de 1	7 de 24 6 de 18 4 de 12 6 de 4	2 de 8 6 de 4	2 de 24 3 de 22 10 de 12 4 de 8 6 de 6 11 de 4 18 de 3 » 1 de 1	4 de 24 2 de 22 1 de 12 10 de 8 3 de 6 8 de 4 12 de 3 10 de 2
Quantité de mortiers.	20 de 12 pouces 2 de 10 pouces 3 de 8 pouces 3 de 7 pouces 1/2	1 de 7 pouces 1/2			
Quantité d'obusiers.	1 de 8 pouces 3 de 7 pouces 1/2 2 de 6 pouces 3 de 5 pouces 1/2	1 de 8 pouces		7 de 12 pouces	2 de 4 pouces

RÉCAPITULATION.

Canons de différents calibres.. 468
Mortiers.. 29
Obusiers.. 19

   Total des bouches à feu............................. 516

OBSERVATIONS. L'artillerie en bronze de campagne et de siège consiste en :
Canons : 2 de 12; 2 de 8; 8 de 6; 6 de 4; 2 de 3, 2 de 2; 8 de 1.
Mortiers : 7 de 12 pouces; 1 de 10 pouces; 2 de 8 pouces; 2 de 5 pouces 1/2; 8 de 4 pouces 1/2.
Obusiers : 3 de 8 pouces; 2 de 6 pouces; 3 de 5 pouces 1/2.
Les canons de 12, de 6, de 3 et de 1, les mortiers de 5 pouces 1/2 et de 4 pouces 1/2 et les obusiers de 5 pouces 1/2 sont du calibre anglais.

SITUATION GÉNÉRALE DES ARSENAUX ET MAGASINS D'ART

EXISTANT DANS LES ISLES.		GUADELOUPE.	MARIE-GALANTE.	LA DÉS
Poudre à canons.......		204.357[1]	4.500[1]	5
Cartouches à balles	françaises.	73.9680	41.000	1.0
	anglaises..	214.196	"	
Cartouches à boulets:....		132 de 12	"	
		287 de 8	"	
		846 de 6	"	
		1.500 de 4	"	60
		24 de 3	"	
		60 de 2	"	
		631 de 1	"	
Cartouches à mitrailles..		48 de 12	"	
		157 de 8	"	
		811 de 6	"	
		1.190 de 4	40 de 4	
		72 de 3	"	
		298 de 2	"	
		743 de 1	"	
Boulets ronds.........		912 de 36	"	
		9.308 de 24	300 de 24	
		4.462 de 22	"	
		11.963 de 18	250 de 18	

DE 1793 À 1815.

C LA NOTE DES OBJETS NÉCESSAIRES À L'APPROVISIONNEMENT DES ISLES.

SAINT-EUSTACHE.	SAINT-MARTIN.	TOTAL EXISTANT.	APPROVISIONNEMENT NÉCESSAIRE des isles.
14.000[1]	4.300[1]	227.657[1]	100.000[1]
"	"	"	"
37.000	51.200	869.880	"
"	"	214.196	"
"	"	132	"
"	"	287	"
"	"	846	"
"	"	1.560	"
72 de 3	46 de 3	142	500
"	"	60	500
"	"	631	"
"	"	48	100
"	"	157	100
"	"	811	"
"	"	1.230	"
"	46 de 3	118	500
2	"	298	500
"	"	743	"
"	"	912	"
178 de 24	333 de 24	10.119	6.000
"	102 de 22	4.564	"
123 de 18	"	12.336	4.000

EXISTANT DANS LES ISLES.	GUADELOUPE.	MARIE-GALANTE.	LA DÉSIRA...
Boulets ronds. (*Suite.*)..	14.922 de 12 8.034 de 8 8.212 de 6 1.249 de 4 244 de 3 82 de 2 967 de 1	340 de 12 178 de 8 " 500 de 4 " " "	" 50 de 8 " 100 de ... " "
Boulets ramés.........	80 de 36 124 de 24 533 de 18 696 de 12 128 de 8 32 de 6 24 de 4	" " " " " " "	
Boîtes à mitrailles.......	400 de 36 910 de 24 79 de 22 1.416 de 18 799 de 12 763 de 8 810 de 6 640 de 4 148 de 3 28 de 2 721 de 1	" 70 de 24 " 70 de 18 30 de 12 " " 80 de 4 " " "	" " " " " 20 de 8 " 30 de 4 " "

NT-EUSTACHE.	SAINT-MARTIN.	TOTAL EXISTANT.	APPROVISIONNEMENT NÉCESSAIRE aux isles.
.079 de 12	38 de 12	16.379	"
790 de 8	900 de 8	9.950	"
970 de 6	650 de 6	9.836	"
249 de 4	700 de 4	2.798	3.000
.200 de 3	110 de 3	2.554	3.000
"	"	82	3.000
"	"	967	2.000
"	"	80	300
"	"	124	500
"	"	533	200
77 de 12	"	773	"
"	"	128	"
"	"	32	600
"	"	20	600
"	"	400	"
37 de 24	22 de 24	1.039	400
"	49 de 22	128	"
209 de 18	"	1.695	"
"	"	829	"
67 de 8	250 de 8	1.100	"
85 de 6	320 de 6	1.215	"
81 de 4	230 de 4	1.061	"
200 de 3	120 de 3	468	1.000
"	"	28	1.000
"	"	721	"

EXISTANT DANS LES ISLES.		GUADELOUPE.	MARIE-GALANTE.	LA DÉSI...
Bombes............		3.209 de 12 pouces 155 de 10 pouces 2.143 de 8 pouces 76 de 7 pouces 1/2	" " " 50 de 7 pouces 1/2	
Obus.............		58 de 8 pouces 1.266 de 7 pouces 1/2 1.029 de 6 pouces 866 de 5 pouces 1/2	50 de 8 pouces " " "	
Mitrailles pour obusiers..		30 de 8 pouces 116 de 7 pouces 1/2 110 de 6 pouces 226 de 5 pouces 1/2	6 de 8 pouces " " "	
Fusées.	pour bombes.. pour obus.... pour grenades.	5.633 3.105 5.215	100 100 "	
Pierres.	à fusil...... à pistolet....	272.285 9.973	1.000 "	
Plomb..	en saumon... en planche...	" "	" "	
Grenades de diff^{ts} calibres.		2.400	"	
Mèches (long^r en pieds).		230	30	
Fusils...............		3.035	600	30
Pistolets............		46	"	
Sabres..............		25	"	

..T-EUSTACHE.	SAINT-MARTIN.	TOTAL EXISTANT.	APPROVISIONNE- MENT NÉCESSAIRE des isles.
"	"	3.209	"
"	"	155	500
"	"	2.143	"
"	"	126	"
"	"	108	600
"	"	1.266	"
"	"	1.029	"
"	"	866	"
"	"	36	200
"	"	116	"
"	"	110	100
"	"	226	"
"	"	5.733	"
"	"	3.205	"
"	"	5.215	"
6.000	5.000	284.985	100.000
"	"	9.973	30.000
"	"	20.000	"
"	"	2.000	"
"	"	2.400	2.000
50	30	340	4.000
500	550	4.715	3.000
"	"	46	200
"	"	25	4.000

Nota. Les boulets de 3 et de 2 s'il était possible de se les procurer, ainsi qu'une partie de ceux de 4 du calibre anglais un peu moins fort que celui français, ce serait de la dernière nécessité, attendu qu'il y a beaucoup de pièces anglaises formant l'armement des bâtiments de ce calibre. On a aussi besoin d'un assortiment d'outils pour les arsenaux et travaux d'un siège ou défense d'une place.

Au Port-de-la-Liberté [1], île Guadeloupe, le 20 prairial an VI de la République française.

Le général de division, commandant en chef.
J. BOUDET.

Ce document est un peu long, il est vrai, mais il a l'avantage de faire ressortir nettement les sacrifices considérables que la France s'imposait à cette époque pour la défense de ses colonies.

Aussi celles-ci étaient en mesure de soutenir victorieusement la lutte contre les Anglais, pourvu qu'elles eussent à leur tête un homme décidé comme V. Hugues secondé par des généraux de valeur comme Pélardy et Boudet. Le matériel d'artillerie dont elles disposaient leur permettait de lutter à armes égales contre les navires, condition qu'il serait difficile de réaliser aujourd'hui; il ne serait guère possible, en effet, de doter toutes les batteries de côte coloniales de coûteux canons en acier de gros calibres semblables à ceux qui constituent l'armement des cuirassés modernes, surtout à raison du grand développement qu'a pris récemment notre empire colonial. Ce qu'on pouvait faire, alors que l'artillerie de la flotte se composait exclusivement de canons en fonte, lisses, et se chargeant par la bouche, ne peut plus se faire aujourd'hui, quand cette artillerie se compose de canons en acier, rayés, et se chargeant par la culasse.

[1] Port-de-la-Liberté est le nom par lequel V. Hugues avait remplacé celui de la Pointe-à-Pitre.

Mais, sans vouloir faire un rapprochement entre les conditions si dissemblables de la guerre de côtes au siècle dernier et à l'heure présente, on ne peut s'empêcher de constater que le matériel de défense des colonies, et en particulier celui de la Guadeloupe et dépendances, était constitué en 1798 dans des proportions très larges et très satisfaisantes.

CHAPITRE X.

DÉNONCIATIONS CONTRE V. HUGUES. — SON RAPPEL EN FRANCE ET SON REMPLACEMENT PAR LE GÉNÉRAL DESFOURNEAUX.

L'exercice du pouvoir absolu par un jeune homme d'un tempérament aussi fougueux que celui de V. Hugues ne pouvait manquer de donner lieu à des abus. Ces abus provoquèrent contre le commissaire délégué de la Convention, devenu plus tard agent particulier du Directoire [1], de nombreuses dénonciations qui furent transmises au gouvernement de la République. Elles demeurèrent longtemps sans effet, étant contre-balancées par les succès que le maître de la Guadeloupe remportait sur les Anglais. Mais à la fin elles devinrent de plus en plus pressantes, et les abus commis sur les neutres par les corsaires de V. Hugues s'étant joints aux exactions et aux violences commises dans la colonie, le Directoire se vit forcé de lui retirer ses pouvoirs et de le rappeler en France.

[1] Rappelons que V. Hugues était arrivé le 2 juin 1794 à la Guadeloupe comme commissaire délégué par la Convention nationale. La mort de son collègue Chrétien, survenue presque immédiatement, le laissa seul représentant du gouvernement jusqu'aux premiers jours de janvier 1795, où il reçut deux nouveaux collègues: Lebas et Goyrand. Goyrand fut expédié presque aussitôt à Sainte-Lucie et ne revint jamais à la Guadeloupe. Au mois de février 1796, le Directoire maintint pour dix-huit mois les pouvoirs des commissaires de la Convention à la Guadeloupe, en leur donnant le nom d'agents particuliers, et au mois de mars 1798, il prorogea leurs pouvoirs pour une nouvelle période de dix-huit mois; mais Lebas, dont la santé était altérée, rentra en France dès le mois de mai 1798, de sorte qu'à partir de ce moment Hugues se trouva, comme au début, le seul représentant du gouvernement. On sait d'ailleurs que, pendant les trois années qu'il passa à la Guadeloupe, le pacifique Lebas laissa toujours son terrible collègue agir à sa fantaisie.

Plusieurs des dénonciations adressées au gouvernement contre V. Hugues sont conservées dans les registres des archives des colonies. Il paraît utile de les analyser ici, pour montrer au juste ce qu'on lui reprochait et pour achever de faire connaître la curieuse figure de cet homme aussi extraordinaire par ses défauts que par ses qualités.

On a vu jusqu'ici l'homme intelligent, énergique et audacieux, le patriote ardent qui, dans une petite île de l'Atlantique, a tenu à lui seul en échec toute la puissance de l'Angleterre; il faut voir maintenant le revers de la médaille.

La première, en date, des dénonciations que nous avons à examiner se trouve conservée dans le registre n° 48, déjà cité, des archives des colonies. Elle est contenue dans une lettre écrite à Bordeaux, le 3 messidor an III (25 juin 1795), par le citoyen Hapel-la-Chenaie, chimiste et habitant de la Guadeloupe, et adressée au citoyen Fourcroy [1], représentant du peuple, dont il était l'élève et l'ami. Hapel, dans ce mémoire, donne libre carrière à son indignation. « Le Comité de salut public, dit-il, ignore les forfaits de ce monstre exécrable; tout Bordeaux en gémit [2], mais personne n'aura peut-être, comme moi, le courage d'en instruire les membres du gouvernement. Je ne redoute point le danger auquel je m'expose en te dévoilant les horreurs que tu vas lire. -

« L'argenterie et toutes les denrées furent mises en réquisition, *sous peine de mort*, et il fut défendu au livrant de demander la reconnaissance de sa livraison...

« Hugues seul fait le commerce avec les étrangers, et il est défendu à tout citoyen d'acheter à aucun d'eux *sous peine de*

---

[1] Fourcroy est l'illustre chimiste qui a été l'un des organisateurs de l'École polytechnique. Il avait remplacé Marat comme député de Paris, et fut appelé après le 9 thermidor à faire partie du Comité de salut public.

[2] Les liens les plus intimes ont toujours uni et unissent encore Bordeaux à la Guadeloupe; presque toutes les familles des planteurs de cette colonie étaient originaires du pays bordelais; presque tout le commerce de la colonie avec la métropole se faisait par le port de Bordeaux.

mort. Les particuliers sont forcés de se procurer ce dont ils ont besoin dans ses magasins; on le leur vend le prix qu'il veut, et payable comptant [1]...

« Aucune femme n'est libre d'elle-même; toutes sont exposées à assouvir la brutalité de Hugues. Il s'est emparé d'une jeune citoyenne, mariée depuis peu au citoyen Lacroix, capitaine de navire; il en a fait de force sa concubine; cette malheureuse n'a pu survivre à sa honte, elle est morte de chagrin; il lui a élevé un mausolée qui a coûté, dit-on, plus de 40.000 livres. S'il prend fantaisie à ce second Carrier de coucher avec telle ou telle femme, il lui envoie l'ordre de se rendre chez lui, il faut qu'elle obéisse, *sous peine de mort*. »

Hapel donnait en outre à Fourcroy, pour le Comité de salut public, un avis dont la suite des événements devait vérifier toute l'exactitude, car il l'avertissait qu'il faudrait la force ou la plus grande adresse pour extirper le tyran de la Guadeloupe. Il lui annonçait aussi l'envoi prochain d'une pétition des colons demandant formellement le rappel de V. Hugues et à laquelle un autre représentant du peuple, le citoyen Besson, s'occupait de joindre d'autres dénonciations. Un second mémoire qui date aussi de 1795 n'existe qu'à l'état de copie non signée dans le même registre; on en ignore donc l'auteur, mais ce qu'il y a de certain c'est qu'il a aussi été communiqué au gouvernement puisqu'il a été classé au ministère dans les documents officiels. C'est un pamphlet beaucoup plus étendu et beaucoup plus violent que la lettre de Hapel, et que nous avons déjà eu occasion de citer à propos du général Pélardy (voir page 525). Il débute par ces mots : « De tous les hommes, le plus grossier, le plus rustre et le plus mal embouché, c'est Victor Hugues; de tous les dilapidateurs, de tous les fripons, le plus adroit c'est encore Victor Hugues. »

---

[1] Hugues, fils de négociants, et qui eût été négociant lui-même sans la Révolution, paraît avoir retrouvé ici sa première vocation.

Mais ce ne sont là que des mots, et bientôt l'auteur précise ses accusations et les base sur des faits : « Il fait la guerre au commerce anglais et non à la marine royale anglaise par des corsaires français. Mais aucun ne peut armer : 1° sans son consentement pour lequel on paye un droit exorbitant de patente; 2° sans qu'il lui soit payé et donné un intérêt considérable dans l'armement. »

Ici encore c'est l'armateur marseillais qui perce sous la peau du délégué de la Convention.

L'auteur cite ensuite des violences sur les personnes : un jour, en pleine rue, à la Pointe-à-Pitre, V. Hugues arrache les épaulettes du capitaine de port Blanchenon; un autre jour, c'est un officier de marine sur lequel il se précipite (croyant à tort que c'était le capitaine de vaisseau Duchesne) et auquel il arrache, à défaut d'épaulettes, plusieurs boutons de son habit. Puis la confiscation de toutes les lettres et papiers venant de France qu'il ne remettait pas à leurs destinataires et dont il se servait, au besoin, pour exploiter les secrets de famille; puis les réquisitions des denrées coloniales; puis la révocation imméritée de bons officiers.... leur remplacement par des officiers ignorants; il cite à ce propos Conseil, simple marin « qui sait à peine lire » et qui a été créé capitaine de vaisseau. « Il entretient un si grand nombre d'espions, et jusque dans l'intérieur des maisons, que personne n'ose parler; tout tremble à la vue, au nom seul du tyran. »

Relevons encore dans ce long mémoire un détail relatif au mariage de V. Hugues qui venait d'épouser à la Guadeloupe Mlle Jacquin : « Pour ne point effaroucher le public avec sa fortune dont la majeure part est placée dans l'Amérique septentrionale, une autre partie en France, la troisième sur les corsaires, et la quatrième qui n'est pas la moindre, dans son coffre-fort, il a reconnu dans son contrat de mariage que sa femme lui avait apporté 300.000 livres placées chez les Anglo-Américains et 300.000 livres en France, ensemble 600.000 livres. » Il paraît que quelque temps après son mariage, Mme Hugues traversant les rues de la Pointe-à-Pitre était saluée par cette exclamation : « Voilà Marie-Antoinette qui passe », exclamation qui assimilait son mari au *tyran* Louis XVI.

Quant à Lebas, le collègue de Victor Hugues, il était complètement effacé et s'occupait surtout d'agrandir et d'embellir ses habitations et ses jardins. Le mémoire anonyme affirme qu'il y eut plus de 300.000 journées d'ouvriers dépensées dans ces travaux de jardinage. Victor Hugues méprisait cet homme au caractère faible et efféminé et ne s'en cachait pas. Il ne se gênait pas, paraît-il, pour lui adresser devant les domestiques des paroles grossières, assaisonnées parfois de coups de poing. Hugues était donc bien le maître, et le seul maître à la Guadeloupe Du reste la chose n'a jamais été mise en doute ; bien que toutes les mesures fussent prises au nom des deux commissaires, que l'en-tête du papier de correspondance officielle portât la mention : les commissaires délégués par la Convention nationale aux îles du Vent, et que la signature de Lebas accompagne toujours celle de V. Hugues sur ces documents, c'est à ce dernier qu'on a toujours attribué exclusivement le mérite des entreprises hardies et des succès remportés, et c'est contre ce dernier aussi qu'ont été formulées les plaintes et les réclamations motivées par des actes arbitraires et de despotiques abus.

En réalité, s'il y avait à la Guadeloupe deux hommes qui portaient le titre de commissaires de la Convention, il n'y en avait qu'un qui en remplît les fonctions, et c'était V. Hugues. Le colonel Boyer-Peyreleau, dont les affirmations sont en général très exactes, prétend cependant que son caractère modéré put tempérer utilement la fougue impétueuse de son collègue, ce qui est assez vraisemblable.

Littée, député de la Martinique, transmet au Directoire exécutif le 1er février 1796 deux pièces pour le convaincre que la conduite de V. Hugues est répréhensible et que la situation des affaires de la République dans les îles du Vent n'est pas aussi satisfaisante que celui-ci l'a fait dire par ses envoyés. Il n'est pas question de Lebas. Littée invite le Directoire, pour connaître la vérité, à entendre le général Pélardy, arbitrairement destitué et renvoyé par Hugues [1].

Le registre n° 49, où est conservée la communication de Littée, contient, à la suite, plusieurs autres réclamations adressées au Ministre de la marine par le citoyen Thouluyre Mahé, habitant à la Guadeloupe. Voici le début de la première qui est datée du 2 ventôse an IV (22 février 1796) : « Citoyen Ministre, la Guadeloupe, depuis vingt et un mois sans organisation, sans lois, est le jouet déplorable du despotisme du commissaire Victor Hugues et de ses collègues; sa volonté seule est ici la loi suprême, son caprice dispose souverainement des personnes et des propriétés. Il est défendu aux colons de faire usage des récoltes qu'ils ont amassées depuis plusieurs années; tandis que ces denrées se gâtent et que les colons sont réduits à une grande disette et à la dernière misère, Hugues et ses collègues regorgent de tout dans l'abondance des superfluités et des somptuosités les plus luxurieuses. »

La seconde, datée du 4 prairial an IV (25 mai 1796), confirme les accusations contenues dans la première et déplore la nomination des commissaires délégués comme agents du Directoire [2]. « La nomination de Victor Hugues et de ses collègues comme agents particuliers du Directoire exécutif est pour nous tous ici une sentence plus cruelle que la mort; tous les maux qui peuvent affliger l'existence humaine sont sur nous; nous avions l'espoir d'en être délivrés et nous avons

---

[1] La lettre d'envoi de Littée existe seule dans les archives. Les deux pièces jointes n'ont pas été conservées.

[2] C'est dans l'intervalle de ces deux protestations que le nouveau gouvernement, le Directoire exécutif, avait maintenu à Victor Hugues et à Lebas les pouvoirs qu'ils tenaient de la Convention nationale et les avait nommés ses agents particuliers.

la certitude de leur prolongation. La consternation au milieu de la terreur, voilà notre état. »

Thouluyre Mahé termine cette réclamation en demandant au Ministre *la permission de passer en France :* « Je n'ai pu l'obtenir de l'agent V. Hugues, dit-il ; il m'a menacé au contraire du sort qu'il prépare à ceux qui ont dévoilé en France sa conduite, le représentant Lion lui ayant fait connaître les lettres que je lui ai écrites sur ce sujet. » Cette dernière demande n'eut guère de succès, car nous trouvons à la suite une troisième réclamation du même citoyen, datée cette fois de la prison de la Pointe-à-Pitre où V. Hugues l'avait fait enfermer pour n'avoir pas satisfait à une réquisition de denrées [1]. Elle contient contre V. Hugues une accusation que nous n'avons pas encore signalée quoiqu'elle figure dans d'autres dénonciations; c'est sa jalousie contre Goyrand qui l'aurait empêché de sauver Sainte-Lucie alors que cela était en son pouvoir : « C'est ce qui est ici connu de tout le monde et ne peut manquer de vous être mis sous les yeux par le citoyen agent particulier Goyrand qui l'avait glorieusement conquise contre l'attente de V. Hugues, et eût sans doute glorieusement conservé ce poste important s'il n'avait pas été démuni par les procédés et par l'ordre de V. Hugues et laissé hors d'état de défense. »

Il est certain que nous n'avons vu V. Hugues, qui soutenait cependant la lutte à la Grenade et à Saint-Vincent, faire aucun effort en faveur de Goyrand; peut-être n'était-il pas fâché en effet de se débarrasser d'un collègue qui avait plus de valeur et plus d'énergie que Lebas, et avec lequel il aurait fallu compter; d'un homme enfin qui avait pris une part effective à la lutte contre les Anglais, tandis que lui-même n'avait pas paru sur les champs de bataille depuis l'affaire du Morne de la Victoire à la Pointe-à-Pitre.

[1] Thouluyre Mahé fait connaître dans cette réclamation qu'il avait alors 58 ans révolus.

Au mois de mars 1797, les députés de la Guadeloupe remirent entre les mains du vice-amiral Truguet, Ministre de la marine, un *Mémoire sur la situation actuelle de l'isle Guadeloupe et sur la nécessité d'y organiser promptement la Constitution de l'an III, adressé au Directoire exécutif.* Ce mémoire, signé par Lion, membre du Conseil des Cinq-Cents, et Dupuch, membre du Conseil des Anciens, fut remis en même temps aux membres du Directoire [1]. Ce mémoire, qui ne contient pas moins de vingt-cinq pages, est un réquisitoire très modéré dans la forme, mais très explicite néanmoins, contre les abus d'autorité de Victor Hugues.

Il constate en premier lieu que les cultivateurs noirs, que l'agent du Directoire a recrutés pour entretenir l'agriculture dans la colonie, *n'ont reçu aucun salaire depuis trois ans qu'ils y sont employés et qu'on châtiait sévèrement* ceux qui cherchaient à se soustraire pendant quelques jours au travail sous prétexte de maladie ou pour tout autre motif dont ils se servaient autrefois pour se procurer quelque repos au temps de l'esclavage.

En second lieu, il constate que les agents du Directoire, malgré les ordres multipliés de la métropole, ont toujours refusé de publier la Constitution qui déterminait leurs pouvoirs et les droits et devoirs des citoyens, sous prétexte qu'elle était inapplicable aux colonies.

Le troisième chef d'accusation est un de ceux qui paraissent les plus graves aux députés de la Guadeloupe. Dans toute la colonie il n'y a d'autre autorité que la volonté des agents, c'est-à-dire celle de V. Hugues. Ni administration départementale, ni juges de paix, ni tribunal civil, ni tribunal cor-

---

[1] Les deux copies sont conservées aux archives des colonies : Guadeloupe. Correspondance générale, 1796-1797, Registre n° 49. Le député Lion a dû avoir la main forcée par ses électeurs, car il avait d'abord pris parti pour V. Hugues. Nous avons vu en effet qu'il lui avait communiqué les premières réclamations formulées par Thouluyre Mahé.

rectionnel, « et cependant depuis huit à dix mois[1] il existe un tribunal criminel! un tribunal criminel sans tribunal civil, dont il ne doit être qu'une émanation! un tribunal criminel qui est aussi un tribunal correctionnel qui accuse et juge tout ensemble! Deux accusés condamnés se sont pourvus en cassation; les copies de procédure sont entre les mains du Ministre de la marine et des colonies. Si elles sont envoyées au tribunal de cassation, il ne peut s'empêcher de dénoncer l'établissement du tribunal et les jugements rendus au corps législatif *pour prononcer la forfaiture contre les juges et contre vos agents.* »

La députation de la Guadeloupe s'élève ensuite contre les peines arbitraires infligées aux militaires, et qui ont amené l'insurrection de Saint-Martin; contre la destitution arbitraire du capitaine de vaisseau Duchesne, commandant le vaisseau rasé l'*Hercule*, qu'un conseil de guerre assemblé par V. Hugues avait refusé de condamner et qui avait été néanmoins renvoyé en France d'office; contre la destitution et le renvoi arbitraire en France du général Pélardy, et proteste enfin contre la demande faite au gouvernement, par les agents, de rappeler le contre-amiral Leissègues qu'ils n'ont pas osé destituer.

Elle constate, dans un autre ordre d'idées, que les mesures prises par les agents au sujet des émigrés sont telles qu'elles ne produisent aucun effet sur leurs personnes ni sur leurs biens; que les propriétaires qui justifient de leur résidence ne peuvent, au contraire, obtenir la levée du sequestre malgré les ordres du gouvernement, tandis que des émigrés sont rentrés en France et résident à Paris où ils ne peuvent être poursuivis parce que les formalités nécessaires n'ont pas été remplies; qu'il y a dans toute la comptabilité, et notamment dans celle des 600 habitations séquestrées, un tel désordre et une telle confusion que l'apurement en sera impossible.

---

[1] C'est-à-dire depuis le milieu de l'année 1796.

Ce désordre a été complété par la destitution arbitraire de l'administrateur Villejégu.

Après avoir poursuivi leurs critiques dans l'ordre administratif, critiques qui, si fondées qu'elles soient, ne peuvent être développées dans cette étude militaire, les députés constatent un autre grief sérieux, c'est celui relatif aux prises faites par les bâtiments de la République et les corsaires guadeloupéens sur le commerce anglais. La totalité de ces prises a été touchée par les agents. Les marins de l'État n'ont pas touché leurs parts de prise, ce qui a amené une émeute. Pour se venger, Hugues ne paye aucun salaire aux marins, tandis que les troupes de terre sont payées en entier, ce qui excite un mécontentement et des murmures bien naturels. Enfin les députés démontrent que dans les deux premières années de régie des agents, il y a eu, en dehors de tout cela, une dilapidation de 5 à 6 millions au moins.

Le mémoire, qui traite successivement toutes les questions, critique ensuite les entreprises hasardeuses de V. Hugues et examine l'état de la force armée qui, au début de l'administration des agents, était de 10.000 à 12.000 hommes, et qui n'est plus que de 5.600 hommes; « le surplus a péri à Sainte-Lucie, à la Martinique, à la Dominique, à Saint-Vincent, à la Grenade, et dernièrement à l'Anguille. Si, avec des forces aussi médiocres que celles qui nous restent, on continue, pour se faire seulement une réputation, à sacrifier des hommes dans des entreprises dont le succès est démontré impossible, tant que des forces maritimes supérieures à celles de nos ennemis ne nous rendront pas les maîtres de la mer, nous craignons, citoyens Directeurs, que la Guadeloupe, cette île si intéressante, qu'il importe tant au gouvernement français de conserver, ne soit bientôt attaquée par des forces supérieures, auxquelles il sera impossible de résister. Si vous pouviez, citoyens Directeurs, envoyer à la Guadeloupe deux bataillons, au moins, de bonnes troupes républicaines avec des munitions et surtout des boulets de petit calibre dont les corsaires font une si grande consommation, nous croyons qu'avec ce renfort et le courage de nos concitoyens nous n'aurions rien à craindre de nos ennemis d'après les ordres surtout qui seront, par vous, transmis à vos agents de *se tenir sur la défensive.* »

Mentionnons encore parmi les griefs articulés contre les agents du Directoire celui d'avoir changé arbitrairement la valeur des monnaies, et d'avoir tenu une conduite des plus offensantes contre le représentant, à Saint-Barthélemy, du gouvernement suédois, qui avait pourtant aidé puissamment la Guadeloupe dans un moment critique.

Ce long mémoire, si précis et si bien étudié, se termine en montrant au Directoire le danger de n'avoir à la Guadeloupe que deux agents qui sont toujours d'accord « *parce que l'un des deux est un homme entièrement nul* » et dont l'autre n'a que sa volonté pour guide; d'ailleurs V. Hugues exerce depuis quatre ans les pouvoirs illimités qu'il tient de la Convention, et ce long exercice du pouvoir est toujours dangereux à une si grande distance des autorités suprêmes. Les députés de la Guadeloupe supplient en conséquence le Directoire de mettre fin aux maux que leurs commettants souffrent depuis longtemps avec une patience digne d'éloges et de rétablir enfin dans la colonie le règne de la justice et de la liberté.

Un autre mémoire des mêmes députés, adressé au Ministre au mois de nivôse an VI (janvier 1798), renouvelle les réclamations déjà formulés, en signale de nouvelles [1], et demande d'*urgence* l'envoi de nouveaux agents et l'application des lois dans la colonie.

Après avoir fait connaître quelques dénonciations parmi celles émanées de simples particuliers, puis celle rédigée par les députés de la Guadeloupe, il nous reste à indiquer les blâmes que l'administration de V. Hugues s'était attirés de la part même du gouvernement.

[1] Ils se plaignent, entre autres choses, de ce que V. Hugues intercepte leur propre correspondance.

Un rapport du Ministre de la marine daté de floréal an v (avril 1797) signale au Directoire exécutif les violations de la Constitution commises par ses agents à la Guadeloupe. Après avoir rappelé qu'en vertu de l'article 375 de l'acte constitutionnel, *aucun des pouvoirs institués par la Constitution n'a le droit de la changer dans son ensemble ni dans aucune de ses parties*, il dit : « On doit donc s'attendre à trouver à la Guadeloupe une administration départementale, des juges de paix, des tribunaux civils. On se persuade enfin que tous les pouvoirs sont divisés. Quelle doit donc être la surprise lorsqu'on apprend qu'après plus d'une année de date de la nomination des agents particuliers, la seule institution qu'ils aient faite est un tribunal criminel! »

Si V. Hugues reçut à cette occasion un blâme du Directoire, nous savons déjà qu'il n'en tint pas compte et qu'il continua à gouverner sans se soucier de la Constitution française.

Le mois suivant (mai 1797), le Ministre était obligé de demander au Directoire exécutif un blâme plus sérieux encore et plus efficace contre les mêmes agents, car il s'agissait cette fois de faits intéressant les relations internationales et pouvant attirer à la France des complications et même la guerre avec les neutres.

C'était surtout les États-Unis qui étaient en cause; V. Hugues s'était monté contre eux à cause des services que leur marine marchande, en vue naturellement de se procurer de beaux bénéfices, avait rendus aux Anglais dans les expéditions entreprises contre les Antilles françaises.

Il s'était efforcé de faire partager ses sentiments d'animosité au gouvernement français, qu'il excitait presque à la guerre contre les États-Unis dans une lettre violente adressée au Ministre de la marine et des colonies en date du 21 thermidor an IV (8 août 1796).

« Les liens d'amitié et de reconnaissance envers la nation française sont totalement rompus par le gouvernement américain. Il ne s'est pas contenté de recevoir la loi de l'Angleterre, en faisant un traité honteux avec cette nation; il vient de la seconder d'une manière puissante en lui fournissant des bâtiments, des vivres, des chevaux et des hommes...

« Ce qui ne vous aura pas échappé plus qu'à nous, citoyen ministre, ce sont les circonstances où cet acte a été passé; c'est dans le moment où l'Angleterre faisait un effort sans égal pour s'emparer de toutes les colonies françaises.

« Voici le subterfuge dont les Américains ont usé pour armer et alimenter l'escadre et l'armée anglaises. Plus de 50 bâtiments ont été achetés par des négociants anglais aux États-Unis. Ils ont été armés sous le pavillon de cette nation avec des équipages plus considérables qu'à l'ordinaire. Ces bâtiments étaient expédiés pour la Martinique et la Barbade; à leur arrivée dans ces ports, le Gouvernement s'emparait du bâtiment et disait au capitaine seulement : Vous pouvez vous retirer; le bâtiment et sa cargaison appartiennent à S. M. Britannique. Quant au reste des équipages, ils les mettaient à bord de leurs vaisseaux.

« Au siège de Sainte-Lucie, il y avait plus de 30 bâtiments frétés pour porter des troupes et des munitions aux Anglais.

« A l'époque du rassemblement de l'armée anglaise à la Barbade, il y avait 80 bâtiments américains chargés de provisions. Ils souscrivirent une obligation au gouvernement anglais, par laquelle ils s'engageaient à n'apporter aucune provision à la Guadeloupe... Le nom d'Américain n'inspire ici que mépris et horreur, les traits d'infamie qu'ils ont commis dans ces parages envers les Français, leur bassesse et leur servilité envers la nation anglaise les ont assez fait apprécier... La République française laissera-t-elle tant de forfaits impunis? Ne rappellera-t-elle pas à cette nation perfide que nous avons prodigué notre sang et nos trésors pour lui donner la liberté, et que leur Washington eût été pendu et son nom porté sur la liste des scélérats sans la nation française qu'ils traitent aujourd'hui avec si peu de ménagements? »

Ces excitations n'ayant pas eu auprès du gouvernement

français tout l'effet qu'il en espérait, V. Hugues prit, à la date du 13 pluviôse an v (5 mars 1797), un arrêté en vertu duquel les bâtiments de l'État et les corsaires français étaient autorisés à capturer et à conduire dans les ports de la République tous les *navires neutres* destinés aux îles occupées par les Anglais ou par les émigrés; en outre, tout bâtiment ayant une commission pour ces ports devait être *réputé pirate* et les équipages jugés et punis comme tels. Or les lois de tous pays prononcent la peine de mort contre les pirates. C'est donc à la *peine de mort* que V. Hugues condamnait les équipages des bâtiments neutres qui viendraient approvisionner nos anciennes colonies.

Dès que le Ministre de la marine eut connaissance de cet arrêté qui pouvait attirer sur les Français de terribles représailles, il présenta au Directoire exécutif (mai 1797) un rapport indigné dans lequel il en demandait énergiquement l'annulation. Il serait inutile d'analyser en détail ce long rapport fortement motivé; nous citerons cependant ce passage caractéristique : «Que les agents aient pris sur eux de déclarer pirates des hommes qui naviguent sous un pavillon avoué, sous le pavillon d'une nation; qu'ils aient assez perdu de vue les limites où ils doivent s'arrêter pour avoir osé prononcer la peine de mort contre des marins, qui à la rigueur ne font que leur métier, en portant des vivres où ils sont assurés de trouver des denrées d'échange, c'est ce qui ne se conçoit pas. Les conduite des agents ne serait que répréhensible aux yeux de l'humanité, s'ils étaient les plus forts. Dans les circonstances où nous nous trouvons, elle est répréhensible aux yeux de l'humanité, elle est déraisonnable, elle est inconstitutionnelle, elle est impolitique..... »

Nous ferons remarquer aussi qu'en terminant ce rapport le Ministre revient sur la question de ce tribunal criminel de la Guadeloupe dont la création avait si fort indisposé le gouvernement contre V. Hugues; l'article 5 de l'arrêté des agents ordonnait en effet sa transcription sur les registres de ce tribunal. « Je trouve, dit le rapport ministériel, un motif de plus pour la détermination du Directoire dans celle des dispositions de l'article 5 de cet arrêté qui en ordonne l'enregistrement au greffe du tribunal criminel. J'ai déjà eu l'occasion de parler de ce tribunal et j'ai démontré son inconstitutionnalité. L'arrêté n'eût-il de répréhensible que la disposition qui veut qu'il soit inscrit sur les registres d'un tribunal dont l'existence est contraire à la Constitution, il devrait par cela même être cassé. »

Bien entendu, l'avis du Ministre fut adopté et l'arrêté des agents fut cassé par un arrêté du Directoire exécutif en date du 5 prairial an v de la République française une et indivisible (mai 1797).

Enfin, au mois de thermidor de la même année (août 1797), le successeur de Truguet au Ministère de la marine [1] demanda formellement au Directoire exécutif la révocation des agents de la Guadeloupe, en faisant ressortir toutes les violations de la Constitution commises par eux, et déjà signalées (création du tribunal criminel, méconnaissance des principes et de la déclaration des droits, désobéissance aux instructions, non-payement du salaire des cultivateurs, sommes énormes dues aux fonctionnaires civils, la force armée étant seule payée, etc. [2]).

Les dernières violences de V. Hugues, qui, débarrassé de la présence, pourtant peu gênante de Lebas, ne connaissait plus de bornes, violences qui avaient amené non seulement la mésintelligence avec les États-Unis, mais un véritable état de guerre avec cette nation jusqu'alors notre alliée, forcèrent enfin le Directoire à révoquer les pouvoirs de cet agent compromettant. Il désigna pour le remplacer, avec le titre d'agent

[1] Le contre-amiral Pléville Le Pelley.
[2] Une note du Ministre sur le rapport minuté au bureau des colonies explique la longanimité du gouvernement vis-à-vis de ses agents; en effet, après l'énumération de toutes les violations de la Constitution, le Ministre a ajouté : *mais Hugues n'en a pas moins sauvé la Guadeloupe.*

particulier du Directoire à la Guadeloupe, le général de division Desfourneaux qui venait de remplir une mission analogue à Saint-Domingue, où, dans des circonstances difficiles, il avait fait preuve de prudence, d'habileté et de décision (5 juin 1798). Le général Pélardy, destitué par V. Hugues, fut désigné, un mois après, pour aller reprendre le commandement de la force armée dans la colonie. L'expédition chargée de porter les deux généraux partit de Lorient le 7 vendémiaire an VII (28 septembre 1798). Elle comprenait deux frégates, la *Volontaire* et l'*Insurgente*. Elles portaient comme passagers : le capitaine Gillet, aide de camp de Pélardy; le général de brigade Le Grand et le capitaine Pélissié, son aide de camp; le chef de brigade Nadeau, les chefs de bataillon Arnaud et Boseu, le chef d'escadron Dugué, le capitaine de cuirassiers Borne-Desfourneaux, le capitaine de hussards Vallard, les capitaines Chaumette, Channel, Seguy et Lambert, et 18 sous-officiers d'infanterie, avec 168 hommes de la 58ᵉ demi-brigade.

On fit en outre embarquer à Rochefort pour se joindre à l'expédition du général Desfourneaux un grand nombre de fonctionnaires civils destinés à installer les diverses administrations que V. Hugues avait jusqu'alors remplacées par son bon plaisir, plus les militaires dont les noms suivent : Wallon-Villeneuve, adjudant-général; Naverrel, capitaine adjoint; Laiguier et Moulin, lieutenants; Ferrand, sous-lieutenant aide de camp; Boisson, sous-lieutenant adjoint; Raynault, lieutenant; Faucompré et Thilorier, sergents; Guiot, officier de santé en chef; Guiot fils et Deville, officiers de santé.

V. Hugues avait d'ailleurs été prévenu à l'avance de son remplacement par une lettre du Ministre du 26 prairial (14 juin 1798) qui lui enjoignait de cesser ses fonctions à l'arrivée du général Desfourneaux.

Le 20 novembre, l'expédition arrivait heureusement devant la Basse-Terre sans avoir été aperçue par un vaisseau et deux frégates anglaises qui croisaient devant le vieux fort. Le lendemain, d'après les dires du pilote, le bruit se répandit à bord qu'on avait pris des dispositions à terre pour s'opposer à la réception du nouvel agent. Le général, prévenu, fit dire à V. Hugues qu'il avait des lettres très intéressantes pour lui, mais qu'il était trop fatigué pour aller les lui porter le jour même.

Victor Hugues vint à bord le lendemain 21 novembre pour chercher ces lettres, mais, quand il voulut retourner à terre, le général Desfourneaux le fit venir dans la chambre du capitaine et lui dit devant témoins (le général de brigade Le Grand et l'agent Jeannet qu'on venait de relever à Cayenne) :

« On m'a fait le rapport que tu ne voulais pas me recevoir à terre ; ainsi tu resteras avec moi ; fais venir cette nuit ton costume, et, en descendant demain avec moi, tu me répondras de ma réception [1]. »

Hugues, naturellement, répondit que ces bruits étaient faux et se rendit à l'invitation de Desfourneaux. Le lendemain 2 frimaire (22 novembre), dans la matinée, l'*Insurgente*, apercevant la division anglaise, leva l'ancre pour aller rejoindre la *Volontaire* qui était mouillée un peu plus loin ; dans ce mouvement une frégate ennemie lui donna la chasse ; il y eut plusieurs bordées échangées, puis l'*Insurgente* ayant causé quelques avaries à la frégate anglaise, celle-ci mit en panne et cessa de la poursuivre.

On procéda alors au débarquement des troupes, et Desfourneaux descendit à terre avec Hugues entouré des deux « garnisons de bord » qui lui servaient de garde d'honneur.

---

[1] Tous les détails sur la prise de possession du service du général Desfourneaux à la Guadeloupe sont extraits du rapport envoyé par cet agent au Ministre de la marine et des colonies, le 25 frimaire an VII (13 décembre 1798), rapport conservé dans les archives des colonies, Guadeloupe. Correspondance générale. Registre n° 50. Desfourneaux était à bord de l'*Insurgente*.

Aussitôt il fit reconnaître ses pouvoirs par les autorités de la Basse-Terre, ce qui fut fait sans difficultés [1].

Il semble que V. Hugues aurait dû être satisfait de remettre ses pouvoirs au général Desfourneaux, car, l'année précédente, il avait demandé formellement au Ministre à être relevé de ses fonctions le plus tôt possible et à être remplacé par un général.

La lettre qui contient cette demande expresse, signée par V. Hugues et Lebas, a été adressée au Ministre de la marine et des colonies, au mois de nivôse an vi (décembre 1797). Dans cette lettre, les agents particuliers du Directoire aux îles du Vent disent qu'ils avaient vu avec plaisir la décision qui limite leurs pouvoirs au 4 thermidor an v (juillet 1707) [2] et manifestent le regret de n'avoir pas été relevés.

« Quelles que soient, disent-ils, les intentions du Directoire exécutif et les vôtres, citoyen ministre, nous déclarons formellement que les nôtres ne sont point de continuer nos fonctions; l'état de mauvaise santé et de dépérissement dans lequel nous sommes tous deux ne peut nous permettre de rester plus longtemps dans ces contrées. D'ailleurs, citoyen ministre, nous ne pouvons vous le dissimuler, de nouvelles autorités sont absolument nécessaires. Si nous n'eussions cru mettre la confusion dans la colonie, et si le commandant militaire eût voulu accepter, déjà nous serions partis pour France. Il est impolitique, dans l'éloignement où sont les colonies, de laisser

---

[1] Les amis de V. Hugues ont nié comme lui toute menée hostile de sa part. Il existe dans le registre n° 51 des archives de la Guadeloupe, année 1799, un mémoire rédigé par le « citoyen Liard, officier d'artillerie, mutilé et retiré du service, propriétaire en l'isle de la Guadeloupe », qui s'efforce de justifier la conduite de V. Hugues et de noircir celle du général Desfourneaux. Il dit que lorsque cet agent annonça à V. Hugues son intention de le retenir à bord, celui-ci répondit : « Tu me connais bien peu! Envoie seulement prévenir mon épouse qui est accouchée d'hier, et je reste ici. » [Date du mémoire, 6 thermidor an vii (26 juillet 1799).]

[2] Il s'agit de la décision du Directoire, prise en février 1796 qui les avait nommés agents pour dix-huit mois.

aussi longtemps des hommes investis d'aussi grands pouvoirs; le terme de dix-huit mois est plus que suffisant si l'on veut que le gouvernement marche, et lorsque vous recevrez la présente [1] il y aura quatre ans que nous sommes en fonctions. »

Ils vont même jusqu'à conseiller au Directoire de les remplacer non plus par trois commissaires civils, mais par un seul général!

« Des agents dans les colonies, au nombre de trois, présentent une forme bien plus républicaine qu'un seul; mais aussi, citoyen ministre, l'expérience a montré bien des inconvénients dans le nombre, surtout dans un si grand éloignement. Rarement trois hommes sont d'accord, et, sous le rapport de la défense contre l'ennemi, rien de plus contraire que de délibérer quand il faut agir. Un militaire de la Révolution, un de ces républicains invariables dans leurs principes comme dans leur conduite, ayant quelques connaissances administratives, serait l'homme qui conviendrait à la colonie. »

En terminant cette lettre, qui renferme d'ailleurs l'apologie de leur administration à la Guadeloupe, les agents reviennent encore sur la nécessité de leur prompt départ :

« Nous vous le répétons, citoyen ministre, nous croyons notre rappel absolument nécessaire, tant par rapport à nous que par rapport à la chose publique. »

Les observations contenues dans cette lettre sont assurément très sensées. Mais, soit que V. Hugues ait laissé le soin de rédiger cette lettre à Lebas, qui avait une hâte réelle de rentrer en France [2], sans partager pour cela sa manière de voir, soit qu'il eût changé d'avis et que sa santé se fût rétablie, soit enfin que le retour du général Pélardy, renvoyé par lui comme *incapable et imbécile*, l'eût particulièrement vexé, il se prêta mal à la remise de ses pouvoirs, la fit traîner en longueur, fit soulever par ses affidés l'opinion contre le nou-

---

[1] Dans les premiers mois de 1798.
[2] Et qui y rentra réellement quelque temps après.

vel agent et son entourage qu'ils traitaient de chouans, royalistes, contre-révolutionnaires, espérant arriver ainsi à annuler l'effet de sa révocation.

Nous laisserons le général Desfourneaux nous expliquer lui-même comment il sortit de la situation difficile qui lui était créée par la sourde hostilité de son prédécesseur et collègue.

« Je vivais avec mon collègue dans la plus parfaite intimité; toutes mes mesures, mes démarches étaient franches avec lui; j'allais au-devant de tout ce qui pouvait lui être agréable, et cependant les esprits fermentaient; les délégués (des quartiers) m'annonçaient journellement que des agitateurs répandus dans les campagnes fomentaient une insurrection; les propos les plus indécents se tenaient dans les villes contre moi et toutes les personnes de mon expédition. On disait publiquement... que je venais rétablir l'esclavage et ôter tous les emplois aux patriotes.

« Des propos aussi peu fondés, mais si incendiaires, devaient avoir un but; j'observai et recherchai soigneusement quels en pouvaient être les motifs... Les troupes commençaient à manifester un esprit de rébellion; j'avais déjà fait arrêter des matelots pour cause d'insurrection; mes démarches étaient observées; j'étais entouré d'espions.

« Résolu de découvrir le nœud de ces intrigues, je fis suivre et observer mon collègue, logé avec moi dans la maison nationale; je veillai moi-même nuit et jour et je vis qu'il recevait des courriers à chaque instant... Une pièce interceptée par le chef d'administration, dans les paquets adressés à un imprimeur nommé Cabre, vint enfin jeter un trait de lumière sur ce qui se passait.

« Cette pièce ... se termine par le projet *de m'égorger et de rendre l'autorité au citoyen Hugues.*

« Ce plan ne me causait aucune inquiétude pour moi personnellement, mais m'en donnait de vives pour la sûreté générale et pour la colonie. Il me fit adopter un parti conforme à celui que j'avais pris pour descendre à terre, en m'assurant de nouveau de la personne du citoyen Hugues. J'avais une seconde fois un ôtage sûr pour me répondre des événements.

« Désirant accomplir mes vues sans scandale, sans occasionner le moindre mouvement..., je fis venir le citoyen Hugues dans mon appartement; je lui représentai que, sans le soupçonner de jouer un rôle dans tout ce qui se passait, sa présence en ville commençait à compromettre la sûreté générale, et que tout me faisait un devoir de le conduire à bord de la frégate la *Volontaire*, et que je croyais même qu'il était du sien de se prêter à cette mesure. Il voulut passer chez lui pour s'habiller, mais je ne pouvais lui fournir des moyens d'évasion; je lui donnai un de mes habits, un de mes chapeaux, et, prétextant un déjeuner en ville, je l'amenai à bord de la *Volontaire*, ayant «une paire de pistolets dans mes poches» pour ma sécurité...

« A mon retour du bord, je fis arrêter deux personnes qui provoquaient l'insurrection; quelques arrestations eurent également lieu dans les campagnes et tout rentra dans l'ordre ».

Bien entendu, Hugues fut renvoyé directement en France [1] et le général Desfourneaux resta maître de la situation, grâce au concours de Pélardy, qui avait conservé une grande influence sur la population de la Guadeloupe et surtout sur la force armée [2].

[1] Après avoir été consigné à bord de la *Volontaire* pendant vingt-sept jours, Hugues fut transféré sur la frégate la *Pensée*, qui fit voile pour France le 2 janvier 1799.
[2] Les noirs avaient composé et chantaient habituellement une chanson en l'honneur de Pélardy. Le premier vers qui servait de titre à la chanson était : *Liberté, Pélardy*.

CHAPITRE XI.

EXPULSION DE DESFOURNEAUX. — REVANCHE DE V. HUGUES.

Aussitôt après le départ forcé de V. Hugues, un cri d'allégresse se fit entendre dans la colonie, soumise pendant près de cinq ans à son insupportable tyrannie. Un grand nombre de lettres furent adressées au Gouvernement pour le remercier d'avoir enfin délivré la Guadeloupe de ce « monstre ». On rappelle dans ces lettres (dont plusieurs sont conservées dans le registre n° 50 déjà cité) les « forfaits et les crimes du tyran » et on bénit le Gouvernement d'avoir envoyé le général Desfourneaux pour le remplacer, la divine Providence d'avoir permis à ce général d'arriver à bon port. Mais, tandis que les bons citoyens manifestaient franchement leur joie, le parti resté fidèle à V. Hugues ne désarmait pas et continuait à lutter par tous les moyens en son pouvoir contre le nouvel agent du Directoire.

D'autre part, Victor Hugues rentré en France[1] plaidait sa cause auprès du Directoire et la gagnait complètement. Un long mémoire intitulé : *Compte rendu par V. Hugues de sa mission à la Guadeloupe en qualité de délégué par la Convention nationale et d'agent du Directoire exécutif* fut remis au Gouvernement en mai 1799. Le compte rendu, qui faisait ressortir habilement les résultats obtenus, sans insister sur les moyens

---

[1] Il était arrivé à la Corogne le 17 février 1799 et avait immédiatement écrit, de ce port, au Ministre de la marine pour l'instruire de l'arrivée de la frégate la *Pensée*, chargée de ramener en Europe « le général Boudet, moi et nos familles ». Son fidèle ami Boudet l'accompagnait, en effet. Il avait toujours été associé à sa fortune, était devenu son beau-frère en épousant comme lui une demoiselle Jacquin, et avait été son principal coactionnaire dans l'affaire commerciale de l'agence des corsaires.

employés pour y arriver, fut approuvé par le Directoire, qui accorda à Hugues un témoignage de satisfaction [1].

Une autre satisfaction qui lui fut accordée et qui dut lui être encore plus agréable, ce fut la révocation du général Desfourneaux. Le 1er fructidor an VII (19 août 1799), le Ministre de la marine et des colonies [2] déposa auprès du Directoire un rapport dont les conclusions tendaient à faire annuler l'arrêté qui avait nommé ce général agent particulier à la Guadeloupe.

Il n'est pas difficile, en parcourant ce rapport, de reconnaître qu'il a été écrit sous l'inspiration même de V. Hugues. En effet, un des principaux griefs relevés contre Desfourneaux est précisément sa conduite à l'égard de cet agent que le Directoire l'avait pourtant chargé expressément d'aller relever de ses fonctions.

« Je laisse au Directoire exécutif, dit le Ministre, le soin d'apprécier cette conduite, légitime peut-être envers un ennemi dangereux et reconnu de la République, mais qui paraît peu excusable envers le citoyen V. Hugues son collègue, auquel on ne peut refuser la gloire d'avoir conquis la Guadeloupe par son audace et de l'avoir conservée à la République par ses talents et son énergie, qui semble s'être livré sans réserve à la bonne foi de Desfourneaux et dont, enfin, le Directoire exécutif a, par son arrêté du 28 floréal dernier, approuvé d'une manière éclatante la conduite pendant le cours de la mission qu'il a remplie à la Guadeloupe. L'embarquement de V. Hugues fut suivi d'un grand nombre d'arrestations et de déportations arbitraires qui tombèrent particulièrement sur les hommes qui avaient eu avec cet agent des relations plus ou moins directes, et cependant ces mesures ne donnèrent à la colonie qu'un calme bien passager. De *nouvelles conspirations*

---

[1] On sait qu'il fut nommé quelque temps après agent particulier à Cayenne.

[2] C'était alors Bourdon de Vatry.

menacèrent bientôt l'existence politique et même la vie du citoyen Desfourneaux. »

Le Ministre blâme ensuite la sévère répression de ces « prétendues conspirations » par le général, qui en avait fait traduire les auteurs et les complices devant une commission militaire et avait obtenu plusieurs condamnations, dont deux à la peine de mort, et constate qu'il s'était également appesanti avec la dernière rigueur sur ce qu'il appelait *la queue de V. Hugues.*

C'est donc bien pour venger V. Hugues et ses partisans que le Ministre demande la révocation de Desfourneaux. Il lui reprochait aussi, il est vrai, de la contradiction et de l'inconséquence dans sa conduite vis-à-vis des États-Unis, mais au fond cette contradiction et cette inconséquence résultaient de l'état de guerre que V. Hugues avait provoqué entre cette nation et la Guadeloupe par les actes arbitraires et violents que nous avons déjà signalés.

Voici ce qui s'était passé : Desfourneaux, animé des intentions les plus conciliantes, avait rapporté dès son arrivée toutes les lettres de marque délivrées par son prédécesseur et donné l'ordre aux corsaires de rentrer aussitôt dans les ports de la Guadeloupe. Puis il avait écrit au président des États-Unis (25 frimaire) pour l'informer de son intention de reprendre avec lui les bonnes relations commerciales, et, pour lui en donner un gage, il lui renvoya la goélette américaine la *Revanche*, qui venait d'être capturée par la frégate l'*Insurgente* (11 nivôse).

Mais quelques semaines après (21 pluviôse), l'*Insurgente*, qui continuait sa croisière, est combattue et prise par la frégate américaine la *Constellation*. Desfourneaux, irrité de voir que les Américains répondaient si mal à ses avances et continuaient la guerre provoquée par son prédécesseur, ordonna, par un arrêté du 24 ventôse, aux bâtiments de la République, de courir sur tous les bâtiments américains de guerre et de commerce et de les saisir sans distinction. Il avait donc passé en quatre mois d'une proposition amicale de traité de commerce à une formelle déclaration de guerre. Cette évolution si prompte s'explique par un mouvement de colère assez naturel.

Quoi qu'il en soit, les conclusions du Ministre de la marine furent adoptées; le Directoire rapporta l'arrêté qui avait nommé le général Desfourneaux son agent particulier à la Guadeloupe, et par un nouvel arrêté du 14 fructidor an VII (4 septembre 1799) nomma à sa place trois nouveaux agents: Lavaux, Baco et Jeannet [1].

V. Hugues devait avoir une double revanche; non seulement, en effet, son successeur était révoqué par le Directoire, mais encore il allait être embarqué d'office par les Guadeloupéens.

Les réformes nombreuses que Desfourneaux dut opérer dès son arrivée, les économies qu'il dut s'efforcer de réaliser, les mesures prises pour établir un système de fermage des biens des absents et pour assurer l'assiduité des nègres au travail froissèrent des intérêts et firent des mécontents. La *queue de V. Hugues*, suivant l'expression de Desfourneaux, sut profiter de ce mécontentement et exciter un soulèvement d'opinion contre l'agent du Directoire. Le bruit se répandit à la Guadeloupe qu'il était blâmé par le gouvernement et qu'il allait être remplacé. Desfourneaux irrité eut, paraît-il, l'imprudence de dire, dans un dîner donné à des officiers, que si le Directoire envoyait de nouveaux agents pour le remplacer, il était disposé à les repousser par la force. Ce propos,

---

[1] Le général Lavaux s'était, comme Desfourneaux, précédemment distingué à Saint-Domingue.

Baco de la Chapelle, ex-constituant, avait été envoyé d'abord comme agent particulier à l'île Bourbon, où la population avait refusé de le recevoir.

Jeannet avait été agent particulier à Cayenne. Il avait été relevé pour fin de mission par la frégate qui portait Desfourneaux à la Guadeloupe et avait assisté à l'embarquement de V. Hugues.

commenté par ses ennemis, amena une véritable insurrection à la Pointe-à-Pitre. Les autorités civiles et militaires de la ville se réunirent et, d'un commun accord, décidèrent que Desfourneaux serait immédiatement embarqué et renvoyé en France, et que le général Pélardy serait chargé du gouvernement de la colonie jusqu'à l'arrivée des nouveaux agents du Directoire.

Pélardy se trouvait alors à la Pointe-à-Pitre, tandis que Desfourneaux se trouvait à la Basse-Terre, et le général de brigade Paris était commandant militaire de ce dernier arrondissement. Paris se préparait à partir pour l'île Saint-Martin, dont Desfourneaux voulait lui confier le commandement, lorsque, dans la nuit du 11 au 12 vendémiaire et dans la matinée du 12 (4 octobre), il reçut du général Pélardy deux dépêches successives, la première lui apprenant l'insurrection de la Pointe-à-Pitre, la seconde lui enjoignant expressément d'arrêter et d'embarquer le général Desfourneaux. La situation de ce général de brigade entre les deux généraux de division, dont l'un lui ordonnait de mettre l'autre en état d'arrestation, était pénible, quoi qu'elle ne lui laissât aucun doute sur le devoir militaire qui l'obligeait évidemment à prendre parti pour le représentant de l'autorité gouvernementale; il sut cependant agir avec beaucoup de prudence et de droiture, et lorsque plus tard le général Desfourneaux l'accusa ou le laissa accuser d'avoir commis un acte de rébellion, il justifia sa conduite dans un mémoire où il expose avec une entière franchise le rôle joué par lui dans cette affaire [1].

Il s'était d'abord empressé d'aller communiquer à Desfourneaux aussitôt après leur réception les deux dépêches de Pélardy. La première causa à l'agent particulier un grand étonnement sans lui suggérer aucune mesure pour parer aux

---

[1] *Mémoire du général de brigade Paris sur les événements qui ont eu lieu à la Guadeloupe dans le mois de vendémiaire an VIII.* Archives des colonies, Guadeloupe, Correspondance générale, 1799, Registre n° 51.

événements signalés; d'ailleurs, en lui communiquant la seconde dépêche, Paris lui affirma qu'il continuait à ne reconnaître, comme c'était son devoir, d'autre autorité que la sienne. Il fit la même déclaration d'obéissance à l'agent du Directoire, en communiquant les dépêches de Pélardy à ses officiers, puis aux administrateurs civils de la Basse-Terre.

Une députation de citoyens de la Basse-Terre fut envoyée à la Pointe-à-Pitre pour s'enquérir des motifs de l'insurrection et tâcher de ramener les habitants dans la voie de l'ordre et de l'obéissance, et Desfourneaux ajourna toute mesure nouvelle jusqu'au retour de ces députés conciliateurs.

Sur ces entrefaites, Paris reçut une troisième dépêche de Pélardy, qui prenait cette fois le titre d'*agent provisoire du Directoire exécutif* que les insurgés lui avaient conféré: il renouvelait, à ce titre, l'ordre d'arrestation de Desfourneaux et nommait le général Paris commandant en chef de la force armée. Paris se borna à communiquer cette dépêche au général Desfourneaux, comme il avait fait pour les deux premières, puis il lui fit remarquer que dans le cas où la députation envoyée à la Pointe-à-Pitre échouerait dans sa démarche, il faudrait probablement tirer l'épée contre les insurgés et lui demanda des ordres pour assurer sa défense. Desfourneaux commença alors à écrire quelques lignes, puis brusquement il déchira le papier en disant : « Eh bien! non; je m'embarquerai s'il le faut; je saurai faire à la tranquillité le sacrifice de ma réputation; on ne m'accusera pas du moins d'avoir fait couler le sang de mes concitoyens. »

Le lendemain 6 octobre, les députés envoyés à la Pointe-à-Pitre revinrent accompagnés d'un grand nombre d'habitants de cette ville qui voulaient convaincre ceux de la Basse-Terre de la légitimité de leurs griefs contre Desfourneaux, ce qui produisit une certaine excitation dans la ville. Le général Desfourneaux, « plein de confiance dans ses moyens oratoires », fit venir les députations pour discuter avec elles les accusations dont il était l'objet. Mais, pendant qu'il discourait, le Gouvernement était assailli par une foule houleuse et menaçante qui réclamait à grands cris l'embarquement du traître Desfourneaux. Le général consentit alors à s'embarquer, en demandant que Paris, qui ne l'avait pas abandonné, le conduisît à bord.

« C'est ainsi que ce magistrat fit, sans songer à la défendre, l'abandon de son autorité, en répétant plusieurs fois : Vive la République ! Vive la Constitution de l'an III ! »

Il fut embarqué en effet le jour même sur un bâtiment en rade qui devait bientôt faire voile pour la France ; il y resta treize jours attendant son départ, et pendant ce temps Paris alla tous les jours avec la plus grande déférence lui porter son courrier et prendre ses ordres.

Quelques jours après[1], Pélardy, qui avait probablement accepté à regret le premier rôle dans cette affaire et qui jugeait peut-être la situation comme embarrassante, invita le peuple à choisir une agence composée de trois membres pour gouverner la colonie, en attendant l'arrivée des trois agents nommés par le Directoire. On désigna le général Paris avec les citoyens Dano et Rocherupès. Paris refusa d'abord ; puis, cédant à des instances pressantes, ayant pris soin de s'assurer de l'assentiment du général Desfourneaux, et ayant en outre reçu une pièce constatant l'assentiment unanime de toutes les communes de l'île, il se décida enfin à accepter.

Le 26 octobre, le général Desfourneaux fit voile pour la France, laissant l'administration de la Guadeloupe entre les mains de cette agence provisoire. Il ne fut d'ailleurs donné aucune suite fâcheuse pour lui à cette expulsion. Le gouvernement consulaire, qui avait remplacé le Directoire pendant sa traversée, l'envoya à Saint-Domingue avec l'expédition du général Leclerc. Il fut retraité plus tard dans son grade avec le titre de baron et la croix de grand officier de la Légion d'honneur.

[1] Le général Desfourneaux était encore en rade.

En revanche, le général Pélardy fut accusé, à sa rentrée en France, *d'avoir fait embarquer de force l'agent Desfourneaux pour prendre sa place d'agent aux îles du Vent.* Il adressa au Ministre de la marine, sous la date du 4 messidor an IX (25 juin 1800), un mémoire justificatif dans lequel il prétend démontrer qu'il « n'a eu aucune part à cet événement ». Cette prétention est évidemment excessive puisqu'il a bien, en réalité, donné l'ordre d'embarquer Desfourneaux et a été nommé à sa place agent du gouvernement, mais ce qu'on peut admettre, c'est qu'il a eu la main forcée et qu'il était exempt en cette affaire de toutes vues ambitieuses.

Il rappelle d'abord qu'une première insurrection ayant eu lieu en prairial (mai 1799) contre l'agent Desfourneaux qui usait de son autorité pour faire nommer par les électeurs les personnes de son choix au Corps législatif [1], il se porta avec sa troupe contre les insurgés, arrêta les principaux meneurs, et calma ainsi l'effervescence populaire. « Je reçus à cette époque du citoyen Desfourneaux des marques de satisfaction sur ma conduite ferme et courageuse; je ne voulais donc pas prendre sa place. » Puis il signale des actes de faiblesse de cet agent qui le déconsidéraient, entre autres l'affaire de l'impôt du timbre; le jour où fut pris l'arrêté qui l'établissait, une députation se rendit chez lui pour protester et l'agent le rapporta aussitôt.

Pélardy arrive enfin à l'insurrection générale de la Pointe-à-Pitre au mois de vendémiaire an VIII, insurrection provoquée par les paroles imprudentes prononcées par Desfourneaux dans un banquet d'officiers. Il a essayé de l'apaiser, mais sa maison étant envahie par les habitants et la troupe, il fut menacé lui-même et ne put calmer l'émeute qu'en donnant l'ordre d'embarquer l'agent de gouvernement. « Mais, ajoute-t-il, j'avais presque la certitude que mon ordre ne serait pas exécuté. L'agent Desfourneaux était à la Basse-

---

[1] En particulier l'amiral Bruix, alors ministre de la marine.

Terre, à 14 lieues de moi, il y avait les forces nécessaires
pour résister à mon ordre (2 compagnies des chasseurs de
la 58ᵉ, 4 compagnies du 1ᵉʳ bataillon, 2 compagnies d'artillerie,
1 compagnie de grenadiers de la Réunion, 1 compagnie de
dragons ainsi que la garde nationale et la direction d'artillerie,
et encore 30 à 40 dragons composant sa garde particulière);
il était agent du gouvernement, il avait tout à sa disposition,
et c'est au général Paris qui était avec lui et qui commandait
sous lui que j'adressai mon ordre. Il n'a été employé contre
lui aucune violence ni voie de fait [1]; l'agent Desfourneaux
a obéi passivement. » Puis, insistant sur la pureté de ses intentions et de sa loyauté pendant trente ans de service, il constate
qu'il n'a accepté provisoirement la place d'agent que pendant
deux jours, du 12 au 14 vendémiaire; que Paris, élu d'une
voix unanime, a accepté l'agence le 14 et que Desfourneaux
n'est parti que le 27. C'est donc alors Paris qui commandait.
Il insinue d'ailleurs que ce général est loin d'avoir été étranger
à l'insurrection et que son aide de camp et son secrétaire
étaient constamment en route pour aller conférer avec les
officiers et les habitants de la Pointe-à-Pitre. Dans un mémoire additionnel, il précise ces accusations en rappelant
que Paris était le beau-frère de V. Hugues [2]; or on sait que
l'embarquement de Desfourneaux fut simplement la revanche
de son prédécesseur; une lettre qui fut écrite alors à ce dernier dit explicitement: « Enfin ! *la queue de Hugues* a écrasé la
tête de Desfourneaux et le général Pélardy est rappelé. »

Pélardy affirme que Paris avait été prévenu trois jours
avant du mouvement qui devait avoir lieu à la Pointe-à-Pitre,
et que le 16 vendémiaire, un membre de la municipalité de

---

[1] Le général Pélardy est, sur ce point, parfaitement d'accord avec le
général Paris.

[2] Paris, comme son collègue Boudet, avait épousé une sœur de
Mᵐᵉ V. Hugues, ce qui permettait d'écrire dans un pamphlet de dénonciation contre cet agent : « Il suffit, pour devenir général, d'épouser une
demoiselle Jacquin. »

la Pointe-à-Pitre s'était écrié en plein conseil : « Il est temps que le général Paris sorte de derrière la toile »; puis il fait remarquer qu'après le départ de Desfourneaux, il a comblé de faveurs les principaux moteurs de l'insurrection et donné de l'avancement aux officiers qui y avaient pris part.

Il termine en constatant que le mouvement est l'œuvre des partisans de V. Hugues et qu'il ne peut en être, ayant été « par lui abreuvé d'amertumes et de vexations en l'an III », et que d'ailleurs il s'est attiré leur haine par les réformes opérées dans les magasins de l'artillerie. Nous citerons ce dernier passage parce qu'il met bien en évidence les étranges abus qu'avait entraînés dans le service de l'artillerie l'armement des corsaires de V. Hugues.

« Tout ce qui y était renfermé était à la disposition de l'agent Hugues et des généraux [1] pour l'armement de leurs corsaires et ceux de leurs amis; des forteresses même avaient été désarmées pour l'armement de ces mêmes corsaires. Je donnai alors l'ordre au citoyen Félix, directeur de l'artillerie, de ne délivrer des bouches à feu et des munitions de guerre que par les ordres de ceux qui avaient droit d'en donner et de se conformer au tarif fixé à ce sujet, de reprendre le commandement de la salle d'armes du Port-Liberté [2] qui avait été donnée en surveillance au citoyen Perrin, *orfèvre*, contre toutes les lois et le bien du service. Je trouvai dans cette salle des fusils coupés à 10 et 12 pouces de la culasse pour en faire des pistolets d'abordage, des fourreaux de baïonnette coupés par le milieu pour en faire des gaines de poignard et des banderolles de giberne pour en faire des ceintures de sabre; le tout pour les corsaires des personnes que je viens de citer. Je remis donc l'ordre à une situation si effrayante et j'ordonnai de faire rentrer dans les magasins beaucoup d'armes et de munitions qui furent soignées et réparées. »

[1] C'est-à-dire de ses beaux-frères Boudet et Paris.
[2] La Pointe-à-Pitre.

Une note du général Desfourneaux écrite à Paris, au mois de vendémiaire an x (septembre 1801), accuse également Paris de connivence avec l'insurrection.

Ainsi ces trois généraux se rejetaient mutuellement les torts : Desfourneaux était accusé de faiblesse et d'inertie par ses deux subordonnés; Pélardy était accusé par les deux autres d'avoir été l'auteur actif de l'expulsion de l'agent du gouvernement, tandis que Paris à son tour était accusé par ses collègues d'avoir secrètement excité et encouragé l'insurrection, et, en fait, ils avaient tous raison dans leurs accusations réciproques : mais, en définitive, ainsi que nous l'avons déjà indiqué, l'expulsion de Desfourneaux a été provoquée par les partisans et amis de V. Hugues qui tenaient à assurer sa vengeance.

CHAPITRE XII.

LES AGENTS DES CONSULS. — EXPULSION DU GÉNÉRAL LAVEAUX.
EXPÉDITION DE CURAÇAO.

Les trois successeurs légaux de l'agent particulier Desfourneaux arrivèrent à la Guadeloupe le 20 frimaire an VIII (12 décembre 1799) et y furent bien accueillis; la frégate la *Vengeance*, qui les avait apportés, repartit pour la France peu de temps après (31 janvier 1800), emportant à son bord le général Pélardy qui rentrait en vertu d'une décision du Directoire rappelant en France tous les généraux de division employés en sous-ordre aux colonies [1]. Un de leurs premiers actes fut donc de pourvoir au remplacement de ce général dans le commandement de la force armée de l'île, et leur choix se porta sur le général de brigade Paris, « en faveur duquel, disent-ils, tous les suffrages semblent se réunir ». Ils n'avaient d'ailleurs amené d'autre renfort qu'une compagnie d'artillerie de marine, et l'adjudant-général Jeannet (frère de

---

[1] La carrière de ce Pélardy, qui mourut en France après avoir obtenu sa retraite de général de division, a été singulièrement accidentée pendant la période que nous venons de parcourir. Nous l'avons vu successivement, en effet, en moins de six ans, capitaine d'artillerie, général de division commandant l'armée de la Guadeloupe, destitué et privé de tout grade; une seconde fois général de division commandant l'armée de la Guadeloupe, un moment gouverneur de la colonie, puis démissionnaire et reprenant son emploi de général, enfin rappelé en France pour continuer ses services sur le continent.

l'agent) qui était accompagné de Pélage [1], ce mulâtre martiniquais que nous avons vu se distinguer à Sainte-Lucie sous les ordres de Goyrand, et que nous verrons bientôt jouer un rôle important à la Guadeloupe.

Le gouvernement des consuls avait été substitué au Directoire exécutif au moment où les trois agents désignés par celui-ci étaient en route pour la Guadeloupe, mais il confirma leur nomination et maintint leurs pouvoirs en changeant seulement leur titre officiel qui fut remplacé par celui d'*agents des consuls de la République française*. Ils purent donc travailler avec sécurité à l'organisation judiciaire et administrative de la colonie. Cependant des divisions ne tardèrent pas à s'élever entre le général Laveaux et ses deux collègues qui reprochaient au premier son attitude incorrecte et séditieuse vis-à-vis des hommes de couleur. Ils l'accusaient de tenir avec eux des conciliabules nocturnes, d'entretenir par des émissaires particuliers des relations clandestines avec les ateliers de nègres, etc., et le mirent en demeure de cesser ces menées, « bien décidés ou à obtenir de lui l'entier sacrifice de ses idées erronées, de son système anti-social, ou à le retrancher de l'agence du gouvernement qu'il déshonorait ». Laveaux répondit à cette mise en demeure en quittant la maison nationale et en cherchant à soulever le peuple de la Basse-Terre par des discours incendiaires. C'était une rup-

---

[1] « Pélage était fort jeune lors des premiers troubles de la Martinique, où il se prononça en faveur des planteurs; de la bravoure, du sang-froid et des talents militaires le firent distinguer par ses chefs. Pendant le siège de 1794, il se battit contre les Anglais avec tant de courage et d'intelligence que le général Rochambeau le nomma lieutenant sur le champ de bataille. A son arrivée en France, on le fit capitaine de grenadiers du bataillon des Antilles (envoyé comme renfort à V. Hugues). Il se couvrit de gloire à la prise de Sainte-Lucie en 1795, ainsi qu'en défendant cette île, l'année suivante contre les Anglais qui firent la garnison prisonnière. Échangé en 1798, il servit à Fécamp, puis à Morlaix, et obtint en 1799 le brevet de chef de brigade, pour partir comme aide de camp de l'agent Jeannet. » Boyer-Peyreleau, *Les Antilles françaises*, t. III, p. 61.

ture ouverte avec ses collègues, et ceux-ci ne perdirent pas de temps pour relever le défi. Aussitôt, en effet, ils publièrent un arrêté (9 ventôse an VIII-28 février 1800) portant que le citoyen Étienne Laveaux ne faisait plus partie de l'agence des consuls de la République française aux îles du Vent; en même temps ils envoyaient au général commandant la force armée l'ordre de faire immédiatement arrêter Laveaux qui s'était rendu à la Basse-Terre, et de le faire conduire à bord de la corvette le *Berceau* qui se trouvait alors en rade. Le général Paris, qui n'avait pas exécuté à l'égard de Desfourneaux les ordres de Pélardy parlant au nom de l'émeute, exécuta sans hésiter les ordres donnés par les deux agents au nom du gouvernement. Prenant avec lui une compagnie de grenadiers, il alla saisir Laveaux dans une sorte de réunion publique, où il dénonçait l'arrêté pris contre lui par Baco et Jeannet, et le fit conduire à bord du *Berceau*. Le lendemain, le capitaine de frégate commandant cette corvette reçut l'ordre de transférer sous bonne escorte le citoyen Étienne Laveaux à bord d'une goélette, l'*Auguste* : un enseigne de vaisseau était désigné pour prendre le commandement de la goélette, et ramener directement l'ex-agent en France. Laveaux quittait donc la colonie dans les mêmes conditions que V. Hugues et Desfourneaux [1].

La municipalité de la Basse-Terre qui s'était montrée favorable aux projets du général fut destituée et remplacée, et l'effervescence qu'il avait soulevée dans les esprits fut vite apaisée.

Les agents, après l'expulsion du général Laveaux, se complétèrent au nombre de trois en s'adjoignant, suivant les instructions du Directoire, un fonctionnaire civil de la co-

---

[1] Une note de Boyer-Peyreleau (*loc. cit.*) nous apprend que la goélette fut prise par les Anglais pendant la traversée. Quand Laveaux rentra en France, il y vécut dans la retraite. Élu en 1820 membre de la Chambre des députés par le département de Saône-et-Loire, il s'est toujours montré le digne défenseur de la charte et des libertés françaises.

lonie, le citoyen Bresseau, commissaire du gouvernement près l'administration centrale du département de la Guadeloupe. L'agence ainsi complétée poursuivit la réorganisation intérieure, administration des domaines nationaux, service de la douane, enfin la partie militaire, dans laquelle les agents signalaient d'incroyables abus : « point de conseil d'administration, point de revues d'effectif, point d'ordinaires dans les casernes, des appels du soir seulement pour la forme et le soldat mange et couche habituellement hors du quartier. La plupart des soldats sont marchands, quelques-uns déserteurs, attirés par l'appât du gain que leur présentent les corsaires particuliers [1]. »

Dans une autre lettre, ils se plaignent de la pénurie du Trésor qui permet à peine de payer le prêt aux troupes. Cependant ils avaient fixé à 45.000 francs le traitement du général de brigade Paris commandant de la force armée; à 30.000 francs le traitement de l'adjudant-général Jeannet, nommé commandant de l'arrondissement de la Grande-Terre, et à 25.000 francs le traitement du chef de brigade commandant l'arrondissement de la Basse-Terre, et bientôt après ils accordaient au général commandant la force armée de l'île un supplément de 15.000 francs pour frais de représentation, ce qui portait sa solde à 60.000 francs, somme considérable pour l'époque; un supplément égal était d'ailleurs alloué à l'adjudant-général Jeannet, frère de l'agent.

Mais bientôt aux préoccupations de l'organisation intérieure vint se joindre, à l'extérieur, le souci d'une expédition dirigée contre l'île hollandaise de Curaçao. « Un voile épais, écrivait Boyer-Peyreleau en 1823, couvre encore aujourd'hui les causes de la tentative infructueuse faite par ces trois agents contre l'île de Curaçao, l'alliée de la France », et depuis lors personne, à notre connaissance, n'a soulevé ce voile.

[1] Lettre du 4 pluviôse an VIII. Archives des colonies, Guadeloupe, correspondance générale. Année 1800. Registre n° 52.

Nous chercherons donc, en compulsant la correspondance officielle des agents[1], à éclairer, s'il est possible, les motifs de cette nouvelle expédition des Guadeloupéens.

Le premier motif paraît avoir été une défiance personnelle contre le gouverneur de l'île, qui était soupçonné, à tort ou à raison, de vouloir la livrer aux Anglais. En effet, dès le 5 pluviôse (27 janvier 1800), les agents écrivaient au Ministre de la marine et des colonies : « Instruits que le gouverneur de Curaçao avait manifesté des intentions favorables aux Anglais, et paru vouloir suivre l'exemple du traître Federici, nous lui avons notifié les brillantes nouvelles de la Hollande, et nous avons lieu de croire qu'une pareille notification produira l'effet que nous attendons. »

Puis l'incident de la *Vengeance* vint fournir un second motif qui fut la cause déterminante de l'expédition. On se rappelle que cette frégate, qui avait porté les agents à la Guadeloupe, était repartie pour France, ayant à bord le général Pélardy. Dès le lendemain de sa sortie, elle fut rencontrée et attaquée par la frégate américaine la *Constellation*[2]. L'engagement entre les deux frégates, qui dura cinq heures, fut vif et meurtrier; toutes deux reçurent de graves avaries, surtout la frégate américaine qui, une demi-heure après le combat, se trouva en danger de couler bas et fit à la *Vengeance* des signaux de détresse. Celle-ci n'y répondit pas, parce qu'elle avait en vue une voile de guerre et qu'elle était pressée de continuer sa route pour aller se radouber à Curaçao.

« La *Vengeance*, écrivent les agents au Ministre à la date du 28 ventôse an VIII (13 mars 1800), est entrée à Curaçao sans mâts, ayant dix-huit morts et quelques blessés; il faudra beaucoup de temps et plus de 500.000 francs pour la réparer. »
Il paraît que le gouverneur hollandais s'opposa par la suite

---

[1] Archives des colonies, Guadeloupe, correspondance générale, registre n° 52.

[2] Celle-là même qui, quelque temps avant, avait amariné la frégate française l'*Insurgente*.

au départ de la frégate, car le 8 messidor suivant (1er juillet) les agents écrivaient au Ministre : « La *Vengeance* est toujours à Curaçao, où les Anglais et les Américains semblent ligués avec le gouverneur hollandais pour la retenir. Nous avons envoyé un parlementaire. Aussitôt son retour, nous prendrons un parti, car il est de l'honneur national que le pavillon de la *Vengeance* flotte encore sur les mers où il a été si bien défendu. »

Le rapport du parlementaire ne fut pas satisfaisant et les agents se décidèrent à armer une flottille de onze goélettes ou balaous pour l'envoyer à Curaçao. Le citoyen Bresseau, l'un des agents, fut chargé de diriger cette expédition; les troupes embarquées étaient placées sous les ordres du général de brigade Jeannet[1]. L'expédition arriva heureusement à Curaçao le 24 thermidor (13 août 1800). Les agents rendent compte de cette arrivée dans une lettre adressée, le 7 fructidor, au citoyen Forfait, Ministre de la marine et des colonies, et ils ajoutent : « Le gouverneur hollandais Lauffer, tout en convenant qu'il craignait une invasion de la part des Anglais, ne laissa pas de manifester des dehors les plus contraires à ceux qu'on doit attendre d'un allié de bonne foi. La prudence et la fermeté du citoyen Bresseau et la contenance de nos troupes. ainsi que des capitaine[2], état-major et équipages de la frégate la *Vengeance*, ont paralysé ces dispositions hostiles. La *Vengeance* reprendra la mer sous très peu de jours et n'aura plus le sort des deux frégates hollandaises qu'on laisse périr dans le port de Curaçao, après les avoir désarmées et dégréées. »

Tout paraissait donc alors marcher à souhait, mais les choses ne tardèrent pas à changer de face; c'est ce que les

---

[1] Par un arrêté du 25 messidor, les agents avaient élevé au grade de général de brigade l'adjudant général Jeannet. Cet avancement n'avait rien d'excessif, car Jeannet, adjudant général depuis 1793, avait sept ans de grade.

[2] Le capitaine de frégate Pitot.

agents expliquent de la manière suivante dans une lettre au Ministre en date du 22 vendémiaire an IX (14 octobre 1800).

Après avoir rappelé que la contenance des troupes de l'expédition avait forcé le gouverneur Lauffer à remplacer ses témoignages de haine par des dehors de bonne intelligence et d'amitié, ils disent :

« Cependant le parti fut pris de diviser sous main nos Français. Les moyens de corruption ayant été inutilement tentés à l'égard des personnes composant l'expédition qui les repoussèrent avec indignation, on espéra être plus heureux auprès du commandant de la *Vengeance*.

« L'effet de l'argent fut tel sur cet officier qu'il ne tarda pas à se déclarer ouvertement contre les Français, à les repousser de son bord, à braquer ses canons sur leur quartier, enfin à appareiller pour France contre l'ordre formel de notre collègue qu'il eut l'audace de faire coucher en joue lorsque cet agent se présenta sans armes pour lui réitérer la défense de quitter le port de Curaçao[1].

« D'un autre côté, le gouverneur faisait dégarnir les batteries dominant la mer pour hérisser de canons les forts de l'intérieur. On laissait l'île ouverte aux Anglais pour tourner tous ses moyens de défense contre nos compatriotes. Privé des trois quarts de ses forces par la défection de la frégate la *Vengeance* et par la collusion de son capitaine avec le perfide Lauffer, notre collègue pensa qu'il n'était plus en mesure d'exécuter sa mission dans toute son étendue, et que, réduit au rôle difficile de négociateur sans forces et sans argent, il devait se ménager la composition la moins désavantageuse possible et préparer sa retraite.

« Cette retraite était assez désirée et la poignée de braves qui lui restaient rendaient encore sa présence assez redoutable pour qu'on s'empressât de favoriser son départ.

[1] C'est ici que la conduite de l'agent manque de netteté, l'expédition ayant eu pour but principal d'obliger le gouverneur de Curaçao à laisser repartir la frégate.

« Le citoyen Bresseau en prévint donc le gouverneur Lauffer qui, au moment de l'appareillage, envoya un de ses officiers remercier le citoyen Bresseau de la bonne discipline qu'avaient observée les troupes pendant tout leur séjour. Mais à peine notre flottille avait-elle mis à la voile que les chansons les plus indécentes contre les Français coururent la ville. Les Orangistes[1] se couronnèrent de feuillage comme des triomphateurs et le gouverneur applaudissait de ses fenêtres aux éclats de leur joie.

« Sur ces entrefaites, on apprit que le calme et les courants avaient affalé la division sous la batterie du fort Saint-Michel. Quelques Français étaient descendus pour aider les canonniers hollandais en cas de quelques tentatives de la part des croiseurs ennemis. Vient de la ville un ordre de les faire embarquer et, en cas de refus, de les y forcer. En même temps, le gouverneur marchait sur nos gens avec 600 hommes.

« A cette nouvelle, notre petite armée se met en défense, repousse les agresseurs, marche sur la batterie de Piscadère et s'en empare. Le gouverneur s'était replié sur la ville.

« Le lendemain, une frégate anglaise rangea de près la côte : une goélette fut expédiée du port hollandais pour parlementer avec elle. Un de nos bâtiments (lettre de marque le *Victorieux*) fut livré à cette frégate.

« Déjà, lorsque nos bâtiments étaient sortis du port, le poste de Cracks-Bay avait fait feu sur une goélette française expédiée de la Guadeloupe et le timonnier était mort de ses blessures.

« La frégate à qui on avait dépêché une goélette renvoya sa chaloupe. Celle-ci entra dans le port malgré la vive fusillade de nos tirailleurs, et pour ne laisser aucun doute sur l'intelligence des Anglais avec la place, la frégate vint canonner le quartier général des Français sis sur l'habitation Devers.

---

[1] Partisans des Anglais.

« La présence de ce nouvel ennemi auquel vinrent se joindre deux corvettes américaines ne permit plus de poursuivre la vengeance des outrages et de la trahison du gouverneur Lauffer. La retraite devenait de jour en jour plus difficile ; elle fut décidée et effectuée dans la nuit du cinquième jour complémentaire (21 septembre 1800) dans le plus grand ordre et sans autre perte de notre part que celle de deux hommes. Des onze goélettes, bateaux ou bricks qui partirent alors de Curaçao avec ordre de faire chacun sa route séparément, il n'en est encore arrivé que quatre, dont un avec deux prises [1]....

« Il n'y a qu'un cri de la part des arrivants contre la déloyauté et la lâcheté du capitaine Pitot qui, par la plus basse des perfidies, a fait échouer une expédition entreprise en grande partie pour mettre sa frégate en état de reprendre la mer et ne s'est pas vu plutôt regréé et approvisionné qu'il n'a pas craint de se mettre en révolte contre le chef de cette même expédition, contre l'agent du gouvernement, tandis qu'il suffisait pour le succès qu'il demeurât neutre. Cet homme vil et haineux a eu l'atrocité de laisser à terre, en emportant leurs effets, une femme, des enfants en bas âge et d'autres passagers (entre autres le général Pélardy) qui lui avaient été donnés à la Guadeloupe et dont il avait eu lieu d'être si content dans son combat contre la *Constellation* [2]. Plusieurs officiers, indignés de son infâme conduite, se sont débarqués et reviennent sur la division. L'un d'eux, le citoyen Allègre, est déjà rendu ici. »

[1] Un *post-scriptum* à cette lettre du 22 vendémiaire annonce l'arrivée d'un cinquième bateau de Curaçao. Le commandant de ce bateau (qui était un Espagnol nommé Don Pèdre) dépose à son arrivée qu'un capitaine hollandais ayant refusé de commander le feu sur les Français en disant que c'étaient des alliés et qu'il fallait plutôt tirer sur les Anglais dont les bâtiments étaient à portée, Lauffer l'a fait fusiller.

[2] Encore une péripétie dans l'histoire du général Pélardy. Abandonné à Curaçao par le capitaine Pitot, il dut retourner à la Guadeloupe sur un bâtiment de la division, et de là parvint enfin à rentrer en France.

Nous n'avons pas reculé devant cette longue citation de la lettre des agents Baco et Jeannet, afin de permettre au lecteur de juger sur pièces cette singulière expédition de Curaçao, qui marque la dernière tentative des Guadeloupéens sur les Antilles étrangères et semble être une réminiscence voulue des procédés de V. Hugues. La plupart des bâtiments qui avaient pris part à l'expédition purent heureusement rentrer à la Guadeloupe, entre autres la goélette la *Triomphante*, qui portait l'agent Bressseau, le général Jeannet, le général Pélardy et sa famille. Deux d'entre eux seulement, le balaou le *Mahomet* et le bateau le *Quiproquo*, furent pris par les Anglais. Ce dernier, commandé par un capitaine de frégate qui fut tué dans l'affaire, soutint, avant de se rendre, un combat inégal de plus d'une heure contre deux bâtiments anglais.

Quant à la *Vengeance*, qui avait joué dans cette expédition un rôle si important, elle fut aussi capturée en mer par les Anglais quelques jours après sa sortie [1].

Pendant que les agents s'occupaient de l'île de Curaçao, un complot avait été tramé contre eux à la Guadeloupe. Les noirs mécontents voulaient venger le général Laveaux en faisant subir à ses collègues le même traitement, c'est-à-dire en les embarquant d'office pour la France. Ce complot fut découvert assez tôt pour en empêcher l'exécution. Les auteurs furent arrêtés et jugés; un militaire noir fut condamné à mort et cinq autres à la peine des fers.

Cela n'empêcha pas une autre réunion de mécontents de renouveler cette tentative. Les deux meneurs principaux de ce nouveau mouvement étaient le commandant d'artillerie Félix et le capitaine d'infanterie Narcisse. Tous deux furent saisis;

---

[1] Cette malheureuse expédition provoqua naturellement des plaintes de la part des habitants de Curaçao. Le gouverneur fit transmettre par son gouvernement leurs réclamations au gouvernement de la République française, qui traduisit l'agent Jeannet devant un conseil de guerre pour répondre de cette affaire après son retour à Paris. Jeannet fut d'ailleurs acquitté par le conseil et se retira aux États-Unis.

le premier fut puni de vingt jours de détention à la Basse-Terre; le second fut relégué à Saint-Martin et tout rentra dans l'ordre.

Néanmoins dès cette époque (1er juillet 1800), les agents commencent à solliciter leur rappel en France et, d'accord en cela avec V. Hugues, ils expliquent au gouvernement qu'il convient de les remplacer par un homme seul et non par trois : « Un seul homme revêtu de confiance et de force à qui l'on donnera, si l'on veut, des conseils ou des adjoints avec voix consultative seulement, et qui ne participent en rien à l'exécutif », et à mesure que le temps marche leurs instances sont plus pressantes; ils signalent la nécessité de leur rappel comme urgente, en faisant ressortir surtout leur fatigue et le triste état de leur santé et en affirmant qu'ils ont déblayé toutes les grosses difficultés et que la tâche sera facile au nouveau venu. L'agent Baco, qui connaissait Bonaparte, écrit au premier consul à la fin de juillet une lettre particulière dans laquelle il appuie la demande officielle de l'agence. « Je vous conjure, mon estimable collègue, d'employer la portion de votre influence pour nous donner des successeurs. Nous sommes abreuvés de dégoûts; nos santés sont chancelantes; les forces physiques ont un terme et nous sentons que nous ne pourrons longtemps lutter contre les tourments d'une mission que les circonstances ont rendue excessivement pénible. Le préfet qui arrivera tiendra au nouvel ordre de choses; il arrivera avec la renommée qui illustre le nouveau gouvernement, etc. »

Le remplaçant des agents ne fut pourtant désigné que le 1er frimaire an IX (20 novembre 1800). Celui qui fut désigné fut le contre-amiral Lacrosse, avec le titre de capitaine général[1]. Cette désignation se trouva trop tardive pour Baco, qui

---

[1] La minute de cet arrêté du 1er frimaire an IX, établie sur du papier portant l'en-tête : « Au nom du peuple français, Bonaparte, premier consul de la République » et signée « Bonaparte », se trouve par exception dans le registre n° 52, déjà cité, des archives des colonies. Ces archives, en effet, ne contiennent habituellement que les pièces émanant des colonies.

mourut au mois de décembre, emporté par la maladie du pays. Le même arrêté désignait le général de brigade Béthencourt pour aller remplacer le général Paris dans le commandement des troupes[1].

[1] Le général Paris, à son retour en France, fut employé et fit toute la guerre d'Espagne ; il y fut nommé lieutenant général et mourut de maladie après sa rentrée à Perpignan, en 1814. (Boyer-Peyreleau, *loc. cit.*, t. III, p. 75).

CHAPITRE XIII.

LE CAPITAINE GÉNÉRAL LACROSSE. — RÉVOLTE DES TROUPES NOIRES.

Le départ du contre-amiral Lacrosse fut assez longtemps différé. Le décret du 1er frimaire an IX, qui l'avait nommé capitaine général, spécifiait que 800 hommes seraient embarqués avec lui sur les deux frégates qui devaient le porter à son poste. Il se rendit à Lorient dès que ces deux frégates, la *Cornélie* et la *Cocarde*, furent parées pour y attendre son embarquement et prit aussitôt son poste à bord de la *Cornélie*. Mais les troupes qu'il devait emmener n'arrivaient pas : Lacrosse finit par les réclamer au Ministre dans une lettre du 5 germinal (26 mars 1801). A la suite de cette réclamation, le Ministre de la guerre mit immédiatement à sa disposition 50 hommes de la 10e compagnie du 8e régiment d'artillerie qui se trouvaient alors à Lorient et envoya l'ordre au général commandant l'armée de l'Ouest de lui envoyer sans délai un détachement de 400 hommes d'infanterie (au lieu de 800 prévus d'abord par Bonaparte). Ce détachement arriva à Lorient le 26 germinal an IX (17 avril 1801). Il comprenait 100 hommes de la 82e demi-brigade de ligne, 150 de la 30e légère et 150 de la 79e de ligne. Le départ de l'expédition put alors avoir lieu et elle arriva à la Guadeloupe le 9 prairial an IX (29 mai 1801).

Pendant sa traversée de quarante jours, Lacrosse[1] eut l'oc-

---

[1] Le commandant Lacrosse que nous avons vu si mal traité par Rochambeau et dont la conduite à la Martinique avait en effet été fort suspecte, car il avait quitté la Colonie avant le siège malgré les ordres formels du gouverneur général avec sa frégate la *Félicité*, avait été nommé contre-amiral à la suite d'un brillant combat naval soutenu sur les côtes de France au mois de janvier 1796. Il commandait le vaisseau les *Droits-de-l'Homme*

casion de faire deux prises : un navire portugais saisi près des îles du Cap-Vert qui fut brûlé, et une goélette bermudienne allant à la Martinique avec un chargement de farine, de salaisons et de goudron. Celle-ci, qui fut saisie tout près des atterrages, fut conduite à bon port à la Guadeloupe. En outre, la veille de son arrivée, le 8 prairial, il eut avec des navires anglais un engagement dont il rend compte dans les termes suivants[1] :

« Le matin à 9 heures, j'avais reconnu la Dominique, point où je m'étais proposé d'atterrir. Je dirigeais ma route pour passer au vent de Marie-Galante lorsque, à 4 heures du soir, j'eus connaissance d'une voile sous la Désirade; c'était une frégate qui, nous ayant également aperçu, manœuvra pour venir nous reconnaître. Par les coups de canon qu'elle tira successivement, j'avais lieu de croire qu'elle était en observation et que ces signaux étaient adressés à quelque division. Je me déterminai alors à passer sous le vent de Marie-Galante et pour m'assurer des forces qui pourraient exister dans le bassin de la Guadeloupe. Je fis de la voile et gagnai de l'avant. Cependant la *Cocarde*, restée de l'arrière, se trouvait

et revenait de la côte d'Irlande à Brest, lorsqu'il fut attaqué par le commodore anglais sir Edward Pellew avec le vaisseau l'*Indéfatigable* et la frégate l'*Amazone*. Le vaisseau les *Droits-de-l'Homme*, dont la batterie basse était beaucoup plus près de l'eau que celle de ses adversaires, ne put tenir ses sabords ouverts parce que la mer était très grosse et dut renoncer à se servir de ses canons de 36. Il se trouvait donc inférieur de fait à chacun des deux bâtiments qui l'attaquaient. Néanmoins le combat fut soutenu avec acharnement : le vaisseau fut complètement démâté et Lacrosse reçut au milieu de l'action un boulet mort dans le genou gauche. En définitive, le vaisseau, ayant épuisé presque toutes ses munitions et subi de fortes avaries, échappa néanmoins aux Anglais et vint s'échouer dans la baie d'Audierne. La frégate anglaise l'*Amazone*, démâtée et criblée de boulets comme les *Droits-de-l'Homme*, dut aussi faire côte presque en même temps, en sorte que son équipage et ses officiers furent faits prisonniers.

[1] Lettre au citoyen Forfait, ministre de la marine et des colonies, datée du «Palais de la capitainerie générale, le 18 messidor an IX». (Archives des colonies, Guadeloupe, correspondance générale, registre n° 55.)

serrée par l'ennemi qui la gagnait de vitesse. Il était nuit, et par quelques coups de canon tirés de chasse et de retraite, je jugeai que les deux frégates s'approchaient. Ayant à craindre que la brise, qui était faible, ne diminuât au point de m'empêcher d'aller au secours de la *Cocarde* dans le cas d'un engagement, j'arrivai et fis route pour la rallier. Il était 9 heures du soir, et l'action commençait à devenir sérieuse.

« Parvenu devant l'ennemi, je prends poste de son travers et lui lâche une bordée toute à la fois. Mon artillerie bien servie, je lui en lâche aussitôt une seconde qui lui cause un tel dommage qu'il force de voile et prend chasse. J'aurais pu l'engager, mais ignorant absolument les forces qui pouvaient se trouver dans le bassin de la Guadeloupe ou environs, ayant à craindre aussi que la canonnade n'eût fait sortir des Saintes la division de cette station, je préférai continuer ma route pour aller attaquer[1] la Pointe-à-Pitre. Comme je l'avais prévu, une frégate fut aperçue vers minuit sous les Saintes, cherchant à s'élever au vent : le lendemain on en vit trois, accompagnées d'un vaisseau de 74, le *Léviathan*, et d'une forte corvette. J'ai appris quelques jours après que la frégate qui m'avait attaqué était l'*Andromède*, de 40 canons, et que le capitaine Bradby qui la commandait avait été tué, ainsi qu'une vingtaine d'hommes. Notre perte a été heureusement moindre, puisque la *Cocarde* n'a eu à regretter que deux hommes tués et ne compte que cinq blessés qui sont guéris. La *Cornélie* n'a éprouvé aucune perte en hommes. »

On voit que les Anglais, s'ils n'osaient pas encore attaquer la Guadeloupe, faisaient toujours bonne garde autour d'elle. Ils venaient d'ailleurs d'enlever tout ce qui restait aux Antilles d'îles appartenant aux alliés des Français et même aux neutres, Suédois et Danois. Le 20 mars, en effet, sans déclaration de guerre préalable, une expédition commandée par le général Trigge et l'amiral Duckworth, s'était présentée devant

---

[1] *Attaquer* est pris ici bien entendu dans le sens purement marin.

Saint-Barthélemy, île suédoise n'ayant qu'une garnison de 21 hommes, laquelle capitula immédiatement sans chercher à se défendre.

Le 24 mars, ce fut le tour de l'île franco-hollandaise de Saint-Martin : les Anglais y débarquèrent deux divisions formant plus de 4.000 hommes soutenus par 12 bâtiments de guerre et 20 transports. La garnison française comptait environ 400 hommes et les équipages de quelques petits corsaires; les Français étaient donc un contre dix. Ils soutinrent néanmoins le combat pendant dix-huit heures, au bout desquelles ils acceptèrent une capitulation avec des conditions aussi favorables qu'il était possible de l'espérer.

Les îles danoises de Sainte-Croix et de Saint-Thomas furent ensuite enlevées sans brûler une amorce, comme Saint-Barthélemy, l'une le 28 mars, l'autre le 31 mars. Il y avait cependant 700 hommes de troupes à Sainte-Croix et 135 à Saint-Thomas, ce qui aurait permis de faire quelque résistance.

Enfin, le 21 avril, les îles hollandaises de Saint-Eustache et de Saba capitulaient aussi, sans résistance, devant les Anglais.

Dès lors la Guadeloupe n'avait plus aucun appui dans l'archipel; elle était réduite à ses propres forces, et encore la principale de ses dépendances naturelles, le groupe des Saintes, était toujours entre les mains des Anglais. Ses corsaires eux-mêmes étaient en décadence depuis que la guerre avait été déclarée aux États-Unis, car les frégates de cette nation les pourchassaient avec acharnement et en avaient détruit un grand nombre.

Néanmoins, si l'action de la Guadeloupe à l'extérieur se trouvait détruite, sa défense était encore assez bien assurée pour tenir les Anglais à l'écart. Le capitaine général Lacrosse en témoigne dans une des premières lettres qu'il adresse au Ministre : « La colonie, dit-il, considérée sous le rapport militaire, présente un aspect formidable. Les côtes sont hérissées de batteries; la surveillance y est généralement bien exercée; les troupes sont parfaitement bien disciplinées et ont une très bonne tenue. D'après la nouvelle organisation dont je viens de m'occuper [1], la force armée de la Colonie sera de 4.130 hommes; mais si les dangers nécessitaient d'en augmenter le nombre, il serait essentiel que nous eussions de quoi les armer. Je vous prie donc de me faire l'envoi de 6.000 fusils, aussitôt que vous en aurez l'occasion. »

Le capitaine général Lacrosse fut, au moment de son arrivée, bien accueilli de toute la population; les vieux révolutionnaires voyaient, en effet, en lui, l'homme qui avait le premier fait triompher la République à la Guadeloupe, tandis que les modérés et les réactionnaires ne voyaient que l'agent du gouvernement réparateur du Premier Consul. Une

[1] Nous croyons utile de faire connaître ici cette nouvelle organisation, adoptée sur la proposition du général Béthencourt, par arrêté du 1ᵉʳ messidor an IX (21 juin 1801):

I. *État-major général de la capitainerie.* — 1 général en chef commandant les troupes, 2 aides de camp, 1 chef de brigade chef d'état-major.

2 chefs de brigade commandant les arrondissements de la Grande-Terre et de la Basse-Terre avec 2 adjoints d'état-major.

1 chef de bataillon commandant à Marie-Galante, 1 capitaine commandant à la Désirade, 4 capitaines commandants temporaires des places de Port-Liberté et de la Basse-Terre, des forts Saint-Charles et Fleur-d'Épée.

II. *Direction du génie.* — 1 chef de brigade, directeur, à Port-Liberté, 1 capitaine à la Basse-Terre, 1 lieutenant à Marie-Galante, des élèves sous-lieutenants.

III. *Direction d'artillerie.* — 1 chef de brigade, directeur, à la Basse-Terre, 1 capitaine d'artillerie à Port-Liberté.

IV. *Corps de réserve.* — Comprenant deux compagnies, l'une de grenadiers, l'autre de chasseurs, toutes deux à l'effectif total de 154 hommes, y compris 4 officiers (1 capitaine, 1 lieutenant et 2 sous-lieutenants) et 6 sous-officiers.

V. *Troupes d'artillerie.* — 1 bataillon de 1.044 hommes formant 10 compagnies de 104 hommes, y compris les 4 officiers; l'état-major du bataillon formé par 1 chef de bataillon, 1 adjudant-major, 1 quartier-maître trésorier, 1 adjudant sous-officier.

VI. *Troupes d'infanterie.* — 3 bataillons, chacun de 828 hommes et proclamation qu'il publia aussitôt (31 mai) et dans laquelle, suivant l'usage en pareil cas, il faisait à tous les meilleures promesses, rassura les esprits inquiets et lui attira la sympathie publique. Malheureusement ses actes, comme il arrive souvent aussi, ne tardèrent pas à contredire ses paroles.

En effet, six jours après (5 juin), il annonce qu'il existe des complots, que la tranquillité est menacée et, pendant la nuit suivante, il fait arrêter brusquement quinze individus, la plupart négociants et pères de famille. Le lendemain, il fait faire de nouvelles arrestations parmi les militaires et les officiers de couleur qui avaient servi si bravement sous les ordres des généraux Pélardy et Boudet[1]. Ces arrestations produisirent naturellement une vive effervescence dans la Colonie, et il fallut toute la prudence du colonel Pélage chargé de les exécuter et la confiance inspirée par les vertus du général Béthencourt, pour empêcher que cette effervescence dégénérât immédiatement en insurrection. Les habitants essayèrent en vain de fléchir le capitaine général; leurs supplications furent vaines; le général Paris, qui était encore dans la Colonie, et le général Béthencourt lui-même, qui unirent leurs voix à celles des habitants, n'eurent pas plus de succès.

divisé en 8 compagnies. Les compagnies sont de 103 hommes, y compris les 3 officiers; l'état-major est identique à celui du bataillon d'artillerie.

VII. *Sapeurs.* — 1 compagnie de 200 hommes, y compris 1 capitaine, 1 lieutenant et 2 sous-lieutenants.

VIII. *Ouvriers.* — 1 corps d'ouvriers de 60 hommes placés sous les ordres immédiats des officiers de l'artillerie et du génie.

IX. *Chasseurs à cheval.* — 1 compagnie de 55 hommes, dont 3 officiers et 2 sous-officiers.

X. *Employés du génie.* — 2 garde-magasins, 1 écrivain, 1 piqueur.

XI. *Employés d'artillerie.* — 1 garde-magasin et 1 sous-garde, 3 gardiens de signaux.

Le même arrêté nommait le général Béthencourt commandant en chef de la force armée et le chargeait de mettre à exécution cette organisation qu'il avait lui-même préparée.

[1] Entre autres le chef de bataillon Collin, qui commandait les troupes à Sainte-Lucie, lors de la belle défense de cette colonie contre les Anglais.

Lacrosse demeura inflexible, sous prétexte qu'il agissait par l'ordre formel des Consuls, et fit déporter tous les individus arrêtés [1].

Le surlendemain, un nouveau sujet de mécontentement fut fourni à la population par l'invitation que le capitaine général fit aux citoyens de Port-Liberté et de la Basse-Terre de verser dans les caisses du gouvernement de chacune de ces villes un emprunt de 350.000 francs en argent.

Quelque temps après (5 août), le général Béthencourt fut enlevé par la maladie du pays [2]. Cette mort, que la Colonie salua par une douleur et des regrets unanimes, fut un grand malheur, car ce général, par son caractère doux et conciliant, atténuait la dureté arrogante de l'amiral. Elle fournit d'ailleurs à ce dernier l'occasion de froisser encore une fois les sentiments des habitants. Le colonel Pélage, qui marchait dans la hiérarchie de la force armée immédiatement après le général, devait, suivant les règles habituelles, lui succéder dans le commandement. Mais Lacrosse, qui ne voulait pas confier à un mulâtre ces hautes fonctions, prit le 19 thermidor (8 août) un arrêté par lequel il s'adjugeait à lui-même le titre de commandant en chef de la force armée, et soumettait, contrairement aux principes, les commandants d'arrondissement chefs de brigade à son chef d'état-major Souliers, qui n'avait que le grade de chef de bataillon. Cette mesure donna lieu à des murmures et à des propos séditieux de la part des conscrits de la garde nationale de la Basse-Terre, qui avaient été réunis sous les armes. Le capitaine général se rend aussitôt dans cette ville qu'il met en état de siège, casse la municipalité, tient toutes les troupes sous les

---

[1] On ne s'explique pas très bien cette liste d'individus à déporter que Lacrosse avait, paraît-il, reçue du gouvernement consulaire avant son départ de France.

[2] Le général Béthencourt fut inhumé au morne de la Victoire. Quand on exécuta les travaux de nivellement du morne, on transféra ses restes au fort Fleur-d'Épée.

armes, ordonne sans cesse des patrouilles, des visites domiciliaires, des arrestations. Plus de 50 hommes de couleur jugés suspects sont mis en prison; les conscrits présumés coupables d'insubordination sont traduits devant un conseil de guerre. Dès le 22 août, ce conseil condamnait trois d'entre eux à dix ans, cinq ans et deux ans de fer, et le 4 octobre un mulâtre fut condamné à mort et fusillé immédiatement. Ce fut bientôt dans toute l'île une consternation générale; mais le peuple restait calme, contenant sa muette indignation, lorsqu'un incident imprévu vint la faire éclater brusquement et provoquer par suite une véritable insurrection contre l'amiral Lacrosse.

Le 29 vendémiaire an x (21 octobre 1801), le colonel Pélage, commandant de l'arrondissement de la Grande-Terre, qui n'avait cessé de mériter les éloges du capitaine général, notamment dans l'arrestation des individus désignés pour la déportation, fut mandé dans la matinée auprès du chef d'état-major Souliers. Il se rendit chez lui plein de confiance, sans armes et le trouva en compagnie du commissaire général de police et du commissaire du gouvernement près la municipalité de la Pointe-à-Pitre. Tous trois lui déclarent qu'on vient de découvrir un complot contre le capitaine général[1]; à ce moment, des bruits se font entendre dans la rue; Pélage demande : « Qu'y a-t-il donc? — Il y a, répond Souliers en tirant son épée dont il dirige la pointe vers la poitrine du colonel mulâtre, il y a que vous êtes mon prisonnier. — En vertu de quel ordre?» reprend Pélage, et détournant la lame de l'épée; il se jette dans la rue et s'enfuit à toutes jambes au fort de la Victoire, appelant à lui les soldats; les militaires qui le rencontrent s'y jettent à sa suite et bientôt une grande partie des troupes y arrive par détachements. En arrivant au fort, il trouve un capitaine de couleur nommé Ignace qu'on avait voulu aussi arrêter et qui, comme lui, était par-

---

[1] Lequel se trouvait alors à la Basse-Terre et non à la Pointe-à-Pitre.

venu à s'échapper[1]; Ignace, furieux, haranguait les troupes et les excitait à la révolte. Une compagnie de chasseurs descend alors au pas de course et se dirige vers la maison de Souliers, qui était gardée par quelques blancs appartenant au corps des dragons et à la garde nationale. Les chasseurs mulâtres allaient commencer l'attaque et donner peut-être ainsi le signal d'une guerre civile, lorsque le capitaine Gédéon, l'un des officiers de couleur arrêtés le matin, profite du trouble pour sortir de la pièce où il est gardé, se jette devant les baïonnettes des chasseurs en criant : « Que faites-vous? Ce n'est pas aux blancs que nous en voulons! » Pélage qui accourt se joint à lui, et ils parviennent à calmer la compagnie qui renonce à son attaque.

Cependant les autres officiers arrêtés avaient, comme Gédéon, profité du trouble pour s'évader; mais, animés d'intentions moins conciliantes, ils se rendent auprès des troupes, les excitent et ramènent de nouvelles bandes devant la maison de Souliers : la maison est envahie, on porte les mains sur le chef d'état-major, et Pélage craignant pour sa vie lui conseille de se laisser amener sans résistance au fort de la Victoire. Pendant ce temps, la foule qui avait envahi la maison et qui se composait, outre les soldats insurgés, d'un grand nombre de civils gens de couleur, trouve sur la table de Souliers des listes de proscription que cet officier était en train de rédiger et qui ne comprenaient que des noms de nègres et de mulâtres, plus une lettre de Lacrosse annonçant que les premiers individus qu'il avait déportés allaient être expédiés par le Ministre de la marine à Madagascar. Ces papiers lus à la foule portèrent l'exaspération à son comble. Aussi Pélage dut se prodiguer pour éviter toute effusion de sang et toute attaque contre les blancs.

A 4 heures du soir, il avait réussi à calmer ses hommes;

---

[1] Quelques autres officiers de couleur avaient été arrêtés dans la matinée.

mais, jugeant qu'il serait impuissant à assurer seul l'ordre dans la ville jusqu'à l'arrivée du capitaine général, et voulant s'entourer d'ailleurs d'une sorte de légalité, il convoqua immédiatement à la maison commune tous les habitants notables de la ville et leur fit nommer au scrutin quatre d'entre eux pour lui servir d'adjoints et de conseillers et l'aider à porter la responsabilité des pouvoirs civils et militaires dont il se trouvait investi de fait, jusqu'à l'arrivée du capitaine général à la Pointe-à-Pitre[1]. Leur premier acte fut de députer deux citoyens honorables auprès du capitaine général pour lui expliquer les faits qui s'étaient passés à la Pointe-à-Pitre et l'appeler dans cette ville ; mais ces deux députés rencontrèrent Lacrosse à moitié route, au bourg de la Capesterre. Le capitaine général, en effet, prévenu la veille au soir du soulèvement des troupes de la Pointe, venait de partir avec 800 hommes d'infanterie et de gardes nationales et plusieurs pièces de campagne[2]. Les dépêches de Pélage et des commissaires provisoires, conçues dans l'esprit le plus soumis et le plus respectueux et les explications des délégués qui firent connaître la provocation imprudente du chef d'état-major Souliers atténuèrent sensiblement les préventions du contre-amiral contre Pélage, mais ne purent malheureusement pas le décider à se rendre immédiatement à la Pointe-à-Pitre, où dans ce premier moment il aurait peut-être pu rétablir l'ordre par sa présence, appuyée de quelques mesures conciliantes. « Je suis indigné, dit-il dans sa réponse à Pélage, des motifs et des ordres qu'on m'attribue pour votre arrestation et celle de

---

[1] Les quatre personnes désignées par l'assemblée furent les citoyens Frasans, avoué ; Danois, négociant ; Delort, médecin, et Péricaud, notaire. Ils prirent le titre de *commissaires civils provisoires*. L'historien Boyer-Peyreleau fait remarquer « l'importance du dévouement de ces citoyens, qui ne pouvaient avoir en vue dans une telle crise que le salut de la Colonie ».

[2] Avant de partir, et sur les rapports reçus portant que Pélage s'était mis en rébellion ouverte et s'était proclamé chef de la Colonie, il avait déclaré par un arrêté la mise hors la loi de cet officier et de tous ceux qui lui obéiraient.

plusieurs citoyens de la ville. Je proteste n'en avoir donné aucuns, parce que je n'avais aucune raison d'en donner[1]. Je n'avais au contraire que de bons témoignages à donner de votre conduite et je vous l'ai sans cesse écrit. »

Cependant il refusa de rentrer à la Pointe-à-Pitre avec les délégués et fit connaître qu'il s'avancerait le lendemain matin jusqu'au Petit-Bourg, où Pélage pourrait venir conférer avec lui, et où l'on reconnaîtrait de qui étaient émanés ces actes arbitraires.

Lacrosse continua, en effet, sa route jusqu'au Petit-Bourg à la tête de toutes ses troupes et « vint établir son quartier général à Berville et Saint-Jean, postes qu'occupaient les Anglais pendant le dernier siège et qui foudroient la ville. Ces dispositions y répandent l'alarme et la consternation ». Cet effet de l'attitude menaçante avec laquelle le général s'approchait de la ville est constaté dans un mémoire du citoyen Saint-Pierre, conseiller et familier de Lacrosse, lequel mémoire n'est qu'un réquisitoire violent et passionné contre Pélage et les commissaires provisoires. Il ne saurait donc être révoqué en doute; d'ailleurs des individus qu'on avait voulu arrêter à la Basse-Terre et qui avaient pris la fuite arrivaient à la Pointe, racontaient les nombreuses arrestations d'hommes de couleur qui avaient été opérées et ravivaient l'excitation soulevée contre le capitaine général.

Une défiance fort explicable régnait dans tous les esprits et l'on conjura Pélage de ne pas se rendre à la conférence du Petit-Bourg. Cédant aux instances de tous, Pélage se borne à écrire au capitaine général une seconde lettre dans laquelle il affirme de nouveau son respect et son dévouement et l'engage vivement à venir à la Pointe rétablir l'ordre et la paix; les commissaires civils rédigent une supplique conçue dans le même esprit, et deux nouveaux délégués sont chargés d'aller

[1] Cette protestation, très formelle de l'amiral, fait retomber toute la responsabilité de la journée du 29 vendémiaire sur son chef d'état-major Souliers.

porter ces missives au Petit-Bourg dans la matinée du 1er brumaire (23 octobre). Cette nouvelle démarche fut sans succès, le contre-amiral voulant entrer en ville à la tête de toutes ses troupes, tandis que les députés craignant que cet appareil militaire pût être considéré comme une provocation par les esprits excités, voulaient que le capitaine général s'y rendît seul avec eux. Cependant, après un nouvel échange de correspondance dans l'après-midi, Lacrosse se décida à faire une concession et promit que le lendemain, à 8 heures du matin, il se rendrait dans une pirogue, accompagné de trois aides de camp «à une égale distance du Petit-Bourg et du Port-Liberté et hors de portée de canon de part et d'autre». Il fut exact à ce rendez-vous; la députation de la Pointe s'y rendit de son côté dans deux pirogues; elle était composée d'une vingtaine de négociants les plus honorables de la ville et du capitaine Gédéon avec deux autres officiers représentant Pélage. La rencontre des pirogues et la scène qui la suivit furent des plus touchantes. Les délégués se jettent dans les bras du général, «arrosent ses pieds de leurs larmes», suivant l'expression des relations de l'entrevue, et «d'une voix entrecoupée de sanglots» le supplient de venir avec eux. L'un d'eux, le citoyen Lombard, père de famille riche et honoré, que la paralysie retenait dans sa maison depuis dix ans, s'était fait porter au lieu d'embarquement sur les épaules des grenadiers; il embrassait en pleurant les genoux de Lacrosse, qui lui avait donné autrefois des preuves d'estime et le conjurait de se laisser attendrir. Lacrosse, qui tenait à ne pas se séparer de ses troupes, refusa d'abord nettement, puis se laissant enfin toucher par les prières et les larmes des délégués, il se décida à accepter et à accompagner les délégués en ville.

Toute la population était massée sur les quais, attendant avec anxiété le résultat de l'entrevue; une double haie de baïonnettes bordait le rivage. Des acclamations unanimes éclatent quand on voit arriver la pirogue du capitaine général.

« Lacrosse s'avance avec assurance, dit le mémoire très partial du citoyen Saint-Pierre; il harangue la troupe avec la facilité qui lui est ordinaire et dans l'esprit convenable à la circonstance. Son discours est écouté avec les signes d'une approbation universelle. » Pourtant lorsque Pélage, averti, arrive avec les commissaires provisoires pour rendre les honneurs dus au chef de la Colonie, celui-ci le reçoit avec un mépris hautain, lui adresse les reproches les plus vifs et déclare qu'il exige la démission de lui Pélage et de tous ses officiers et le désarmement de sa troupe.

Néanmoins Pélage et les commissaires accompagnent Lacrosse à la municipalité; là, le général prend de nouveau la parole et profère des reproches et des menaces contre la troupe et la population. Ses paroles hautaines exigent avant tout une soumission aveugle à ses ordres; aussitôt colportées de bouche en bouche, elles irritent les passions des troupes noires déjà surexcitées par son attitude envers Pélage : une compagnie de chasseurs, entraînée par le lieutenant mulâtre Codou, s'élance la baïonnette en avant vers la municipalité, y pénètre de force, bouscule les officiers municipaux, les délégués et les commissaires civils et se précipite vers le capitaine général dont la vie est menacée. Pélage avec Gédéon et les deux autres officiers venus avec l'amiral se jettent au-devant de ces furieux et s'efforcent de les arrêter; le colonel mulâtre, tout à l'heure si maltraité par Lacrosse, le couvre de son corps et reçoit dans la bagarre un coup de baïonnette au-dessus du sourcil gauche. En voyant couler le sang de Pélage, les assaillants s'arrêtent un instant, et celui-ci profite de ce répit pour faire monter rapidement Lacrosse dans la chambre haute de la maison commune.

Le calme finit par se rétablir, et Lacrosse, comprenant la nécessité de faire des concessions, invite Pélage à aller au fort de la Victoire dire aux troupes qu'il promettait l'oubli du passé et qu'il allait venir les passer en revue; Pélage accepte cette mission qui doit préparer la réconciliation, et confie la garde de Lacrosse, toujours entouré des commissaires et des députés, à quelques hommes dévoués. Mais aussitôt après son départ le capitaine Ignace, mulâtre fougueux, arrive avec une bande armée, force la consigne, pénètre auprès de l'amiral et l'oblige à partir tout de suite pour le fort de la Victoire. Il n'y avait pas à résister : Lacrosse est conduit au fort par cette bande qui, la baïonnette au canon, avait plutôt l'air de former la garde d'un prisonnier que l'escorte d'honneur d'un gouverneur.

Cependant Pélage qui commençait à haranguer les troupes, comme il était convenu, est surpris par l'arrivée de Lacrosse : il fait battre aux champs, présenter les armes et passe devant les rangs avec l'amiral pour les inspecter; mais à peine ont-ils fait quelques pas que des murmures croissants se font entendre, puis les cris : « A bas Lacrosse ! Vive la liberté ! » Alors les soldats rompent les rangs et se précipitent en désordre vers le capitaine général, écartant avec leurs baïonnettes les personnes qui l'entourent. Ignace, qui ne l'avait pas perdu de vue, l'empoigne brusquement, le pousse dans la salle de discipline devant laquelle il se trouvait, ferme la porte, met la clef dans sa poche et dit : « Personne autre que moi n'entrera dans cette prison. »

Le tour avait été accompli avec tant de vigueur et de rapidité que l'aide de camp qui était à côté de Lacrosse, un mulâtre nommé Delgrès, ne put s'y opposer, ni entrer avec lui dans la salle de discipline. Ignace refusa formellement ensuite de lui laisser partager la captivité de son chef[1].

Lacrosse resta treize jours enfermé dans cette prison, et pendant ce temps les menaces de mort proférées par les hommes les plus exaltés des troupes noires vinrent plus d'une

---

[1] Le chef de bataillon Delgrès était arrivé à la Guadeloupe en 1799 avec l'agent Baco dont il était l'aide de camp. Lorsque Lacrosse vint remplacer les agents, il le prit pour son premier aide de camp. Ce qu'il y a de singulier, c'est que nous retrouverons bientôt ce même Delgrès parmi les troupes révoltées : cette volte-face s'explique, il est vrai, par une affinité de couleur.

fois troubler sa solitude. Ces révoltés demandaient même à juger militairement leur général. Pélage, qui avait peine à contenir leurs violences, se hâta de profiter de la première occasion pour se débarrasser de Lacrosse, et le 14 brumaire (5 novembre 1801) il l'embarqua sur un bâtiment brémois qui faisait voile pour Copenhague. Le contre-amiral subissait donc le même sort que Hugues, Desfourneaux et Laveaux avec cette variante qu'il devait passer par le Danemark au lieu de se rendre directement en France. Mais il n'alla pas loin dans cette direction; le jour même de son départ, et à peine hors de vue du port, le bâtiment qui le portait fut accosté et visité par une frégate anglaise. Lacrosse aima mieux se fier aux Anglais que continuer son voyage vers Copenhague. Il réclama la protection du commandant et se fit conduire par cette frégate à la Martinique, pour y chercher un appui auprès de l'amiral Duckworth; mais celui-ci le traita en prisonnier de guerre.[1]. « Déjà le général Lacrosse se trouvait transféré à bord d'un vaisseau de 74, prêt à faire voile pour l'Angleterre, dit Boyer-Peyreleau, lorsqu'un paquebot apporta la première nouvelle des négociations d'Amiens. » Ses deux aides de camp européens avaient été embarqués avec lui et avaient suivi son sort, tandis que son premier aide de camp, le chef de bataillon mulâtre Delgrès, était resté à la Guadeloupe et avait repris le service dans les troupes noires.

[1] C'est le procédé que le gouvernement britannique devait renouveler un peu plus tard à l'égard de Napoléon.

CHAPITRE XIV.

LE CAPITAINE GÉNÉRAL À LA DOMINIQUE.

Quand l'annonce des préliminaires de la paix d'Amiens rendit la liberté à Lacrosse, il se hâta de quitter la Martinique dont les habitants lui témoignaient une hostilité peu déguisée et où le singulier accueil fait à sa confiance par l'amiral anglais n'était pas fait pour le retenir. Il se fit conduire à la Dominique, dont il connaissait le gouverneur, Andrew Cochrane Johnston. Cet Anglais, d'ailleurs très gallophobe, accueillit d'autant mieux l'amiral français qu'il pressentait trouver dans sa présence le moyen de troubler la Guadeloupe et de se venger des corsaires de cette colonie, qui avaient capturé plusieurs bâtiments de la Dominique, deux entre autres sur lesquels le gouverneur Johnston avait de gros intérêts personnels. Sur la demande de Lacrosse, des bâtiment anglais furent envoyés aussitôt au-devant des navires attendus de France pour leur interdire « d'aborder dans un pays où quelques factieux ont séduit la force armée et la font agir contre ses devoirs». C'est ainsi que la frégate la *Pensée*, expédiée de Brest pour porter à la Guadeloupe la nouvelle de la paix générale et pour amener dans cette île les deux fonctionnaires civils qui devaient, dans la nouvelle organisation, compléter, avec le capitaine général, le gouvernement de la colonie [1], fut avertie devant la Désirade et amenée à venir directement à la Dominique sans passer par la Guadeloupe.

Dès l'arrivée de cette frégate, les trois hauts magistrats se

[1] Le préfet colonial Lescallier et le commissaire de justice Coster.

constituèrent en gouvernement régulier de la Guadeloupe et dépendances et lancèrent une proclamation suivie d'un arrêté « donné au Roseau, Dominique, isle de S. M. Britannique, lieu de notre résidence provisoire, le 5 frimaire, an x de la République française » (23 novembre 1801). L'article 1ᵉʳ de l'arrêté est ainsi conçu : « Le gouvernement de la Guadeloupe résidera à la Dominique et aux Saintes avec l'agrément de S. Exc. l'honorable ANDRÉ COCHRANE JOHNSTON, gouverneur de l'isle Dominique pour S. M. Britannique jusqu'à ce que les forces de terre et de mer qui, au départ de la frégate [1], se disposaient à faire voile pour les Antilles, arrivent pour lui donner les moyens de faire respecter l'autorité nationale. En conséquence, les citoyens restés fidèles au gouvernement trouveront à la Dominique et aux Saintes secours et protection, et les fonctionnaires publics doivent y voir le seul moyen d'autoriser leurs actes [2]. »

Les articles suivants enjoignaient à tous fonctionnaires de ne pas reconnaître d'autres ordres que ceux du gouvernement, défendaient à tout bâtiment de guerre, de commerce ou de cabotage, de naviguer sans une expédition régulière de cette autorité légitime, sous peine d'être arrêtés « comme gens sans aveu, écumeurs de mer ou pirates », et déclaraient traîtres à la patrie tous ceux qui persisteraient à occuper un emploi civil ou militaire sans le consentement de cette même autorité.

Cependant, Pélage et son conseil provisoire ayant appris l'arrivée à la Dominique de la frégate la *Pensée* lui envoyèrent une députation pour l'engager à venir à la Guadeloupe remplir sa mission normale; le commandant dut refuser, d'après les ordres du gouvernement siégeant à la Dominique, de

---

[1] La frégate la *Pensée* qui avait porté à Lacrosse les dépêches du gouvernement.

[2] Archives des colonies, Guadeloupe. *Correspondance générale*. Registre n° 56.

répondre à cette invitation. Une nouvelle députation fut alors envoyée pour faire revenir les deux magistrats civils Lescallier et Coster sur les préventions qui leur avaient été suggérées ; mais elle n'eut pas de succès, et ne fut pas même reçue par ces magistrats. En même temps Pélage envoyait deux goélettes en France pour porter au Premier Consul l'hommage de fidélité de la colonie. Son conseil provisoire eut même l'idée de s'adresser aux autorités anglaises de la Martinique, le général Keppel, gouverneur, et l'amiral Duckworth, pour les prier de lever les obstacles que le gouverneur Johnston opposait à ses communications avec le gouvernement établi au Roseau[1]; cette démarche n'ayant pas abouti, on envoya une nouvelle députation composée seulement de trois habitants désignés par le suffrage de toute la colonie[2], pour inviter Lescallier et Coster à venir rejoindre leur poste et leur promettre l'obéissance de tous. Ces deux magistrats accueillirent les députés avec des paroles bienveillantes, mais leur firent comprendre qu'ils n'étaient pas libres de quitter la Dominique.

La situation ne changeait donc pas, et la Guadeloupe demeurait, bon gré, mal gré, en insurrection générale contre l'autorité légitime.

Sur ces entrefaites, le 14 frimaire an x (5 décembre 1801), « les trois magistrats, nommés par le Premier Consul de la République française pour composer le gouvernement de l'isle Guadeloupe et dépendances », lancèrent un manifeste à tous les gouvernements, aux amiraux et commandants des bâtiments de guerre de toutes les puissances amies ou alliées naviguant dans les mers des Antilles, qui établissait un blocus et une sorte de mise hors la loi de la Guadeloupe. Les bâtiments

---

[1] Résidence des trois magistrats formant le gouvernement, à la Dominique.

[2] La députation précédente était plus nombreuse et n'avait pas été élue de la même manière. On espérait que les conditions différentes de la députation actuelle lui assureraient un meilleur accueil.

étaient, en effet, requis d'empêcher toute communication avec les rebelles, d'arrêter tout envoi, à eux destiné, d'armes, de poudre, de munitions et de *provisions de bouche*, etc. Quant aux bâtiments sortant de la Guadeloupe, ils devaient être séquestrés avec leur cargaison, et leurs capitaines, équipages et passagers arrêtés et remis à la disposition des trois magistrats susdits, etc.

On comprend facilement l'exaspération dans laquelle ces actes du capitaine général et de ses collègues jetèrent les habitants de la colonie. Les plus exaltés voulaient aller attaquer la Dominique. Pélage faisait tous ses efforts pour les calmer, mais il ne put empêcher les troubles et les complots. Dans la nuit du 14 décembre, une bande de 600 noirs armés se rua sur la Pointe-à-Pitre avec l'intention de piller la ville et de massacrer les blancs, et Pélage dut réprimer cette attaque avec des troupes dont la fidélité était douteuse, car les officiers mulâtres, qui avaient été les auteurs des violences contre Lacrosse et auxquels s'était joint son ancien aide de camp, Delgrès, commençaient à accuser Pélage de tiédeur, sinon de trahison. Par la suite, il ne put éviter l'explosion d'un complot formé contre lui qu'en ordonnant des mouvements de troupes qui séparaient les officiers conspirateurs et éloignaient les compagnies les plus violentes.

En résumé, Pélage, suspect aux gens de sa couleur, était débordé ; d'une bravoure personnelle maintes fois éprouvée, il n'avait pas la force nécessaire pour dominer la situation difficile qui lui était faite. La Guadeloupe se trouvait donc en complète anarchie, à la merci de la soldatesque noire révoltée lorsque arriva l'expédition annoncée par la proclamation du capitaine général, et qui était commandée par le général Richepanse [1]. Quelques blancs avaient quitté l'île, effrayés

---

[1] Richepanse (Antoine), fils d'un officier du régiment de Conti, était né à Metz le 25 mars 1770. Il avait les états de service les plus distingués. Il prit part aux premières campagnes de la Révolution et s'y distin-

par l'attitude menaçante des nègres; ils s'étaient réfugiés à la Dominique ou aux Saintes.

gua tout de suite; passant par tous les grades, il fut nommé général de brigade en 1794, à l'âge de vingt-quatre ans. Trois ans après (1797), il était nommé général de division en récompense de sa belle conduite aux combats de Siegbourg et d'Altenkirchen. Il servit en cette qualité sous les ordres de Hoche, à l'armée de Sambre-et-Meuse, et eut une part efficace à la victoire de Neuwied. En 1800, il se retrouve à l'armée du Rhin sous les ordres de Moreau, résiste à Engen, avec sa seule division, aux efforts de 40.000 Autrichiens, combat encore à Maëskirch et décide, par une manœuvre habile et hardie, la victoire de Hohenlinden.

C'est à la suite de ces services qu'il reçoit le commandement de l'expédition de la Guadeloupe où il devait trouver la mort. Richepanse était de taille à faire, s'il avait vécu, un brillant maréchal de l'Empire.

CHAPITRE XV.

EXPÉDITION DU GÉNÉRAL RICHEPANSE.

Après la conclusion définitive de la paix d'Amiens (25 mars 1802), le gouvernement consulaire s'occupa activement de diriger deux expéditions considérables contre les îles des Antilles qui lui étaient signalées comme ayant levé l'étendard de la révolte contre la France et s'étant livrées au pouvoir anarchique de la population noire, Saint-Domingue et la Guadeloupe. La première, formée avec des forces considérables, fut confiée au général Leclerc, la seconde au général Richepanse. On assimilait à tort, en France, la situation de ces deux colonies animées de sentiments si différents vis-à-vis de la métropole, car, ainsi que le fait remarquer Boyer-Peyreleau, « on vit Saint-Domingue déployer toutes ses forces sous les étendards de Toussaint-Louverture pour combattre les Français et s'opposer à leur débarquement, tandis que la Guadeloupe, sous les ordres de Pélage, faisait toutes sortes d'apprêts pour les accueillir comme des libérateurs ardemment désirés [1] ».

La preuve de la sincérité de ces sentiments, c'est que le Conseil provisoire dont Pélage était président, ayant appris l'arrivée de l'expédition du général Leclerc à Saint-Domingue, s'empressa de solliciter à deux reprises (février et mars 1802), auprès du commandant en chef de cette expédition, l'envoi à la Guadeloupe de quelques troupes de son armée pour y rétablir l'ordre avec un officier général qui prendrait le gouvernement en attendant le général Richepanse. Pour répondre à ces sollicitations, Leclerc dirigea en effet sur la Guadeloupe

---

[1] C'est pourquoi l'île de Saint-Domingue a fini par échapper à la France tandis que la Guadeloupe est toujours demeurée française.

la frégate la *Clorinde*, portant 200 grenadiers avec le général de division Boudet, bien connu et très estimé dans la colonie où, comme nous l'avons vu précédemment, il avait déjà servi avec distinction comme chef de bataillon, général de brigade et commandant en chef de la force armée, mais la *Clorinde*, longtemps retardée par des vents contraires, n'arriva à la Guadeloupe qu'après le débarquement du général Richepanse.

En revanche, le successeur que Lacrosse avait demandé en France pour commander la garnison de la Guadeloupe après la mort du général Béthencourt, le général de brigade Sériziat, venait d'arriver sur la corvette la *Diligente*; cette corvette détournée par les croiseurs anglais[1], comme tous les bâtiments à destination de la Guadeloupe, alla d'ailleurs directement à la Dominique. Ce véritable blocus, établi par le capitaine général, avec l'aide des Anglais autour de la Guadeloupe, était bien fait pour exciter les habitants de la colonie contre Lacrosse : pendant huit ans de guerre, en effet, ils avaient battu maintes fois les Anglais, tenu constamment leur puissance en échec et maintenu victorieusement dans l'île les couleurs nationales, et maintenant que la paix était conclue, leur capitaine général faisait appel aux forces navales de ces implacables rivaux de la France pour réduire la Guadeloupe.

Le général Sériziat paraît avoir bien compris ce sentiment, car il ne voulut pas demeurer sur la terre anglaise de la Do-

---

[1] Lacrosse, dans une lettre adressée au contre-amiral Decrès, ministre de la marine, en date du 5 nivôse an x (26 décembre 1801), dit qu'il a plusieurs bâtiments légers en croisière devant la Guadeloupe pour intercepter la communication avec les bâtiments français, et qu'ils sont placés sous les ordres directs de la frégate la *Pensée* dont la mission est de tenir dans le canal entre la Guadeloupe et Marie-Galante et la Pointe-à-Pitre, puis il ajoute : «Outre ces mesures, monsieur l'amiral anglais a donné l'ordre à 5 frégates de S. M. de circonvenir la Guadeloupe et d'en continuer le blocus afin d'en imposer aux rebelles.» (Archives des colonies. Guadeloupe, *Correspondance générale*, registre n° 56.)

minique. Il partit aussitôt pour les Saintes où il rallia les blancs réfugiés de la Guadeloupe et les emmena avec lui pour s'emparer de Marie-Galante où le parti noir dominait et qu'il supposait devoir faire cause commune avec l'insurrection. Il était monté sur la frégate la *Pensée*, laquelle était appuyée par la *Cocarde*[1], mais il n'eut pas à combattre pour entrer dans cette île, où il fut au contraire très bien accueilli. Dès le lendemain de son arrivée, il rend compte de ce fait au capitaine général dans les termes suivants[2] : « J'ai pris possession de l'île hier à midi, aux acclamations unanimes de tous les habitants et d'une partie de la garnison... Reçu à mon débarquement par la garde nationale et une compagnie de dragons, je me suis fait présenter tous les fonctionnaires publics civils et militaires. »

[1] La frégate la *Cocarde* se trouvait à la disposition du capitaine général par suite de circonstances singulières. Elle était en souffrance dans le port de la Pointe-à-Pitre au moment de l'expulsion de l'amiral Lacrosse. Pélage, toujours préoccupé de justifier sa conduite auprès du gouvernement métropolitain, et craignant que les goélettes qu'il avait chargées d'aller porter au Premier Consul l'hommage de fidélité de la colonie n'arrivassent pas à bon port, fit radouber à grands frais cette frégate, et, dès qu'elle fut prête à mettre à la voile, lui donna l'ordre de porter en France une nouvelle mission composée des citoyens Tomy Lemesle, David et Hapel La Chenaie. D'après la délibération du Conseil provisoire qui ordonne cette mission (délibération conservée dans le registre n° 56 déjà cité), ces trois citoyens élus par les assemblées de tous les cantons de la colonie devaient porter au Premier Consul des adresses de félicitation à l'occasion de la paix générale, et éclairer sa religion ainsi que celle du ministre de la marine. L'arrêté du 14 pluviôse an x (4 février 1802) joint à cette délibération enjoignait au capitaine de frégate Henry, commandant le bâtiment, de faire route directement pour France, «sans se détourner sous quelque prétexte que ce puisse être et malgré toutes démarches qui seraient faites auprès de lui pour le retenir dans quelqu'une des îles voisines de la Guadeloupe». Le commandant Henry, bien qu'ayant accepté ces instructions et promis de s'y conformer, s'empressa de faire voile pour la Dominique, et remit à Lacrosse les trois députés avec leurs dépêches, puis il resta à la disposition du capitaine général.

[2] Lettre du 25 pluviôse an x (17 février 1802), datée de Marie-Galante. (Registre n° 56 déjà cité.)

Le général Sériziat demeura à Marie-Galante, entouré des réfugiés blancs de la Guadeloupe et d'une cinquantaine d'officiers demeurés fidèles à l'autorité légitime, jusqu'au moment de l'arrivée du général Richepanse. Il eut pendant ce temps des relations très courtoises avec le Conseil provisoire de la Guadeloupe qui le pressait de venir prendre son commandement, mais il fit la réponse déjà faite précédemment par Lescallier et Coster, à savoir qu'il ne pouvait agir ainsi sans ordre du capitaine général.

Enfin, dans les premiers jours du mois de mai 1802, l'escadre expéditionnaire arriva dans les eaux de la Guadeloupe. Elle était commandée par le contre-amiral Bouvet et se composait des vaisseaux de 74 le *Redoutable* et le *Fougueux*, des frégates la *Volontaire*, la *Consolante*, la *Romaine* et la *Didon*, de la flûte la *Salamandre* et de trois transports. Lacrosse envoya aussitôt l'ordre au commandant de la frégate la *Pensée*, qui était toujours à Marie-Galante, d'aller se joindre à cette escadre; elle effectua en effet ce mouvement, emportant à son bord le général Sériziat avec 200 militaires environ dont il pouvait disposer à Marie-Galante; d'un autre côté la frégate la *Romaine* s'était détachée de l'escadre pour aller prendre à la Dominique le préfet colonial Lescallier et le commissaire de justice Coster, conformément aux instructions formelles du ministre. Ces deux magistrats civils allaient donc, comme le général Sériziat commandant de la garnison, débarquer à la Guadeloupe avec le général Richepanse. Quant au contre-amiral Lacrosse, il se rapprocha du théâtre des événements en venant s'installer deux ou trois jours après dans la rade de Marie-Galante, à bord de sa corvette-aviso l'*Enfant-Prodigue*.

C'est le 6 mai que la division de l'amiral Bouvet entra dans la rade de la Pointe-à-Pitre, ayant en tête de ligne la frégate la *Pensée* sur laquelle le général en chef et l'amiral commandant l'escadre étaient venus rejoindre le général Sériziat, croyant qu'il serait nécessaire d'enlever le passage de vive force, comme le prétendaient certains officiers venant de la Dominique. Mais la frégate, avant d'entrer dans la passe, fut accostée par une embarcation portant le capitaine du port qui lui amenait des pilotes avec une députation du Conseil provisoire chargée de venir faire acte de soumission au général en chef. Convaincu par les protestations formelles de ces députés, celui-ci donna l'ordre d'effectuer immédiatement le débarquement du corps expéditionnaire.

Ce corps était ainsi composé :

Général de division Richepanse, commandant en chef;

Généraux de brigade, Gobert et Dumoutier;

Adjudant-commandant Ménard, chef d'état-major.

3e bataillon de la 15e demi-brigade de ligne, commandant Merlen, 680 hommes.

2e bataillon de la 66e demi-brigade de ligne, commandant Cambriels, 805 hommes.

3e bataillon de la 66e demi-brigade de ligne, commandant Brunet, 800 hommes.

Bataillon expéditionnaire, commandant Pillet, 460 hommes.

5 compagnies de la 37e demi-brigade, commandant Grenier, 380 hommes.

2 compagnies de la 82e demi-brigade, capitaine Monnerot 180 hommes.

1 compagnie du 6e régiment d'artillerie à pied, capitaine Gélion, 105 hommes.

1 détachement du 1er chasseurs à cheval, lieutenant Charaman, 40 hommes.

1 escouade d'ouvriers militaires, 20 hommes.

Au total : 3.470 hommes.

A ce total il faut joindre le général Sériziat et ses 200 hommes.

L'effectif total des forces disponibles se montait donc à 3.670 hommes, avec quatre généraux.

Au moment du débarquement, Pélage était venu sur le quai

à la rencontre des troupes françaises, avec une garde d'honneur de 40 hommes pour le commandant en chef, et accompagné par la musique militaire. Il salue le premier bataillon qui descend par les cris de : Vive la République! vive Bonaparte! répétés avec enthousiasme par la foule qui l'entoure, puis un général de brigade paraît. Pélage s'avance pour lui rendre ses devoirs et fait jouer par sa musique l'air : *Où peut-on être mieux qu'au sein de sa famille?* Mais le général ne l'écoute pas, lui rend à peine un salut, et fait taire la musique, tandis que les officiers qui l'accompagnent affectent de jeter des regards de mépris sur le colonel mulâtre. Pélage, dévorant en silence ces humiliations, resta néanmoins jusqu'au bout sur le quai pour attendre le général en chef qui descendit le dernier. L'attitude de Pélage désarma Richepanse qui renonça à l'idée de l'arrêter et lui confia au contraire la mission de faire évacuer le fort de la Victoire et toutes les casernes de la ville par les troupes coloniales et de grouper celles-ci sur la plaine Stivenson[1] où il voulait les passer en revue. En attendant, il faisait masser lui-même toutes les troupes de débarquement sur la place de la Victoire.

Pélage réussit, non sans difficulté, dans la délicate mission qui lui était confiée et rassembla dans la plaine indiquée toutes les troupes noires au nombre de 1.000 à 1.200 hommes; puis le général Gobert vint occuper le morne Stivenson avec 600 hommes. Le général en chef arriva ensuite après avoir fait occuper, par le reste de sa troupe, le fort de la Victoire et toute la ville, et, quoiqu'il fût déjà nuit, il passa la revue des troupes de la Guadeloupe, et les fit diviser en deux sections. Il leur dit alors : « Les guerriers que je vous amène ont vaincu l'univers par leur obéissance; obéissez! Mon intention est de me rendre demain matin à la Basse-Terre et j'ai ordonné que vous embarquiez de suite sur les frégates. » Puis il fit conduire

---

[1] La plaine Stivenson s'étendait à 800 mètres environ au pied du morne Stivenson, couronné par un petit fort désarmé.

la première section aux chaloupes qui les attendaient. A peine les hommes furent-ils déposés par ces chaloupes à bord des frégates, qu'ils furent désarmés et envoyés à fond de cale.

Le général Gobert et Pélage étaient restés avec la deuxième section qui reçut à son tour, à minuit, l'ordre d'embarquer dans les chaloupes; mais la plus grande partie des hommes, entre autres deux compagnies entières de grenadiers, voyant dans cet embarquement la réalisation des menaces faites dans la journée par certains officiers[1], avaient profité des ténèbres pour prendre la fuite, en sorte que cette deuxième section se trouva très fortement réduite. Les fugitifs, parmi lesquels se trouvaient les officiers les plus violents, Ignace, Codou, Massoteau, etc., se jetèrent dans la campagne répandant partout l'alarme et les excitations. Quelques-uns se rendirent par mer à la Basse-Terre et poussèrent à la révolte Delgrès qui était le commandant militaire de cette partie de l'île.

Les 7 et 8 mai le général en chef fit ses préparatifs de départ; puis, laissant à la Pointe-à-Pitre les généraux Dumoulier et Sériziat avec quelques troupes pour garder le passage de la Rivière-Salée et maintenir l'ordre à la Grande-Terre, il fit voile pour la Basse-Terre dans la matinée du 9 mai, avec les vaisseaux le *Redoutable* et le *Fougueux* et deux frégates. Pélage, qui pendant ces deux jours avait été gardé à vue dans son logement par deux officiers et un détachement de 25 hommes, reçut au dernier moment l'ordre d'embarquer sur le *Fougueux*.

Lorsque la division arriva à midi devant la Basse-Terre, elle fut accueillie par une volée de coups de canon tirés par le fort Saint-Charles et toutes les batteries de côte de la rade. C'était le chef de bataillon Delgrès qui ouvrait ainsi brutale-

---

[1] Plusieurs officiers, revenant de la Dominique, en relevant les postes de la ville avaient eu l'imprudence de faire désarmer et déshabiller les soldats noirs, de les faire conduire à bord des frégates escortés comme des criminels et de leur annoncer que Lacrosse allait revenir et châtier tous les insurgés du 29 vendémiaire. (Boyer-Peyreleau, t. III.)

ment les hostilités. Convaincu par les récits d'Ignace et de ses compagnons que Lacrosse allait reprendre le pouvoir, et ayant tout à craindre de la colère de cet amiral dont il avait été l'aide de camp et qu'il avait trahi, se voyant d'autre part renforcé par les officiers et les troupes qui avaient fui de la plaine Stivenson et par des bandes de nègres que ceux-ci avaient racolés partout sur leur passage, il prit nettement le parti de la révolte et de la lutte armée contre les Français.

Richepanse, prévoyant tous les malheurs qu'allait causer cette déplorable attitude et voulant essayer de les éviter, fit donner par écrit à Pélage l'ordre d'envoyer une lettre à Delgrès pour l'éclairer, lui dire qu'on l'avait trompé sur ce qui s'était passé à la Pointe-à-Pitre, et lui garantir les principes de modération du général en chef et de l'armée française.

En exécution de cet ordre, Pélage écrivit aussitôt une lettre très nette qui débute ainsi :

« Citoyen commandant, quel est mon étonnement de voir tirer sur le pavillon national! Ce ne peut être sans doute que l'effet d'un malentendu. Je vous rappelle le serment que nous avons fait ensemble d'être fidèles à la mère patrie, etc. » La lettre se termine par cette sommation très catégorique : « Le général en chef promet d'oublier que vous venez de donner le signal de la plus coupable rébellion; il vous ordonne de faire cesser le feu. Si vous résistez aux avis d'un ancien camarade (avis que me permet de vous transmettre le général en chef), vous me verrez bientôt à la tête des colonnes françaises pour vous faire repentir de votre erreur [1]. »

Le général en chef fit aussitôt porter la lettre à Delgrès par un de ses capitaines adjoints, Prud'homme, accompagné de l'aspirant de marine Losach. Mais Delgrès déchira la lettre

---

[1] Cette lettre ainsi que la lettre du chef d'état-major Ménard qui donne, au nom du général en chef, l'ordre à Pélage de l'écrire, sont reproduites dans le mémoire justificatif adressé par Pélage, le 21 fructidor an X, au général Premier Consul de la République française. (Archives des colonies, Guadeloupe, *Correspondance générale*, 1802, registre n° 56.)

sans vouloir la lire disant que Pélage était un lâche qui trahissait leur cause. En vain les deux envoyés essayèrent d'éclairer Delgrès sur les intentions bienveillantes du général en chef; il refusa de les entendre, les fit saisir et jeter dans les cachots du fort, ainsi que les trois matelots de leur canot, qui les avaient accompagnés. Richepanse ne voyant pas revenir ses parlementaires ordonna aussitôt de débarquer ses troupes sur la rive droite de la rivière Duplessis, vers le Baillif; ce débarquement fut effectué de vive force sous la conduite du général Gobert et de Pélage; les troupes furent en effet accueillies par une violente canonnade des batteries et par un feu bien nourri de mousqueterie des noirs qui étaient venus, en grand nombre, se poster sur le rivage. L'élan des troupes françaises finit cependant par les en déloger, et dans la soirée ils se retirèrent sur la rive gauche de la rivière des Pères. Mais cette action avait occasionné des pertes sensibles au corps de débarquement : trois officiers avaient été tués, parmi lesquels l'aide de camp du général Gobert, un plus grand nombre grièvement blessés. Quant à Pélage, le rapport du général en chef constate qu'*il donna dans cette journée les marques de la plus grande bravoure.*

Le débarquement s'acheva le lendemain 10 mai, et le 11 au point du jour, Richepanse, à la tête de ses troupes, franchit le pont de la rivière des Pères et les lança au pas de charge sur les retranchements de l'ennemi qui furent vigoureusement enlevés par une attaque de front. Celui-ci, après avoir abandonné ses lignes, fut poursuivi, d'une part, jusqu'à la rivière des Galions et, de l'autre, jusqu'au pont Nozières, tandis que Gobert et Pélage, avec les deux bataillons de la 66me, passaient à gué la rivière des Pères, enlevaient la batterie des Irois qui couvre de ce côté la ville de la Basse-Terre, et pénétraient dans la ville dont ils occupaient toute la partie basse jusqu'à la rivière aux Herbes. Cette affaire, comme celle de l'avant-veille, coûta à l'armée un assez grand nombre de morts et de blessés parmi lesquels un officier de la 66me tué.

Mais les insurgés restaient maîtres du fort Saint-Charles qui domine la ville et se préparaient à le défendre vigoureusement; il fallut donc en entreprendre le siège, et le général Gobert fut chargé d'opérer l'investissement sur la rive droite des Galions.

Cette opération fut effectuée le lendemain 12 mai, non sans résistance, car l'ennemi s'y opposa par plusieurs attaques successives. Ces attaques furent repoussées, mais occasionnèrent de nouvelles pertes aux Français. Un capitaine de la 66me fut tué; Pélage, qu'on voyait toujours en tête des colonnes, eut un cheval tué sous lui.

Le jour suivant (13 mai), le général Sériziat, qui avait été rappelé de la Pointe-à-Pitre avec ses troupes, arriva sur les hauteurs du Palmiste après avoir culbuté tous les détachements d'insurgés qui gardaient les défilés pour s'opposer à son passage; de là il marcha sur le morne Houel où l'ennemi avait établi un poste retranché défendu par deux canons de 18; le poste fut enlevé avec ces deux pièces, et Sériziat, continuant sa marche en avant, vint occuper les diverses habitations situées sur les hauteurs qui dominent la Basse-Terre.

Ce renfort mettait le général en chef en état d'entreprendre activement le siège du fort. Il fit débarquer l'artillerie et tout le matériel de siège qu'il fallut hisser à bras sur des mornes plus ou moins escarpés. Les matelots des vaisseaux et frégates organisés en compagnies pour prendre part à ces rudes travaux furent mis à la disposition de l'artillerie et du génie. Néanmoins la fatigue était grande pour tous et la maladie du pays commençait à faire de grands ravages dans le corps expéditionnaire. Richepanse se décida alors à suivre un conseil donné par Pélage, dont les actes de courage renouvelés chaque jour avaient conquis sa confiance. Il fit choisir parmi les soldats noirs désarmés à la Pointe-à-Pitre et emprisonnés dans les cales des navires de l'escadre 600 hommes qui furent incorporés dans les bataillons français et auxquels on confia naturellement les corvées les plus pénibles. Ils épargnèrent ainsi beaucoup de fatigue aux soldats blancs et se montrèrent toujours fidèles, braves et dévoués [1].

La construction des tranchées, ouvertes à 600 mètres du front de la place, et des batteries de siège fut effectuée du 14 au 20 mai. L'ennemi s'y opposa en vain par le feu de son artillerie et par deux contre-attaques qui furent repoussées; les travaux furent bien conduits et rapidement exécutés. Le général en chef dans son rapport donne des éloges au chef de brigade d'artillerie Desportes et à ses officiers, ainsi qu'aux officiers du génie, notamment au capitaine du génie d'Ambrecère, tué dans la tranchée le 20 mai.

Le 21 mai, on démasqua toutes les batteries, armées ensemble de 30 bouches à feu, et la lutte d'artillerie commença. Elle fut ce jour-là soutenue de part et d'autre avec une égale vivacité, mais, dès le lendemain, le feu des assiégés commença à se ralentir. Le général en chef en profita pour faire traverser la rivière des Galions par une partie de la division du général Sériziat pour compléter la ligne d'investissement du côté de la mer, ce qui n'avait pu être fait jusqu'alors. Pélage chargé de cette opération la conduisit avec vigueur et délogea, à la baïonnette, les insurgés de tous les postes extérieurs qu'ils occupaient.

Cependant, dans la soirée de ce jour (22 mai), Delgrès ayant toutes ses pièces démontées et voyant la ligne d'investissement sur le point de se fermer complètement autour de lui, se décida à faire ce qu'avait fait le général anglais Prescott dans le dernier siège. Il évacua le fort à 8 heures avec ce qu'il

[1] Si ces soldats noirs avaient pu s'échapper avec leurs camarades avant l'embarquement à la Pointe-à-Pitre, ils se seraient trouvés du côté de l'ennemi et auraient servi avec la même vigueur contre les Français. C'est une nouvelle preuve que cette insurrection de la Guadeloupe, uniquement provoquée par des causes secondaires, n'impliquait chez les noirs rebelles aucune tendance réellement séparatiste vis-à-vis de la métropole. Ils avaient été entraînés à la révolte par l'enchaînement des circonstances, mais ne voulaient pas, comme les nègres de Saint-Domingue, secouer le joug de la France et se gouverner eux-mêmes.

avait encore de monde, à savoir, 400 hommes de troupes régulières et une bande nombreuse de noirs irréguliers, et se dirigea vers les hauteurs du Matouba. En partant il avait donné l'ordre de faire sauter le fort avec 150 prisonniers qui s'y trouvaient, parmi lesquels le capitaine Prudhomme et l'aspirant Losach détenus au cachot depuis le jour de l'arrivée de Richepance devant la Basse-Terre. Heureusement, quelques officiers des troupes noires qui, s'étant trouvés sous les ordres de Delgrès au moment de la rébellion, s'étaient vus forcés à leur grand regret de servir sa cause, eurent la générosité d'aller ouvrir la prison de Prudhomme et de Losach au moment où Delgrès sortait par la poterne des Galions. Ceux-ci coururent aussitôt à la poudrière, enlevèrent la mèche, mirent en liberté les 150 prisonniers pour empêcher l'accès des émissaires que pourrait envoyer Delgrès afin d'assurer l'exécution de son horrible projet, et finalement abaissèrent le pont-levis pour faire entrer les troupes françaises.

Cependant, à la sortie du fort Saint-Charles, les troupes noires s'étaient divisées : une partie seulement avait suivi Delgrès dans les sentiers de la montagne qui mènent sur les hauteurs du Matouba, tandis que l'autre, sous les ordres d'Ignace, avait pris la route de la Pointe-à-Pitre dans l'intention d'incendier et de piller cette ville à peu près dégarnie de troupes. Le général Gobert, toujours assisté de Pélage, se lança aussitôt à la poursuite du féroce mulâtre, avec un détachement de 700 hommes. Il le rejoignit sur les hauteurs de Dolé et enleva à la baïonnette le poste dans lequel il s'était retranché. « On eut le bonheur de délivrer 80 femmes et enfants blancs que ces monstres y avaient réunis pour les faire sauter; l'ardeur des troupes, encouragée par les signes que ces infortunés leur faisaient des fenêtres, les fit arriver à temps pour tuer le nègre qui allait mettre le feu aux poudres[1]. » La cruauté d'Ignace calquée sur celle de son chef

[1] Boyer-Peyreleau, *loc. cit.*

Delgrès au fort Saint-Charles se trouvait heureusement déjouée comme elle.

Mais Ignace ne s'était pas laissé prendre à Dolé et avait continué, après sa défaite, sa marche sur la Pointe-à-Pitre, traçant sa route par le massacre et l'incendie; c'est ainsi qu'il réduisit en cendres les bourgs des Trois-Rivières, de Saint-Sauveur et de la Capesterre.

Le général Gobert, de son côté, continua la poursuite et arriva, le suivant de près, au Petit-Bourg; là il trouva une bande de nègres assez nombreuse qui s'était postée sur sa route pour arrêter la marche des troupes; il fallut un petit combat pour la déloger, et Pélage en poursuivit les débris jusqu'auprès de la Rivière-Salée. Juste à ce moment, on apprit qu'Ignace venait de forcer le passage de ce bras de mer, malgré la défense opiniâtre des faibles détachements de la 37me et de la 82me qui constituaient la seule force disponible pour couvrir la ville de la Pointe-à-Pitre. Il était désormais certain que si l'on ne l'arrêtait pas, Ignace détruirait la ville le lendemain. Mais les troupes harassées par la marche et le combat étaient hors d'état de faire un nouvel effort. Dans cette circonstance critique, le général eut recours au dévouement de Pélage qu'il envoya seul en ville, tandis que la horde d'Ignace brûlait tous les établissements et soulevait les nègres de tous les ateliers de la banlieue, avant de tomber sur la ville.

Son arrivée ramena le courage et la confiance dans la ville qui se voyait déjà perdue; avec la plus grande activité, il ramassa tout ce qu'il put trouver d'hommes de la garde nationale, les réunit avec les petites garnisons des forts de l'Union et Fleur-d'Épée, puis, pendant la nuit, les distribua en petits postes couronnant toutes les hauteurs qui, du côté de l'intérieur, forment la ceinture immédiate de la ville. Le lendemain (25 mai) Ignace, qui avait appris l'arrivée de Pélage et qui vit ces hauteurs occupées, crut qu'il avait amené avec lui des renforts considérables et n'osa pas attaquer la ville comme il avait projeté de le faire. Il évacua même la plaine Stivenson, qu'il occupait déjà, pour se retirer avec tout son monde dans la redoute Baimbridge, située sur un morne distant de 2 kilomètres de la ville et qui d'ailleurs était dépourvue de tout armement.

C'était une grosse faute de la part d'Ignace, et Pélage se hâta d'en profiter; il fit amener quelques pièces de campagne sur les hauteurs voisines et dirigea sur la redoute où était condensée la bande des rebelles un feu meurtrier. Ignace, comprenant un peu tard le danger de la position où il s'était enfermé, tenta de l'évacuer, mais il fut rejeté sur la redoute par Pélage et par le général Gobert qui venait alors de faire sa jonction avec lui; toute la journée, le feu de l'artillerie écrasa les défenseurs de la redoute, et, à 6 heures du soir, les assaillants, malgré un feu de mousqueterie des plus violents, en firent sauter la porte et pénétrèrent dans l'intérieur, la baïonnette en avant. Cette dernière lutte fut des plus sanglantes, et lorsque enfin Pélage et Gobert restèrent maîtres de la redoute, ils y trouvèrent 675 cadavres de rebelles parmi lesquels celui de leur chef Ignace; 250 autres furent faits prisonniers et conduits à la Pointe-à-Pitre où ils furent fusillés immédiatement. Quelques-uns seulement purent se sauver à travers champs. On voit que les forces réunies par Ignace dans la redoute Baimbridge s'élevaient à un millier d'hommes, dont un tiers environ d'anciennes troupes régulières et deux tiers de nègres racolés et soulevés pendant sa marche hardie de la Basse-Terre à la Pointe-à-Pitre.

Les deux fils de Pélage, «à peine au sortir de l'enfance», firent dans cette affaire leurs premières armes à côté de leur père; l'un d'eux fut tué devant la redoute Baimbridge [1] (26 mai).

Toutefois cette poursuite et cette destruction de la bande d'Ignace n'étaient que la partie secondaire de la lutte; la

---

[1] Mémoire de Pélage au général Premier Consul.

partie principale était celle qui devait se jouer contre le chef de bataillon Delgrès, l'auteur et le chef de l'insurrection ; le général en chef Richepanse en prit lui-même la direction.

Il employa les journées des 26 et 27 mai à rallier ses troupes, devenues disponibles depuis l'affaire de Baimbridge, et à reconnaître la position de l'ennemi. Nous avons vu que celui-ci s'était réfugié sur le plateau élevé du Matouba, c'est-à-dire dans l'espace compris entre la rivière Noire et la rivière Saint-Louis, qui forment par leur jonction la rivière des Pères [1].

Ces deux cours d'eau sont profondément encaissés, avec des parois formées de rochers à pic, et se réunissent sous un angle assez aigu. C'est au sommet de cet angle, qui forme comme un saillant de fortification naturelle, que Delgrès avait placé ses avant-postes ; le gros de ses forces était réuni sur la belle habitation d'Anglemont, comprise entre les deux côtés de l'angle ; elle était donc protégée sur ses flancs par les deux rivières, et sa défense avait été complétée par des parapets et des palissades armés de canons ; enfin le pont en bois jeté sur la rivière Noire et qui constituait le seul passage pour pénétrer sur le plateau avait été coupé. Une attaque de front était donc impraticable ; le général en chef divisa ses troupes en deux colonnes qui devaient chercher à tourner l'obstacle en filant l'une à droite, le long de la rivière Noire, l'autre à gauche, le long de la rivière Saint-Louis, et constitua avec les grenadiers une réserve qui devait tenter de pénétrer par le saillant au confluent même des deux rivières lorsque les colonnes d'attaque auraient pris leur position. La première colonne, en longeant constamment des précipices, parvint à franchir les mornes Houel et Colin et à occuper sur les derrières de l'ennemi un petit mamelon sur lequel est établi le presbytère et qui domine l'habitation d'Anglemont. La

[1] La rivière des Pères se jette à la mer au Baillif, un peu au-dessus de la Basse-Terre ; c'est là que Richepanse avait débarqué ses troupes.

deuxième colonne rencontra un détachement ennemi armé d'artillerie qui l'arrêta et l'obligea à livrer un combat; le commandant de cette colonne (le chef de bataillon Lacroix, de la 66e) y fut blessé; néanmoins elle réussit à refouler les noirs sur leur position centrale de l'habitation d'Anglemont et continua sa route par des chemins aussi peu praticables que ceux de la colonne de droite; une partie de ses hommes put même traverser le lit de la rivière Saint-Louis et aller renforcer la première colonne au presbytère. Les troupes de Delgrès avaient donc leur retraite coupée du côté des bois qui couvrent la montagne. Enfin la réserve des grenadiers fut repoussée avec pertes quand elle se présenta au saillant de la position, mais elle s'établit en avant de ce point, de manière à empêcher les noirs de s'échapper par le confluent des rivières.

Les rebelles étaient donc cernés et ne pouvaient plus échapper à la lutte décisive. A 4 heures du soir, le chef de bataillon Cambriels, de la 66e, qui commandait les troupes réunies au presbytère, les forme en trois divisions et les lance au pas de charge sur la ligne des retranchements de l'ennemi. Le feu très violent de mousqueterie et d'artillerie dirigé contre eux n'arrête pas leur élan, et ils arrivent sans s'arrêter jusque sur cette ligne; alors les noirs l'abandonnent, se sauvent vers les bâtiments de l'habitation d'Anglemont, et, avec une énergie digne d'une meilleure cause, se réunissent auprès du magasin à poudre, y mettent le feu et se font sauter au nombre de 400 environ; leur chef Delgrès et tous ses officiers avaient participé à cette fin tragique. Malheureusement l'explosion fit aussi des victimes parmi les Français; un lieutenant et une trentaine de soldats qui servaient d'éclaireurs à la colonne et qui, poursuivant de près les rebelles, avaient pénétré à leur suite dans l'habitation, sautèrent avec eux.

On pouvait dès lors considérer la guerre civile comme terminée. Une amnistie fut proclamée, et la plupart des révoltés, qui erraient encore dans la campagne et dont plusieurs peut-être avaient été entraînés contre leur gré dans l'insurrection, déposèrent les armes et rentrèrent dans leurs ateliers. Quatre officiers mulâtres seulement [1] se jetèrent dans les bois avec une insignifiante poignée d'hommes.

Un juge compétent, le lieutenant général Ambert, dans un mémoire où il analyse les différentes attaques subies par la Guadeloupe [2], fait la remarque suivante : « L'attaque la plus complète qu'il y ait eu jusqu'ici est celle du général Richepanse, en 1802. Un général plein de vivacité, à la tête de troupes qui avaient vaincu l'Europe, avait affaire à des nègres, mais nombreux, enrégimentés de longue main, disciplinés, aguerris dans diverses expéditions contre les îles anglaises, animés d'un vrai fanatisme, pouvant braver le climat et franchir les obstacles des terrains les plus difficiles. Leurs chefs connaissaient les lieux et savaient prendre des positions. La défense répondait à l'attaque.

« Les rebelles n'osèrent cependant pas sortir de leurs lignes pour s'avancer au delà du poste de Dolé. Le général, maître de la Pointe-à-Pitre, fit avancer par terre sans opposition une colonne [3] jusqu'au quartier des Trois-Rivières, ce qui équivalait à y avoir débarqué (dans la Grande Anse), et il débarqua l'autre portion de ses troupes à la rivière du Plessis. »

Puis, ayant fait le résumé de l'attaque, il fait ressortir le peu de durée de la résistance du poste du Matouba, qui a été plusieurs fois proposé comme réduit principal de la défense de la Guadeloupe. « Telle fut, conclut le général Ambert, la valeur intrinsèque de ce réduit du Matouba, que l'on estimait

---

[1] Parmi lesquels Codou, que nous avons vu à la tête de l'émeute dirigée contre Lacrosse à la Pointe-à-Pitre.

[2] Projet de défense de la Guadeloupe par le lieutenant-général Ambert, 1808 (Archives de l'ancien dépôt des fortifications des colonies. Guadeloupe, carton n° 7, document n° 463).

[3] Il s'agit de la colonne formée par les troupes du général Sériziat.

inexpugnable, indépendamment de la nullité de son influence sur la défense du reste de la colonie. »

Il est vrai que cette campagne, si rapidement conduite, avait coûté cher, car Richepanse, dans une lettre du 19 prairial adressée au capitaine général Lacrosse, à Marie-Galante, dit qu'il a eu *à peu près le tiers de son armée hors de combat.*

Après la défaite définitive des insurgés, le général en chef et le préfet colonial Lescallier, qui n'avait cessé de l'assister depuis le jour du débarquement, s'occupèrent de rétablir l'ordre et la tranquillité dans cette colonie, si fortement agitée par les derniers événements. Les émigrés furent rappelés et réintégrés dans leurs biens; les blancs furent armés de fusils pour pouvoir se défendre contre les nègres vagabonds; les gens de couleur furent exclus des troupes françaises, à l'exception d'un petit nombre réservé pour les corvées des casernes et de 150 ouvriers pour le corps des sapeurs [1]. On forma quelques compagnies séparées d'hommes de couleur, recrutées parmi ceux qui étaient propriétaires ou dont la fidélité avait été bien éprouvée au cours de la lutte contre la rébellion. Trois mille soldats noirs, débris de l'ancienne armée de la Guadeloupe, furent embarqués sur des frégates et transportés aux États-Unis, qui refusèrent de les recevoir. Elles allèrent alors en déposer environ 2.000 dans les possessions inhabitées de la côte Ferme, mais les gouverneurs espagnols s'étant récriés, l'autre millier fut conduit à Brest et enfermé au bagne. Quelques mois après, on en forma un corps qu'on envoya à Mantoue, comme plus propre que les troupes françaises à résister à l'insalubrité du pays. Ce corps fut ensuite envoyé à Naples et servit au siège de Gaëte avec une bravoure et une distinction particulières [2].

Enfin les plus coupables, les rebelles pris les armes à la

---

[1] Lettre écrite au ministre par le général Richepanse les 18 et 19 messidor an x (10 et 11 juillet 1802).

[2] Boyer-Peyreleau, *loc. cit.*

main, furent jugés par une cour martiale et pour la plupart fusillés. En somme, à la suite de l'expédition Richepanse, la population nègre de la Guadeloupe se trouva diminuée d'environ 10.000 hommes, morts dans les combats, transportés ou fusillés.

Cependant le général en chef, à qui répugnaient ces nombreuses exécutions, arrêta bientôt le cours des jugements militaires et se contenta de faire déposer aux Saintes les noirs suspects d'avoir trempé dans la révolte; en même temps, il protégeait les noirs contre les violences auxquelles les exposait, de la part des blancs, une inévitable réaction. En outre, par de sages proclamations où il insistait sur la nécessité pour tous de *l'oubli du passé*, il s'efforçait de ramener le calme et la paix dans les esprits. Il inaugurait ainsi un gouvernement réparateur dont on appréciait déjà les bienfaits lorsque, le 19 août, il fut attaqué par la fièvre jaune qui l'enleva après seize jours de maladie (3 septembre 1802).

Il fut enseveli dans le fort Saint-Charles, et une double pétition du contre-amiral Lacrosse et des officiers de la garnison demanda que ce fort prît dès lors le nom du vaillant général; il fut donné satisfaction à ce vœu par un décret du 30 mars 1803, et, depuis cette date, le fort qui défend la Basse-Terre s'appelle *fort Richepanse*. Un peu plus tard (janvier 1808), Napoléon, pour honorer aussi en France la mémoire du général, faisait donner son nom à une rue de Paris, ouverte, près de la Madeleine, entre le boulevard et la rue Saint-Honoré.

Quelques jours avant Richepanse, le général Sériziat avait succombé aux atteintes de la même épidémie qui faisait alors d'affreux ravages parmi les troupes. Si l'on se rappelle que nous avons déjà eu à signaler la mort des généraux Cartier, Rouyer, Aubert et Béthencourt, sans compter celle du général anglais Dundas, on pourra conclure que, pendant la période qui nous occupe, le séjour à la Guadeloupe était réellement funeste aux Européens. Trois membres du gouvernement civil avaient d'ailleurs partagé le sort de ces six généraux : l'agent Chrétien, collègue de Victor Hugues; l'agent Bacco, collègue de Jeannet et Lavaux, et le commissaire de justice Coster, collègue de Lacrosse et Lescallier, mort dans la même épidémie que les généraux Sériziat et Richepanse.

CHAPITRE XVI.

AFFAIRE DE PÉLAGE ET DE SES COMPLICES.

Il était nécessaire, pour compléter l'exposé des événements, de faire connaître la suite donnée à l'affaire de la *révolte de Pélage* pour employer l'expression adoptée dans les documents officiels du temps.

Il ne faut pas perdre de vue, en effet, que l'expédition du général Richepanse avait été envoyée pour réduire cette prétendue révolte de Pélage; mais, par un singulier concours de circonstances, c'est la révolte de Delgrès qu'elle eut à combattre, et elle trouva dans Pélage, pour cette lutte, un auxiliaire précieux et dévoué.

Lacrosse, aussitôt arrivé à la Dominique après son expulsion de la Guadeloupe, s'empressa, comme il était naturel, de porter les faits à la connaissance du ministre de la marine et des colonies (amiral Decrès), de former une plainte contre Pélage qui l'avait embarqué de force sur un navire en partance pour le Danemark, et de réclamer l'envoi d'une expédition capable de rétablir dans la colonie son autorité méconnue et outragée.

Un rapport fut rédigé au ministère sur cette affaire : il constate que Pélage a bien commis les actes de rébellion contre le capitaine général, de séquestration de sa personne et d'embarquement de force sur un navire étranger, mais, d'accord en cela avec Lacrosse lui-même, il les explique par des causes générales, plutôt que par l'ambition de Pélage : 1° l'effrénée licence des hommes de couleur qui n'a pu souffrir un modérateur dans la personne du capitaine général; 2° le funeste esprit d'indépendance répandu depuis de longues années chez les anciens esclaves; 3° l'impression faite sur les

gens de couleur par quelques actes de sévérité exercés par
Lacrosse sur des noirs ou mulâtres. Il conclut, d'ailleurs, à
l'envoi de l'expédition demandée pour réprimer cette révolte,
et ce sera précisément l'expédition Richepanse [1].

Richepanse arriva donc à la Guadeloupe décidé à arrêter
Pélage et à le faire juger, mais nous avons vu que l'attitude
si franchement soumise et respectueuse de cet officier avait
modifié la décision du général et qu'il avait laissé à Pélage
la liberté et la jouissance de son grade pour l'employer dans
la lutte contre Delgrès et Ignace. Dans cette lutte, Pélage ne
cessa de se distinguer par son zèle, son courage et son dévouement et obtint chaque jour des éloges et des témoignages d'estime du général en chef. Mais, lorsqu'elle fut terminée, il comprit qu'il devait aller en France pour répondre
aux accusations portées contre lui et justifier sa conduite
passée. Il demanda donc au général de le faire porter en
France, et celui-ci l'accorda d'autant plus facilement que cela
entrait précisément dans ses intentions : il donna aussitôt
l'ordre de l'embarquer sur le vaisseau le *Fougueux* qui allait
partir pour Brest avec le *Redoutable*. Mais, au lieu d'y être envoyé comme prisonnier, il y fut reçu avec beaucoup d'égards
et traité suivant son grade. Il obtint même l'autorisation
d'être accompagné par sa femme, sa belle-mère et son capitaine adjoint, Prudhomme, le même qui avait été retenu

---

[1] Il y a, dans ce rapport écrit au ministère à la fin de l'année 1801, un passage significatif, qui montre le revirement des idées qui s'était déjà opéré en France et qui allait bientôt aboutir (20 mai 1802) au rétablissement de l'esclavage dans les colonies: « Je suis trop Français pour être cosmopolite, et de même que Sparte eut les ilotes, je veux les esclaves dans nos colonies. La liberté est un aliment pour lequel l'estomac des nègres n'est pas encore préparé. Je crois qu'il faut saisir toutes les occasions pour leur rendre leur nourriture naturelle, sauf les assaisonnements que commandent la justice et l'humanité. » (Registre n° 56 déjà cité).

Nous citons ces lignes pour faire sentir le progrès réalisé depuis quatre-vingt-dix ans. Il y a déjà longtemps qu'un ministre n'oserait plus s'exprimer dans ces termes.

prisonnier par Delgrès et avait empêché de faire sauter le fort Saint-Charles.

Les quatre membres du Conseil provisoire de gouvernement de Pélage, trente-deux officiers et quelques habitants considérés comme ses complices furent embarqués en même temps que lui sur les deux vaisseaux, qui arrivèrent à Brest le 15 août 1802. Aussitôt Pélage et ses compagnons furent arrêtés et incarcérés dans les prisons du port, et le ministre adressa au Premier Consul un long rapport pour exposer la situation de ces prisonniers[1]. Nous en reproduisons ici les principaux passages pour montrer comment cette singulière affaire était alors envisagée par le ministre.

« Le général Richepanse a renvoyé en France, militairement et sans pièces, trente-deux officiers de la ci-devant garnison de la Guadeloupe, dont huit blancs, quinze mulâtres et neuf noirs. Le motif connu du renvoi de ces hommes est la part qu'ils ont prise à la révolte de Pélage. Il n'y a point de preuves contre eux, si ce n'est d'avoir reconnu l'autorité de Pélage et obéi à ses ordres.

« Je sais que tous ceux qui se sont soumis à cette autorité ne sont pas également coupables, mais le délit n'en est pas moins matériel, et s'il peut être excusé pour quelques-uns en faveur de l'intention, cette intention a été appréciée à leur égard par le général Richepanse, et le choix qu'il a fait d'eux pour les renvoyer annonce assez l'opinion qu'il a de leur criminalité. Je pense donc que ces trente-deux individus doivent être traduits par devant une commission militaire établie dans telle ville que vous indiquerez pour y être jugés. Je crois que *la peine des galères est au moins celle que comporte le crime de ces individus.*

« Outre ces trente-deux hommes, le général Richepanse a renvoyé aussi, sans pièces, quatre membres du Conseil provisoire qui a été substitué à l'autorité du capitaine général.

[1] Registre n° 56 déjà cité.

Ces quatre hommes sont : Pélage, Frazans, Corneille et Piaud. Pour ceux-ci, leurs actes publics prouvent assez leurs crimes. Je propose à leur égard la même mesure qu'envers les trente-deux premiers, c'est-à-dire leur traduction à une commission militaire.

« Quel que soit le jugement de cette commission, il est de mon devoir de mettre sous vos yeux le compte qui m'est rendu par le général Richepanse relativement à Pélage. Cet homme n'a pas hésité à se soumettre au général Richepanse dès qu'il est arrivé, et, par l'exemple qu'il a donné en combattant sous ses ordres, par le courage avec lequel il s'est porté dans les plus grands dangers, il a puissamment contribué à la destruction des rebelles. Il a même eu un fils tué en combattant près de lui pour la République. »

Le ministre ajoute que, outre ces trente-six individus, le général a aussi renvoyé sept habitants sans autre indication que celle d'être prévenus d'avoir participé à la révolte. Il ne croit pas qu'il y ait lieu de les traduire devant la commission militaire et estime qu'on doit *les enfermer pendant dix ans au moins dans un fort pour garantir la société de leurs crimes.*

Un nouveau rapport suit de près le premier, exposant en détail les faits reprochés à Pélage[1] et qui se résument ainsi : « Le représentant du gouvernement a été dépouillé de son autorité, privé de sa liberté, expulsé par trahison et par violence. » Il conclut que les quarante-trois individus détenus à Brest, coupables d'une révolte qui a été l'origine de tous les malheurs qui ont affligé la Guadeloupe, responsables du sang qui y a été versé, doivent être livrés à la justice des tribunaux et à la sévérité des lois. Il hésite d'ailleurs sur le choix du tribunal qui devra juger cette affaire : tribunal spécial établi par la loi du 18 pluviôse an x, existant dans le Finistère ; conseil de guerre de la division militaire de ce département, ou commission mixte nommée à cet effet par

---

[1] Ce sont ceux que nous avons racontés plus haut, dans le chapitre XIII.

le Premier Consul et composée mi-partie de juges civils et militaires.

Quelques jours après, le ministre de la marine envoyait au ministre de la justice[1] un acte d'accusation relatif à cette affaire, avec une fiche spéciale pour chacun des quarante-trois accusés. Un juge d'instruction fut alors chargé de l'instruction « contre Magloire Pélage et consorts » et ordonna que tous les accusés fussent transférés sous bonne garde dans les prisons du département de la Seine pour être mis à sa disposition et à celle du commissaire du gouvernement.

Le transfert des prisonniers à Paris fut, en effet, exécuté sous une forte escorte, après entente entre le ministre de la marine et le ministre de la guerre. L'instruction du procès se prolongea très longtemps, et plus d'une fois ils demandèrent vainement à paraître devant leurs juges. Ils se décidèrent alors à publier un volumineux *Mémoire pour Pélage et pour les habitants de la Guadeloupe*, dans lequel ils justifiaient leurs actes et se disculpaient des accusations portées contre eux. Quelques jours après cette publication, le 4 frimaire an XII (26 novembre 1803), ils furent tous mis en liberté sans jugement. Incarcérés depuis le 15 août 1802, ils avaient subi, tant à Brest qu'à Paris, plus de quinze mois de prison préventive.

La cour criminelle, instituée spécialement pour les juger, déclara d'ailleurs quelque temps après, sur leur demande, qu'il n'y avait pas lieu à accusation contre eux et qu'ils étaient libres de retourner dans leurs foyers.

Pélage resta en France et reçut un emploi dans son grade de colonel. Il prit part à la guerre d'Espagne où il donna de nouvelles preuves de sa valeur, et mourut, épuisé par les fatigues de cette campagne, après la bataille de Vittoria (1813). Singulière destinée que celle de cet ancien es-

---

[1] Par lettre du 13 fructidor an X (4 septembre 1802). Registre 56 déjà cité.

clave martiniquais[1], qui meurt, à quarante-six ans, colonel dans les armées impériales, après avoir tenu un moment dans ses mains le gouvernement de la Guadeloupe et avoir été sous le coup d'une accusation qui pouvait entraîner pour lui la peine capitale!

[1] Pélage était né esclave à la Martinique. Il avait fait de bonne heure des tentatives pour payer à sa maîtresse le prix de sa liberté. Mais la dame à qui il appartenait tenait beaucoup à lui, d'autant plus qu'il était bon ouvrier maçon et lui rendait d'utiles services pour l'entretien et la réparation de ses bâtiments; aussi ne voulut-elle jamais se résoudre à l'affranchir. Heureusement pour lui, il fut appelé au service militaire par le général Rochambeau, les mulâtres ayant de tout temps concouru à la formation des milices coloniales. Il se fit bientôt remarquer par une action d'éclat et fut nommé sous-lieutenant par ce général. Après la prise de la Martinique, il passa à la Guadeloupe avec un petit nombre d'hommes restés fidèles à la mère patrie. De là il fut bientôt envoyé à Sainte-Lucie, où nous l'avons vu conquérir d'une façon brillante le grade de chef de bataillon. Rentré en France après la capitulation de cette île, il devint commandant de place à Morlaix, et c'est là qu'il gagna le grade de chef de brigade. Le gouvernement le renvoya à la Guadeloupe avec les successeurs de Desfourneaux, pensant qu'il pourrait aider à ramener la tranquillité dans la colonie après les troubles arrivés sous cet agent. Il y rendit, en effet, de grands services en mettant en garde les hommes de couleur contre les insinuations perfides de Laveaux. On lui donna le commandement du premier arrondissement de l'île, et c'est la situation qu'il occupait au moment de l'arrivée du capitaine général Lacrosse.

APPENDICE AU CHAPITRE XVI.

Au rapport du ministre, relatif à l'affaire de Pélage, est joint un questionnaire avec les réponses en regard. Nous reproduisons ici ce document, dont la forme est originale et qui fournit quelques renseignements nouveaux.

1° Quels sont les biens de Pélage à la Guadeloupe? — Il n'a pas de biens.

2° Est-il marié? — Pélage est marié depuis l'insurrection.

3° Quelle est la couleur de sa femme? — Une mulâtresse.

4° A-t-il été en France? — Il a été en France et y a servi.

5° Jusqu'à quel âge? — Parti avec Jeannet l'agent (dont il était l'aide de camp), qui l'a fait chef de brigade.

6° En quelle qualité? — Militaire; chef de bataillon. A été blessé, à ce qu'on croit, dans la Vendée, sous les ordres du général Béthencourt, dont il avait les certificats les plus flatteurs sur son courage. A toujours le bras en écharpe.

7° Quel âge a-t-il? — 36 ans.

....

10° Quelle a été la conduite des noirs? — Les noirs de l'armée ont cru qu'on voulait les mettre en esclavage et se sont décidés pour Pélage qui les a payés et saoulés.

11° Quelle a été la conduite des troupes blanches? — Les troupes blanches ont été fidèles, mais comprimées par les mulâtres. Elles voulaient refuser des officiers de couleur qu'on leur donnait.

12° Quelle a été la conduite de la population? — Les colons pour le gouvernement; les petits blancs pour le désordre. Les premiers sont désarmés.

13° Combien y a-t-il de blancs en état de porter les armes? — Il y a 150 habitants formés en cavalerie. Il y a environ 3.000 blancs en état de porter les armes, mais ils sont disséminés et se rallieraient avec quelque difficulté.

14° Combien de mulâtres ? 1.500 mulâtres, très braves, n'ayant rien et prêts à tout.

15° Combien de noirs ? Il y a 15.000 noirs en état de se battre; il y a environ 5.000 noirs armés; il n'y a dans l'île que 8.000 fusils.

16° Quelle a été la conduite de la garde du général ? Elle était composée de 300 hommes; il n'y avait que 60 blancs qui étaient sûrs et ont eu la meilleure conduite, le reste était pour Pélage.

17° Combien de soldats blancs ? 400 environ.

18° Sont-ils en corps séparé ? La plupart ont été disséminés dans des corps de couleur. Pélage a conservé une compagnie de 150 grenadiers blancs sur lesquels il compte pour maintenir l'ordre. Ces grenadiers sont commandés par des mulâtres, mais ils n'en sont pas moins pour nous.

CHAPITRE XVII.

RESTAURATION DU CAPITAINE GÉNÉRAL LACROSSE.

Pendant que Richepanse opérait à la Guadeloupe, l'amiral Lacrosse attendait dans la rade de Saint-Louis à Marie-Galante le moment favorable pour rentrer dans la colonie dont il avait été expulsé. Le 29 floréal an x (19 mai 1802), il écrivait au général en chef : « Citoyen général, je suis depuis dix jours à bord de la corvette l'*Enfant-Prodigue*, en rade de Saint-Louis, conformément aux ordres du Ministre. J'attends les avis que vous devez me donner du moment où je pourrai me rendre à la Guadeloupe. Je ne prévoyais pas jusqu'où pourrait aller la résistance que vous éprouvez, etc. » Mais peu de jours après, le Gouvernement changeait sa destination et lui envoyait une commission pour aller prendre possession de l'île de Tabago [1]. Les instructions du Ministre de la marine portaient qu'il prendrait à cet effet dans l'expédition Richepanse deux frégates avec un bataillon formé de 500 hommes de la 15ᵉ demi-brigade de ligne et 60 canonniers. Dès qu'il eut reçu cette commission, le 17 prairial (8 juin), Lacrosse s'empressa d'écrire au général pour le prier de lui faire savoir quand il pourrait mettre ces forces à sa disposition. Richepanse lui répondit immédiatement (10 juin) en s'excusant de ne pouvoir satisfaire à cette demande. « Le Ministre n'a pu prévoir, dit-il [2], que j'aurais à soutenir dans cette colonie une guerre acharnée dans laquelle environ le tiers de mon armée a été mis hors de combat et dont le reste

[1] La paix d'Amiens venait de rendre à la France Tabago ainsi que Sainte-Lucie et la Martinique.
[2] Lettre écrite le 19 prairial an x par le général en chef Richepanse au contre-amiral Lacrosse, capitaine général. (Guadeloupe, registre n° 56 déjà cité.)

encore occupé à combattre quelques partis de rebelles me sera longtemps nécessaire pour étouffer les derniers germes de la révolte. J'exécuterai néanmoins autant qu'il me sera possible les intentions du Ministre de la marine en mettant à votre disposition un détachement de troupes; mais l'époque à laquelle je pourrai me désister de cette force dépend absolument du degré de tranquillité qu'acquerra la colonie, et il me reste encore beaucoup à désirer sous ce rapport. Si le général Boudet, arrivé de Saint-Domingue à la Guadeloupe avec 200 hommes, consent à me laisser cette troupe, il me sera possible de beaucoup rapprocher cette époque. Je vais me concerter avec le général et vous serez informé du résultat.... ».

La situation cependant ne changeait pas, et, le 16 thermidor (7 août), Lacrosse se décida à rentrer à la Guadeloupe. Il en rend compte au Ministre, le 17 thermidor, dans les termes suivants : « J'ai l'honneur de vous annoncer que je suis rentré hier à la Guadeloupe pour en reprendre le gouvernement conformément à vos instructions du 15 ventôse. Il est vraisemblable que j'y resterai un mois pour y attendre qu'on mette à ma disposition les 500 hommes destinés à former la garnison de l'île de Tabago, ce qui ne peut avoir lieu qu'après l'arrivée des forces à la Martinique, car l'armée de la Guadeloupe est réduite par la guerre et les épidémies à un si petit nombre d'hommes qu'il est impossible de la diminuer aujourd'hui sans compromettre la tranquillité de la colonie. »

Quelques jours après, 1ᵉʳ fructidor (21 août), dans une nouvelle lettre au Ministre [1], il constate qu'il n'a eu aucun acte administratif à exercer depuis son arrivée à la Guadeloupe, le général Richepanse ayant maintenu l'état de siège dans la

---

[1] Ces deux lettres écrites au contre-amiral Decrès, Ministre de la marine, par Lacrosse (16 thermidor et 1ᵉʳ fructidor) se trouvent dans le même registre n° 56.

colonie, et il ajoute : « Conformément à vos dernières instructions, je m'y maintiendrai avec le titre de capitaine général *pendant un mois seulement*. Ce terme expiré, il ne me restera plus qu'à y attendre les moyens de remplir la nouvelle mission dont m'a honoré le premier Consul, celle d'opérer la reprise de possession de l'île Tabago au nom du Gouvernement français. L'impossibilité où se trouve plus que jamais le général Richepanse de me fournir le contingent de troupes indiqué par vos instructions est le seul obstacle qui retarde l'exécution des ordres du Gouvernement. »

Il résulte de là que le Gouvernement, après avoir vengé l'autorité légitime en replaçant le contre-amiral Lacrosse dans ses fonctions de capitaine général à la Basse-Terre, avait l'intention de débarrasser la colonie de ce gouverneur impopulaire lorsque survint, le 3 septembre, la mort imprévue du général Richepanse. Lacrosse devait en effet, après un mois d'exercice du pouvoir, remettre ses fonctions au général Richepanse qui l'avait d'abord fait reconnaître à la Basse-Terre comme capitaine général, dans une cérémonie solennelle où toutes les troupes étaient sous les armes pour lui rendre les honneurs. Mais, par la mort de ce général, il se trouvait conduit à rester jusqu'à nouvel ordre en possession du gouvernement de la colonie. En effet, dans une lettre écrite au Ministre le 24 fructidor (13 septembre), il rend compte de la mort du général Richepanse, de la situation nouvelle créée par cet événement, de la difficulté de faire vivre en bonne intelligence le préfet colonial Lescallier qui devenait le premier magistrat de la colonie et le général de brigade Gobert qui devenait commandant des troupes. « Ces considérations, dit-il, ont déterminé en moi la volonté d'exercer dans toute son étendue une autorité qui m'avait été commise et que, n'ayant point encore déposée, j'avais le droit de faire reconnaître.... J'ai donc, citoyen Ministre, repris mes fonctions de capitaine général, et institué dans les siennes le préfet colonial, en terminant un état de siège dont la prolongation a dû être attribuée à la maladie du général en chef. Le commandement de l'armée était naturellement dévolu au général Gobert, mais sa demande de repasser en France l'a remis à l'adjudant-commandant Ménard que j'ai cru devoir nommer provisoirement général de brigade [1]. »

En reprenant ainsi l'autorité suprême, l'amiral Lacrosse se créait une situation très délicate. Il était toujours impopulaire dans la colonie, et cette impopularité avait pour cause principale l'opposition complète entre son attitude en 1793 et son attitude actuelle. En 1793, il était arrivé avec un bonnet phrygien en tête du grand mât de sa corvette la *Félicité*, avait prêché aux noirs les principes de la Révolution et excité chez eux les idées les plus exaltées, et, en 1802, il se montrait autoritaire, sévère dans la répression, et aussi franchement réactionnaire qu'il avait autrefois été ardemment révolutionnaire. On avait peine à supporter de sa part ce qu'on eût facilement supporté d'un homme nouveau dans la colonie, comme le général Richepanse ; et précisément il crut devoir abandonner la ligne de conduite généreuse et modérée adoptée par ce général.

Préoccupé à l'excès des quelques centaines de nègres rebelles qui couraient encore dans les bois, traqués, affamés, dont la moitié seulement avait des armes, et redoutant toujours des complots, il rétablit le régime des commissions militaires, et fit exécuter tous les nègres qu'il put convaincre d'avoir pris part à la rébellion. Il organisa pour les

---

[1] Le général Dumoutier, le second général de brigade de Richepanse, qui n'avait guère fait parler de lui pendant la campagne, venait en effet de rentrer en France pour cause de maladie. Il était déjà âgé et ne reçut pas de nouvel emploi. Il prit sa retraite à la Martinique et y mourut en 1821. Quant à Gobert, il devint général de division et fit partie, en cette qualité, du corps de l'armée d'Espagne qui capitula à Baylen le 22 janvier 1808. Il mourut prisonnier des Anglais.

Le grade de général de brigade, conféré provisoirement au chef d'état-major Ménard, fut confirmé par la métropole.

poursuivre un corps spécial formé par la réunion des compagnies des gens de couleur et qui prit le nom de *chasseurs des bois*.

Il ne se borna pas d'ailleurs à traquer les anciens révoltés restés dans la colonie, il voulut poursuivre aussi ceux qui avaient pu se réfugier dans les îles voisines. C'est ainsi que le 28 vendémiaire an 11 (19 octobre 1802), il écrit au gouverneur suédois de Saint-Barthélemy, pour lui demander l'extradition de Cottin et Bigard, déportés tous les deux de la Guadeloupe à Cayenne, et qui s'étaient sauvés sur cette île neutre [1], ainsi que de tous les autres mulâtres de la Guadeloupe qui s'y trouvaient. Le lendemain, 29 vendémiaire 20 octobre), il écrivit au gouverneur danois de Saint-Thomas, une lettre similaire visant particulièrement Massotteau, un des officiers, compagnons d'Ignace, qui s'étaient échappés de la plaine Stivenson, après la revue de Richepanse, et Danois, le seul membre du conseil provisoire de Pélage, qui n'eût pas été envoyé en France avec les autres, parce qu'il avait quitté la Guadeloupe avant leur embarquement. Les deux gouverneurs refusèrent d'ailleurs l'extradition demandée, et

[1] Le registre n° 56 contient, à côté de cette lettre, la copie d'une lettre adressée par le citoyen V. Hugues, agent du Gouvernement à la Guyane, au capitaine général de la Guadeloupe, le 23 fructidor an XI (10 septembre 1802). Hugues, dans cette lettre, lui fait connaître qu'un certain nombre de citoyens de la Guadeloupe, renvoyés en France par Lacrosse, ont été transportés à Cayenne, et que le gouvernement l'autorise à les renvoyer dans leurs foyers, si le capitaine général veut bien les admettre dans la colonie. Il invite en conséquence celui-ci à les réclamer. «Vous rendrez service à des malheureux, dit-il, vous acquerrez des droits à leur reconnaissance, et je puis vous assurer que ces hommes, dont la majeure partie me sont connus depuis longtemps, ne troubleront jamais la tranquillité publique.»

Lacrosse ne jugea pas à propos de répondre à cette lettre de son prédécesseur. Il est très vraisemblable que V. Hugues, devant cette attitude du capitaine général, ne se fit pas scrupule de laisser partir Cottin, Bigard et consorts, et peut-être même leur facilita les moyens de gagner Saint-Barthélemy.

qui, il faut le reconnaître, n'était aucunement justifiée. Lacrosse avait probablement prévu l'inefficacité de ces demandes, car, lorsqu'il en rend compte au Ministre, il le prie « de solliciter, à cet égard, des démarches des ambassadeurs de Suède et de Danemarck à Paris, auprès de leurs cours respectives. »

Puis, toujours préoccupé de la possiblité d'un complot et d'une attaque de ces « scélérats » qu'il trouve trop rapprochés de la Guadeloupe, il ajoute : « Je ne m'en tiens pas moins sur mes gardes, et des mesures sont prises pour prévenir tout débarquement ; des bâtiments sont destinés à croiser sur tous les points où il est praticable. »

Malgré toutes les précautions dont s'entourait Lacrosse, un événement assez grave eut lieu dans la nuit du 6 octobre, dans la commune de Sainte-Anne : une bande de nègres partis de leurs ateliers, munis des armes dérobées à leurs maîtres et montés sur leurs chevaux, assaillit au milieu de la nuit plusieurs habitations et égorgea 23 personnes appartenant aux meilleures familles du quartier. Le lendemain matin, la bande, forte de 80 hommes, se présenta devant le bourg même de Sainte-Anne, pour s'en emparer, mais elle fut repoussée par la garde nationale et les dragons de cette localité, quoique ceux-ci fussent inférieurs en nombre.

34 nègres de cette bande, qui furent capturés, furent exécutés sur le lieu même de leurs crimes, mais l'enquête fit reconnaître que cette bande de pillards et d'assassins avait été conduite par deux blancs tarés, Barse, ancien commissaire du Gouvernement à Sainte-Anne, sous les agents Jeannet et Baco, et Millet de la Girardière, ancien officier, chevalier de Saint-Louis, âgé de 69 ans ! Ces deux misérables furent arrêtés, et Lacrosse constitua, à Sainte-Anne même, un tribunal spécial pour les juger.

Le 2 novembre, ce tribunal condamna Barse à être roué et brûlé vif, et l'ancien officier à périr dans une cage de fer, exposé sur la place de la Victoire, nu, à cheval sur une lame tranchante [1]. Tous deux s'étranglèrent dans leur prison pour échapper à ces affreux supplices.

Quant aux nègres de la bande qui n'avaient pas encore été capturés, leur tête fut mise à prix : une véritable chasse fut alors organisée contre eux, et, à mesure qu'ils étaient pris, ils étaient brûlés vifs sur la place publique.

Tout cela n'était pas fait pour rétablir le calme dans les esprits : les critiques contre le capitaine général se produisirent avec passion. Lacrosse de plus en plus inquiet conçut de la défiance, même vis-à-vis de son entourage ; il fit arrêter et embarquer d'office pour la France le général Ménard et plusieurs officiers : la crise menaçait de tourner, encore une fois, à l'état aigu. Heureusement, le gouvernement de la métropole y mit fin, en rappelant Lacrosse, qui fut remplacé par le général de division Ernouf (mars 1803).

Dans le courant d'octobre 1802, la garnison de la Guadeloupe, qui ne comptait plus alors que 800 hommes disponibles et 700 dans les hôpitaux, fut renforcée par l'arrivée de 500 hommes d'artillerie partis de Lorient sous le commandement du chef de bataillon Goffard [2]. Ce renfort avait permis à Lacrosse de reprendre possession de la partie française de l'île Saint-Martin.

[1] Ce supplice, aussi bizarre que cruel, avait été inventé par les Anglais, qui l'appliquaient parfois aux nègres marrons dans leurs colonies, en particulier à la Dominique.
[2] Ce commandant mourut 15 jours après son débarquement à la Guadeloupe.

CHAPITRE XVIII.

LA MARTINIQUE APRÈS LA RUPTURE DE LA PAIX D'AMIENS.

(1802-1804.)

La paix d'Amiens rendait à la France la Martinique et Sainte-Lucie placée sous sa dépendance.

L'administration de ces colonies fut répartie, comme celle de la Guadeloupe, entre trois chefs : un capitaine général, l'amiral Villaret-Joyeuse; un préfet colonial, le conseiller d'état Bertin, et un grand-juge, Lefessier-Grandprey (6 prairial, an 10-28 mai 1802). Le capitaine général n'avait plus de part active dans l'administration civile de la colonie.

Dès le 25 prairial, Bertin partit sur la corvette le *Berceau*, emmenant avec lui Castella, général de brigade, Rebwel, adjudant-commandant, Pélisset, commissaire de marine, Peyre, capitaine du génie, et Cuny, capitaine d'artillerie, et arriva à la Martinique le 18 messidor, après 24 jours d'une heureuse traversée. Il fut très bien reçu par le lieutenant-général Trigge, commandant en chef des îles du Vent de Sa Majesté britannique, et l'échange habituel de coups de canons pour le salut eut lieu entre le *Berceau* d'une part, et, d'autre part, le vaisseau-commandant et le fort. Le lendemain, il se rendit à Saint-Pierre entouré de tous ses officiers, pour rendre visite au major général, sir William Keppel, gouverneur de la colonie pour S. M. Britannique. Après un échange de saluts, entre la corvette le *Berceau*, qui portait le représentant du Gouvernement français, et la côte, Bertin alla rendre visite au gouverneur anglais, auprès duquel il trouva « les meilleures intentions, et l'empressement le plus marqué de seconder les vues de son Gouvernement pour remettre la colonie avec le plus grand ordre et le plus promptement possible ». La population ne lui fit pas un accueil moins cordial, car une foule considérable d'habitants de toute couleur attendait sur la plage le représentant de la France, témoignant, par leurs acclamations, du plaisir qu'ils éprouvaient à redevenir Français.

Ces formalités remplies, Bertin s'empressa de demander au général Richepanse l'envoi de 1.000 à 1.200 hommes pour pouvoir prendre possession de la Martinique et de Sainte-Lucie ; mais ce général n'était pas en état de satisfaire à cette demande. Bertin se vit donc forcé d'attendre les forces qui devaient venir avec le gouverneur.

En attendant, il fit faire, par les officiers d'artillerie et du génie venus avec lui (Cuny et Peyre), une reconnaissance détaillée des fortifications, arsenaux, batteries, poudrières et munitions de guerre, qui devaient être remis à la France, et, à la suite de cette reconnaissance, il écrivit au gouverneur anglais Keppel :

« Il est hors de doute que S. M. B. a été dans l'intention de rendre cette colonie en état de résister *au moins aux ennemis intérieurs*. Cependant le fort Bourbon et le fort Royal sont dans l'impossibilité de se défendre d'un coup de main, non seulement par le mauvais état de l'artillerie, mais par le peu de munitions qu'on se dispose à y laisser.

« Les affûts marins placés au fort Bourbon, au lieu d'affûts de siège, ne permettent pas même d'établir les canons en batterie. Plusieurs de ces affûts sont entièrement pourris, les autres ne résisteraient pas à l'effet de plus de trois coups de canon. La plupart des pièces au fort Bourbon ne sont pas montées, et il n'existe pas une seule pièce de bois pour faire des affûts neufs ; ceux du fort Royal sont également hors d'état de servir. En général, les canons sont de rebut et manquent de l'attirail qu'ils doivent avoir.

« Enfin, les poudres destinées à la défense n'excèdent pas 10 milliers, lorsque 100 milliers, au moins, seraient nécessaires pour les bouches à feu et les projectiles qu'exigent ces deux places.

« Les intentions du Gouvernement français... me font un devoir de réclamer que la colonie soit laissée en état de défense, par suite de la difficulté que présente l'éloignement où nous sommes de nos arsenaux d'Europe, pour la pourvoir de toutes les munitions nécessaires [1]. »

Cette démarche n'eut d'ailleurs pas de succès, car, quelques jours après, Bertin écrivant « au général premier Consul de la République française » s'exprime ainsi [2] :

« Les Anglais laissent les forts de la Martinique dans le dénuement le plus absolu de toute espèce de munitions de guerre. Je crois cependant qu'ils seraient en état de résister à une attaque de la part des ennemis intérieurs, mais ils ne pourraient soutenir un siège régulier; en conséquence, j'engage le Ministre à nous envoyer, le plus tôt possible, les bouches à feu, projectiles et munitions qui nous manquent, et dont je lui fournis un état.

« La milice de cette colonie paraît établie sur de bonnes bases; elle se compose de 2.952 hommes dont 1.273 de couleur, libres, formant des bataillons tous en état de porter les armes, et de 966 hommes infirmes ou d'un grand âge qui sont à la suite [3]. J'ai obtenu de M. W. Keppel, gouverneur pour S. M. B. dont tous les actes à notre égard sont dirigés par la plus grande loyauté et par la déférence la plus entière pour le Gouvernement français, que tous les hommes de cette milice conserveraient leurs armes avec une quantité suffisante de cartouches de calibre et deux canons de campagne, en sorte

---

[1] Lettre du conseiller d'état, préfet colonial à la Martinique, à S. Exc. le major général W. Keppel, commandant en chef et gouverneur pour S. M. B. de l'île de la Martinique, en date du 6 thermidor an x. (Martinique, correspondance générale, année 1802, tome 104.)

[2] Lettre du 1er fructidor an x (18 août 1802). *Id., ibid.*

[3] La différence de ces deux chiffres, 613, doit probablement représenter le nombre des blancs de la milice.

que ces troupes pourraient servir, au besoin, dès l'arrivée des nôtres. »

Enfin, le 3 septembre 1802, l'expédition qui portait le capitaine général et les troupes arriva à la Martinique. Ces troupes, qui comprenaient le 3ᵉ bataillon de la 4ᵉ demi-brigade d'artillerie de marine (chef de brigade Miany) et les 3ᵉˢ bataillons des 37ᵉ et 84ᵉ demi-brigades d'infanterie, composées en partie de soldats ayant fait campagne en Égypte, étaient commandées par le général de brigade Devrigny, homme d'une valeur maintes fois éprouvée. Le directeur d'artillerie était le général Villaret-Joyeuse, frère du capitaine général [1], et le directeur du génie, le colonel Dudézerseul. Le général Devrigny fit aussitôt débarquer ses troupes sur la savane de Fort-de-France, et les troupes anglaises qui occupaient encore la ville allèrent s'embarquer à la Case-Navire. La Martinique se retrouvait dès lors au pouvoir des Français.

Le capitaine général s'occupa, dès les premiers jours de son arrivée, de réorganiser la milice de manière à en faire une troupe capable de coopérer utilement avec la troupe de ligne à la défense de l'île. Les vingt-six paroisses dont celle-ci se composait furent formées en six arrondissements militaires : 1ᵉʳ Fort-de-France; 2ᵉ Saint-Pierre; 3ᵉ la Basse-Pointe; 4ᵉ la Trinité; 5ᵉ le Marin; 6ᵉ la Rivière-Salée. Chacun de ces arrondissements fournit un bataillon composé d'une compagnie de grenadiers, d'une compagnie de chasseurs, et d'un nombre de compagnies de fusiliers variable suivant la population, enfin d'une compagnie de dragons [2]. L'effectif des compagnies, officiers compris, était de 50 hommes pour l'infanterie, de 40 pour les dragons. Les habitants blancs, depuis

---

[1] Les autres officiers de direction étaient, pour l'artillerie : le chef de bataillon Sancé, sous-directeur; les capitaines Fouraignan, Brabant et Alphonse; le lieutenant Leleu et les gardes-magasins Desroches et Konisberger.

[2] Les arrondissements de Fort-de-France et de Saint-Pierre purent fournir, par exception, chacun deux compagnies de dragons.

16 ans jusqu'à 55 ans, étaient appelés à servir dans cette milice. Les chefs de bataillon pouvaient y admettre aussi des hommes de couleur libres, mais il leur était recommandé d'être très sévères dans leur choix pour ces admissions.

Le capitaine général créa en outre une compagnie de gendarmerie coloniale, comprenant des hommes à pied et des hommes à cheval et commandée par trois officiers. Le Gouvernement métropolitain approuva cette création, mais laissa l'entretien de ce nouveau corps à la charge de la colonie.

Quelques jours après la reprise de possession de la Martinique, la France avait fait aussi réoccuper l'île de Tabago par un détachement de troupes placé sous les ordres du général Sahuguet. Mais ce général n'y vécut pas longtemps : il fut enlevé en vingt-quatre heures, au mois de décembre 1802, par une épidémie de fièvre jaune qui ravageait alors les Antilles, aussi bien anglaises et espagnoles que françaises. Le capitaine général de la Martinique, en rendant compte de sa mort au Ministre, le 11 nivôse an XI (2 janvier 1803), constate que la maladie a déjà perdu de son intensité, et treize jours plus tard (24 nivôse-15 janvier), il en constate l'extinction totale : « Les hopitaux sont évacués, dit-il, et tout le monde jouit de la meilleure santé. »

L'amiral Villaret-Joyeuse s'occupait d'ailleurs, avec une grande activité, de réorganiser la colonie, d'assurer la prospérité de son commerce et de ses cultures, d'augmenter ses ressources et ses moyens pour la prompte réparation des vaisseaux de guerre, enfin d'embellir sa capitale. Mais sa sollicitude s'étendait particulièrement à tout ce qui avait rapport à la défense de l'île. C'est ainsi que, dans une lettre du 10 ventôse an XI (28 février 1802), il expose au Ministre de la marine et des colonies l'état défectueux des chemins et voies de communication de la colonie, et demande, pour les améliorer, l'appui de la métropole : « La Martinique, dit-il, est la seule colonie de l'archipel américain qui n'ait point de grandes routes. Les sentiers qui conduisent d'un bourg à l'autre rappellent plutôt la simplicité grossière des Caraïbes que les arts d'une grande nation. La colonie espère que le Gouvernement s'occupera de cet objet important, et je crois pouvoir remplir ses vœux sans occasionner à la métropole des dépenses extraordinaires. »

Deux jours après il adresse au même Ministre deux mémoires rédigés par le directeur et le sous-directeur du génie sur la défense de la Martinique et des autres îles du Vent [1].

Quelque temps après, 27 germinal an XI (16 avril 1802), dans une lettre [2] adressée au même Ministre, il lui rend compte d'une tournée qu'il vient de faire dans l'île, et apprécie de la manière suivante ses moyens de défense :

« Toutes les batteries qui protègent les côtes ont été placées par des officiers expérimentés, mais leur délabrement exige les plus promptes réparations. Quinze mille hommes sont

---

[1] Voici les passages les plus intéressants de la lettre d'envoi au Ministre, en date du 12 ventôse an XI (2 mars 1803) : « J'ai l'honneur de vous adresser ci-joints deux mémoires sur la défense de la Martinique, le premier, du citoyen Dudézerseul, directeur du génie, qui, dans un âge avancé, conserve encore une vigueur d'esprit peu commune, et qui, après avoir perdu dans la colonie son fils unique et son neveu, accablé lui-même d'infirmités graves et dangereuses, ne cherche la consolation de ses malheurs que dans les services publics que son expérience lui permet de rendre.

Le second mémoire est du citoyen Bexon nommé provisoirement sous-directeur après la mort du citoyen Portalis. La perte de presque tous les officiers du génie avait paralysé le service. Le citoyen Bexon n'hésita pas à quitter ses habitations à Sainte-Lucie, ses habitudes, ses affaires domestiques, pour consacrer au service de l'État son temps, ses connaissances et ses moyens.....

Ces deux mémoires me paraissent ne rien laisser à désirer.....

Le petit nombre d'officiers du génie employés ici, la mort des uns, la santé languissante des autres, rendent les travaux de ce corps aussi pénibles qu'imparfaits..... »

Cette lettre et les deux mémoires annexés sont conservés aux *Archives des colonies* (Martinique, correspondance générale, registre n° 105, année 1803).

[2] Id., ibid.

indispensables pour l'attaque de la Martinique, et, certes, l'Angleterre ne sera pas de longtemps en état de faire pareil essai; mais, dans l'état actuel des batteries maritimes, rien n'empêcherait les vaisseaux ennemis de poursuivre les nôtres, de prendre et de brûler nos bâtiments de commerce jusque sur les côtes. Mon projet est donc de prévenir cette humiliation, avant de m'occuper des forts, qui seront toujours défendus par le courage des troupes et le zèle des habitants...

« Les gardes nationales de la colonie peuvent être divisées en deux classes : celles des villes, dont la tenue est excellente, et qui dans les exercices militaires rivalisent presque avec les troupes de ligne, et celles des campagnes qui manquent en général d'usage et d'instruction. J'ai ordonné aux commandants de quartier de les exercer tous les dimanches et de me rendre compte de leurs progrès que je surveillerai avec soin.

« Il me tarde de recevoir les dix mille fusils que je vous ai demandés, tant pour retirer les armes anglaises qui sont mauvaises, que pour en donner à une partie de la garde nationale qui en manque absolument... »

Dans une autre lettre du 17 floréal an XI (7 avril 1803), il constate qu'on a redoublé d'activité dans les travaux de défense de la colonie, et que « tout ce qui était possible a été fait », et revient sur la question des fusils : « Dix mille fusils me feraient grand plaisir pour retirer de leurs mains les mauvaises armes que les Anglais leur ont laissées. » Il rend compte dans cette même lettre de la visite faite à l'île Sainte-Lucie (dépendance de la Martinique). « J'en ai visité les fortifications, dit-il, elles s'écroulent de toutes parts; mais il y a 340 bons hommes auxquels j'en ajouterai 200, pris sur l'*Adour*, que j'attends d'un instant à l'autre, et à la tête de cette garnison est le général Noguès. La confiance qu'il inspire aux troupes, son zèle, son courage et ses talents m'assurent que Sainte-Lucie, en cas d'attaque, servira longtemps d'avant-poste à la Martinique. Le général Noguès disputera le terrain pied à pied, déterminé à ne se retirer qu'à la dernière extrémité, dans des retranchements qui tombent en ruine, etc... [1] »

Ces passages, et bien d'autres qu'on pourrait extraire de la correspondance du capitaine général de la Martinique avec le Ministre, indiquent nettement les préoccupations d'une guerre imminente et d'une attaque de nos colonies par les Anglais. La paix d'Amiens avait été, en effet, de courte durée : cette paix, à laquelle le gouvernement britannique avait accédé pour reprendre haleine, fut bientôt rompue par lui lorsqu'il refusa de rendre l'île de Malte aux chevaliers, conformément au traité, et que, sans déclaration de guerre, il fit capturer sur nos côtes des bâtiments de commerce français.

L'état de guerre se manifesta aux Antilles par la prise de Sainte-Lucie et de Tabago (juin 1803).

A Sainte-Lucie, le général Noguès, à qui les maladies n'avaient laissé qu'une poignée de soldats, fut, en dépit de ses valeureux efforts et des prévisions optimistes de Villaret-Joyeuse, promptement réduit à capituler devant les forces supérieures du général Greenfild et de l'amiral Hood. Il en fut de même de Tabago où commandait le général César Berthier, successeur de Sabuguet. Ces deux attaques faites à l'improviste eurent un succès facile qui démontre, une fois de plus, l'inconvénient de la distribution des troupes, *en petits paquets*, dans ces îles. C'était le moment même où l'on discutait, à Paris, la mise en état de défense de ces deux colonies suivant la demande contenue dans le mémoire, précédemment signalé, du citoyen Dudéserzeul, directeur général des fortifications aux îles du Vent. Le général de division Dembarrère, inspecteur général du génie, avait en effet adressé au Ministre de la marine et des colonies, en date du 1er prairial an xi (20 avril 1803), un rapport sur le mémoire de Dudéserzeul, dont voici les conclusions relativement à Sainte-Lucie et à Tabago.

[1] *Archives des colonies* (Martinique, correspondance générale, registre n° 105, année 1803).

« Sainte-Lucie. — Le port de Carénage, que l'on regarde comme un des meilleurs des Antilles, et la rade du Gros-Ilet sont les objets militaires les plus importants de cette colonie : le morne Fortuné placé entre le port du Carénage et la baie du grand Cul-de-Sac, est la plus heureuse position militaire que l'on puisse désirer pour la défense de l'île, et surtout des deux mouillages qu'il domine. C'est donc au morne Fortuné qu'il faut construire le principal établissement destiné à la défense de la colonie. Telle est la conclusion du citoyen Dudéserzeul, qui pense qu'il faudra établir des batteries pour la sûreté du port de Castries et du grand Cul-de-Sac, et un fort sur le Gros-Ilet.....

« On prie le Ministre d'ordonner au directeur du génie de lui adresser les projets détaillés sur cette colonie, afin de les soumettre à un examen réfléchi, d'approuver les réparations aux batteries et aux bâtiments militaires, et de faire, à cet effet, pour approvisionnements relatifs aux travaux à exécuter, après la décision sur les projets, un fond de 150.000 francs.

« Tabago. — Ce que l'on vient de dire sur Sainte-Lucie, s'applique également à Tabago qui sera défendue par le fort à établir sur le morne Scarborough, qui domine la ville du même nom ; on conclut de même en invitant le Ministre à accorder un fonds de 150.000 francs, avec la même destination que ceux pour Sainte-Lucie, et à ordonner au directeur d'adresser les projets sur les travaux qui doivent mettre cette colonie en état de défense [1]. »

Malheureusement pour ces projets, la brusque rupture de la paix d'Amiens avait fait tomber, comme on l'a vu, ces deux colonies entre les mains des Anglais, et elles y sont encore aujourd'hui.

En revanche, la Martinique et la Guadeloupe avaient une attitude et des forces assez imposantes, pour qu'on ne pût

[1] *Archives des colonies.* (Martinique, registre n° 105, déjà cité.)

tenter de les enlever par un semblable coup de main, et les Anglais se bornèrent pour le moment à les tenir dans une sorte de blocus à l'aide de leurs nombreuses croisières. L'amiral Villaret-Joyeuse, s'autorisant de cette situation exceptionnelle, mit la Martinique en état de siège (8 juillet 1803), puis il s'occupa activement d'approvisionner les magasins militaires et multiplia les batteries et les travaux destinés à mettre l'île en état de repousser les attaques de l'ennemi. Mais celui sur qui reposait principalement le soin de la défense, le général Devrigny, dont la bravoure reconnue inspirait autant de confiance aux habitants qu'à ses propres soldats, fut brusquement enlevé par une attaque de fièvre jaune (31 juillet 1803). Il fut provisoirement remplacé par le général Castella qui commandait à Saint-Pierre [1].

La garnison de la Martinique s'était d'ailleurs trouvée renforcée, au commencement du mois de juin, par l'arrivée du transport la *Gloire* venant de Rochefort, qui lui apportait 300 hommes de la 107e demi-brigade et 52 hommes du dépôt colonial de l'île de Ré. D'autres bâtiments arrivés peu après portèrent encore 400 hommes et une assez grande quantité de munitions de guerre.

Quant à la marine, elle restait d'une extrême faiblesse; elle put néanmoins exécuter avec succès quelques mouvements dont le capitaine général rend compte au Ministre dans les termes suivants [2] :

« Le 3 de ce mois, le sous-directeur de l'artillerie Sancé travaillait à l'armement des batteries de la pointe Dunkerque, et de la pointe Borgnesse pour défendre une partie de nos côtes et toute la baie du Marin; il me demandait des affûts, des munitions et quelques soldats d'artillerie; le lieutenant de vaisseau Maynard, commandant la goélette la *Fine*, était

---

[1] Encore un général à ajouter à la liste des victimes de la fièvre jaune, donnée plus haut (chapitre xv, page 244).
[2] *Archives des colonies.* Lettre du 14 messidor, an xi. (4 juillet 1803.)

chargé de les lui porter, mais il fut chassé, à deux reprises différentes par une corvette anglaise, et forcé de rentrer au Fort-de-France. La mission qu'il avait à remplir étant d'un intérêt qui ne souffrait aucun retard, j'ordonnai à la corvette la *Badine* et au brick le *Curieux* de sortir avec lui et de protéger sa marche. Les capitaines de Nieuport et Des Rotours, appareillèrent le 4 messidor, à 4 heures du matin, et, dès le point du jour, eurent connaissance de l'ennemi; la *Fine*, qui chassait en avant, reconnaissant le bâtiment qui l'avait poursuivie la veille (et qu'on croit être le *Surinam* de 24 canons de huit), rallia nos deux corvettes. Le temps était orageux, la mer assez forte et les grains fréquents. Le capitaine anglais, qui probablement crut n'avoir à faire qu'à des transports, chassait avec tant d'audace et de confiance, qu'en virant de bord dans un grain, son bâtiment et la *Badine* se trouvèrent à demi-portée de pistolet. Le combat s'engagea aussitôt (vers 10 heures et demie), et ne dura que quelques minutes. La corvette anglaise, dont les voiles et les manœuvres paraissaient assez maltraitées, arriva, vent arrière, sur deux gros bâtiments qui croisaient sous le vent et qu'on a jugé des frégates de 40 canons. Pendant cet engagement, la *Fine* gagnait la baie du Marin et remplissait sa mission. Nos corvettes, la voyant en sûreté rentrèrent alors à Fort-de-France. Le capitaine de Nieuport, commandant la *Badine*, a perdu son premier lieutenant, le citoyen Caris, enseigne de vaisseau; un aspirant de 2ᵉ classe nommé Gamon, et deux matelots; le *Curieux* n'a eu qu'un soldat de marine blessé. La perte des Anglais est certainement beaucoup plus considérable.

« Le lendemain, 5 messidor, cinq navires marchands, qui remontaient de Saint-Pierre à Fort-de-France, se trouvaient, au coucher du soleil, à plus de 3 lieues sous le vent; plus loin, un bâtiment, qui me parut suspect, portait sur eux et les gagnait à vue d'œil. J'ordonnai à la *Badine* et au *Curieux* d'appareiller, pour protéger leur entrée dans la baie. Cette précaution les a sauvés. Le bâtiment inconnu était un corsaire de la Dominique, armé de 6 canons et de 27 hommes, qui avait déjà gagné le vent à deux de ces navires et qui avait mis son canot à la mer avec 12 hommes pour amariner l'un tandis qu'il courait sur l'autre. L'obscurité de la nuit le fit tomber sous la volée du *Curieux*, qui s'en empara sans difficulté, et le ramena le lendemain matin dans le port. Son canot est arrivé aux anses d'Artel, coulant bas d'eau, et l'équipage a été ramené prisonnier par la garde nationale. »

Malheureusement, pendant l'hivernage, la maladie fit de grands ravages dans les équipages de la petite flottille de la Martinique (*Badine*, *Curieux*, *Pélagie* et goélettes la *Fine*, la *Coureuse* et la *Biche*), si bien que, dès le commencement de septembre, le capitaine général ne pouvait mettre qu'un seul bâtiment dehors, « en y employant la totalité des équipages des autres ». D'ailleurs, un peu plus tard, le 6 frimaire an XII (25 novembre 1803), le capitaine général constate que la *Badine*, la *Pélagie* et la *Biche* ne sont pas en état de reprendre la mer, pour cause de vétusté, et utilise le restant de leurs équipages, au nombre d'une centaine de marins, pour constituer, sous les ordres du capitaine de frégate de Nieuport, une garnison chargée de défendre la batterie de l'îlet à Ramiers qu'il considère comme un des postes les plus importants de la colonie.

CHAPITRE IX.

LA GUADELOUPE APRÈS LA RUPTURE DE LA PAIX D'AMIENS.

Le 16 floréal an XI (6 mai 1803), la frégate la *Surveillante*, partie de Rochefort emportant le général de division Ernouf, nommé capitaine général à la Guadeloupe en remplacement de Lacrosse, le général de brigade d'Houdetot, appelé au commandement des troupes de la Guadeloupe en remplacement du général Ménard, avec 225 hommes du dépôt colonial et une compagnie de 54 gendarmes destinés à la Guadeloupe arrivait à la Martinique [1].

Le nouveau capitaine général ne perdit pas de temps : dès que Villaret-Joyeuse lui eut fait connaître la situation, il repartit pour la Guadeloupe sur la *Surveillante*, qui l'y déposa lui et son personnel, sans mouiller (18 floréal-8 mai), et continua sa route sur Saint-Domingue. « Cette opération ne retardera pas de 12 heures son arrivée au Cap, écrit Villaret-Joyeuse au Ministre, le 17 floréal (7 mai), et j'ai cru, d'après les circonstances actuelles, qu'il était urgent que le général Ernouf fut rendu à son poste. »

Le général Ernouf apparut aux colons comme un libérateur ; sa présence dissipa toutes les craintes, en mettant fin aux menaces d'embarquement. Afin d'en effacer jusqu'aux traces, il fit partir pour France les officiers qui avaient pris part au renvoi du général Ménard [2]. Il avait eu à peine le

---

[1] Elle était partie de Rochefort le 15 germinal (5 avril) et avait par conséquent effectué le voyage en 31 jours.

[2] Le contre-amiral Lacrosse rentra également en France et fut employé dans la flottille de Boulogne. L'ancien commandant des *Droits-de-l'Homme*, rendu à sa carrière de marin, y servit avec distinction.

temps d'établir dans la colonie les mesures réparatrices prises par le nouveau Gouvernement de la France en faveur des émigrés[1], lorsque survint la rupture de la paix d'Amiens, et la déclaration de la guerre avec l'Angleterre. Ernouf, comme Villaret-Joyeuse à la Martinique, s'empressa de déclarer la colonie en état de siège, et délivra de nombreuses lettres de marque aux corsaires armés pour ravager le commerce des Anglais.

Il voulut même, suivant l'exemple de V. Hugues, et à défaut de marine militaire, employer ces corsaires à inquiéter les Anglais chez eux. Profitant du moment où l'île voisine d'Antigues était à peu près démunie de troupes par suite de l'occupation récente de Sainte-Lucie et de Tabago, il résolut de tenter une expédition contre elle. Il réunit, à cet effet, à Deshayes, un des points les plus rapprochés d'Antigues, dont il n'est éloigné que de 35 à 40 kilomètres, 10 goélettes armées en *course*, avec un bataillon de la 15° demi-brigade, plusieurs compagnies de gens de couleur et une centaine de volontaires blancs, qui devaient s'y embarquer et constituer le petit corps expéditionnaire. Mais son projet fut éventé, et le 18 fructidor (5 septembre), à 11 heures et demie du soir, au moment où les troupes commençaient leur embarquement, la frégate anglaise l'*Émeraude*, sortie de la Dominique avec un brick et une goélette, parut devant Deshayes, et fit attaquer les Guadeloupéens par 7 chaloupes armées de caronades. Ceux-ci se défendirent avec vigueur, quoique surpris, et firent éprouver, par leur feu, des pertes sensibles à l'ennemi; quelques-unes de ses chaloupes furent prises ou coulées par le feu des batteries de côte de Deshayes, mais l'expédition se trouva dissipée avant d'avoir pu faire voile pour Antigues.

Les corsaires étaient plus heureux, il est vrai, car dans

[1] Entre autres la restitution de leurs propriétés qui n'avaient pas été aliénées.

l'espace de huit mois (août 1803-avril 1804), ils capturèrent 92 navires anglais, dont la vente produisit près de 4 millions de francs.

Ils ne s'en tenaient pas d'ailleurs aux navires marchands, et ne craignaient pas de s'attaquer aux bâtiments de guerre de la marine royale britannique. Il serait superflu de raconter en détail tous les exploits de ces hardis corsaires; nous nous bornerons à citer avec Boyer-Peyreleau [1], comme exemple, le combat soutenu, le 15 juillet 1804, par le petit corsaire du capitaine Lamarque contre une corvette anglaise. Ce corsaire monté par 75 hommes seulement, et n'ayant que des canons de 6 livres, fut attaqué par la corvette de S. M. B. la *Lily*, forte de 16 canons de 12 livres et comptant 105 hommes d'équipage. Malgré cette infériorité, Lamarque sut si bien conduire son feu, qu'il tua beaucoup de monde à l'ennemi, et lui fit des avaries majeures; il en profita pour s'élancer à l'abordage de la corvette, dont il se rendit maître et qu'il ramena à la Basse-Terre.

Ce bâtiment, doté d'un équipage de 20 hommes, fut envoyé aux Saintes pour y être réparé. La frégate anglaise la *Galathée* vint croiser aux environs pour le reconnaître et chercher à l'enlever. Elle envoya à cet effet, pendant la nuit, 5 barges dans la rade des Saintes. Le chef de bataillon Madier, qui y commandait, se tenait heureusement sur ses gardes et avait renforcé par 30 soldats le petit équipage de la *Lily*, ce qui portait son effectif à 50 hommes. Aussi les Anglais furent foudroyés par le feu combiné de la batterie de la corvette et des batteries de terre; trois de leurs barges furent coulées, la quatrième fut prise; la cinquième seule, d'ailleurs très maltraitée, réussit à s'échapper et à rallier la *Galathée*.

Tandis que les corsaires de la Guadeloupe continuaient

---

[1] *Les Antilles françaises, particulièrement la Guadeloupe*, par le colonel Boyer-Peyreleau, tome III, page 182.

ainsi leurs glorieuses traditions, on réorganisait les troupes à terre, en exécution des ordres de la métropole, en formant, le 1er vendémiaire an XIII (22 septembre 1804), le 66e régiment de ligne avec le bataillon de la 15e demi-brigade, et les deux bataillons de la 66e venus avec le général Richepanse. Mais les maladies du climat (fièvre jaune, dysenterie, etc.) faisaient un tel ravage parmi les soldats (surtout pendant l'hivernage), que, malgré les diverses incorporations qui avaient eu lieu dans ces trois bataillons, la force du régiment ne fut à sa formation que de *125 hommes.*

Avant cette époque, le général d'Houdetot, que nous avons vu récemment débarquer avec le général Ernouf à la Guadeloupe, dut quitter cette colonie pour aller prendre le commandement des troupes à la Martinique, en remplacement du général Devrigny, décédé. Il fut lui-même remplacé par le général de division Ambert, qui reçut, outre le titre de commandant des troupes, celui de lieutenant du capitaine général avec la survivance du gouvernement de la Guadeloupe [1]. Ce général, il est vrai, ne devait pas prendre une part effective à la direction des affaires militaires, car dès son arrivée dans la colonie, dégoûté par les tracasseries qu'il avait eu à subir et dont cette retraite volontaire et anticipée ne parvint pas d'ailleurs à l'exempter, il se retira sur une belle habitation qu'il tenait de sa femme, dont la famille était créole de la Guadeloupe.

[1] Ambert, général de division depuis 1793, avait alors 11 ans de grade. Au moment de l'arrestation du général Moreau dont il était l'ami, il reçut l'ordre de partir pour Rochefort dans les 24 heures; bientôt après il reçut l'avis de sa désignation pour la Guadeloupe, et l'ordre de s'embarquer sur la *Didon* en partance pour cette colonie, où il aborda le 25 avril 1804.

CHAPITRE XX.

L'ESCADRE DE L'AMIRAL DE MISSIESSY ET L'ESCADRE DE L'AMIRAL VILLENEUVE AUX ANTILLES (1805).

Le 18 mai 1804, Napoléon Bonaparte avait échangé le titre de premier Consul de la République contre celui d'Empereur des Français. Cette nouvelle fut accueillie aux Antilles avec le plus grand enthousiasme : l'adhésion y fut pour ainsi dire unanime, à la Martinique surtout, patrie de l'impératrice Joséphine, et où résidait sa mère, Madame Tascher de la Pagerie sur son habitation des Trois-Îlets; la joie générale se manifesta par une longue série de fêtes, de banquets, de discours et de toasts, entremêlés de bruyantes salves d'artillerie [1].

Les Antilles étaient encore sous l'impression de ces fêtes, lorsque, le 11 janvier 1805, l'escadre commandée par le contre-amiral Burgues de Missiessy appareilla, à Rochefort, pour la Martinique. Cette expédition faisait partie du plan général conçu par Napoléon pour assurer le succès de la des-

---

[1] Cet enthousiasme se comprend facilement, si l'on songe à la vive sympathie que Bonaparte, sous l'influence de la belle Joséphine, avait toujours témoignée pour les créoles des Antilles et ceux de la Martinique en particulier. Dans une séance du Conseil d'État qu'il présidait l'année précédente (1803) en qualité de premier Consul, il laissa ouvertement percer sa bienveillance pour les colons, en s'écriant : «Je suis pour les blancs, moi, parce que je suis blanc; je n'ai que cette raison à donner et c'est la bonne.» Puis, excité par Truguet qui semblait prêcher la liberté des nègres, il l'apostropha violemment par ces mots : «Eh bien! citoyen Truguet, si vous étiez venu en Égypte nous prêcher la liberté des noirs et des Arabes, nous vous eussions pendu au haut d'un minaret.» [Sidney Daney, *Histoire de la Martinique*, tome VI, page 48]. On se rappelle d'ailleurs que le premier Consul avait rétabli l'esclavage dans nos colonies.

cente en Angleterre qui se préparait au camp de Boulogne [1]. L'escadre se composait de cinq vaisseaux de ligne : le *Majestueux* de 120 canons; le *Magnanime*, le *Jemmapes*, le *Suffren* et le *Lion* de 74 canons; de trois frégates : l'*Armide*, l'*Infatigable* et la *Gloire* de 44 canons, et 2 bricks de 16 canons, l'*Actéon* et le *Lynx*. Elle mouilla dans la rade de Fort-de-France le 20 février 1805 après avoir le même jour poursuivi jusque sous les batteries de Sainte-Lucie un convoi anglais escorté par une frégate et auquel elle put enlever un bâtiment.

Aussitôt après son arrivée, l'amiral de Missiessy et le général de division Joseph Lagrange, qui avait le commandement en chef des troupes de débarquement, se concertèrent avec le capitaine général Villaret sur la direction la plus avantageuse à donner aux opérations, et résolurent d'après son conseil d'attaquer d'abord la Dominique qui, par sa situation entre la Martinique et la Guadeloupe, gênait les communications entre ces deux îles. Les troupes destinées à la Martinique et à la Guadeloupe furent maintenues à bord pour cette expédition, afin de renforcer les troupes de débarquement et la goélette la *Fine*, en station à la Martinique, se joignit à l'escadre.

Sans perdre de temps, et espérant surprendre les Anglais, l'escadre partit le lendemain soir, 21 février, et arriva, à minuit, par le travers de la pointe S. E. de l'île; elle fut alors aperçue par le fort Cachacrou situé sur cette pointe, qui tira immédiatement le canon d'alarme. L'amiral Missiessy continua sa route à petites voiles et parut au point du jour devant la ville du Roseau, ayant fait arborer à tous ses bâtiments le pavillon anglais. Le brigadier général Prévost, gouverneur de

---

[1] Attirer hors d'Europe à la poursuite de nos flottes la majeure partie des forces navales anglaises, et faire revenir ensuite ces flottes dans la Manche, de manière à pouvoir combiner la sortie de la flottille avec l'arrivée de ces flottes qui devaient constituer une force de beaucoup supérieure à celle qui resterait aux Anglais dans ces parages, et nous rendre ainsi maîtres de la mer au moment précis de l'expédition projetée.

l'île, trompé par cette supercherie, envoya son capitaine de port à bord du vaisseau-amiral pour le conduire au mouillage. Mais à peine a-t-il accosté que les pavillons anglais sont remplacés par le pavillon national français, et que toutes les embarcations de l'escadre se chargent de troupes pour le débarquement. Celles-ci étaient partagées en trois colonnes[1] : l'une forte de 900 hommes, sous les ordres du général Lagrange, devait prendre terre entre la pointe S.E. de l'île et la ville du Roseau, s'emparer d'une batterie située sur ce point, puis marcher sur le fort qui défend la ville du côté de l'Est; la deuxième composée de 500 hommes, sous les ordres de l'adjudant-commandant Barbot chef d'état-major du corps expéditionnaire, devait débarquer au pied du morne Daniel à deux kilomètres au N.O. du Roseau, tourner un fort qui domine la ville et couper la retraite à la garnison. En dehors de ces deux attaques, l'une au vent, l'autre sous le vent du Roseau, la troisième colonne forte de 900 hommes et commandée par le général Claparède devait se diriger vers le N.O. de l'île, débarquer à deux portées de canon du fort Prince-Rupert, et marcher sur cette position pour l'enlever à la baïonnette.

Pendant que s'opérait ce débarquement, les forts de terre ouvrirent contre l'escadre le feu de leurs canons auquel les navires français répondirent avec une grande vivacité. Le *Majestueux*, le *Jemmapes*, le *Lion* et l'*Actéon* s'étaient rapprochés de terre pour protéger la descente des troupes, tandis que le reste de l'escadre foudroyait la ville, et que le *Lynx* amarinait vingt-deux navires marchands anglais qui se trouvaient mouillés dans la rade du Roseau.

La colonne du général Lagrange trouva 200 hommes en bataille sur la plage, les culbuta rapidement, et les força à

---

[1] On a suivi, pour le récit de cette expédition de l'amiral Missiessy, l'exposé qui en est fait dans le 16⁵ volume des *Victoires et conquêtes des Français de 1792 à 1815*.

fuir sur un morne éloigné; la colonne de l'adjudant-commandant Barbot dispersa de même les Anglais qui voulaient s'opposer à son débarquement et les refoula dans l'intérieur de l'île ayant eu soin de leur couper la retraite sur la petite redoute qui défendait le morne Daniel : il attaqua alors cette redoute par deux flancs à la fois et l'enleva facilement à la baïonnette; il n'y trouva que 16 artilleurs, la garnison d'infanterie forte d'environ 240 hommes ayant réussi à s'échapper par un défilé où l'on ne pouvait guère la poursuivre.

Quant à la troisième colonne, le calme l'empêcha d'aller débarquer au point convenu, et de s'emparer du fort Prince-Rupert, ce qui eût probablement assuré la conquête de l'île. Le général Lagrange lui donna alors l'ordre de se joindre à la deuxième colonne pour couper la retraite au général Prévost contre lequel il combattait en ce moment avec la première colonne et qui ne paraissait pas devoir tenir longtemps. L'ordre fut promptement exécuté, les deuxième et troisième colonnes réunies sous les ordres du général Claparède gravirent un morne sur lequel était un fort qui commandait la ligne de retraite, s'en emparèrent et firent prisonniers 300 hommes de milice qui constituaient sa garnison. Mais le général Prévost comprenant le danger avait pris ses précautions : après avoir donné l'ordre de lui amener toutes les troupes de ligne au fort Prince-Rupert, de l'autre côté de l'île, il s'enfuit vers ce fort accompagné seulement de 2 officiers.

Les débris de ses troupes s'y rallièrent au bout de quatre jours non sans avoir subi beaucoup de misères.

Les trois colonnes françaises avaient donc le champ libre et firent presque simultanément leur entrée au Roseau, vers quatre heures du soir; elles trouvèrent la ville en flammes. L'incendie avait été allumé par les bourres des canons des batteries du Fort-la-Reine qui domine et défend la ville du Roseau. Ces bourres mirent le feu à quelques baraques situées un peu au-dessous du fort, et, comme les boulets partis du *Magnanime*, du *Suffren* et de l'*Armide* pleuvaient alors dans cette région, les habitants ne purent lutter contre l'incendie qui dévora bientôt presque toute la ville. Les soldats français, à peine arrivés dans la ville, s'efforcèrent d'éteindre le feu, mais ne purent sauver qu'un petit nombre de cases habitées, la plupart, par des nègres libres.

La perte des Anglais, dans cette journée du 22 février, s'élevait à près de 200 hommes tués ou blessés, celle des Français à 3 officiers et 32 hommes tués et 5 officiers et 77 soldats blessés.

Cependant les Anglais, réfugiés au fort Prince-Rupert, étaient à l'abri d'un coup de main, par la position dominante de ce fort et se préparaient à y soutenir un siège. Le général Lagrange somma inutilement le gouverneur anglais de se rendre, et, ne croyant pas avoir le temps de le réduire par un siège régulier, il se décida à évacuer l'île. En vain, le le général Ernouf, qui comprenait toute l'importance de cette île intermédiaire entre la Martinique et la Guadeloupe [1] vint-il lui offrir un corps de grenadiers pour seconder ses troupes dans la conquête de l'île, Lagrange n'en

---

[1] La Dominique, placée entre la Guadeloupe et la Martinique par 15° 18′ 25″ de latitude N. et 63° 52′ 35″ de longitude O., a 10 lieues du Sud au Nord, 5 lieues de l'Est à l'Ouest, et 24 de tour. Sa population est (en 1823) d'environ 2.000 blancs, 1.000 gens de couleur libres et 18 à 20.000 esclaves. En 1732 on y trouva 938 Caraïbes répandus dans 32 carbets, et sur la côte 349 Français, 23 mulâtres libres et 338 esclaves. Elle appartint à la France jusqu'au traité de 1763 par lequel elle fut cédée à l'Angleterre. En 1778, M. de Bouillé s'en empara, et l'on y trouva encore une trentaine de familles caraïbes. Elle fut restituée à l'Angleterre par le traité de Versailles de 1783.

Les montagnes de la Dominique, couvertes de bois de construction, dominent des vallées d'une fertilité remarquable. Les Anglais s'y sont fortifiés pour être à portée de nuire à la Martinique et à la Guadeloupe.

Les Antilles françaises, particulièrement la Guadeloupe, par le colonel Boyer-Peyreleau, tome II (note de la page 231.)

persista pas moins dans sa résolution [1]. Toutefois, avant de se retirer, il fit raser les batteries, embarquer quelques pièces de canon, enclouer les autres, détruire les affûts, jeter les munitions de guerre à la mer, incendier les magasins de vivres et de denrées coloniales, emmena les troupes de ligne prisonnières à bord des navires français, désarma les milices et leur fit donner leur parole de ne faire aucun service militaire avant un an, et se fit payer enfin une contribution de guerre de 5.500 livres sterling (137.500 francs). Il laissa, en somme, l'île tellement privée de défense, que le moindre corsaire français eût pu impunément outrager ses côtes.

L'escadre française quitta la Dominique le 28 février et se rendit le jour même à la Guadeloupe où elle passa seulement 60 heures au mouillage de la Basse-Terre. Elle consacra la durée de ce court séjour à débarquer les munitions et les troupes destinées à la Guadeloupe [2], à faire de l'eau, et à opérer entre les troupes et les équipages de l'escadre la juste répartition du prix de la vente des prises faites au Roseau, vente qui fut effectuée sur-le-champ.

Le 2 mars, l'escadre reprit la mer, s'arrêta un instant aux îles anglaises de Nièves et de Montserrat, qu'elle abandonna après les avoir désarmées et rançonnées et saisi les navires marchands qui se trouvaient sur leurs rades, puis se porta sur Saint-Cristophe. Une colonne de 400 hommes y débarqua sous le commandement du chef d'état-major Barbot; les habitants hissèrent aussitôt le pavillon blanc et envoyèrent

---

[1] Cette attitude du général Lagrange, qui paraît singulière au premier abord, s'explique par le fait que les instructions de l'amiral Missiessy lui prescrivaient d'attendre aux Antilles, *pendant trente-cinq jours seulement*, l'escadre de Toulon.

[2] 1.501 hommes dont : 450 hommes du 3ᵉ bataillon colonial, bientôt fondus dans le 66ᵉ régiment de ligne; 820 hommes du 1ᵉʳ bataillon du 26ᵉ régiment de ligne; une compagnie de 109 hommes du 1ᵉʳ régiment suisse; la 16ᵉ compagnie du 3ᵉ régiment d'artillerie forte de 86 hommes, enfin un détachement de 16 hommes du train d'artillerie et 20 ouvriers.

quatre délégués à bord du vaisseau-amiral pour traiter de la rançon de l'île, tandis que la garnison anglaise se retirait dans la position formidable de Brimstone-Hill, appelée par les Anglais, le Gibraltar des Antilles. Le général Lagrange renonça à faire le siège de cette forteresse comme il avait renoncé à faire, à la Dominique, celui du fort Prince-Rupert ; il avait moins de temps devant lui, le siège eût été plus pénible, et la possession de Saint-Cristophe eût été moins utile aux Français que celle de la Dominique. Il dut donc se contenter de rançonner l'île, d'enlever les fusils des milices et de détruire l'artillerie et les munitions des deux forts qui défendaient la Basse-Terre [1]. Pendant ce temps, l'escadre s'emparait de plusieurs grands navires de commerce, richement chargés, qui se trouvaient dans la rade et les brûlait tous sur place.

Des calmes de plusieurs jours empêchèrent l'amiral Missiessy de se porter contre les autres Antilles anglaises, Sainte-Lucie, Saint-Vincent, la Barbade, la Grenade, auxquelles il eût probablement fait subir le même sort ; il dut alors regagner la Martinique, où il mouilla le 16 mars pour y déposer les troupes et les munitions qui lui étaient destinées.

Il y trouva des dépêches d'Europe lui enjoignant de rentrer en France à cause de la rentrée à Toulon de l'escadre de l'amiral Villeneuve (21 janvier 1805). L'amiral sorti de Toulon le 18 janvier, avec une escadre forte de 11 vaisseaux de ligne 7 frégates et 2 bricks, eut à lutter contre un vent violent et se résigna trois jours après à rentrer dans la rade. C'était le moment où l'escadre de Missiessy luttait dans le golfe de Gascogne contre la même tempête, et continuait, malgré tout, sa route pour les Antilles. Cette relâche que l'amiral Villeneuve, à tort ou à raison, jugea indispensable, fit man-

---

[1] La capitale de l'île Saint-Cristophe porte le même nom que celle de la Guadeloupe.

quer la jonction des deux escadres, qui, suivant le projet de Napoléon, devait se faire aux Antilles.

L'escadre de Missiessy rentra donc en France en passant par Saint-Domingue, où elle donna un utile secours au général Ferrand, et rentra au port de Rochefort après une campagne de cinq mois, sans avoir perdu un seul navire (circonstance assez rare dans cette désastreuse période de notre histoire maritime), après avoir causé de notables dommages aux colonies anglaises et fait de nombreuses prises [1].

Cependant, tandis que l'amiral Missiessy rentrait en France, l'amiral Villeneuve se décidait à sortir de Toulon, se dirigeant vers Gibraltar (30 mars 1805). Nous ne le suivrons pas en Espagne où il rallia la flotte de l'amiral espagnol Gravina et laissa échapper la petite escadre de 5 vaisseaux anglais commandée par sir John Orde qui put aller rallier sous Ouessant la flotte qui bloquait le port de Brest, et nous le reprendrons au moment de son arrivée à la Martinique, le 13 mai. La flotte formidable réunie à ce moment sous ses comprenait : 1° Bâtiments français, les vaisseaux le *Bucentaure*, le *Formidable*, le *Neptune* et l'*Indomptable*, vaisseaux de 80 canons dont les deux premiers portaient le pavillon de l'amiral Villeneuve et celui du contre-amiral Dumanoir-Lepelley, le *Pluton*, le *Mont-Blanc*, l'*Aigle*, l'*Atlas*, l'*Intrépide*, le *Swiftsure* (prise anglaise) le *Scipion* et le *Berwick* de 74 canons; les frégates la *Cornélie*, l'*Hortense*, l'*Hermione*, le *Rhin* de 40 canons, et la *Syrène* et la *Thémis* de 36 canons; les corvettes la *Torche* de 20 canons et la *Cyane* de 28 canons, prise

---

[1] Cependant la conduite de Napoléon envers l'amiral de Missiessy fit voir qu'il était médiocrement satisfait de cette campagne. Missiessy qui était alors le doyen des contre-amiraux réclama en effet vainement sa nomination au grade de vice-amiral. L'empereur parut mécontent de l'évacuation de la Dominique, lorsque la prise d'un fort, que 3.500 hommes eussent assiégé avec un succès non douteux, manquait seule pour assurer la conquête de l'île. Il aurait peut-être pu s'en prendre au général Lagrange, mais celui-ci était en grande faveur auprès de lui.

la veille aux Anglais [1]; enfin les bricks de 18 canons le *Furet*, la *Naïade* et l'*Argus*.

2° Bâtiments espagnols [2] : les vaisseaux l'*Argonaute* de 80 canons portant le pavillon de l'amiral Don Federico Gravina, le *San-Raphaël* de 80 canons, le *Terrible* et la *Firma* de 74 canons; l'*Espagna* et l'*America* de 64 canons et la frégate la *Santa-Madalena* de 44 canons.

C'était donc un formidable ensemble de 30 bâtiments de guerre armés de 1.826 canons; en outre, des troupes nombreuses étaient embarquées sur l'escadre, 8.000 hommes environ. Le général Law de Lauriston, aide de camp de Napoléon, commandait en chef les troupes françaises avec le général de brigade Reille pour commandant en second; tandis que les troupes espagnoles étaient sous les ordres du brigadier général Curten.

Il semblait qu'avec une pareille escadre, la plus belle qui eût jamais paru à la Martinique (si l'on excepte l'escadre de 35 navires commandée par le comte de Grasse en 1782, au moment de la guerre des États-Unis), l'amiral Villeneuve ne pût manquer de porter un coup terrible à la puissance anglaise dans ces mers. Malheureusement il n'en fut rien, et l'amiral resta quinze jours tranquille au mouillage de Fort-de-France (13-28 mai) tandis que les bâtiments de commerce anglais affolés s'enfuyaient à toutes voiles des diverses îles

---

[1] Cette corvette, qui avait 125 hommes d'équipage, venait d'être capturée par les frégates l'*Hermione* et l'*Hortense* qui servaient d'éclaireurs à l'escadre.

[2] L'Espagne avait longtemps gardé la neutralité, lorsque, à la fin de l'année 1804, un acte d'injustifiable piraterie commis par les Anglais la décida à leur faire la guerre. Quatre frégates espagnoles parties de Montevideo portant 17.280.000 francs en espèces, sans compter leur riche chargement en marchandises précieuses de l'Amérique du Sud, furent attaquées en pleine paix, au moment de leur atterrage, par une escadre anglaise. L'une des frégates sauta pendant l'action; les trois autres furent capturées. L'Espagne, indignée de cette violation éhontée du droit des gens, résolut alors de réunir ses flottes à celles de la France pour combattre l'Angleterre.

de l'archipel vers l'Europe, et que les colonies anglaises, prêtes à capituler, s'occupaient déjà de préparer la rançon qui leur serait demandée.

C'est alors que, sur la demande pressante du capitaine général de la Martinique, il consentit à fournir 4 bâtiments de son escadre pour l'attaque du Diamant.

Le Diamant est un îlot rocheux qui se trouve à 1.800 mètres environ de la pointe S. O. de la Martinique, à l'entrée de l'anse du même nom. Il a à peu près 1.500 mètres de circonférence, et une hauteur de près de 200 mètres au-dessus de la mer. Ce rocher inculte, que les Français n'avaient jamais cherché à utiliser, fut occupé, en 1804, par sir Samuel Hood commandant l'escadre anglaise qui croisait autour de la Martinique et de la Guadeloupe. Les matelots du *Centaure* (capitaine Mooris) furent alors chargés de le fortifier et exécutèrent à cet effet des travaux énormes et d'une grande hardiesse. A la base du rocher et des deux côtés opposés, ils construisirent deux batteries, dites de la Reine et du Centaure, armées chacune d'une pièce de 24 et communiquant par un chemin couvert; à mi-hauteur une semblable batterie (batterie Hood) fut aussi armée d'un canon de 24, enfin une dernière batterie de 2 canons de 18 fut construite au sommet du rocher en un point où l'on ne pouvait parvenir qu'avec des échelles de corde. Les Anglais creusèrent ensuite des citernes dans le roc pour recueillir l'eau des pluies, et, pour compléter les abris que leur fournissaient les excavations naturelles du rocher, ils construisirent un hôpital, des magasins et quelques petites casernes. Ils utilisèrent pour cela la pierre du rocher qu'ils firent sauter à la mine et firent venir les autres matériaux de Sainte-Lucie, et ne dépensèrent pas moins de plusieurs millions dans cette singulière entreprise.

Telle était la position qu'il s'agissait d'attaquer : le 27 mai, l'amiral Villaret-Joyeuse, accompagné des généraux Lauriston, Reille et d'Houdetot, des amiraux Villeneuve et Gravina, du directeur d'artillerie Villaret-Joyeuse, du directeur du génie de Bexon, et de son aide de camp, le chef d'escadron d'état-major Boyer-Peyrelau [1], qui devait être chargé de l'expédition, alla faire une reconnaissance sommaire au quartier du Diamant en face de l'îlot. Le plan de l'attaque fut alors arrêté, et, sur la demande du capitaine général, l'exécution en fut exclusivement confiée à des troupes de la garnison de la Martinique, à savoir : 200 hommes du 82e de ligne sous les ordres du chef d'escadron Boyer.

Le 29 au soir, l'expédition appareilla de Fort-de-France. Les bâtiments chargés de porter la troupe et de l'assister étaient les vaisseaux le *Pluton* et le *Berwick*, la frégate la *Syrène*, le brick l'*Argus* et la corvette la *Fine*. Cette petite division, commandée par le capitaine de vaisseau Cosmao, fut tellement contrariée par le vent, qu'elle mit 24 heures pour arriver à l'anse du Diamant, et mouilla le 30 au soir, devant la pointe Borgnesse.

Le 31 mai, au matin, la division s'approcha de l'îlot du Diamant accompagnée de 8 chaloupes ou canots fournis moitié par l'escadre française, moitié par les Espagnol. Les troupes qui devaient opérer le débarquement furent partagées en deux divisions de 4 embarcations chacune commandées l'une par Boyer, l'autre par le capitaine de frégate espagnol don Rosendo Porlier, et qui se dirigèrent respectivement vers la batterie du Centaure et la batterie de la Reine. Les marins espagnols rivalisèrent avec les marins français d'audace et de bravoure dans ce débarquement, et ce fut un des canots espagnols de Rosendo Porlier qui aborda le premier. Pendant ce temps, l'artillerie des bâtiments avait réduit au

---

[1] Ce Boyer-Peyreleau est l'historien de la Guadeloupe que nous avons eu l'occasion de citer plusieurs fois. Il devint colonel d'état-major et commanda la garnison de la Guadeloupe pendant les Cent-Jours. Sa conduite, à cette époque, lui valut une comparution devant les conseils de guerre de la deuxième restauration et une condamnation à mort. La sentence d'ailleurs ne fut pas exécutée; sa peine fut d'abord commuée en 20 ans de détention, bientôt après on lui en fit remise pleine et entière.

silence la pièce unique de chacune des batteries basses, et les Anglais s'étaient réfugiés dans la batterie Hood. Mais les soldats français maîtres de la base du rocher cherchent en vain à gravir ses pentes abruptes. Cependant les chaloupes n'avaient pris que le temps de débarquer les hommes et, assaillies par un feu terrible de mitraille et de mousqueterie, elles avaient regagné précipitamment le large sans mettre à terre les provisions de bouche ni le matériel nécessaire pour l'escalade : une seule était restée, celle du *Bucentaure* commandée par le lieutenant de vaisseau Macket qui avait débarqué ses matelots, décidé à partager avec eux le sort de la troupe. Les vaisseaux eux-mêmes, drossés par le courant, s'étaient éloignés et ne pouvaient prêter aucun appui à la petite troupe du commandant Boyer-Peyreleau. Celui-ci prend alors le parti de faire retirer ses soldats dans deux grottes abandonnées par l'ennemi et soutient leur moral en leur faisant espérer qu'à la faveur de la nuit, des canots pourront leur apporter des vivres et des munitions, ainsi que les échelles et cordages indispensables pour donner l'assaut au nid d'aigle où se réfugiait l'ennemi.

Il reçut en effet pendant la nuit quelques provisions avec un renfort de 60 grenadiers du 82e.

Une reconnaissance faite dans la soirée par une vingtaine de soldats du 82e sous les ordres du sous-lieutenant Latour accompagné de quelques aspirants et qui fut arrêtée dans sa marche hardie par un rocher de 13 mètres de hauteur, fut enveloppée par les Anglais et ne put se dégager que par un effort vigoureux en laissant sur place deux morts et deux blessés [1]; le capitaine Cortès, aide de camp du général d'Houdetot, et plusieurs officiers du 82e avaient dirigé pendant ce temps d'autres reconnaissances sur le pourtour de la base de l'îlot, les uns à l'Est, les autres à l'Ouest, dont le principal résultat fut la prise de quelques barriques d'eau abandonnées

---

[1] Parmi lesquels l'aspirant Arena tué raide, et l'aspirant Gallois le bras cassé par une balle.

par les Anglais et qui servirent à étancher la soif des soldats français et particulièrement de leurs blessés.

La journée du 1ᵉʳ juin se passa en reconnaissances : au cours de l'une d'elles, les Français découvrirent un magasin contenant une quantité de biscuits, un foudre de rhum et du vin de Madère, ce qui leur fut d'un grand secours. Dans la nuit du 1ᵉʳ au 2 juillet, un canot put accoster portant un renfort nouveau de 15 hommes du 82ᵉ avec le chef de bataillon du génie Richaud. Au point du jour un autre canot chargé de vivres et de munitions se présente du côté de la batterie du Centaure, à un endroit très peu accessible; contrarié par les courants, il n'avait pu arriver de nuit comme cela lui était recommandé. L'aspirant Béranger qui le commandait tente néanmoins, avec le plus grand dévouement d'accomplir sa mission; mais, assailli par le feu des Anglais, il est tué ainsi qu'un de ses matelots; bientôt le canot est lui-même coulé par un boulet; les 8 marins qui le montaient gagnent alors le rocher à la nage, malgré le feu des Anglais qui blesse deux d'entre eux.

Cependant le commandant Boyer avait constaté par ses reconnaissances qu'il existait quelques points par où il ne paraissait pas impossible d'arriver aux grottes supérieures qui servaient de refuge aux Anglais; il se décida, après entente avec le chef du génie Richaud, à donner l'assaut dans cette journée du 2 juin. Un incident imprévu vint hâter sa résolution, tout en modifiant ses projets : quelques tirailleurs, soldats et marins, étaient parvenus, comme par miracle, à se hisser sur un plateau élevé de 12 à 15 mètres, au-dessus d'un poste occupé par les Français. Des bouts de corde sont fixés par eux au rocher, mais ne descendent pas à portée de leurs camarades; le capitaine Cortès fait alors enlever l'escalier d'une maison qui se trouvait dans le voisinage et le fait dresser contre le rocher, ce qui permet d'atteindre l'extrémité des cordages. Le sous-lieutenant de grenadiers Giraudon s'y élance le premier et se trouve bientôt suivi par une foule de grenadiers, de fusiliers et de marins. Le feu violent de l'ennemi et la grêle de pierres qu'il fait pleuvoir sur eux ne les arrête pas : Giraudon blessé au bras par une pierre et le chapeau troué par une balle arrive promptement sur le plateau, suivi par ses braves compagnons. Les Français continuent l'escalade, protégés par le feu de 50 tirailleurs que Boyer avait postés à cet effet derrière des roches; ils découvrent successivement plusieurs grottes contenant l'une les effets d'habillement de la troupe anglaise, l'autre les vivres de la garnison, la troisième servant de citerne; désormais la résistance de l'ennemi ne pouvait plus être bien longue.

Le feu des ennemis s'arrête, en effet, au moment où les Français gravissant une nouvelle portion du rocher s'apprêtaient à aller les forcer dans leur dernière retraite, et la *Fine* s'avance avec un pavillon parlementaire. Ce pavillon venait, en effet, d'être arboré au sommet de l'île par les Anglais, mais ne pouvait être aperçu par la troupe de Boyer, dans la position inférieure où elle se trouvait.

Alors Boyer fait, à son tour, cesser le feu, arrête ses soldats, et reçoit aussitôt deux officiers anglais avec lesquels il règle les conditions d'une capitulation. Le lendemain, le capitaine Mooris à la tête de 195 hommes, reste d'une garnison fort éprouvée par le feu, défila devant les soldats français et fit déposer leurs armes et leur drapeau devant la batterie de la Reine.

La quantité de poudre, de boulets, de munitions de toute espèce, d'eau et de vivres, trouvée dans les grottes du Diamant, eût permis aux Anglais de tenir longtemps encore sur ce rocher, s'ils n'eussent pas été attaqués par des marins et des soldats habitués à ne regarder aucune position comme inexpugnable, et l'on peut conclure avec l'auteur anonyme de *Victoires et Conquêtes des Français* que «l'on doit placer la prise du Diamant au rang des plus beaux faits d'armes qui aient signalé la bravoure française.»

Cette prise du Diamant parut secouer l'apathie dont l'amiral Villeneuve avait fait preuve jusqu'alors, et, bien que ses projets n'aient jamais été exactement connus, on peut juger de l'importance de l'attaque qu'il se proposait de diriger contre les colonies anglaises par ce fait qu'il embarqua sur sa flotte une partie de la garnison de la Martinique (4 juin), et de celle de la Guadeloupe (6 juin). Il fit voile aussitôt après et passa en vue de plusieurs îles anglaises (Montserrat, Antigues, la Redonde, etc.). Le 8 juin, il rencontra un convoi de 14 bâtiments marchands parti d'Antigues sous l'escorte d'une frégate et le fit poursuivre par ses bâtiments légers; la frégate anglaise parvint à s'échapper, mais le convoi fut pris et l'amiral chargea la frégate la *Syrène* de le reconduire à la Guadeloupe. Le lendemain 9 juin, le bruit se répandit que la flotte de Nelson était arrivée à la Barbade. Bien que cette flotte ne fut guère égale qu'à la moitié de la sienne, Villeneuve renonça aussitôt à son expédition et s'éloigna immédiatement des Antilles; les frégates l'*Hortense*, l'*Hermione*, la *Thétis* et la *Didon* furent chargées d'aller déposer à la Guadeloupe les troupes prélevées sur la garnison de cette île et de l'île sœur, ce qu'elles firent avec la plus grande précipitation, puis allèrent rejoindre l'amiral Villeneuve au rendez-vous convenu. Elles rencontrèrent en route la frégate la *Syrène* avec le convoi pris à Antigues; le capitaine de l'*Hortense*, qui commandait en chef à cause de son ancienneté, fit changer la destination du convoi et le fit diriger sur Porto-Rico pour pouvoir l'escorter avec les 5 frégates; puis, ayant aperçu le lendemain 2 frégates anglaises, il le fit brûler en pleine mer, ce qui frustra les équipages de leur part de prises.

L'historien Boyer-Peyreleau, qui était alors, comme on l'a vu, l'aide de camp de l'amiral Villaret-Joyeuse, rapporte, au sujet du brusque départ de l'escadre franco-espagnole, les paroles suivantes de cet officier général désolé de l'inaction à laquelle il se voyait condamné : « Je donnerais dix ans de ma vie pour commander l'escadre de Villeneuve pendant les deux jours qu'il me faudrait pour aller attaquer Nelson. Quels que fussent mes ordres, je serais bien sûr d'être applaudi en France après avoir écrasé l'amiral le plus redoutable de l'Angleterre. » Si donc Villaret-Joyeuse ou tout autre amiral plus hardi et plus entreprenant que le favori du ministre Decrès eût commandé à la place de Villeneuve, le désastre de Trafalgar nous aurait probablement été épargné [1].

[1] On sait que ce désastre eut lieu peu de temps après la rentrée en Europe de la flotte franco-espagnole, le 21 octobre 1805. L'infortuné Villeneuve, personnellement brave et plein d'honneur, obtint la permission de quitter l'Angleterre où il était prisonnier pour venir en France se faire juger. Il attendait des ordres à Rennes lorsqu'on le trouva mort dans son lit, percé de plusieurs coups de couteau. Les uns virent dans cet événement un suicide, les autres voulurent y voir un assassinat.

Quant à Villaret (Louis-Thomas comte de Villaret-Joyeuse, vice-amiral et grand cordon de la Légion d'Honneur), c'est lui qui commandait en 1794 la flotte française dans le combat inégal soutenu contre les Anglais et illustré par les marins du *Vengeur*. Né en 1750, il s'était distingué dans la guerre contre les Anglais, surtout au siège de Pondichéry et de Kaddalore ; fait prisonnier en 1781, il fut rendu à la liberté par la paix de Versailles, 1783. Il fut nommé contre-amiral à la Révolution, et c'est en cette qualité qu'il soutint le combat naval demeuré si célèbre. En 1801, Bonaparte lui confia le commandement des forces navales destinées à l'expédition de Saint-Domingue. L'année suivante, il était nommé capitaine général de la Martinique et de Sainte-Lucie.

CHAPITRE XXI.

L'ÉTAT DE GUERRE AUX ANTILLES DE 1805 À 1809.

§ I. *Guadeloupe. — Expédition de Caracas. Les corsaires. Prise de la Petite-Terre et de Marie-Galante. Tentative de reprise de cette île. Affaire de Saint-Martin.*

Après que l'escadre de Villeneuve eut quitté la mer des Antilles, les Anglais ne tardèrent pas à s'y montrer de nouveau avec des forces plus considérables qu'auparavant, écartant les navires des neutres de nos colonies, et tenant celles-ci presque en état de blocus. Leur attitude était assez menaçante pour que le fermier de la douane à la Guadeloupe se trouvât fondé à demander la résiliation de son bail au commencement de janvier 1806. On pourrait s'étonner que, dans une situation aussi précaire, le capitaine général de la Guadeloupe ait cru bon de faire une expédition à Caracas; mais il en donne lui-même l'explication dans une lettre au Ministre de la marine, en date du 1er septembre 1806, par laquelle il lui rend compte de cette expédition [1]....

« Après la première tentative de Miranda sur la côte de Caracas, M. de Guevara, gouverneur de ce pays, réclama mes bons offices pour surveiller les démarches de ce révolté [2]. Désirant remplir les intentions de Sa Majesté Impériale et Royale,

---

[1] *Archives des colonies*, Guadeloupe, *Correspondance générale*, année 1806, registre n° 65.

[2] Miranda s'était rendu auprès des Anglais, qui furent heureux de lui faciliter l'exécution du projet qu'il avait conçu de révolutionner son pays. L'amiral Cochrane lui fournit des bâtiments pour son expédition et lui permit de se renforcer de 500 volontaires à l'île de la Trinité, qui en ce moment appartenait à l'Angleterre.

ainsi que celles de Votre Excellence consignées dans vos lettres du 13 nivôse et 22 messidor an XIII, ayant aussi le désir de prouver ma reconnaissance à M. de Guevara, le seul des gouverneurs espagnols qui ait favorablement accueilli les Français, je donnai sur-le-champ ordre à M. Allègre de prendre le commandement du corsaire l'*Austerlitz*, bon voilier, prêt à appareiller, et de se rendre aux Saintes, où il embarquerait un détachement de 150 hommes et 6 officiers [1], commandés par le chef de bataillon Madier, *et de se diriger ensuite sur les côtes de Cumana et de Caracas, de suivre autant que possible l'expédition de Miranda, et de débarquer le détachement soit à Cumana, soit à la Guayra, ou enfin dans l'endroit où il paraîtrait nécessaire.* »

On voit, par le passage mis en italique, que la responsabilité de cette expédition remonte encore plus haut qu'au capitaine général qui l'a ordonnée.

Quoiqu'il en soit, ses ordres furent ponctuellement exécutés. L'*Austerlitz*, en approchant de la côte de Cumana, rencontra un bâtiment de guerre anglais, le *Prévost*, commandé par un lieutenant de vaisseau et armé de 12 pièces de canon; après un combat d'une heure, il enleva le navire anglais à l'abordage, et exécuta ensuite son débarquement sur la côte de Caracas.

L'effet produit par l'arrivée des Français fut excellent, et leur seule présence suffit pour protéger une étendue de 150 lieues de côtes. D'ailleurs Miranda fut complètement défait le 11 août par les milices du pays, commandées par le gouverneur de Coro, et fut contraint de se réfugier, avec les débris de ses bandes, dans une petite île des Caraïbes.

L'*Austerlitz*, appuyé par deux corvettes espagnoles, avait formé le projet d'aller l'y enlever, mais la présence de trois forts navires de guerre anglais l'empêcha d'y donner suite.

---

[1] Ces 150 hommes appartenaient au 26ᵉ régiment d'infanterie; parmi les 6 officiers, se trouvait un capitaine d'artillerie.

M. de Guevara fit alors connaître au capitaine général de la Guadeloupe la pénurie où il était d'armes et de munitions de guerre; il demandait 40 milliers de poudre, 3.000 fusils et 10 pièces de campagne. La prise, par les corsaires de la Guadeloupe, du navire anglais le *Neptune*, chargé d'armes et de munitions de guerre, permit au général Ernouf de satisfaire, au moins en partie, à cette demande. Il autorisa les armateurs du corsaire qui avait capturé le *Neptune* à retirer des magasins de l'État les poudres qu'ils y avaient déposées, et à les conduire à leurs risques et périls à la Guayra. Ils joignirent à cet envoi, 1.600 fusils de calibre anglais et 2 pièces de six inutilisables pour la défense de la Guadeloupe. Le tout fut vendu aux Espagnols dans les conditions les plus avantageuses.

Le détachement français ne rentra à la Guadeloupe qu'après avoir séjourné un an environ sur la côte du Vénézuéla [1].

Tandis que la Guadeloupe étendait ainsi son action sur la côte ferme, il est intéressant de connaître les forces dont elle disposait pour soutenir elle-même une lutte toujours imminente contre les Anglais.

C'est à ce titre que nous reproduisons ici deux documents empruntés aux archives des colonies : le premier, tiré du re-

[1] Lorsque la province du Vénézuéla se fut déclarée république indépendante, en 1810, Miranda y accourut de l'Angleterre, où il s'était réfugié après sa défaite de la Guayra. Débarqué de la frégate anglaise la *Gloire*, il obtint le commandement en chef de toutes les forces insurgées, s'empara de presque tout le pays et entra triomphalement à Caracas au mois de novembre 1811. Mais un chef royaliste, Monteverde, arrive de la Havane avec 4.000 hommes, reprend le pays, après l'épouvantable tremblement de terre qui venait de détruire, en 1812, la superbe cité de Caracas, et force Miranda à capituler, en s'obligeant à le faire transporter aux États-Unis avec son état-major. Le cruel Monteverde ne se vit pas plus tôt le maître qu'il viola la capitulation, décima les malheureux Vénézuéliens, et fit couler des ruisseaux de sang, après avoir arrêté, chargé de fers, et envoyé à Cadix, Miranda, qui termina son existence dans les cachots de cette ville, en 1816.» (Boyer-Peyreleau, ouvrage déjà cité. Note de la page 205, tome III.)

gistre n° 65, année 1806, donne l'état des corsaires de la Guadeloupe à la fin de ladite année; le second, tiré du registre n° 66, année 1807, est l'extrait du budget pour cette même année, en ce qui concerne la garnison de l'île.

ÉTAT NOMINATIF DES CORSAIRES PARTICULIERS ARMÉS À LA GUADELOUPE EXISTANT MAINTENANT (NOVEMBRE 1806), TANT EN CROISIÈRE QUE DANS LES PORTS [1].

(Extrait du registre n° 65 des *Archives*.)

NOMS DES CORSAIRES.	NOMBRE D'HOMMES.	NOMBRE DE CANONS.	OBSERVATIONS.
Le *Général-Ernouf*, brick..	109	14 canons de 6	En mer.
La *Confiance*, goélette.....	61	Idem.	Idem.
La *Friponne*, goélette.....	80	5 canons de 18	En armement.
L'*Étoile*, goélette.........	60	6 canons de 6	Idem.
Le *Basilic*, barge.........	21	1 canon de 3	En mer.
La *Jeune-Adèle*, goélette...	61	14 canons de 6	Idem.
La *Jeune-Gabrielle*, goélette à trois mâts..........	60	8 canons de 9	Idem.
L'*Austerlitz*, brick.......	130	16 canons de 6	Idem.
La *Flibustière*, barge.....	31	30 fusils.	Idem.
La *Renommée*, brick......	120	16 canons de 6	Idem.
Le *Tigre*, bateau........	30	2 canons de 6	Idem.
Le *Ronflant*, goélette.....	30	1 canon de 6	Idem.

On trouve, d'autre part, dans le registre suivant (n° 66), le budget pour l'année 1807, qui donne en détail l'état militaire de la colonie avec les soldes afférentes à chacun. Il paraît intéressant d'en extraire les données suivantes:

[1] De nouveaux corsaires continuèrent à être armés à la Guadeloupe pendant les années 1807 et 1808.

L'État-major général des places de la Guadeloupe et dépendances comprend : 1 général de division, lieutenant du capitaine général (général Ambert); 1 adjudant-commandant, 2 colonels, 2 chefs d'escadrons, 10 capitaines, 3 lieutenants, 4 sous-lieutenants et 5 secrétaires, formant un total de 26 personnes, dont les appointements s'élèvent à 120.893 francs.

Les Directions de l'artillerie et du génie sont détaillées de la manière suivante :

DIRECTION DE L'ARTILLERIE.

1 chef de bataillon sous-directeur..............	9.450 fr.
1 capitaine de 1re classe.....................	3.750
3 capitaines de 2e classe.....................	10.422
4 lieutenants de 1re classe....................	11.502
2 gardes d'artillerie de 1re classe..............	3.600
1 garde d'artillerie de 2e classe...............	1.500
1 contrôleur d'armes........................	1.950
1 artificier de 1re classe......................	1.800
1 chef ouvrier..............................	1.800
1 sous-chef ouvrier..........................	1.500
Total.....................	47.274

DIRECTION DU GÉNIE.

1 chef de bataillon sous-directeur..............	9.450 fr.
2 capitaines de 1re classe.....................	7.500
2 lieutenants de 1re classe....................	5.148
1 dessinateur...............................	1.944
1 garde-magasin de 2e classe..................	1.620
1 garde des fortifications de 2e classe..........	1.620
Total.....................	27.282 [1]

---

[1] Il ne faut pas oublier qu'au commencement du siècle, l'argent avait une valeur presque double de celle qu'il a aujourd'hui. Il faudrait donc majorer d'autant les chiffres indiqués pour établir une comparaison entre les soldes de 1807 et celles de 1894.

TROUPES.

INFANTERIE.

26ᵉ régiment, 1ᵉʳ bataillon.

32 officiers de tous grades... 92.682ᶠ 00ᶜ ⎫
416 sous-officiers et soldats... 83.390 55 ⎭ 176.072ᶠ 55ᶜ

66ᵉ régiment.

80 officiers de tous grades... 226.986 00 ⎫
1.239 sous-officiers et soldats... 244.839 15 ⎭ 471.825 15

1ʳᵉ compagnie suisse.

2 officiers............. 4.509 00 ⎫
86 sous-officiers et soldats... 14.928 50 ⎭ 19.437 50

ARTILLERIE.

1ᵉʳ régiment, 2ᵉ bataillon, 11ᵉ compagnie.

2 officiers............. 7.224 00 ⎫
111 sous officiers et canonniers. 26.698 25 ⎭ 33.922 25

3ᵉ régiment, 16ᵉ compagnie.

2 officiers............. 6.132 00 ⎫
45 sous-officiers et canonniers. 11.921 20 ⎭ 18.053 20

ARTILLERIE DE MARINE.

2ᵉ régiment, 1ᵉʳ bataillon, 1ʳᵉ compagnie.

3 officiers............. 8.766 00 ⎫
119 sous-officiers et canonniers. 36.386 18 ⎭ 45.152 18

4ᵉ régiment, 3ᵉ bataillon, 2ᵉ compagnie.

3 officiers............. 8.766 00 ⎫
84 sous-officiers et canonniers. 22.467 48 ⎭ 31.233 48

Compagnie d'ouvriers [1].

2 officiers............	6.108ᶠ 00ᶜ	
95 sous-officiers et ouvriers..	26.712 90	32.820ᶠ 90ᶜ

GÉNIE.

Corps d'ouvriers et sapeurs.

7 officiers............	18.846 00	
1 indicateur de travaux....	2.850 00	70.933 20
221 sous-officiers et sapeurs..	49.237 20	

CHASSEURS À CHEVAL.

1 capitaine............	3.606 00	8.355 70
14 sous-officiers et chasseurs.	4.749 70	

GENDARMERIE IMPÉRIALE.

1 capitaine............	4.500 00	
16 sous-officiers et gendarmes à cheval............	16.000 00	24.200 00
6 sous-officiers et gendarmes à pied............	3.700 00	

CORPS DE MUSIQUE.

1 chef de musique........	2.700 00	13.980 00
19 musiciens............	11.280 00	

[1] Par un arrêté du 26 septembre 1807, le gouverneur général Ernouf supprima 4 compagnies d'ouvriers de couleur, créées par le général Richepanse, après la réduction des rebelles, pour tenir sous la main des hommes qui, sans avoir pris une part active à la rebellion, pouvaient nuire au rétablissement de l'ordre. Ces compagnies étaient d'abord commandées par des sous-officiers d'artillerie. Le contre-amiral Lacrosse en fit un corps militaire avec son état-major et ses officiers. Ce corps, rapidement réduit dans son effectif, ne comptait plus en 1807 que 190 hommes au lieu de 400. D'après l'arrêté du général Ernouf, les officiers étaient licenciés, les sous-officiers blancs rentraient dans l'artillerie, pour y être répartis dans les batteries, les sous-officiers de couleur pouvaient aussi être versés dans l'artillerie (après un examen), ainsi que les simples sapeurs qui seraient reconnus aptes à rendre des services dans la compagnie d'ouvriers; tous les autres étaient licenciés.

Les corsaires de la Guadeloupe, moins nombreux que du temps de V. Hugues, et ayant à tromper une surveillance beaucoup plus active des bâtiments de guerre anglais, remportaient beaucoup moins de succès, et tombaient même parfois entre les mains de l'ennemi. Nous prendrons comme exemple la capture du *Dominica* et de l'*Impériale*, racontée, dans les termes suivants, par le général Ernouf :

« J'ai l'honneur de vous informer que, le 23 du courant, sur les 10 heures du matin, le *Dominica*, garde-côtes de la Dominique, entra dans la rade de la Basse-Terre; son équipage était, en partie, composé d'Américains enlevés de force sur leurs bâtiments. Traités très durement, ils se révoltèrent contre les Anglais, les mirent aux fers, et dirigèrent le bâtiment sur la Basse-Terre.

« Après avoir fait mettre tout l'équipage à terre, instruit par les Américains qu'il n'y avait pas un seul vaisseau de guerre à la Dominique, je fis partir sur-le-champ le *Dominica* avec un autre équipage pour croiser dans le canal de la Dominique et surprendre les bâtiments anglais de commerce qui pourraient se rendre dans les ports de cette île. L'adjudant-commandant Hortode, qui se trouvait alors aux Saintes, sortit sur l'*Impériale*, aviso armé d'une pièce de 8 mouillé dans le port, afin de profiter de cet instant pour faire une reconnaissance des nouveaux ouvrages construits sur le morne du Prince-Rupert. Les choses allèrent comme je l'avais prévu : deux bâtiments anglais, trompés par le *Dominica*, furent pris et amarinés; un calme qui survint et qui dura presque toute la nuit empêcha de les conduire aux Saintes ou à la Basse-Terre.

« A la pointe du jour, on aperçut deux bâtiments de guerre qu'une risée favorable faisait avancer à pleines voiles; la hauteur des terres de la Dominique empêchait l'*Impériale* t le *Dominica* d'en profiter; ils tâchèrent cependant, à force l'avirons, de s'éloigner de la côte. Un vent très faible commença à s'élever, et les deux bâtiments anglais furent reconnus pour des bricks, armés l'un de 22 pièces de canon et l'autre de 12, dont la mâture très haute profitait bien mieux de l'avantage du vent que les deux français. Le *Dominica* fut bientôt atteint et pris. Pendant qu'on l'amarinait, l'*Impériale* tâchait toujours de s'éloigner, mais la supériorité de marche du brick qui la poursuivait la mit, au bout d'une demi-heure, dans l'obligation de combattre.

« La première décharge de la mousqueterie et de la pièce de l'*Impériale*, qui était très bien servie, fit connaître à l'ennemi qu'il lui en coûterait quelque chose pour s'en rendre maître, quoiqu'il eût 12 canons et une compagnie d'infanterie à bord.

« Après trois quarts d'heure d'engagement, le calme plat survint; l'*Impériale*, qui avait plusieurs blessés et ses manœuvres avariées, se servit de ce moment pour mettre ses avirons à la mer et se tirer dessous la volée du brick, espérant ainsi se sauver. L'inconstance du temps ne le permit pas. La brise s'étant levée et le brick qui avait capturé le *Dominica* étant très près, l'*Impériale* se rendit à la sommation qui lui fut faite. L'adjudant-commandant Hortode a été envoyé en Angleterre; l'enseigne Point est encore à la Barbade avec l'équipage de l'*Impériale* et du *Dominica* [1]. »

Cependant, ce n'était pas l'audace qui manquait aux corsaires de la Guadeloupe. Le plus petit d'entre eux, le *Flibustier* [2], avait été pris et conduit à la Barbade. Les survivants de son équipage, qui subissaient dans cette île une dure captivité, réussirent à s'y soustraire par un coup de main aussi heureux que hardi. Six d'entre eux parvinrent, pendant une nuit obscure, à s'emparer de la barque anglaise l'*Actéon* et à s'évader. Ils purent arriver à Fort-de-France (Marti-

[1] Lettre du capitaine général Ernouf au Ministre de la marine, en date du 3o mai 1806. *Archives des colonies*, Guadeloupe, *Correspondance générale*, année 1806, registre n° 65.

[2] On a vu, dans le tableau donné plus haut, qu'il avait pour tout armement 3o fusils.

nique), après avoir échappé à mille dangers, et reçurent en récompense la barque qu'ils avaient enlevée aux Anglais.

On peut cependant trouver dans les archives la trace de quelques succès remportés par les croiseurs de la Guadeloupe pendant cette période.

Ainsi, le 15 septembre 1807, le corsaire *Général-Ernouf* (capitaine Grassin) enlève à l'abordage, après un combat de 25 minutes, le cutter anglais *Barbara*, portant 49 hommes d'équipage et 10 caronades de 18 et qui était commandé par le lieutenant de vaisseau Darcy;

Le 17 octobre suivant, le même corsaire s'empara du brick anglais l'*Élisabeth*, armé de 14 canons de 6, portant 24 hommes d'équipage et chargé de 176 nègres.

Le 23 octobre, il ramène ces deux prises à la Pointe-à-Pitre [1].

Le 3 décembre 1807, le corsaire la *Revanche* (capitaine Vidal) soutient un combat d'une demi-heure contre le brick anglais le *Curieux*, armé de plusieurs caronades de 36 et portant 120 hommes d'équipage. Le brick prend la fuite et rentre à la Barbade, désemparé, ayant perdu son capitaine, son second, et un certain nombre de ses hommes. A bord de la *Revanche*, 2 tués et 13 blessés.

Le 12 janvier 1808, le même corsaire prend, après un léger engagement, et conduit à la Guadeloupe un bâtiment anglais armé de 16 canons de 4, portant 28 hommes d'équipage et chargé de 208 nègres.

Au mois de juillet de la même année, le corsaire la *Mouche* fait une prise importante dans un convoi allant à Demerari et l'emmène au Marigot (partie française de Saint-Martin), où se trouvait déjà un autre bâtiment pris aux Anglais.

[1] Voir, dans le tableau ci-dessus, l'armement du corsaire *Général-Ernouf*. On verra que la *Revanche* et la *Mouche* ne figurent pas sur ce tableau, qui porte la date de novembre 1806. Ils ont donc dû être armés en 1807 ou 1808, ce qui prouve que, pendant toute la guerre, la Guadeloupe a continué ce genre d'armements, en dépit du blocus.

En juin 1808, le corsaire la *Renommée* (capitaine Ballon) enlève le *Prince-des-Asturies*, bâtiment armé de 10 canons, qui faisait partie d'une expédition partie de Cork pour ravitailler les Antilles anglaises, et l'emmène à la Martinique avec sa riche cargaison.

Le même corsaire avait capturé quelque temps avant le navire anglais *Robert*, chargé de nègres; ce navire fut armé en guerre à son tour et rencontra, près de la Martinique, le brick de guerre anglais *Morne-Fortuné*; il l'attaqua sans hésiter et le mit en fuite après un engagement assez vif.

Malheureusement, l'audace de ces hardis corsaires devenait presque impuissante en présence du blocus effectif dans lequel la flotte anglaise des Antilles, alors très nombreuse, tenait les Antilles françaises, et l'inquiétude devenait grande à la Guadeloupe, comme l'indique le passage suivant, extrait d'une lettre du capitaine général.

« Durant près de trois mois, 25 bâtiments ennemis de toutes grandeurs ont formé une sorte de chaîne autour de nos rivages, arrêté et mené à Antigues et dans les autres îles anglaises les bâtiments américains qui sortaient de nos ports et employé tous les moyens pour nous priver de subsistances. Les nouvelles publiques et privées annonçaient en même temps l'arrivée prochaine d'une escadre et d'une armée de 10.000 hommes commandée par sir Prévost et destinée à attaquer la Martinique et la Guadeloupe. La loi martiale avait été proclamée à Antigues et à la Dominique, les corps de milice noire avaient été appelés sous les drapeaux, et l'on annonçait hautement, à la Grenade, que les premiers coups seraient portés sur la Guadeloupe, et qu'après l'avoir enlevée d'un coup de main, l'on ferait ensuite, en paix et avec sécurité, le siège de la Martinique, qui ne pourrait être ravitaillée ni secourue par nos flibustiers. L'attaque était annoncée pour le 24 janvier. Les derniers coups de vent et le climat dévorant de cette île avaient causé de fortes avaries dans nos postes; plusieurs de nos batteries étaient endommagées;

presque tous nos ouvrages étaient à réparer ou à reconstruire.
M. le capitaine général a donné ordre aux chasseurs libres,
de couleur, de se rendre sur la ligne de défense et a fait, sur
les habitations de la Grande-Terre, une levée de 1.000 nègres
de choix qui ont été employés aux travaux à faire sur toute
l'étendue de la ligne et qui auraient pu être armés en cas
d'attaque....[1]. »

La situation est loin de s'améliorer à la fin de 1807 et au
commencement de 1808, comme en témoigne l'extrait suivant d'une lettre adressée par le capitaine général Ernouf « à
son Excellence le Ministre de la marine et des colonies» sous
la date du 10 février 1808[2].

« Depuis un mois, l'ennemi a tellement renforcé ses croiseurs sur nos parages que nos corsaires ne peuvent plus obtenir aucun succès; la majeure partie des prises qu'ils font
sont reprises aux atterrages; les frégates anglaises envoient
leurs barges, la nuit, jusque derrière les cayes qui protègent
la côte, et, malgré la vigilance des batteries qui en défendent
les passes, elles sont parvenues à nous enlever plusieurs
caboteurs.

« L'amiral Warren, stationné à la hauteur des Bermudes,
arrête les bâtiments venant des États-Unis, et ceux qui lui
échappent sont pris sur nos côtes par les nombreuses croisières
que l'amiral Cochrane a établies pour en faire le blocus... »

Cette situation fut bientôt aggravée encore lorsque Marie-
Galante fut prise par les Anglais (2 mars 1808), car l'occupation de cette île eut pour effet de rendre les communications
avec la Martinique extrêmement difficiles.

Cette occupation avait été d'ailleurs précédée, quelques
jours auparavant (février 1808), par celle d'une autre dépen-

---

[1] Lettre adressée le 10 mai 1807 par le général de division Ernouf
capitaine général, et le général de brigade Périchou-Kerversau, préfet
colonial au Ministre de la marine et des colonies. *Archives des colonies.*
Guadeloupe, *Correspondance générale*, année 1807, registre n° 66.

[2] *Id., ibid.*, année 1808, registre n° 67.

dance de la Guadeloupe, les îlots de la Petite-Terre. Le vice-amiral Cochrane, commandant de la croisière qui tenait le blocus, vint y établir son mouillage et y déposer ses malades.

C'est le capitaine Pigot qui vint quelques jours après se présenter devant Marie-Galante avec une frégate et deux bricks anglais. Son intention était seulement de s'y procurer, par la force, des vivres frais ; mais, ayant constaté la faiblesse de la garnison, qui comptait moins de 20 soldats, il mit à terre des matelots et des soldats de marine, s'empara sans résistance de la batterie, *dite* du Maréchal, située dans la Folle-Anse près Saint-Louis, et marcha sur le Grand-Bourg où il fit prisonnière la petite garnison [1].

Cependant le commandant de l'île s'était retiré sur une habitation voisine et s'efforçait d'y rassembler les gardes nationales; mais le rassemblement ne put se faire, les habitants les plus rapprochés des points occupés par l'ennemi s'étant empressés de capituler pour sauver leurs propriétés. Le commandant, se trouvant ainsi presque isolé, dut signer la capitulation qui remettait l'île au capitaine Pigot. Celui-ci, étonné lui-même de son facile succès, s'empressa d'en informer l'amiral Cochrane, qui y transporta sa station, sans tarder. Il frappa du reste l'île d'une forte contribution de guerre, sans tenir compte des articles signés par Pigot dans l'acte de capitulation.

Après la prise de Marie-Galante, l'amiral Cochrane ne tarda pas à venir menacer la Guadeloupe elle-même, au moins dans sa partie de la Grande-Terre. Le général Ernouf rend compte au Ministre, dans une lettre du 25 mars 1808 [2], que l'escadre anglaise forte de 6 vaisseaux dont un à trois ponts, de 6 frégates et d'autant de bricks ou corvettes, louvoie le long de la côte, entre la Désirade et Marie-Galante,

---

[1] Encore un *petit paquet* qu'il eût mieux valu conserver à la Guadeloupe pour renforcer ses défenseurs.

[2] Registre n° 67 déjà cité.

que de petits bâtiments armés de 12, 16, et même 20 canons bloquent la colonie, sous le vent, et que leurs barges enlèvent les pirogues à sucre sitôt que le vent les force à s'éloigner des batteries.

Il explique ensuite qu'il a établi son camp entre Sainte-Anne et le Gozier, à la tête du défilé des Grands-Fonds qui conduit à Fleur-d'Épée et à la Pointe-à-Pitre, pour couvrir la ville et la rassurer, et il ajoute : « Je suis tous les mouvements de M. Cochrane, et s'il met à terre j'espère tirer vengeance de ses pirateries [1]. » Puis il termine sa lettre par la promesse d'une attaque qui ne devait malheureusement pas réussir : « Aussitôt que j'aurai reçu des renforts, j'attaquerai Marie-Galante où l'ennemi a laissé une garnison de 800 hommes. J'aurais bien désiré agir avant qu'il eût le temps de s'y fortifier, mais la présence de l'escadre et le peu de forces que j'ai m'ont rendu cette entreprise impossible. »

Et cependant il reçut bientôt un renfort, peu important il est vrai. La rentrée du détachement de Caracas et les troupes venues de France sur les bricks la *Surveillante*, le *Palinure* et le *Pilade* jointes à un détachement du 66° régiment qui était depuis un an à la Martinique, avaient augmenté, au commencement du moi de mai, de 327 hommes l'effectif des défenseurs de la Guadeloupe [2].

L'ennemi, d'ailleurs, ne lui laissait guère le temps de s'occuper d'une expédition à l'extérieur et le tenait constamment en éveil par des alertes sur divers points de la côte. On peut citer comme exemple celle dont le capitaine général rend compte au Ministre dans sa lettre du 2 avril 1808 [3]. « L'enne-

[1] L'amiral Cochrane avait exercé, en effet, à Marie-Galante et à la Grande-Terre de la Guadeloupe, des sévices destinés, d'après lui, à constituer une revanche « des pillages commis par l'amiral Missiessy ».

[2] Lettre écrite le 6 mai 1808 au Ministre de la marine et des colonies par le capitaine général Ernouf et le préfet colonial Périchou-Kerversau (Registre n° 67).

[3] Registre n° 67 déjà cité.

mi étant venu occuper l'Ilet-à-Cavanne, sur la côte du canton Sainte-Rose, à l'extrémité de celui de Deshayes, avait envoyé plusieurs fois des barges à terre; un officier commandant une de ces barges appartenant à la frégate la *Blonde* avait eu des pourparlers avec des particuliers de Sainte-Rose; je fis sur-le-champ arrêter ces individus... Comme cette affaire était de nature à exciter l'inquiétude, d'autant plus que ces barges stationnées à Cavanne interceptaient tout le cabotage qui se fait dans ce quartier, je donnai des ordres pour chasser de Cavanne les Anglais, et je me transportai de ma personne à Sainte-Rose. Je trouvai l'affaire faite : M. Zénon Lemerle, commandant les milices de ce quartier, avait fait embusquer 25 chasseurs des bois; les Anglais ne tardèrent pas à venir à la même anse, et l'officier, étant près d'aborder, faisait des signaux. Quand ils furent arrivés à portée de fusil, le détachement se leva et fit feu sur eux : l'officier fut le premier qui tomba; de tout le détachement anglais il ne s'est sauvé que trois hommes, et si l'on avait eu la plus petite embarcation, rien ne se serait échappé. Ils n'ont jamais pu parvenir à tirer l'obusier qui était en tête de la chaloupe. »

D'ailleurs, la Guadeloupe, par la perte de ses dépendances, se trouvait de plus en plus isolée au milieu des forces anglaises. Après Marie-Galante prise le 2 mars, la Désirade tombe entre leurs mains le 31 mars.

Dès le 30 mars, une escadre ennemie forte de 7 bâtiments se présentait devant cette petite île, dans la partie appelée la grande Anse[1]. Après une courte canonnade exécutée par ces bâtiments, l'escadre mit à la mer 26 barges chargées de troupes pour opérer le débarquement. Ce débarquement s'effectua sous la protection du feu des bâtiments qui tiraient sur l'unique batterie de défense armée de deux pièces de huit. En même temps, 9 autres bâtiments se présentaient au galet.

Le capitaine Duvau, qui commandait la petite garnison

[1] Lettre du capitaine général Ernouf au Ministre en date du 5 avril.

de l'île, se voyant attaqué par des forces si supérieures (il avait avec lui 25 combattants seulement) et près d'être tourné par les troupes débarquées, crut devoir opérer sa retraite sur les hauteurs avant de se laisser cerner. Néammoins, il capitula le lendemain et fut fait prisonnier avec sa petite troupe.

Le capitaine général fait observer que ce rocher de la Désirade avait toujours été respecté comme étant le dépôt des lépreux assez nombreux aux Antilles. Mais alors il était inutile d'y laisser un capitaine et 25 hommes, qui auraient pu être employés d'une façon plus utile (et aussi plus agréable) à la Guadeloupe que dans cette léproserie [1].

Le 22 avril suivant, les bricks le *Palinure* et le *Pilade* durent soutenir devant les Saintes un combat contre des forces anglaises supérieures, la corvette la *Gorée* forte de 24 canons appuyée à la fin de l'action par une frégate et un brick. Le capitaine général, en rendant au Ministre un compte très sommaire de ce combat [2], donne des éloges au chef de bataillon Madier commandant de la garnison des Saintes qui, par un feu bien dirigé, et par le soin qu'il a eu d'envoyer porter des pilotes aux deux bâtiments de Sa Majesté pendant qu'ils étaient vivement poursuivis et toujours sous le feu de la mitraille, a facilité leur retraite.

« M. de Gondrecourt, capitaine au 66ᵉ régiment, a passé au travers des bâtiments ennemis pour exécuter l'ordre du commandant Madier. Le *Pilade* et le *Palinure* sont dans le plus mauvais état et nous manquons absolument des objets qui sont nécessaires pour leurs réparations... On est fondé à espérer que la blessure de M. Gense (ou Janse) capitaine du *Palinure* ne sera pas mortelle. » Cet officier avait été frappé

---

[1] Boyer-Peyreleau ajoute que les Anglais détruisirent cette léproserie « qu'auraient certainement respectée les corsaires de *Tunis* et d'*Alger* » et qu'ils firent saisir les hideux malades qui s'y trouvaient pour les envoyer sous pavillon parlementaire à la Pointe-à-Pitre, en vue d'infecter ses habitants.

[2] Lettre du même au même, en date du 23 avril 1808. Registre n° 67 déjà cité.

d'une balle qui lui traversa le poignet et pénétra ensuite dans la cuisse. Les bricks purent rentrer aux Saintes malgré les deux bâtiments arrivés à la fin du combat. Ces deux bricks apportaient aux Saintes, par ordre du capitaine général Villaret-Joyeuse, 58 hommes du 66ᵉ régiment et 55 du dépôt colonial, sur lesquels 4 furent tués et 6 grièvement blessés dans ce combat du 22 avril. Ce combat avait coûté au *Palinure* 8 tués et 10 blessés, et au *Pilade* 4 hommes hors de combat.

Presque au même moment, le cutter *Barbara*, commandé par le capitaine flibustier Morisseau, ramenait à la Guadeloupe le détachement envoyé l'année précédente à Caracas, et, rencontrant un bâtiment anglais mieux armé que lui [1], le força d'amener son pavillon après un engagement d'une heure environ.

Cependant, dans sa lettre du 29 avril au Ministre [2], le général Ernouf réclame instamment des secours en hommes. « Je désirerais, dit-il, que Votre Excellence portât le 66ᵉ régiment à son complet de guerre. C'est le moins que je puisse demander. Elle doit se souvenir que mes instructions portent le nombre de troupes destinées, en temps de guerre, à la défense de la Guadeloupe à 5.500 hommes.

« Les maladies ont fait périr *presque tous les canonniers*. Je suis dans le plus grand embarras pour le service des nombreuses batteries qui protègent les points essentiels de la colonie. Tous les hivernages m'enlèvent un nombre considérable d'hommes. J'ai la douleur d'observer que le courage des habitants diminue en proportion des pertes que les défenseurs éprouvent. »

Malgré l'insuffisance des effectifs signalée par le capitaine général, celui-ci se décida à exécuter contre Marie-Galante l'attaque annoncée dans sa lettre du 25 mars 1808 : il y était

---

[1] Il était commandé par le lieutenant de vaisseau anglais qui avait capturé le *Lynx*.

[2] Registre n° 67 déjà cité.

d'ailleurs incité par les habitants qui lui signalaient la garnison anglaise comme fortement réduite. En réalité, elle se composait encore de 300 hommes et était appuyée par deux bâtiments de guerre qui séjournaient sur la côte de l'île. Ils s'étaient d'ailleurs fortifiés au Grand-Bourg dans une enceinte palissadée et armée de canons.

Le registre n° 67 des Archives, déjà cité, contient une série de 44 pièces dans lesquelles sont détaillées longuement la préparation et l'exécution de cette expédition de Marie-Galante. Il serait trop long et sans grand intérêt de faire l'analyse de toutes ces pièces, nous en extrairons seulement un court résumé de l'affaire. Cette expédition, dont l'exécution était confiée au colonel Cambriels [1], devait se composer de 150 hommes embarqués sur 15 pirogues à la Pointe-à-Pitre et emporter des fusils et des munitions à distribuer aux habitants; mais on ne put y loger que 116 hommes d'infanterie et 10 canonniers, au total 126. Cette petite expédition partit de la Pointe-à-Pitre le 21 août, mais fut obligée de relâcher à Sainte-Anne [2]. Le lendemain, 22 août, à cinq heures du soir, les troupes étaient de nouveau embarquées sur la flottille,

[1] Ce colonel commandait le 66e régiment, ainsi que l'arrondissement de la Grande-Terre, à la Pointe-à-Pitre.

[2] Le colonel Cambriels, rendant compte de cet incident au capitaine général par lettre du 22 août, se montre très dur pour les marins qui dirigeaient la petite flottille de pirogues : «Je me suis toujours défié de la jactance de nos marins, mais je ne pouvais croire que l'erreur qu'ils ont commise fût aussi grande; ces messieurs, qui ne doutent de rien lorsqu'ils sont encore sur la plage, sont bien différents en mer. A les entendre tous, on pouvait arriver de la Pointe-à-Pitre à l'anse de la Maréchale au moins en six ou sept heures. Eh bien! mon général, quoique j'aie pris le parti de réunir les embarcations au Gozier, malgré que la troupe fût toute embarquée et ait fait route à la nuit tombante, nous n'étions à minuit qu'à la hauteur de Sainte-Anne... J'ai consulté ces messieurs qui, changeant alors de langage, ont dit qu'il fallait encore sept ou huit heures pour se rendre...» Il est probable que les pirogues avaient été retardées par des vents ou des courants sur lesquels n'avaient pas compté les marins ainsi pris à partie par le colonel Cambriels.

qui franchissait la passe de Sainte-Anne à six heures; mais elle se dispersa pendant la nuit, et le colonel se tint pendant trois quarts d'heure à une centaine de mètres du rivage, vis-à-vis le point de débarquement pour leur donner le temps de se rallier. Puis, comme le jour approchait, il se décida à débarquer avec plusieurs officiers qui l'accompagnaient, un canonnier, un tambour, quelques fusils et des munitions; les autres pirogues arrivèrent successivement, et il y en avait déjà 10 à 6 heures du matin. Le colonel ne voulant pas attaquer de jour se décida « à prendre position », et en profita pour armer une trentaine de gardes nationaux qui se joignirent à sa troupe. Puis, ayant constaté que le vaisseau l'*Ulysse* et la corvette anglaise qui gardaient Marie-Galante, ignorant encore son débarquement, venaient de prendre le large, il résolut d'effectuer l'attaque. Il divisa sa petite troupe en trois portions égales qu'il fit marcher dans trois directions différentes; l'ennemi, embusqué dans les cannes à sucre, se réfugia aussitôt dans le fort; mais il se trouva que cette fortification, bien que sans grande valeur, n'était point aussi facile à enlever qu'on l'avait cru à la Guadeloupe. Aussi, après un engagement d'une demi-heure, Cambriels, n'ayant point de canon pour forcer le passage des palissades, jugea prudent d'abandonner la partie et de se retirer hors de portée du feu de l'ennemi. Cette escarmouche lui avait coûté un capitaine et deux hommes tués, et trois blessés. Du côté des Anglais une douzaine de tués et sept prisonniers. Pendant tout le combat et pendant la retraite des Français, une frégate anglaise mouillée devant le Bourg ne cessa de tirer sur eux, sans, d'ailleurs, leur faire aucun mal.

En rendant compte au général Ernouf de cet échec, Cambriels constate l'inexactitude des renseignements qui lui avaient été fournis : la garnison comptait au moins 150 hommes au lieu d'une quarantaine, encore pouvait-elle être renforcée de plus de 100 hommes débarqués des trois bâtiments de guerre mouillés dans la rade du Bourg; la fortification qu'on avait dépeinte comme faite avec de mauvaises planches est en bons madriers parfaitement assujettis; la poudrière est en bonne maçonnerie; enfin les gardes nationales, qui devaient se réunir en masse à ses troupes au moment du débarquement, lui ont donné à peine 60 hommes.

Cependant le commandant anglais Pigot arrêtait tous les nègres qui passaient à proximité du bourg, leur donnait un fusil, les envoyait dans le fort, et, dès le lendemain, 24 août, il lançait une proclamation destinée à faire, dans la population noire, de nouvelles recrues[1]. En même temps, il faisait faire par de nombreuses barges des patrouilles autour de la côte, pour empêcher les communications des Français avec les Saintes ou la Guadeloupe.

De son côté, le colonel Cambriels, qui restait toujours dans ses positions, avait rassemblé autour de lui, le 27 août, 300 hommes de garde nationale, dans lesquels il ne paraît pas avoir grande confiance, car, dit-il, «le plus grand nombre a l'air de ne pas aimer l'odeur de la poudre». Il déplore, à la même date, son manque complet d'artillerie et demande instamment au général Ernouf de lui envoyer «un obusier».

[1] Voici le texte de cette proclamation : «Moi, commandant, garantis par ces présentes aux esclaves leur liberté, qui amèneront au Grand-Bourg de Marie-Galante un soldat français ou un habitant français qui se trouve sous les armes, et je garantis à chaque propriétaire paiement de son esclave, si ledit propriétaire n'a pas pris les armes contre les troupes britanniques. Donné au Grand-Bourg, le 24 août 1808. signé : H. Pigot commandant.» (Registre n° 67 déjà cité.)

Le colonel Cambriels, de son côté lança le lendemain, 25 août, une autre proclamation, dans laquelle il rappelait aux habitants qu'il avait été envoyé par le général Ernouf sur leur demande, et qui se terminait par cette menace un peu déclamatoire : «Je jure de ne quitter votre colonie qu'après en avoir expulsé le dernier des Anglais; mais je déclare aussi que tous ceux d'entre vous, n'importe l'âge et la couleur, en état de porter les armes, qui, refusant d'obéir à ce dernier appel, ne seront point rendus près de moi dans les vingt-quatre heures qui suivront la publication de cette proclamation, *seront punis de mort*.» (Même registre n° 67.)

En attendant, les forces navales anglaises s'étaient accrues d'un brick et de deux canonnières venues d'Antigues, et se livraient à des pillages méthodiques le long du littoral.

Le 28 août, les Français reçurent un petit renfort venu de la Pointe-à-Pitre, dans quelques pirogues qui avaient réussi à passer à travers les navires de l'ennemi : 32 hommes avec 2 officiers ; 100 fusils, 13.000 cartouches et 1.000 pierres à feu. En somme la position de Cambriels n'était pas trop mauvaise, puisqu'il tenait toute l'île, sauf la forteresse et la ville de Grand-Bourg où s'étaient concentrés les Anglais. Il avait à ce moment 126 hommes du 66ᵉ régiment, 10 canonniers, 250 fusiliers et 50 dragons de la garde nationale [1], et avait ramassé 17 prisonniers. Le 30 août, un autre petit détachement parti des Saintes dans deux pirogues, et muni d'une pièce de 6, parvint encore à le rejoindre; mais, en revanche, les Anglais reçurent de nouveaux bâtiments de guerre, entre autres un vaisseau qui mit à terre 160 « habits rouges ». Sir H. Pigot ainsi renforcé marcha en trois colonnes à la rencontre de Cambriels qui crut devoir abandonner les positions qu'il occupait; le commandant anglais envoya alors une sommation à Cambriels [2], mais, cette sommation étant restée sans effet, les Anglais attaquèrent à la pointe du jour; ils avaient avec eux deux pièces de campagne. La garde nationale ne résista pas longtemps au feu de la mousqueterie

[1] Lettre du colonel Cambriels à Son Excellence le général Ernouf en date du 29 août 1808. (Même registre n° 67.)

[2] Cette sommation est basée sur l'arrivée de l'escadre de Sa Majesté britannique et sur l'impossibilité où se trouve le colonel de recevoir aucun secours des îles françaises. Elle est signée par H. Pigot commandant et Blackwell lieutenant-colonel chef de brigade.

Un rapport adressé le 2 septembre par le capitaine d'artillerie Mouchard au colonel Madier commandant des Saintes constate en effet que les bâtiments de guerre anglais sont répartis tout le long de la côte de Marie-Galante, savoir : 6 au Grand-Bourg, 3 à Saint-Louis, 1 entre Saint-Louis et le Bourg, 3 à la pointe du Vieux-Fort, sans compter nombre de chaloupes disséminées tout autour de l'île. (Registre n° 67 déjà cité.)

et de l'artillerie anglaise et ne tarda pas à prendre la fuite; le colonel ne put que couvrir la retraite avec ses troupes régulières.

Dans la lettre en date du 1ᵉʳ septembre, par laquelle il rend compte au général Ernouf de ce nouvel échec, il se dit résolu à tenter fortune, en attaquant avec ces seules troupes (comprenant alors 147 hommes d'infanterie et 13 canonniers) l'ennemi dont il évalue les forces au triple ou au quadruple des siennes, et, chose difficile à comprendre, après avoir réclamé du canon et après avoir constaté, à ses dépens, l'efficacité de l'artillerie anglaise, il écrit : « La guerre que je vais faire ne permet point d'avoir de l'artillerie; aussi vais-je jeter, dans une falaise, la pièce de 6 que vous avez pris la peine de m'envoyer; je vous avoue que j'en éprouve un chagrin mortel. »

Puis, après réflexion, il monte à cheval feignant d'aller chercher une position meilleure, mais, en réalité, il renonce à toute attaque, laisse le commandement du corps expéditionnaire au plus ancien capitaine, et quitte définitivement le camp dans la nuit du 2 septembre, passe la journée du 3 caché dans la brousse et s'embarque enfin la nuit du 3 septembre dans une petite pirogue fournie par un habitant dévoué et arrive à Sainte-Anne, à la Guadeloupe. En arrivant, il rend compte de ces faits au général Ernouf et donne cette singulière justification de sa conduite. « *J'ai cru devoir profiter de l'autorisation que vous m'avez donnée de me retirer* [1], *persuadé que vous seriez bien aise, dans le cas où nos troupes seraient forcées de capituler, que je ne fusse point fait prisonnier.* » Il ajoute qu'il a trouvé à Sainte-Anne une trentaine d'hommes, un obusier et une pièce de 4, destinés à partir au premier instant

---

[1] Cette autorisation n'existait que dans l'imagination du colonel Cambriels, et le général Ernouf le défia vainement de la produire. D'ailleurs, ajoute fort justement le général, « quelle opinion aurait-on d'un officier qui, la veille d'une bataille, profiterait d'une permission obtenue antérieurement pour aller chez lui? »

pour Marie-Galante, et qu'il les a retenus jusqu'à nouvel ordre.

Une heure après son départ, les officiers, convoqués en conseil de guerre, se voyant abandonnés par leur chef, et sachant leurs hommes exténués de fatigue, décident de capituler et d'envoyer immédiatement aux Anglais un parlementaire. Néanmoins, à 4 heures du matin, l'ennemi apparaît sur la crête d'un morne voisin. L'adjudant de place de Marie-Galante, Allègre, fait alors arborer le pavillon blanc, les Anglais descendent les pentes du morne et viennent se ranger en bataille à portée de pistolet du camp français.

La capitulation fut signée dans la journée, et la garnison emmenée prisonnière à la Barbade.

Le général Ernouf refusa de recevoir le colonel Cambriels à son retour, et le fit remplacer dans le commandement de la Grande-Terre. Cambriels s'adressa alors au Ministre de la marine pour demander à être jugé, et reçut, le 26 avril 1809, l'ordre de rentrer en France. Il s'embarqua le 15 juin sur la frégate la *Furieuse*, qui fut prise le 21 juillet par les Anglais, après un combat de 7 heures. Renvoyé sur parole, il vint s'expliquer auprès du Ministre, reçut un peu plus tard le commandement du 31e de ligne, puis fut nommé maréchal de camp.

Ce qui se passait à Saint-Martin était heureusement de nature à consoler un peu de l'échec humiliant de Marie-Galante.

Dès le mois de mai 1808, le brick anglais le *Curieux*, persuadé qu'il ne trouverait pas de résistance, vint mouiller à l'îlot *Tintamarre*, et envoya dans la nuit deux barges pour enlever sur la côte deux caboteurs qui s'y trouvaient; mais le capitaine Preuil, du 66e, qui était commandant militaire de la petite colonie, exerçait une surveillance des plus actives. Il envoya un détachement de la garde nationale et une section de 2 pièces de 4, qui reçurent si bien les barges que celles-ci se retirèrent précipitamment, sans brûler une amorce.

Le 1ᵉʳ juin, plusieurs barges ennemies pénétrèrent aussi dans la rade du Marigot pour enlever les bâtiments qui s'y trouvaient. Mais cette fois encore elles furent accueillies par un feu si vif de mitraille et de mousqueterie, que les Anglais s'enfuirent encore à la hâte, laissant sur le pont d'une goélette qu'ils étaient en train d'amariner une hache et un fusil. Ils avaient eu 2 hommes tués et 5 blessés.

Enfin, le 4 juillet, la corvette anglaise *Vanderer*, accompagnée des goélettes le *Balahou* et la *Subtile*, vint mouiller à portée de fusil du petit port du Marigot; ces trois bâtiments le canonnèrent très vivement, tandis que 120 à 130 hommes, qui avaient été mis à terre à Galisbaye, tournaient le morne et paraissaient décidés à le prendre d'assaut. Mais le commandant Preuil, qui avait concerté sa défense avec le gouverneur de la partie hollandaise, dirigea sur eux, depuis le fort, un violent feu de mousqueterie, qui tua le commandant de l'expédition (lieutenant de vaisseau Spearing, capitaine de la *Subtile*) et un grand nombre de ses hommes. Ils allaient exécuter leur retraite en déroute, lorsque le gouverneur hollandais Verveer vint à la tête d'une colonne de milice leur couper la route qui les ramenait à leurs barges. Les Anglais, pris entre deux feux, se rendirent à discrétion. La garnison française ne comptait que 45 soldats du 66ᵉ régiment d'infanterie [1].

Outre leur commandant Spearing, les Anglais avaient eu 5 hommes tués et 18 blessés, dont plusieurs très grièvement, tandis que les défenseurs de Saint-Martin n'avaient eu qu'un seul homme blessé. Les prisonniers étaient au nombre de 73; les vainqueurs s'emparèrent, en outre, de 2 pavillons et de 2 fortes barges qui avaient servi au débarquement. Cet heureux résultat était dû à la diligence du commandant hollan-

---

[1] D'après le rapport officiel anglais, les Français auraient eu 500 hommes. Mais, même en tenant compte du détachement hollandais qui ne devait pas dépasser de beaucoup celui des Français, et peut-être de quelques habitants volontaires, on arrive tout au plus à un total de 150 à 200 hommes.

dais, et surtout à la bravoure et à l'intelligente activité du commandant français Preuil.

Le général Ernouf, en rendant compte de l'affaire au Ministre[1], fait de cet officier un éloge mérité, et réclame pour lui de l'avancement. Il ajoute :

« Il est à regretter que l'artillerie du fort n'ait pas été aussi heureuse dans la direction de ses coups; elle eût infailliblement coulé ou désemparé la corvette au bord de laquelle les boulets et la mitraille portaient en plein. On a d'ailleurs la certitude qu'elle a perdu un de ses officiers par un éclat de mitraille à la tempe, et qu'il y a eu beaucoup de dégâts à bord. »

Signalons en passant, parmi les événements de l'année 1808, la destitution de son grade de général de division et de son commandement, prononcée par l'Empereur, le 19 mai, contre le général Ambert qui s'était retiré sur ses terres, à la suite de sa mésintelligence avec le général Ernouf. Il fut remplacé provisoirement par le colonel Faujas, chef d'état-major du général Ernouf, en juillet 1808.

Nous pouvons signaler aussi un petit combat naval, qui eut lieu vers la fin de la même année.

La corvette la *Diligente*, arrivée à la Guadeloupe le 11 septembre 1808 avec un chargement de 3 canons en fonte de 12 et un de 8, de boulets et de provisions de bouche, avait soutenu, quatre jours avant, un combat contre un brick anglais de très fort échantillon, le *Recrute*, portant 18 caronades de 32 et 4 pièces de 24. La corvette, quoique inférieure en artillerie, était sur le point de s'en emparer, lorsque deux boulets vinrent la traverser à la flottaison; aussitôt la cale se remplit d'eau, les gargousses sont inondées et le capitaine est obligé d'abandonner le combat pour sauver son bâtiment. Le *Recrute*, de son côté, regagna la Barbade, fortement désemparé, ayant

---

[1] Lettre du 17 juillet 1808. *Archives des colonies.* Guadeloupe, année 1808, registre n° 67.

tous ses officiers tués et 55 hommes de son équipage hors de combat [1].

Cependant les Anglais, en attendant l'attaque générale de l'île, cherchaient à se faire la main par de petites attaques isolées. Ainsi, à la fin de septembre, un brick anglais tente d'enlever deux bateaux chargés de sucre, dans le bourg de Saint-François; son attaque est repoussée par le lieutenant Lavielle, attaché à l'état-major du gouverneur, qui dirige la défense. Au mois de décembre, l'ennemi fait une descente de nuit à la Baie-Mahault et s'empare de la batterie; en même temps, il envoie deux barges pour s'emparer de deux bâtiments mouillés dans la rade; mais un détachement français arrive à la hâte, reprend la batterie, et force les Anglais à s'éloigner en laissant leurs prises, après avoir perdu 2 officiers, une vingtaine d'hommes et l'une des barges [2].

Cependant l'attitude des Anglais devenait de plus en plus menaçante et le blocus de nos îles de plus en plus étroit. L'amiral Cochrane avait divisé ses nombreux bâtiments en deux escadres, affectées l'une à la surveillance de la Martinique, l'autre à la surveillance de la Guadeloupe; des bricks et des goélettes entretenaient la communication entre ces deux escadres.

D'un autre côté, 4.000 hommes étaient déjà réunis à la Barbade; on y construisait des chaloupes canonnières, on entassait sur les bâtiments de guerre des affûts et des pièces de campagne et on forçait l'effectif de leurs équipages.

Le général Prévost rassemblait à Halifax 6 régiments pour aller les rejoindre. (Décembre 1808.)

Une attaque était donc imminente; les bâtiments n'osaient plus sortir de la Guadeloupe, la plupart de ceux qui étaient

---

[1] *Archives des colonies.* Registre n° 67, déjà cité. Lettres du général Ernouf au Ministre, en date des 22 septembre et 3 octobre 1808. D'après le général Ernouf, le *Recrute* était le plus fort de tous les bricks anglais.

[2] *Archives des colonies.* Lettre du 14 décembre 1808.

partis récemment pour France ayant été capturés. La garnison, peu nombreuse, avait beaucoup de malades, et «parmi ceux qui sont sur pied, dit le général Ernouf, la majeure partie est composée de squelettes ambulants, ruinés par la maladie et incapables de supporter une grande fatigue [1].»

§ 2. *Martinique.* — *Combats navals.* — *L'escadre de Wuillaumez.* — *Situation du fort Desaix; attaque du Marin.*

La Martinique n'avait pas, comme la Guadeloupe, sa petite légion de corsaires armés par des particuliers, mais elle y suppléait par les quelques bâtiments de guerre dont elle pouvait disposer [2]. C'est ainsi qu'on avait utilisé, pour ces expéditions hasardées au milieu des croiseurs anglais qui sillonnaient alors la mer autour des Antilles françaises, la corvette la *Cyane* prise sur les Anglais par l'escadre de l'amiral Villeneuve et laissée par lui à la Martinique. Le commandement en avait été donné au brave de Meynard qui commandait la corvette la *Fine* à l'attaque du Diamant, où il avait rendu de si bons services. La *Cyane* sortit de Fort-de-France, le 28 septembre 1805, dans l'espoir d'intercepter un convoi de navires marchands qui se rendait de Londres à Tabago [3]. Cinq jours après son départ (3 octobre) la *Cyane* qui était accompagnée du brick la *Naïade,* fut rencontrée par la *Princesse-Charlotte* frégate anglaise armée de 48 pièces, dont 28 canons de 18 et 20 caronades de 32. La corvette française, ayant vainement cherché à éviter cet ennemi supérieur en forces, se décida à le combattre avec vigueur quoiqu'elle se trouvât momentanément séparée de la *Naïade*. Un premier engagement très rapproché eut lieu, les deux navires qui se trou-

[1] *Archives des colonies.* Lettre du 5 novembre 1808.

[2] Il y eut cependant quelques corsaires Martiniquais le *Grand-Décidé,* la *Jeune-Adèle,* le *Bécune* et le *Vengeur* qui, dans une même campagne, prit successivement trois navires de commerce anglais.

[3] Sidney Daney. Histoire de la Martinique, tome VI, page 176.

vaient vergue à vergue échangèrent un feu violent d'artillerie et de mousqueterie, et la corvette lofa pour tenter d'accrocher la frégate anglaise et de la prendre à l'abordage, mais celle-ci manœuvra de manière à l'éviter. Cependant le feu continuait toujours, bien que la *Cyane* eût eu, dès les premières volées, sa grande vergue coupée, ainsi que les bras et les boulines. La *Cyane* parvint cependant à continuer à présenter le travers à l'ennemi, et redoubla son feu. Alors survint la *Naïade* qui envoya sa volée en plein dans la frégate anglaise, ce qui obligea celle-ci à s'éloigner pour se réparer. Ce premier combat avait duré un peu plus d'une heure.

Elle reparut bientôt, à 2 heures du matin, et venant longer la *Cyane* demanda au commandant s'il avait l'intention d'amener son pavillon. La *Naïade* qui avait continué sa route était déjà trop loin pour lui prêter son appui; néanmoins, pour toute réponse, de Meynard, lui envoya une volée dont tous les coups portèrent et aussitôt l'action recommença avec une nouvelle vigueur. L'équipage français, malgré son grand désir d'aborder l'ennemi, dut malheureusement y renoncer, le mauvais état de son gréement mutilé, ne lui permettant pas les manœuvres nécessaires à cet effet, et il continua le combat à demi-portée de pistolet. Au bout d'une demi-heure, la frégate anglaise parvint à passer à l'arrière de la corvette et lui envoya une volée dont 3 boulets l'atteignirent à la flottaison et déterminèrent une voie d'eau qui noya promptement toutes les soutes. La corvette qui, jusqu'alors, s'était battue sur le côté de tribord, revint au vent et recommença la lutte sur le côté de bâbord. Après une nouvelle lutte d'une demi-heure, la frégate anglaise, assez maltraitée se retira de nouveau pour réparer ses avaries. Il était alors 3 heures du matin et cette deuxième phase du combat avait duré environ une heure.

A ce moment, le second de la *Cyane* était tué, l'officier de manœuvre blessé, la mâture de la corvette littéralement hors de service n'avait plus ni haubans, ni étais. Heureusement, la corvette fut ralliée vers 3 heures et demie par la *Naïade* qui lui donna la remorque et l'entraîna vers le Sud, tandis que la *Cyane* profitait de ce répit pour réparer quelques voiles.

Mais la remorque se cassa et vers 8 heures la frégate anglaise reparut au vent des deux navires français. Elle échangea une bordée avec la *Naïade* qui prit chasse à toutes voiles pour entraîner la frégate à sa poursuite et dégager la *Cyane*. Mais après un vain commencement de poursuite, les Anglais comprenant que les deux bâtiments allaient leur échapper à la fois, abandonnèrent le brick pour revenir sur la corvette dont ils s'étaient déjà éloignés de plus de 3 lieues. Il était alors midi : cependant la *Cyane* ne pouvant étancher ses voies d'eau se vit forcée de jeter à la mer son artillerie et ses munitions pour s'alléger. A 8 heures du soir, elle était rejointe à un mille de Scarborough (île Tabago) par la frégate qui lui envoya quelques coups de canon. De Meynard ayant son bâtiment désarmé et en partie submergé, dut alors amener son pavillon [1].

La frégate la *Ville-de-Milan* sortant de la Martinique où elle avait apporté un renfort de troupes, rencontra, au Sud des Bermudes la frégate anglaise *Cleopatra*, le 16 février 1805. Après deux heures et demie de violente canonnade, la frégate française enleva la frégate anglaise à l'abordage. La *Cleopatra* avait 37 tués et 23 blessés, la *Ville-de-Milan* 14 tués et 17 blessés, parmi lesquels son commandant Renaud, et un autre officier. Quelques jours après, la *Ville-de-Milan*, tenant sa prise à la remorque, rencontra deux bâtiments de guerre anglais: le vaisseau *Léander* et la frégate *Cambrian*. Fortement avariée à la suite de son précédent combat et d'un coup de vent qui lui avait enlevé son grand mât et son mât d'artimon, gênée en outre par la violence de la mer qui ne lui permettait pas

---

[1] Il fut d'abord conduit à la Grenade avec ses officiers, puis on les envoya à la Martinique comme prisonniers sur parole.

de se servir des canons de la batterie, elle se vit forcée d'amener son pavillon et fut reconduite avec sa prise aux Bermudes.

L'année suivante, 1806, la frégate la *Topaze*, commandant Baudin, sortant également de la Martinique, rencontre la frégate anglaise *Blanche* et la coule après un combat acharné. Les deux adversaires portaient chacun 44 canons.

En cette même année 1806 une nouvelle escadre française vint interrompre un moment le blocus qui enserrait la colonie. Cette escadre composée de six vaisseaux, le *Foudroyant* de 80 canons, le *Cassard*, le *Vétéran*, l'*Impétueux*, le *Patriote* et l'*Éole* de de 74 canons et de la frégate la *Valeureuse* était sortie de Brest le 13 décembre 1805 sous les ordres du contre-amiral Wuillaumez. Après avoir détruit sur sa route plusieurs bâtiments et corsaires ennemis, séjourné au Brésil et longé l'Amérique du Sud, elle arriva en ordre très dispersé à Fort-de-France; le *Vétéran* entra le premier dans la rade le 5 juin, le *Cassard* et le *Patriote* y arrivèrent les derniers, le 23 juin. Les Anglais émus de l'apparition de ces forces, se bornèrent à surveiller la rade en envoyant croiser au large de Fort-de-France plusieurs de leurs vaisseaux frégates ou corvettes.

L'escadre de l'amiral Wuillaumez, après s'être ravitaillée à la Martinique, mit à la voile le 1er juillet, se dirigeant sur Saint-Domingue. Presque aussitôt après sa sortie, elle rencontra devant l'île Montserrat l'amiral Cochrane avec 4 vaisseaux et 2 frégates; mais celui-ci, malgré le nombre égal de bâtiments qu'il avait à opposer aux Français jugea prudent d'éviter un combat et se retira précipitamment.

Mais le départ de cette escadre allait faire retomber, après un court moment de répit, la Martinique dans l'état permanent d'inquiétude où la tenaient les menaces continuelles des Anglais. On trouve la preuve de cet état dans la correspondance de Villaret avec le Ministre, correspondance dont nous allons donner quelques échantillons significatifs. C'est d'abord la lettre du capitaine général au Ministre de la marine, en date du 15 mars 1806 [1].

« Je reçois à l'instant une lettre du chef de bataillon Miamy commandant l'arrondissement de la Trinité... sur des forces attendues à la Barbade et sur une souscription qui a été proposée dans la ville de Bridgetown pour l'attaque d'une colonie française; comme ces projets pourraient aboutir à quelque entreprise du genre de la prise de possession du Diamant, je donne l'ordre de faire marcher un détachement sur le point menacé et je me tiens prêt à monter moi-même à cheval au premier moment, etc. »

Cette menace de descente à la Trinité n'eut d'ailleurs pas de suite, comme le constate Villaret dans une nouvelle lettre au Ministre en date du 20 mars [1]. Mais en même temps il constate que d'après de nouveaux rapports reçus par lui la probabilité d'une attaque prend de la consistance. « La présence continuelle des bâtiments de guerre ennemis au vent de l'île et sur la côte de la Trinité et leurs approches de manière à donner l'alarme à cette partie, annoncent au moins l'intention de reconnaître des points de débarquement. Un capitaine danois m'a fait des déclarations analogues aux premières et m'a dit que l'opinion générale dans les îles anglaises était que nous serions attaqués. »

A cette lettre est jointe une déclaration du capitaine de la goélette française *Princesse Murat* portant que les Anglais attendaient pour la fin du mois une puissante flotte avec laquelle ils attaqueraient la Martinique.

Dans une autre lettre du 2 avril [1], Villaret revient sur cette question brûlante: « Je viens d'avoir l'assurance positive, dit-il que l'administration de la Barbade a reçu ordre de faire des approvisionnements pour 8.000 hommes, ce qui suppose nécessairement des forces attendues... Dans cet état de

---

[1] *Archives des colonies*, Martinique; correspondance générale, année 1806, registre n° 110.

choses, je supplie encore Votre Excellence de jeter les yeux sur mes dépêches du 24 vendémiaire n° 1, 25 brumaire n° 9 et 16 janvier n° 2 par lesquelles je vous ai peint la diminution affligeante de notre garnison et la nécessité de la renforcer par des envois successifs de troupes, au moyen de frégates ou d'autres bâtiments légers. Daignez envisager, Monseigneur, quelle réduction affligeante nous devons appréhender pour l'hivernage prochain, d'après les pertes de l'année dernière, et la diminution journalière que nous éprouvons même depuis l'époque redoutable qui, dans quelques mois, va renaître.

« Veuillez avoir égard à mes demandes en mortiers, poudre, mèches et outils pour l'artillerie que je vous renouvelle avec instance. »

Ses prévisions ne tardent pas à se réaliser, car le 9 mai il dit au Ministre [1] : « A peine le mois de mai a-t-il commencé que la dyssentrie et le ténesme précipitent les soldats vers les hôpitaux. Nous voyons en frémissant approcher l'époque où ils y seront entassés par la fièvre jaune qui, au mois de juin renouvelle son règne [2]. »

Cependant un peu plus tard, le calme et la confiance reviennent à la suite de l'arrivée à la Martinique le 31 octobre, de la frégate la *Thétis* avec les bricks le *Sylphe* et le *Lynx* qui débarquent un renfort de 476 hommes avec des objets de matériel; d'ailleurs les officiers des armes spéciales ne perdaient pas leur temps pour mettre l'île en état de défense, et le capitaine général leur rend dans sa correspondance une

---

[1] *Archives des colonies*, Martinique, correspondance générale, année 1806, registre n° 110.

[2] On peut voir par cette citation (comme d'ailleurs par les faits déjà cités et la mort de plusieurs généraux) que la fièvre jaune faisait à cette époque son apparition régulière aux Antilles, à l'hivernage de chaque année. Il n'en est heureusement plus de même aujourd'hui; les épidémies de cette espèce y sont maintenant séparées par des intervalles de plus de dix ans.

justice méritée[1]. On trouve d'ailleurs, dans le registre n° 110 des archives coloniales déjà cité un rapport rédigé à la date du 12 décembre 1806 par le sous-directeur d'artillerie de Sancé qui fait ressortir l'état satisfaisant des défenses du fort Desaix et conclut hardiment «qu'une attaque de l'ennemi serait l'occasion d'un nouveau triomphe pour les armes de Sa Majesté.» Nous croyons utile de résumer ici les renseignements contenus dans cet intéressant mémoire :

BOUCHES À FEU.

Canons en fonte de fer de 24, 18; de 18, 15; de 12, 14, dont 3 en réserve; de 8, 15.

Canons en bronze de 24, 10; de 16, 4, dont 1 en réserve;

Canons en bronze de 12 de bataille, 2; de 8, 4; de 4, 12; en réserve.

OBUSIERS ET CARONADES.

Mortiers de 12 pouces en fer, 8, en bronze, 3; de 8 pouces en bronze, 1;

[1] «Je ne finirai point sans recommander encore aux bontés de Votre Excellence MM. Villaret, Sancé et Richaud aux talents desquels je dois en grande partie l'état formidable dans lequel se trouve la Martinique qui brave toute la morgue et tous les projets de la fière Albion.» (Lettre au Ministre du 28 novembre 1806).

«Depuis longtemps je m'interdisais de vous parler de mon frère... les services essentiels qu'il rend depuis quatre ans à la Martinique, les talents qu'il a déployés dans l'armement des forts dont il a considérablement augmenté les moyens de défense, et l'organisation de son arsenal qui peut rivaliser avec les plus beaux établissements d'Europe me semblent lui donner de grands droits... M. de Sancé qui... ne cesse de justifier journellement par des preuves non ralenties de zèle et d'activité l'opinion que j'ai cherché à vous faire concevoir de ses talents véritablement transcendants.

«M. Richaud, sous-directeur provisoire du génie réalise de jour en jour mes espérances, et je m'estime heureux de l'avoir employé depuis plus de deux ans dans un grade supérieur... dans un moment où la mort de son chef me cause un vide immense.» (Lettre au Ministre du 16 décembre 1806.) *Archives de la Martinique*, registre n° 110 déjà cité.

Caronades de 36, 2; obusiers de 8 pouces, 1; de 6 pouces, 6, dont 2 en réserve.

Ce qui fait un total de 91 bouches à feu en batterie et de 24 en réserve.

Puis la situation des affûts qui « sont tous neufs et en bois du pays, à l'exception de 4 affûts de 16 apportés par la division de Toulon » :

Affûts pour canons de place de 24, 38; de 18, 22; de 16, 6; de 12, 20; de 8, 17.

Au total, 113.

Affûts en fer pour mortiers de 12 pouces, 13; de, 8 pouces, 3.

Affûts pour obusiers de 8 pouces, 2; de 6 pouces, 8.

Affûts pour caronades de 36, 4.

Au total, 30.

Affûts pour canons de bataille : 3 de 12, 3 de 8 et 10 de 4.

On voit qu'il y a un nombre d'affûts de rechange s'élevant à près de 50 p. 100. La situation en projectiles est moins brillante; elle comporte en effet :

Calibre de 24, 15.042 boulets, 680 grappes de mitraille ou boîtes à balles.

Calibre de 18, 7.148 boulets, 360 grappes de mitraille ou boîtes à balles;

Calibre de 16, 2.420 boulets, 120 grappes de mitraille ou boîtes à balles;

Calibre de 12, 8.627 boulets, 600 grappes de mitraille ou boîtes à balles.

Calibre de 8, 5.420 boulets, 940 grappes de mitraille ou boîtes à balles.

Calibre de 4, 2.530 boulets, 1.424 grappes de mitraille ou boîtes à balles.

Au total, 41.187 boulets; 4.124 grappes de mitraille ou boîtes à balles.

Calibre de 12 pouces, 2.940 bombes, 0 boîtes à balles.

Calibre de 8 pouces, 1.200 bombes, 0 boîtes à balles.

Calibre de 8 pouces, 1.000 obus, 50 boîtes à balles.
Calibre de 6 pouces, 1.000 obus, 228 boîtes à balles.
Calibre de 36 (caronades), 200 boîtes à balles.
Au total, 6.140 bombes, 478 boîtes à balles.

Soit un total de 51.929 coups, ce qui, ainsi que le fait remarquer Sancy, « d'après les principes adoptés pour l'armement des places, forme à peine la moitié du nécessaire. » Puis il ajoute : « Il est malheureux que l'on soit si mal pourvu de grenades qui doivent jouer un grand rôle dans la défense des places qui, comme le fort Desaix, *ont leurs glacis en pente si rapides qu'ils ne sont vus que par les saillants des places d'armes.* On en a réuni 1.000 environ, en y joignant tous les obus irréguliers laissés par les Anglais; il en faudrait au moins 25.000. »

En revanche, les armements sont en double pour chaque pièce. Les triqueballes et voitures diverses sont aussi en nombre suffisant, mais il n'y a que 12 brouettes. Les fusils, cartouches et artifices divers sont aussi en nombre suffisant.

La poudre emmagasinée au fort Desaix, s'élève à la quantité de 220.000 livres dont 175.500 livres prévues pour l'artillerie (qui tirera la plus grande partie de ses coups à ricochet); 18.000 livres pour les mines; 12.500 livres pour les 500.000 cartouches d'infanterie, 2.000 livres pour les artifices, et 12.000 livres pour le déchet et les amorçages.

Il y a en outre 8.000 livres de mèches en très bon état.

Les plates-formes sont toutes reconstruites à neuf, et on en a 30 complètes de rechange, il existe aussi un respectable approvisionnement de fascinages ou de planches et de madriers susceptibles de suppléer aux gabions et saucissons.

Il faut retenir cet état de l'armement du fort Desaix à la fin de l'année 1806, armement qui ne pourra que s'être amélioré au moment du siège de 1809.

Le premier trimestre de l'année 1807 fut marqué par la perte de la corvette française le *Lynx* que Villaret-Joyeuse avait envoyée à la côte ferme sur la demande du général Ernouf pour rapatrier le détachement envoyé à Caracas. En arrivant sur cette côte, le *Lynx* fut rencontré par la frégate anglaise la *Galathée* qui le fit attaquer à 9 heures du soir par 6 barges ou péniches armées. Les Français se battirent avec le plus grand courage tandis qu'une cinquantaine d'étrangers qu'on avait pris aux Saintes lâcha pied promptement et se retira sur le gaillard d'arrière. Le brick fut enlevé après une lutte sanglante qui lui coûta 16 tués et 21 blessés, parmi lesquels l'officier commandant. (Janvier 1807.)

En revanche, la goélette corsaire la *Pensée* (capitaine Morisseau) se signalait, deux mois plus tard, par un trait de bravoure qui, suivant l'expression du capitaine général Villaret, « est un des plus beaux faits de notre marine [1]. » Ce corsaire ramena à Fort-de-France, le 14 avril, 3 bâtiments anglais venant de Liverpool, portant ensemble 58 hommes d'équipage et 20 bouches à feu de 12 ou de 6, alors que cette goélette n'avait elle-même que 42 hommes d'équipage et *un seul* canon de 6 sur affût à pivot. Elle avait surpris les trois bâtiments à l'ancre, entre le cap Nasseau et le cap Esquibo et les avait enlevés ensemble.

A ce moment, les forces navales des Anglais dans les mers des Antilles comprenaient : les vaisseaux le *Saint-Georges*, le *Ramillies*, le *Belle-Isle*, le *Northumberland* et le *Canada*, 8 frégates, 6 corvettes, et une quantité prodigieuse de bricks, cutters, goélettes ou avisos.

Le 20 avril, un autre corsaire, l'*Éclair*, qui avait, quelques semaines auparavant, capturé le *Sussex* dans un convoi allant d'Angleterre à la Barbade, ramenait encore à la Martinique, le *Héros du Nil*, bâtiment armé de 10 canons et portant 25 hommes d'équipage et faisant partie d'un second convoi anglais pour la même destination. Ce convoi, qui comptait 80 voiles, était escorté par une frégate et une corvette.

A la fin de la même année (19 décembre), les frégates

---

[1] Lettre au Ministre en date du 20 avril 1807. *Archives des colonies.* Martinique, Correspondance générale; année 1807, registre n° 113.

l'*Hortense* et l'*Hermione*, venant de France, mouillèrent à Fort-Royal et y débarquèrent 452 hommes de renfort, 10 milliers de poudre et 8 milliers de mèche. Villaret, rendant compte au Ministre de cette arrivée [1], lui rappelle qu'il attend encore une notable quantité de matériel d'artillerie demandé à la date du 10 mai 1807 : « canons de bronze et de fer, mortiers, obusiers, affûts de fer, boulets, obus, bombes et grenades. »

Cependant, les Anglais enserraient de plus en plus la colonie, et, dès le commencement de l'année 1808, le blocus le plus strict est annoncé par l'amiral Cochrane qui est devant le Fort-de-France avec son vaisseau et deux frégates, tandis que le *Ramillies* et la *Belle-Isle* gardent les canaux de la Dominique et de Sainte-Lucie [2]. Un peu plus tard, 2 vaisseaux de 80, 4 vaisseaux de 74, 4 frégates et 2 corvettes, sont en surveillance dans le canal de la Guadeloupe [3]; en même temps, l'amiral Duckworth, qui parcourait la mer des Antilles à la recherche d'une escadre française, avait renforcé la station de la Barbade des vaisseaux l'*Intrépide* et la *Défense*; le contre-amiral Hood y avait envoyé, peu de jours avant, le *Capitaine* et le *Yorck*.

Le capitaine général Villaret, se sentant ainsi menacé d'une attaque prochaine, avait fait élever, sur le morne Surirey qui domine le fort Desaix, un camp retranché comprenant cinq ouvrages distincts; trois d'entre eux étaient déjà achevés avant la fin de février 1808. Il adopta en même temps un nouvel affût de place et côte de construction économique [4]. Enfin, il fit voter, par l'assemblée consultative de la Martinique,

---

[1] Lettre au Ministre du 21 décembre 1807. *Idem, ibidem.*

[2] Lettre au Ministre du 15 janvier 1808. *Idem*; année 1808, registre n° 114.

[3] Lettre au Ministre du 15 mars 1808. *Idem, ibidem.*

[4] « Le directeur d'artillerie Villaret, m'ayant proposé de faire exécuter un nouvel affût très économique, dont il avait reçu le devis, avec l'assurance qu'on s'en était servi avec succès dans l'armée d'Égypte, où il avait été in-

pour l'année 1809, un subvention de guerre égale à celle qui avait été déjà votée pour 1808.

Tout cela n'empêchait pas les croiseurs anglais de continuer leurs vexations incessantes sur les côtes de la Martinique où, pourtant, « nos postes, tant de troupes que de gardes nationales, saisissent, quelquefois avec succès, l'occasion de leur faire des prisonniers [1] ». Mais, à ce moment, c'était encore la mer qui était le principal théâtre de la lutte.

C'est ainsi que le brick le *Palinure* et le corsaire le *Bécune* ramènent chacun au mois d'août une importante prise anglaise chargée de vivres [2]. Au commencement d'octobre, le brick anglais *Mary* est pris devant la baie Mahault par la corvette française *Département-des-Landes*. La corvette eut peu à souffrir de cet engagement, tandis que le brick eut les deux tiers de son équipage hors de combat, soit 50 hommes sur 75 [3].

Une petite division, partie de Cherbourg au mois de novembre 1808 pour porter des vivres à la Martinique et composée de la frégate l'*Amphytrite* et des bricks le *Papillon* et le *Cygne* se divisa en arrivant en vue de l'île. Le *Papillon* entra à la Trinité après avoir combattu pendant trois quarts d'heure un brick anglais et malgré l'approche d'un vaisseau de la même nation. (12 décembre 1808.) Quelques jours après, l'*Amphytrite*, passant de nuit au milieu des frégates qui bloquaient le sud de l'île, se dirigeait vers la rade de Fort-de-France.

venté, je l'ai autorisé à faire cet essai dont j'ai été si satisfait, qu'après les épreuves les plus fortes, je n'ai pas balancé à approuver ce nouveau genre et à ordonner que, désormais, tous nos affûts de côte seraient construits sur ce modèle. Les anciens exigeant 122 pieds cubes de bois et celui-ci n'en demandant que 75 et remplissant absolument le même but, j'espère que Votre Excellence approuvera cette disposition d'autant plus essentielle que les bois sont très rares et excessivement chers. » — [Lettre au Ministre du 13 février 1808, registre n° 114, déjà cité.]

[1] Lettre au Ministre du 13 juillet 1808. *Idem, ibidem.*
[2] Lettre au Ministre du 20 août 1808. *Idem, ibidem.*
[3] Lettre au Ministre du 9 octobre 1808. *Idem, ibidem.*

Reconnue au point du jour, elle engage intrépidement la lutte contre deux frégates et un brick de l'ennemi tout en continuant sa route vers la rade. Son artillerie, bien servie, tire deux fois plus vite que celle de l'ennemi sans rien perdre de sa précision. Cette canonnade violente est entendue depuis Fort-de-France où les canonniers se portent à leur poste dans les deux forts, prêts à tirer sur les Anglais dès qu'ils seront à portée. Mais ceux-ci, déjà maltraités par le feu de la frégate, aiment mieux renoncer à l'attaque et prendre le large. Le brave commandant de Trobriand, put ainsi, grâce à son sang-froid et à sa sagacité, faire entrer au port sa frégate saine et sauve, sans avoir perdu un seul homme.

Quant au *Cygne*, il avait fait le tour par le Nord et arriva le 12 décembre devant le Prêcheur; le lieutenant de vaisseau Menouvrier de Fresne qui commandait le brick y ayant reconnu la présence de trois bâtiments de guerre anglais entra dans l'anse Céron pour se mettre sous la protection des batteries de côte qui la défendaient[1]. Les bâtiments anglais (frégates *Circé* et *Amaranthe* et corvette *Stork*, avec quelques bricks) étaient venus au Prêcheur pour enlever une goélette arrivée la veille de Nantes; mais le feu de la batterie de côte appuyé par les gardes nationales du quartier et un détachement de troupes venu de Saint-Pierre les força à renoncer à ce projet, après un engagement à courte distance qui dura plus de deux heures, ils résolurent de se porter sur l'anse du Céron pour enlever le *Cygne*. Ce brick portait 86 hommes d'équipage et 10 soldats passagers.

A 4 heures et demie, les Anglais ouvrent le feu avec leurs deux frégates et trois bricks, tandis que des péniches chargées de matelots, s'avancent pour aborder le brick français, mais celui-ci dirigeant contre elles un feu violent à mitraille parvient à les couler. L'une des frégates, longeant le rocher

---

[1] Les batteries de côte du Prêcheur et de l'anse Céron sont depuis longtemps abandonnées et en partie détruites.

de la Perle, vient alors présenter son beaupré sur le mât de misaine du *Cygne*, comme pour l'aborder. Le commandant Defrène, faisant toujours tirer à mitraille, balaie le pont de la frégate qui s'empresse de virer de bord en lui envoyant toute sa bordée. Pendant cette lutte, quatre autres péniches chargées d'assaillants avaient pu arriver le long du brick français; le commandant leur fit lancer des boulets à la main du haut des hunes et parvint ainsi à en couler deux; mais les deux autres s'accrochent aux flancs du *Cygne*; l'officier anglais qui les commande se présente deux fois au sabord du petit bâtiment; blessé deux fois au moment d'y pénétrer, il renouvelle une troisième fois sa tentative et se fait tuer par la main même du second du bâtiment, le lieutenant de vaisseau Trotel.

Enfin les deux péniches sont détruites, ceux qui les montaient sont tués ou noyés, les Français recueillent seulement dix-sept blessés dont dix ne tardèrent pas à succomber. Les Anglais avaient perdu 200 hommes dans cette lutte contre un brick, soutenu par une batterie de côte. Ils reprirent le large à 6 heures et demie, après un combat de deux heures, ayant complètement échoué dans leur entreprise. Chose étonnante le brick français n'avait que cinq blessés, *sans un homme tué;* en revanche, il avait été traversé, au-dessus de la flottaison, par cinq boulets et avait reçu dans son gréement de sérieuses avaries[1].

Malheureusement, le lendemain, le *Cygne* qui avait remis à la voile pour gagner Saint-Pierre, longeant le rivage où il était appuyé par un détachement du 82e de ligne qui marchait à sa hauteur, et tenait à distance par le feu de sa batterie les navires qui le poursuivaient, fut jeté sur les écueils à une

[1] En mémoire de ce beau combat, la ville de Saint-Pierre offrit au commandant du *Cygne* une épée d'honneur qui lui fut solennellement remise en présence du capitaine général Villaret-Joyeuse, du préfet colonial et du grand juge, des généraux d'Houdetot et Villaret-Joyeuse et de tous les officiers et fonctionnaires de la ville.

heure et demie de Saint-Pierre, par la maladresse du mulâtre qui lui servait de pilote. On sauva toute la cargaison, mais le navire dut être abandonné.

Avant la fin de cette même année 1808, nous avons encore à signaler un combat glorieux soutenu par le brick le *Palinure* dont nous avons déjà eu l'occasion de parler. L'amiral Villaret-Joyeuse avait envoyé ce brick en croisière en complétant son équipage à 80 hommes avec des soldats du 82ᵉ d'infanterie. Le 3 octobre, au vent de la Barbade, on signale une voile ennemie courant à contre-bord. C'était le brick anglais la *Carnation*, armé de 16 caronades de 32, de 2 canons de 9, et d'une caronade de 18, montée sur affût, à pivot central : il avait 119 hommes d'équipage. Le capitaine de frégate Janse, commandant du *Palinure*, malade de la fièvre jaune depuis cinq jours, donne l'ordre d'attendre l'ennemi et se fait porter sur le pont. Le combat commença à midi au moment où les deux bricks arrivaient presque bord à bord. La canonnade se prolongea jusqu'à 2 heures et demie ; le *Palinure* qui avait pas mal d'avaries dans sa voilure, manœuvra pour accoster la *Carnation* qui chercha en vain à se dérober ; a 3 heures les grappins étaient jetés et 25 Français avaient sauté à bord du navire anglais ; l'aspirant Lepontois et l'enseigne Deberge, qui conduisent les assaillants sont blessés, le premier d'un coup de pique, le second d'un coup de feu, la lutte s'engage corps à corps ; elle dure une demi-heure jusqu'à ce que les Anglais, cédant à la furie des assaillants, amènent leur pavillon. Ils avaient neuf tués parmi lesquels le capitaine. Quant au *Palinure*, il avait quatre hommes tués et onze blessés. Le lendemain le commandant Janse, qui avait porté son pavillon sur la *Carnation*, moins avariée que le *Palinure* succomba à la terrible maladie dont il était atteint. Ce fut son second, l'enseigne de vaisseau Huguet, qui ramena les deux bricks dans la baie du Vauclin [1].

[1] *Sidney Daney*, ouvrage cité et registre n° 114 déjà cité.

Cependant depuis le commencement de l'année 1808, les attaques partielles des Anglais sur les côtes de la Martinique, préludaient à l'attaque générale et à la conquête de l'île. Au mois de mars de cette année, trois bricks arrivant de France aux Antilles, le *Griffon*, le *Pilade*, et le *Palinure* furent chassés en vue de la Martinique par des forces anglaises supérieures. Le *Griffon* après avoir supporté un engagement contre la frégate anglaise *Acasta* put entrer au Marin tandis que les deux autres bricks se mettaient à l'abri dans la rade de la Trinité [1].

Mais les Anglais regrettant d'avoir laissé échapper le *Griffon*, reviennent en force le 27 mars pour le saisir à son mouillage du Marin : ils avaient réuni pour cette expédition : un vaisseau l'*Ulysses*, une frégate le *Castor*, une corvette l'*Hypomène* et un brick le *Morne-Fortuné* : la baie du Marin était défendue par deux batteries de côte, à droite, celle de la pointe Borgnesse, armée de 4 canons de 24 et 5 canons de 18, à gauche, celle de la pointe Dunckerque armée de 5 canons de 24 et 3 canons de 18.

Ces deux batteries se trouvaient à un quart de lieue environ en avant du fond de la baie où était aller mouiller le *Griffon*, les Anglais devaient donc éteindre le feu de ces batteries avant d'envoyer leurs péniches à l'attaque du brick français. En conséquence, la division canonna ces batteries avec violence pendant plusieurs heures, mais ne réussit pas à les faire évacuer; au contraire la frégate le *Castor* traversée par un boulet parti de la pointe Dunckerque dût rester en arrière. Les Anglais voyant que le bombardement n'obtenait pas l'effet désiré, résolurent de tenter un débarquement : onze péniches remplies de troupes furent chargées de l'opération. Elles réussirent à mettre leurs hommes à terre dans les anses abri-

---

[1] C'est en sortant de la Trinité, que ces deux bricks, se rendant aux Saintes, eurent à soutenir contre deux corvettes anglaises le combat mentionné dans la première partie de ce chapitre.

tées de l'une et de l'autre pointe, et ceux-ci n'eurent pas de peine à chasser des batteries, toutes deux ouvertes à la gorge, les faibles détachements qui les armaient (20 hommes et 10 hommes). Les canonniers se replièrent vers le mouillage du brick pendant que les Anglais enclouaient hâtivement toutes les pièces. L'opération terminée ils remontèrent dans leurs péniches pour aller attaquer le *Griffon*. Mais celui-ci, qui était sur ses gardes, ouvrit le feu sur eux à bonne distance et dès la première volée, abattit le grand mât de la chaloupe qui portait le pavillon du commandant; en même temps plusieurs des péniches venaient toucher sur les récifs qui sont si nombreux dans cette baie. Le *Griffon* continuant toujours son feu, les péniches s'empressèrent de regagner leurs bâtiments respectifs, pour échapper au danger des échouements dans cette baie, dont le fond était probablement mal connu des marins qui les montaient.

Cette attaque avait eu lieu vers le soir, et le bruit de la canonnade avait fait prendre les armes à toutes les gardes nationales du voisinage; la compagnie de Sainte-Anne la plus rapprochée du théâtre de l'action, y arriva la première avant la nuit et eût son chef emporté par un boulet anglais[1]. Les autres arrivèrent à marche forcée pendant la nuit, et, trouvant le combat terminé, prirent position au Marin. On réoccupa immédiatement les deux batteries, et on désencloua toutes les pièces au point du jour, sous le feu des navires anglais qui les canonnèrent quelque temps, avant de prendre le large. Le général d'Houdetot arriva en même temps avec un détachement de 80 hommes du 82ᵉ de ligne, et n'eut qu'à féliciter les milices. Il en laissa un bataillon pour la garde du Marin.

Le brick *Morne-Fortuné* qui avait pris part à cette infructueuse expédition s'en vengea en exécutant des actes de piraterie incessants sur la côte de la Martinique, jusqu'à la nuit

---

[1] Le capitaine Girardin de Montgérald.

du 9 au 10 janvier 1809, pendant laquelle un fort coup de vent de N. E. le fit capoter et l'envoya au fond de l'eau. Un seul des marins qui le montaient pût être sauvé par un habitant français.

Le 29 juillet de la même année, une autre tentative de descente, mais moins importante, eut lieu au N.O. de l'île. Les deux bricks anglais *Express* et *Dominica* qui croisaient dans cette région, envoyèrent deux péniches portant ensemble 21 hommes et 2 officiers débarquer au fond de l'anse Capotte. Un habitant fit aussitôt prévenir le capitaine commandant les batteries de côte du quartier, qui se trouvait à l'anse Céron. Celui-ci s'embarqua aussitôt avec son lieutenant et 24 hommes dans deux canots, et vint débarquer près de l'anse Capotte. Les Anglais l'apercevant prennent la fuite pour rallier leurs embarcations, tandis que les Français s'élancent au pas de course pour leur couper la retraite. Dans leur précipitation les deux péniches commencent à s'éloigner laissant encore six hommes à terre; les soldats français les poursuivent jusque dans la mer et exécutent plusieurs feux de peloton, ayant déjà de l'eau jusqu'aux genoux; enfin les Anglais abaissent leur pavillon et sont faits prisonniers. Les six autres Anglais furent ensuite ramassés dans les mornes où ils s'étaient enfuis.

Enfin à la fin d'octobre 1808, l'amiral Cochrane, par ordre exprès du Ministère britannique, proclama le blocus rigoureux des Antilles françaises. Il existait bien déjà en fait; mais il devint encore plus sévère. « En effet, dit l'amiral Villaret-Joyeuse, depuis cette époque nous avons toujours à la vue de nos côtes, de quinze à dix-huit bâtiments de guerre ennemis dont : 4 vaisseaux, 2 frégates et 5 bricks formant une chaîne de la pointe Caravelle au Vauclin; 2 frégates ou corvettes et 1 brick à l'extrémité du canal de Sainte-Lucie, 1 frégate devant Saint-Pierre, une autre devant la baie de Fort-de-France et 2 bricks dans le canal de la Dominique, sans compter les petits bâtiments.

« Je présume qu'il doit y avoir au moins autant de forces

autour de la Guadeloupe, car la station anglaise est composée aujourd'hui depuis l'arrivée du *Pompée* et du *Neptune* de sept vaisseaux (dont 1 à trois ponts, 2 de 80 canons, 2 de 74, 1 de 64 et 1 de 50) de 9 frégates, 6 bricks et une quantité prodigieuse de goélettes, cutters et avisos.

« Au nombre des vaisseaux qui sont devant la pointe Caravelle est le *Belle-Isle* sur lequel on découvre le pavillon de l'amiral Cochrane.... » et Villaret ajoute dans un post-scriptum à la même lettre : « Je ne doute point que les Anglais ne comptent réellement sur des forces d'Europe et d'Halifax et qu'ils ne nous attaquent à la fin du mois prochain ou dans les premiers jours de janvier [1]. »

Au dernier jour de l'année la Martinique n'a pas encore été attaquée, mais la situation devenait de plus en plus inquiétante. Le blocus commencé à la fin d'octobre se resserrait de jour en jour; dès le 12 décembre, il y avait 80 transports réunis à la Barbade et la plupart des troupes destinées à l'expédition étaient déjà embarquées, au nombre d'environ 7.000 hommes, on n'attendait plus que les troupes venant d'Angleterre et d'Halifax. Le gros îlot de Sainte-Lucie était désigné pour le lieu de dépôt de l'expédition, et toutes les maisons étaient louées à cet effet, tous les pilotes côtiers étaient appelés à la Barbade et les caboteurs des îles anglaises réquisitionnés. Aussi Villaret écrit-il au Ministre le 31 décembre 1808 [2] : « Nul doute que nous ne soyons attaqués d'un jour à l'autre, dès demain peut-être... J'ose espérer, si cette dépêche parvient à Votre Excellence, que vous ne perdrez pas un instant pour nous dégager. » Puis il réclame l'envoi d'un colonel et d'un lieutenant-colonel d'infanterie, de deux officiers du génie, de quelques officiers pour le parc et d'un renfort de canonniers.

[1] Lettre au Ministre du 10 novembre 1808, registre n° 114 déjà cité.
[2] *Idem. ibidem.*

CHAPITRE XXII.

PRISE DE LA MARTINIQUE PAR LES ANGLAIS. (1809.)

Les forces rassemblées par les Anglais à la Barbade, aux premiers jours de l'année 1809 comprenaient 11 régiments de troupes blanches européennes savoir : les chasseurs royaux d'Yorck et les 7e, 8e, 13e, 15e, 23e, 25e, 46e, 60e, 63e et 90e d'infanterie anglaise, avec 4 régiments de nègres, les 1er, 3e, 4e, et 8e régiments des Indes-Occidentales. Ces 15 régiments donnaient un total voisin de 13.000 hommes d'infanterie; en outre, 3.000 soldats de marine ou matelots qui devaient être plus spécialement employés aux charrois de l'artillerie à la construction et au service des batteries, soit, ensemble, 16.000 hommes. Le matériel d'artillerie embarqué et notamment le nombre des projectiles, était en proportion de ces forces. L'amiral Cochrane, qui commandait depuis quelque temps déjà le blocus des îles françaises, avait le commandement général des forces navales comprenant 80 bâtiments de guerre et une centaine de transports; le lieutenant-général Beckwith, le commandement général des troupes. Ce dernier était secondé par le lieutenant-général sir Georges Prévost[1], gouverneur d'Halifax, et le major-général Maitland, gouverneur de la Grenade. Quelque importantes que fussent les forces placées sous ses ordres, le prudent Beckwith ne se croyait pas encore capable d'enlever la Martinique et voulait attendre de nouveaux renforts; le bouillant Prévost, au contraire, soutenait énergiquement qu'il y avait tout intérêt à

---

[1] Nous avons déjà trouvé sir Georges Prévost à la Dominique, où il commandait au moment de l'attaque de cette île par l'amiral Missiessy. Il réussit à se dérober et put aller s'enfermer dans le fort Prince-Rupert où on ne jugea pas à propos de l'assiéger.

brusquer l'attaque. Cette mésintelligence des généraux était sur le point de faire dissoudre l'expédition, lorsque les Anglais interceptèrent, dans les mers d'Europe, deux lettres dans lesquelles Laussat, préfet colonial de la Martinique, exposait, en détail, au Gouvernement français, l'état de pénurie de la colonie [1]. L'amirauté de Londres se décida alors à envoyer à la Barbade l'ordre formel d'exécuter immédiatement l'attaque. En conséquence, l'expédition anglaise mit à la voile, à Carlisle-Bay (Barbade) dans la soirée du 28 janvier, et le le surlendemain, dans la matinée, elle était en vue de la Martinique.

L'amiral Villaret avait à opposer à ces forces considérables 3 bataillons du 82e et 2 bataillons du 26e formant un total de 2.400 hommes d'infanterie, et un petit nombre d'artilleurs qui fut bientôt renforcé par 305 marins provenant de l'*Amphytrite* et des autres navires. Enfin la garde nationale pouvait fournir 6 bataillons donnant ensemble 3.500 hommes, mais nous verrons bientôt que son concours fut illusoire. La défense disposait de 280 à 290 bouches à feu de divers calibres [2], de 5.000 fusils à baïonnette, de 1.500.000 cartouches d'infanterie; elle avait en outre du plomb pour couler 220.000 balles, 350.000 pierres à fusil, 17.000 sacs à terre, de la poudre en quantité suffisante.

La qualité des troupes était excellente dans le 26e qui comptait beaucoup de vétérans des armées d'Égypte et d'Italie,

---

[1] Lettres du préfet colonial Laussat, en date des 10 avril et 6 mai 1808, représentant la Martinique comme *dénuée de tout*; renseignement fourni par l'amiral Cochrane à l'amiral Villaret après la prise de la Martinique. [Lettre de Villaret au Ministre de la marine et des colonies, en date du 11 juin 1809. *Archives des colonies*, correspondance générale, 1809-1811. Registre n° 116.]

[2] 113 bouches à feu au fort Desaix, 78 à l'Arsenal et à Fort-de-France, enfin de 95 à 100 sur les côtes dont quelques-unes hors de service. Les 113 bouches à feu du fort Desaix se décomposaient en : 12 pièces de campagne; 14 canons de place en bronze; 68 canons en fonte de fer; 12 mortiers; 5 obusiers, et 2 caronades de 36.

moins bonne dans le 82° où entraient beaucoup d'éléments étrangers; très bonne encore chez les artilleurs et les matelots. Le commandement supérieur laissait à désirer. Le capitaine général, marin énergique et vigoureux, était un homme d'un grand caractère qui avait fait ses preuves sur mer, mais qui n'avait pas de notions pratiques sur la guerre à terre et la défense des places; le général d'Houdetot, commandant des troupes, était septuagénaire et ne possédait plus l'initiative et la vigueur nécessaires; le général Villaret, directeur de l'artillerie, ne possédait pas la confiance des troupes; le commandant Boyer de Peyreleau que nous avons vu se distinguer, en 1805, à la prise du Diamant, était peut-être le militaire le plus entendu, mais son grade et sa position ne lui permettaient pas de faire prévaloir ses idées.

Nous suivrons, pour le récit du siège, le *Journal* rédigé par l'amiral Villaret-Joyeuse qui est conservé dans les *Archives des colonies*, Martinique, 1809-1810, registre n° 116.

Ce journal commmence à la date du 30 janvier 1809. A cette date, il signale de 30 à 45 voiles anglaises qui paraissent au point du jour devant le Marin, et de 45 à 60 devant le Robert, et qui ne tardent pas à débarquer environ 3.000 hommes au Marin et à Sainte-Luce et 5.000 au Robert. Aussitôt, un coup de canon tiré dans chaque poste invite les gardes nationales à se rendre d'urgence sur les points qui leur ont été assignés à l'avance.

L'escadre anglaise filant ensuite sur Case-Navire, Villaret suppose que c'est là qu'aura lieu le principal débarquement, et donne l'ordre au général d'Houdetot d'y envoyer le 82e régiment.

La faiblesse de la garnison ne lui permettant pas de la morceler pour se défendre sur tous les points, il avait décidé après entente avec tous les officiers supérieurs de l'armée, de concentrer ses troupes « dans un rayon de trois lieues autour du fort Desaix. »

En conséquence, l'adjudant commandant Miany réunit au

premier signal le bataillon de guerre de la garde nationale de la Trinité et la compagnie des chasseurs de la Martinique, formant un total de 400 hommes, et se porte rapidement avec eux sur le Gros Morne, laissant l'ordre, au bataillon de la Basse-Pointe, de venir l'y rejoindre le plus tôt possible. Cet ordre, d'ailleurs, ne fut jamais exécuté.

Le 31 janvier, on constate que l'ennemi a débarqué au Robert 7.000 hommes au lieu de 5.000 : Miany abandonne alors le Gros-Morne, où il ne pourrait tenir, et se replie dans la direction du fort; dans sa retraite, il rencontre le chef de bataillon Prost avec 500 hommes du 26ᵉ régiment qu'il installe près de lui, à l'endroit désigné sous le nom de *chez Desfourneaux*. Les bataillons du Marin et de la Rivière Salée s'étant réunis, reçoivent l'ordre de surveiller la colonne de 4.000 hommes du général Maitland qui arrivait du Marin au Lamentin pour se porter à l'attaque du camp retranché : pendant ce temps, les généraux Beckwith et Prévost se préparent à attaquer Miany et Prost dans leurs nouvelles positions. En même temps, l'amiral Cochrane vient mouiller sous le cap Salomon; Villaret, comprenant enfin que l'attaque principale n'a pas lieu du côté de Case-Navire, fait évacuer ce poste par le 82ᵉ et la garde nationale de Saint-Pierre qui l'avait rejoint pendant la nuit, et les rappelle sous le camp retranché [1].

Le 1ᵉʳ février, Miany et Prost sont attaqués et se défendent vigoureusement, mais ils sont obligés de céder au nombre et souffrent beaucoup dans leur retraite. Le colonel Montfort du 82ᵉ accourt au bruit de la fusillade avec son régiment et la garde nationale de Saint-Pierre. Dès lors, on dispute le terrain pied à pied : l'ennemi plie à son tour et commence à reculer; mais il reçoit des renforts, et les Français sont contraints à continuer leur retraite sur le camp retranché. D'après

---

[1] Dans la nuit du 31 janvier, l'évacuation de Saint-Pierre fut ordonnée; le brick le *Favori* y fut brûlé, et son équipage, ainsi que celui du bâtiment le *Carnation* déjà brûlé, au Marin, arrivèrent au Fort-de-France.

les évaluations de Miany, les pertes des Anglais atteignent 500 hommes; celles des Français, 300 hommes.

Cependant, le capitaine général ne voulant pas laisser à l'ennemi le temps de fortifier les hauteurs de l'habitation La Calle (morne Surirey) dont il vient de s'emparer, et d'y conduire du canon, ce qui eût rendu le camp retranché presque intenable, veut tenter de l'en chasser et de reprendre cette position. Le colonel Montfort, avec sa colonne, est chargé d'attaquer la gauche de l'ennemi [1]; l'adjudant commandant Miany d'attaquer son centre et sa droite. Boyer de Peyreleau, chef d'état-major, obtient la faveur de marcher en tête des grenadiers. L'attaque est exécutée avec une grande vigueur : les grenadiers abordent cinq fois de suite l'ennemi à la baïonnette; mais leurs efforts sont impuissants contre le nombre et la force de la position de l'ennemi. Les Français sont obligés de renoncer à une attaque infructueuse et se retirent, en bon ordre, sur le camp. Miany avait la cuisse traversée par une balle; deux capitaines du 82e étaient tués [2]; nous avions 400 hommes tués ou blessés; les pertes de l'ennemi étaient équivalentes.

« L'ennemi a établi un mortier à l'anse Noire qui est à 800 toises de l'Îlet-à-Ramiers sur lequel il a tiré aujourd'hui 5 ou 6 bombes qui ne paraissent pas avoir fait du mal. Ce poste est bien approvisionné en vivres et en munitions. Plu-

---

[1] « Le colonel Montfort qui, ne pouvant marcher à cause d'une incision de huit pouces qui lui a été faite, il y a près de six mois, à la cuisse, pour le guérir d'une carie à l'os, s'est fait porter, en hamac, à la tête de la colonne, où il s'est toujours tenu jusqu'à la fin de l'action, ce qui ajouterait, s'il était possible, à la réputation dont il jouit. » (Journal du siège.)

[2] Le capitaine Lahyer, qui commandait la compagnie des grenadiers avec autant de bravoure que de sang-froid, et le capitaine Deranger. Le capitaine général cite comme s'étant particulièrement distingués : le chef d'état-major Boyer, le commandant Prost du 26e, le commandant Pinguet et le capitaine Jamart du 82e, le capitaine et l'adjoint du génie Bragard et Cailleau; le chef d'escadron Le Bertre et Després, commandant la garde nationale de Saint-Pierre.

sieurs épaulements et quelques pièces de gros calibre ont été ajoutés à son armement déjà formidable. La garnison est de 130 hommes. »

Le 2 *février* au matin, l'ennemi enlève de vive force le poste Landais; le commandant Prost est forcé de se retirer sur la grande redoute. En même temps, deux fortes colonnes se portent sur les deux redoutes du centre pour les enlever. (Redoutes Magloire et Henry, armées chacune de 3 pièces de 12). Le colonel Montfort jette 150 hommes dans chaque redoute et les appuie par 200 hommes de son régiment postés sur les ailes. Le reste du 82ᵉ est mis en réserve sous les ordres du commandant Pinguet à la batterie Colard.

Cependant, l'ennemi, sans se laisser arrêter par la mitraille et le feu de la mousqueterie, s'élance à l'assaut et arrive jusqu'au pied des retranchements; mais le feu des défenseurs habilement dirigé, dans la redoute Magloire par le chef de bataillon Ocher, dans la redoute Henry par le capitaine du génie Mazin, arrête leur élan et détruit presque entièrement les deux compagnies qui s'étaient avancées avec tant d'intrépidité. Cependant, l'ennemi continuait son attaque avec opiniâtreté. « Il était aisé de voir, dit Villaret, qui rend ainsi un hommage mérité à la valeur du général anglais, que le général Prévost conduisait lui-même ses grenadiers. »

Après deux heures d'un feu violent, le chef d'état-major Boyer, remarquant que l'ardeur des Anglais paraissait se ralentir, lance en deux colonnes une partie des troupes du commandant Pinguet; les Anglais s'ébranlent alors et les défenseurs des redoutes franchissent les parapets pour les poursuivre; néanmoins, ils effectuent leur retraite en assez bon ordre. On put cependant faire quelques prisonniers qui annoncèrent, pour les Anglais, la perte considérable de 800 hommes dont plusieurs officiers de marque; la perte portait surtout sur les deux régiments de grenadiers d'élite, le 7ᵉ et le 23ᵉ.

Les pertes des Français étaient beaucoup moindres, mais ils

avaient à regretter le capitaine Mazin, tué sur le parapet de la redoute Henry dont il dirigeait les feux.

« Les pièces des redoutes, ajoute Villaret, ont tellement tiré, qu'elles étaient toutes démontées et hors de service, ainsi qu'une grande partie des fusils, lorsque les ennemis se sont retirés. Nous avons repris les mêmes positions. »

En terminant son récit journalier, il déclare qu'après avoir pris l'avis des principaux officiers réunis en conseil de guerre, il a donné l'ordre d'évacuer le Fort-de-France « dans lequel il y a tout au plus cent éclopés » et de brûler l'*Amphytrite* qui, gardée à vue par le *Pompée* et deux frégates, n'a jamais pu trouver l'occasion de sortir. Puis, le mouvement de concentration de l'armée anglaise menaçant de couper la retraite sur le fort des troupes qui gardaient le camp retranché, il donne l'ordre d'évacuer le camp et de faire rentrer tout le monde au fort Desaix. On laisse seulement 100 hommes à la redoute Laurent, et les postes nécessaires sur le flanc pour assurer les communications avec la grande redoute. Ce mouvement de retraite était terminé à minuit et, dès lors, toute la défense allait être concentrée au fort Desaix [1].

---

[1] Ce fort (anciennement fort Bourbon et fort de la Convention) est celui dans lequel le général Rochambeau avait soutenu le siège de 1794. Il avait 400 mètres dans sa plus grande longueur, 120 mètres dans sa plus grande largeur; 1.200 mètres de développement de crêtes; 2.200 mètres de développement sur les chemins couverts; environ 45.000 mètres carrés de surface. Sa distance de la grande redoute était de 360 mètres; il communiquait avec elle par une galerie souterraine. La défense de cette redoute fut confiée au commandant Prost avec ses hommes du 26º d'infanterie. Le directeur général du génie Dudézerseul, dans son mémoire de 1803 sur la défense des îles du Vent, que nous avons eu l'occasion de signaler, estime à 4.000 hommes dont 400 artilleurs, la garnison nécessaire pour une bonne défense du fort. Villaret avait bien, grâce aux marins des navires brûlés, le nombre voulu d'artilleurs; mais au lieu de 3.600 hommes d'infanterie, il en avait à peine 1.500 quand il se renferma dans le fort Desaix, le chiffre primitif de ses forces étant diminué par les pertes des premiers combats, les maladies, les désertions qui commençaient déjà, enfin, par les 130 défenseurs de l'Îlet-à-Ramiers.

A ce même moment, les gardes nationales, dont quelques-unes, au moins, avaient fait preuve de bonne volonté et de vigueur pendant deux jours, se débandent, abandonnent leurs officiers et rentrent dans leurs foyers.

« Pendant que les troupes de ligne donnaient un si bel exemple, les gardes nationales, qu'on avait pu réunir sur divers points, se débandèrent en entier et se retirèrent dans leurs foyers. Celle de Saint-Pierre qui, la veille, s'était si bien montrée, refusa de coopérer à la défense du Fort-de-France, et disparut également, en abandonnant son chef le colonel Després et deux ou trois officiers qui restèrent. Cette défection qui commença par les gens de couleur libres, doit être attribuée aux nombreuses intelligences que, malgré les soins du capitaine général, les Anglais s'étaient ménagées, aux intrigues d'un nommé Santerre habitant de l'île, qui avait quitté la colonie pour se soustraire au mépris général que sa conduite lui avait attiré et que les Anglais avait fait colonel parce qu'il avait une grande influence parmi les gens de couleur ; il connaissait parfaitement les passages et jusqu'aux moindres sentiers, ce qui fut d'un très grand avantage à l'ennemi. Un nommé Destreuse, habitant de Fort-de-France, avait également endossé l'habit rouge et s'était mis à la tête des colonnes anglaises. Le général Maitland, ami de Santerre, avait eu en outre le soin de répandre de nombreuses proclamations dans la colonie, menaçant les blancs de les dépouiller de leurs propriétés, les gens de couleur de leur indépendance, et tous les hommes pris les armes à la main, de la déportation à Botany-Bay sur des plages sauvages [1]. »

Villaret, de son côté, écrit dans son journal, à la date du 2 février :

« Les officiers des bataillons du Marin et de la Rivière Salée

---

[1] *Victoires et conquêtes des Français*, t. XXV, p. 163. Le débarquement des Anglais au Robert avait déjà été facilité par la trahison de trois habitants de l'île.

m'ont rapporté leurs drapeaux les larmes aux yeux et le désespoir dans le cœur, en offrant de s'ensevelir avec moi sous les ruines du fort......

« La garde nationale de Saint-Pierre, que j'avais envoyée en réserve au Fort-de-France pour couvrir la ville et l'hôpital que menaçait un corps de 500 hommes campé sur le morne Tartanson, s'est débandée pendant la nuit et a abandonné son brave commandant Després qui est encore à son poste avec quelques officiers.

« Les milices de Fort-de-France en ont fait autant; celles qui étaient placées sur les hauteurs de la Case-Navire, sous les ordres du commandant Percin, sont rentrées dans leurs foyers. »

L'amiral attribue d'ailleurs ces défections simultanées plutôt aux menées de ce Sotter [1], créole de la Martinique et colonel commandant un corps noir au service des Anglais (et méprisé d'ailleurs par ceux-ci comme par les Français), qu'aux proclamations du général Maitland.

Avant de continuer l'analyse du journal de siège, nous devons mentionner ici la prise de la batterie de l'Ilet-à-Ramiers, sur laquelle le gouverneur général, déjà enfermé dans le fort, ne peut donner aucun détail. Nous trouverons le récit succinct de cet affaire, dans le tome XXV de *Victoires et conquêtes des Français* et dans le tome VI de *l'Histoire de la Martinique* par Sidney Dancy. Villaret, d'ailleurs, en donne lui-même, après coup, le récit dans une annexe de son journal.

Presque aussitôt après le débarquement (31 janvier) les Anglais avaient pu s'emparer de la batterie du cap Salomon qui s'avance au-dessous de l'Ilet-à-Ramiers, formant le saillant le plus méridional de la baie de Fort-de-France. La prise presque immédiate de cette batterie, d'altitude assez élevée, permit aux navires anglais de chercher un mouillage le long

---

[1] Nous avons vu que l'auteur de *Victoires et conquêtes* écrit : Santerre; mais l'amiral Villaret devait être bien renseigné sur le nom de ce traître.

de la côte escarpée de ce promontoire, en attendant la prise de l'Ilet-à-Ramiers, et de l'autre côté de Fort-de-France, l'évacuation de Case-Navire.

Pendant que le major-général Maitland, traversant le Lamentin, faisait le 3 février, sa jonction avec les troupes débarquées au Robert sous les ordres des généraux Beckwith et Prévost [1] un corps de cette dernière division, commandé par le major Henderson avait été chargé de s'emparer du poste de l'Ilet-à-Ramiers. Ce fort placé sur un rocher à l'ouverture de la baie de Fort-Royal, côté Sud, à 6.200 mètres de la pointe des Nègres et à 6.000 mètres environ de la pointe Sud du fort Saint-Louis (Fort-de-France) et distant de 250 mètres de la côte voisine (au Sud) est destiné à défendre l'entrée de la baie. L'altitude de la batterie est de 36 mètres. Nous n'avons pas de document donnant la composition exacte de son armement en 1809, mais en 1817 cette composition qui devait différer peu de la précédente était fixée de la manière suivante: 11 canons de 36, 5 canons de 24, 2 canons de 18, 1 canon de 6, 1 canon de 4 et de 2 mortiers de 12 pouces, ce qui fait un total de 22 bouches à feu. On a d'ailleurs déjà vu que sa garnison était de 130 hommes.

Le 31 janvier, le colonel Henderson fit placer un mortier de 13 pouces sur une hauteur voisine de l'Ilet, sur lequel il lança quelques bombes [2] tandis que des tireurs d'élite, armés

---

[1] Le général Prévost, emporté par son ardeur, marchait en toute hâte à travers des chemins inconnus et difficiles, devançant de plusieurs kilomètres le général en chef et le gros des forces anglaises. Si le capitaine général, au lieu d'attendre l'ennemi à la Case-Navire, avait pu prévoir ou même connaître assez tôt le débarquement effectué au Robert, il aurait probablement pu faire repentir le général Prévost de son audace. En rappelant promptement le 82ᵉ d'infanterie et les gardes nationales concentrées à la Case-Navire, et les faisant appuyer par quelques pièces de campagne, il avait beaucoup de chances d'écraser successivement les deux généraux anglais dans les passages difficiles où ils avaient engagé leurs troupes.

[2] C'est le tir mentionné dans le *Journal du Siège* sous la date du 1ᵉʳ février.

de bonnes carabines, s'étant avancés jusqu'à la distance de 600 mètres faisaient feu sur la garnison. Le feu de la batterie aurait eu facilement raison de cette attaque, mais les Anglais en préparaient une autre plus sérieuse sur un autre morne de la côte, où ils s'occupaient d'élever une batterie occupant un front d'environ 1.800 mètres. Cette batterie devait recevoir 5 mortiers et 5 obusiers débarqués par le vaisseau le *Pompée*. Les matelots de ce navire travaillaient activement à la construction de la batterie, pendant que le mortier de 13 pouces et les tirailleurs détournaient l'attention des défenseurs de l'Ilet.

L'amiral Cochrane, craignant que la frégate l'*Amphytrite*, mouillée dans le carénage, ne vînt incommoder les tirailleurs, fit passer la nuit dans l'intérieur de la baie les frégates *Eolus* et *Cleopatra* et le sloop *Recruit* pour s'opposer à cette tentative. Les troupes du fort d'en bas (fort Saint-Louis) apercevant au milieu des ténèbres les navires anglais qui entraient dans la baie du Lamentin, tirèrent sur eux quelques coups de canon qui d'ailleurs ne les atteignirent pas.

Ce fut cet incident qui inspira à Villaret l'ordre de brûler l'*Amphytrite*, ordre dont son brave commandant, Trobriand, sollicita vainement la révocation. La frégate fut livrée aux flammes pendant qu'on évacuait le fort Saint-Louis (3 février).

Dans la soirée de ce même jour, la grande batterie d'obusiers et de mortiers ouvrit le feu sur l'Ilet-à-Ramiers : après avoir lancé sur ce petit fort 500 bombes ou obus qui avaient écrasé tous les bâtiments et blindages, les Anglais dirigèrent sur l'Ilet, dans la journée du 4 février, 7 chaloupes montées, chacune par 80 hommes. Bien que le capitaine-commandant Petit n'eut eu que 4 hommes tués et 12 blessés, ce qui lui laissait 114 hommes valides, il ne crut pas pouvoir résister à cette attaque, et capitula.

« Les Anglais rendirent hommage à sa défense, dit l'auteur de *Victoires et conquêtes*; il semble cependant qu'elle aurait pu être plus prolongée.

Reprenons maintenant la suite du *Journal de Siège* de Villaret-Joyeuse.

3 février. — Une corvée de 700 hommes est envoyée au Fort-de-France, pour en retirer les poudres, farines et salaisons, détruire les affûts et plates-formes, enclouer les pièces et les mortiers, et, Trobriand fait en même temps retirer de l'*Amphytrite* tout ce qui peut-être utilisé par les assiégés.

A 4 heures du soir, le brigadier général Ramsey se présente en parlementaire avec une lettre du général en chef Beckwith; l'amiral refuse de la lire. Un peu plus tard le capitaine de frégate Trobriand rallie le fort avec 305 hommes constituant les débris de l'équipage de sa frégate, de ceux des bricks le *Favori* et la *Carnation* brûlés aussi par ordre, du brick le *Cygne*, que nous avons vu se perdre à la côte, et de la goélette la *Fine*. Tout le reste avait été dévoré par la fièvre jaune dans l'espace de six semaines.

4 février. — On voit flotter dans la matinée le pavillon anglais sur l'Ilet-à-Ramiers. On continue à évacuer le Fort-de-France. Une alerte sans suite, pendant la nuit.

5 février. — On s'occupe jour et nuit des travaux de défense. L'amiral descend en ville pour visiter les malades et blessés au nombre de 740. Il constate qu'on a pillé les magasins et sa propre maison; il ordonne aux vétérans de reprendre les armes pour contenir les noirs.

6 février. — « Nos batteries tirent sur tout ce qui se rencontre; mais les colonnes qui filent sur les flancs du fort prennent tant de précautions et passent si loin, que nos mortiers seuls peuvent leur faire quelque mal. »

7 février. — « L'ennemi s'est avancé dans la nuit sur la grande redoute dont j'ai confié le commandement au chef de bataillon Prost officier brave et distingué. Il l'occupe avec son bataillon ainsi que les avant-postes. L'intention des Anglais était de la surprendre, mais dès qu'ils ont vu que tout le monde était sur pied, ils se sont retirés.

« 22 chaloupes ont débarqué la nuit dernière 800 hommes au Fort-de-France. Ces péniches étaient pilotées par le sieur Destreuse, habitant assez vil pour s'être rangé sous les drapeaux anglais. Il avait pour acolyte le mulâtre Fontane, sergent du bagne qui, après avoir brisé les fers d'une douzaine de nègres forçats, composant la chaîne, a été avec eux se joindre à l'ennemi. »

8 février. — A la pointe du jour le pavillon anglais flotte sur le Fort-de-France. On dirige sur ce point le feu de 2 mortiers; presque toutes les bombes éclatent dans l'intérieur du fort [1].

La redoute Laurent ayant été forcée pendant la nuit, l'amiral décide qu'elle ne sera plus occupée que de jour. Il ordonne aussi la réunion journalière chez lui, d'un conseil de guerre composé de tous les officiers supérieurs.

9 février. — « Il a été fait, dans la matinée, une reconnaissance en avant de la redoute Laurent. Il en résulte que les anciennes redoutes Martin et Colard ne sont occupées que la nuit par l'ennemi. Ses avant-postes sont placés sur les redoutes Henry et Magloire.

---

[1] Ce même jour, 8 février, les corvettes anglaises *Pelorus* et *Chérubin* s'étaient détachées de la division Maitland pour aller prendre possession de Saint-Pierre, ville ouverte et sans défense. Elles mirent à terre au Carbet, un corps de troupes commandé par le lieutenant-colonel Barnes qui marcha aussitôt sur la ville. Les chefs de la garde nationale s'empressèrent de signer une capitulation stipulant que la garde nationale retournerait à ses occupations domestiques, que les propriétés particulières seraient respectées, et confiant les intérêts de la ville aux commandants des forces anglaises de terre et de mer.

« L'ennemi travaille beaucoup dans le fort d'en bas. Pour se mettre à l'abri de toute surprise, il a remplacé les portes qu'on avait fait sauter, par de fortes barricades. Toute la journée, 2 mortiers, une pièce de 24 et une de 16 ont été dirigés contre lui. L'ordre a été donné de continuer le feu toute la nuit.

« Dans la soirée, les batteries ennemies établies au moulin La Calle ont tiré quelques boulets sur la redoute Laurent. Il y a eu 3 hommes blessés. La nuit a été tranquille; on a seulement tiré quelques coups de fusils en avant de la grande redoute. »

10 février. — « Nous avons bombardé toute la journée le Fort-de-France. Les rapports du soir nous ont appris que les coups avaient été bien dirigés et que nous avions tué beaucoup de monde, car on a porté une douzaine d'hommes à l'hôpital, parmi lesquels un officier qui a la cuisse emportée. L'ennemi a, de son côté, ouvert une batterie de mortiers et une de canons. A 8 heures du soir, 30 convalescents se sont échappés de l'hôpital et sont venus nous rejoindre.

« Deux cents Anglais s'y sont rendus dans la nuit : ils ont fait prêter serment à tous les officiers de santé et employés de ne point communiquer avec le fort Desaix et de n'en recevoir ni malades, ni blessés. »

L'amiral ajoute que les espions lui ont appris que plusieurs batteries de siège étaient déjà très avancées, mais qu'elles ne feraient feu que lorsque celles du morne Tartanson seraient achevées; ils assurent qu'il y a un camp de 2.000 hommes en arrière du moulin Laugard. D'autre part les chemins de Case-Navire seraient couverts de canons et de mortiers traînés par les matelots.

« Le commandant Prost est sorti, cette nuit, avec le projet de tourner l'ennemi par la ravine Vilaine. Il avait défendu de tirer pendant qu'il serait dehors, mais une patrouille des avant-postes ennemis s'étant approchée, la redoute a fait feu et Prost a été obligé de rentrer. »

11 février. — « Le général en chef s'est décidé pour le siège contre l'avis du général Prévost (attaque de vive force). Les préparatifs du siège sont immenses... les nègres disent qu'ils n'ont jamais vu tant d'artillerie ni tant de monde [1].

« Le Fort-de-France a fait jouer aujourd'hui sur nous 3 mortiers de 12 pouces et plusieurs pièces de 24 [2] ; ils ont lancé une trentaine de bombes et une centaine de boulets qui nous ont fait peu de mal. J'ai appris que notre feu leur avait été très pernicieux.

« Je crois aussi que, quoique nous ayons tiré au hasard sur les batteries et camps qui m'avaient été indiqués, nous avons été très heureux, car, à un signal fait avec des fusées par un bâtiment de Case-Navire, le Fort-de-France, pour faire diversion, a recommencé son feu avec une activité qui n'avait pas encore eu lieu. Mais nous avons de quoi faire face à tous et nos canonniers de marine tirent avec la même précision qu'un chasseur expérimenté tire un coup de fusil. J'ai suivi les exercices de Rochefort, Brest et Lorient, mais j'ai rarement vu d'aussi bons tireurs.

« Une bombe tombée sur le pavillon du génie l'a entièrement écrasé. Elle a passé au milieu du corps de garde, qui était au-dessous du logement de l'ingénieur, et n'a heureuse-

---

[1] Les Anglais établirent dès lors autour du fort, un cordon de toutes leurs troupes, disposées de manière que tous les points contre lesquels on pouvait tenter une attaque, parce qu'ils étaient les seuls accessibles, fussent gardés désormais par un nombre d'hommes supérieur à la totalité de la garnison du fort, ce qui devait rendre vaines toutes les tentatives des assiégés.

[2] D'après l'historien Sidney Daney, l'évacuation du fort Saint-Louis, exécutée sous les ordres du sous-directeur d'artillerie de Sancé fut conduite avec tant de précipitation qu'on y laissa la plus grande partie des canons, 2 mortiers, une grande partie des poudres que l'on négligea de noyer et des projectiles dont les Anglais se servirent ensuite pour tirer sur le fort Desaix. De Sancé, en effet, vu le peu de temps dont il disposait n'avait pu qu'enclouer les pièces. Les Anglais purent probablement les désenclouer et les retourner contre le fort Desaix.

ment éclaté que lorsque les soldats, au nombre de 40, étaient presque tous sortis.

« Notre feu a été si vif que la maçonnerie des deux mortiers du bastion n° 1 a grand besoin de réparations. Une pièce de 12 de la demi-lune du front d'attaque a été démontée pour la troisième fois... »

« Il y a une grande désertion dans nos troupes principalement dans le 82e; ces corps sont malheureusement composés en grande partie de conscrits réfractaires, de prisonniers et de mauvais sujets provenant des dépôts coloniaux. »

12 février. — L'amiral constate d'abord que le surcroît d'activité imposé à la garnison, donne beaucoup de malades, que le petit nombre de casemates l'oblige à entasser ses troupes sous les poternes « qui sont de vrais cloaques par la quantité d'eau qui tombe depuis plusieurs jours » et où il leur est impossible de prendre le moindre repos. Il est d'ailleurs impossible de tenter une sortie, tous les points accessibles étant gardés par des forces supérieures.

« Le Fort-de-France tire nuit et jour, il nous tue quelques hommes et démonte quelques pièces, mais je suis bien convaincu que nous lui détruisons un monde prodigieux.

« Le général Maitland m'a envoyé réclamer, de la part du général en chef, les 30 convalescents qui s'échappèrent, dit-il, de l'hôpital le 10 de ce mois. Ma réponse a été trop fière pour qu'il soit tenté de revenir à la charge, elle est basée sur la position de ce bâtiment, qui est sous la volée de mon canon...

« La grande redoute a tiré cette nuit plusieurs coups de canon sur Courville et Mindès, où l'on croyait avoir vu des travailleurs. Il y a eu aussi une petite fusillade aux avant-postes. »

13 février. — « La journée a été mauvaise: deux petits magasins d'artillerie ont sauté par l'effet de la bombe. J'ai voulu faire attaquer le Fort-de-France, mais j'ai cédé à l'avis presque unanime que cette expédition ne pouvait être que désastreuse... Notre feu a été des plus vifs toute la nuit, tant sur Fort-de-France que sur l'habitation Lacoste.

« Le commandant Prost, à la tête d'un fort détachement, était sorti de la redoute pour faire une reconnaissance et s'assurer de la position de l'ennemi sur Surirey, sur la crête de la redoute Colard, sur Dillon et sur la rivière Monsieur. Dès que l'ennemi s'est aperçu de son mouvement, il s'est avancé en force; il y a eu une forte fusillade qui, néanmoins, n'a pas empêché le brave Prost de remplir son objet. Il s'est convaincu que les Anglais étaient en très grandes forces sur Surirey où ils travaillent avec une grande activité. »

Nous placerons ici deux annexes du journal de Villaret qui ne sont pas sans utilité pour faire comprendre la marche rapide du siège. La première est le tableau des travaux d'approche du fort Desaix, avec indication de leur distance du point attaqué.

		Distance.
Bastion n° 1...	Fort de France..................	800 toises.
	Morne Tartanson...............	620
Bastion n° 2...	Morne Patate..................	525
	Camp Lacoste..................	850
Bastion n° 3...	Redoute Laurent...............	760
	Redoute Henry.................	950
	Redoute Magloire..............	1.010
	Morne Larcher.................	890
	Chez Despointes...............	910
	Chez Landais..................	880
	Morne Courville...............	620
Bastion n° 4...	Redoute Martin................	681
	Redoute Colard................	800
	Morne Surirey.................	1.200
Bastion n° 5...	Morne Champin ou des Capucins..	550

La seconde est la liste nominative des officiers généraux anglais employés dans l'armée de siège. Cette liste comprend, outre le commandant en chef Beckwith, le commandant en second Prévost et le major général Maitland, huit autres officiers généraux, savoir :

G.-W. Ramsey, brigadier général, adjudant général.
Gleostenes, brigadier général, master général.
Chippley, brigadier général, commandant le génie.
Stehilin, brigadier général, commandant l'artillerie.
Nickelson, brigadier général, commandant des troupes.
Colville, brigadier général, commandant des troupes.
Hothon, brigadier général, commandant des troupes.
Campbell, brigadier général, commandant des troupes.

Soit au total 11 généraux, ce qui fait à peu près un général pour 1.500 hommes. On voit que l'état-major de l'armée de siège était très fortement constitué.

Revenons maintenant au récit journalier des événements du siège.

14 février. — « Le général Beckwith ayant fait pendre deux de mes espions, les avis commencent à devenir rares. J'ai cependant appris ce matin qu'il était parti de Case-Navire pour Sainte-Lucie 3 goélettes chargées de malades et de blessés, et que ces bâtiments devaient ramener le reste de la garnison de cette île, ce qui ne laisse pas de doute que l'ennemi n'ait perdu beaucoup de monde.

« Le fort d'en bas a beaucoup tiré; il nous a envoyé près de 100 bombes, mais une seule, tombée sur le blindage de ma casemate, m'a affecté plus péniblement que toutes celles qui sont tombées jusqu'à présent dans la place. Vers les 10 heures du soir, le capitaine de frégate Trobriand, allant faire sa ronde, était à peine sur le seuil de ma porte, qu'une bombe écrase mon blindage, éclate, lui emporte une cuisse, fracasse l'autre, lui fait une blessure énorme à la poitrine et à la tête [1]; tue mon factionnaire qui tombe sur M. Tascher

---

[1] « Le brave Trobriand, dans cet état, prononce encore d'une voix forte ces paroles dignes d'un héros : *Je meurs pour ma patrie. Je recom-*

(de la Pagerie), mon aide de camp, le renverse et lui pare au moins autant de blessures qu'en a reçu le malheureux Morancy, autre aide de camp, qui est dans le plus grand danger. Un nègre de cuisine a été coupé en deux.

« Nous avons beaucoup souffert cette nuit dans nos blindages et plates-formes. Il n'est pas possible de montrer plus d'activité, de courage et de sang-froid que tout ce qui appartient à l'arme du génie et de l'artillerie; les deux directeurs, les sous-directeurs Sancé et Bragard, les capitaines Remliner, Potier, Ragot et le capitaine d'ouvriers Mallet, sont infatigables ainsi que l'adjoint du génie Cailleau aussi brave que ses chefs, mais les matériaux commencent à nous manquer parce que, depuis trois ans, on n'a pas pu faire d'approvisionnements. »

15 février. — « Un quatrième mortier a été ajouté à la batterie de Fort-de-France. Nous recevons à peu près 100 bombes et 200 boulets qui chagrinent beaucoup nos travailleurs et emportent parfois quelques canonniers. Mais, d'après tous les rapports, quand j'établirais la proportion en pertes d'hommes de 1 à 6, je ne me tromperais guère, car il n'est pas possible de mieux tirer que nos marins, et on m'assure que toute la nuit il y a un transport continuel de blessés du fort à l'hôpital.

« Notre feu sur Lacoste et Laugard ne discontinue point. »

16 février. — L'amiral Cochrane écrit à Villaret pour lui réclamer quelques matelots anglais faits prisonniers récem-

---

mande ma femme et mes enfants à l'amiral Villaret. Vive l'Empereur ! C'est ainsi qu'a fini cet intrépide marin. » (*Journal du siège.*)

« Les ravages des projectiles anglais étaient d'autant plus considérables, qu'outre les carcasses incendiaires, les bombes et les obus étaient chargés de balles, de morceaux de verre et de pointes de fer, qui répandaient la mort autour des édifices écrasés sous le poids du globe qui les renfermait. » (*Victoires et conquêtes*, tome XXV, page 167.)

ment, en vertu de la balance du dernier échange fait avant le siège, par laquelle la Martinique redevait 33 hommes à la Barbade. Le capitaine général refuse naturellement, par prudence, de laisser sortir ces hommes du fort.

« Deux fois dans la nuit, le Fort-de-France a voulu commencer son feu habituel et, deux fois, la force du nôtre l'a fait taire. Nous l'avons bombardé toute la nuit ainsi que Lacoste, Patate, Tartanson et Surrirey. La grande redoute a également tiré sur ce dernier point où l'ennemi travaille.

« Je laisse à MM. les officiers des fonderies à rechercher les causes qui ont mis nos obusiers hors de service, après une quarantaine de coups, par la séparation des tourillons du corps de la pièce. »

17 février. — « A la pointe du jour 250 hommes ont attaqué nos avant-postes qu'ils ont forcés de se replier sur la grande redoute, vers laquelle ils ont continué à se porter. Une fusillade très vive s'est engagée et a duré une heure et demie. L'artillerie de la redoute, jointe à celle de la place, a enfin forcé l'ennemi à se retirer. Pendant cette attaque, le Fort-de-France nous a tiré une soixantaine de bombes et beaucoup de boulets.

« A 10 heures du matin, le commandant Prost a voulu reprendre ses postes; l'ennemi s'est avancé pour s'y opposer, mais nos troupes soutenues par le feu bien nourri de notre artillerie l'ont forcé de se retirer, d'abandonner la redoute Laurent et la crête Martin. A 2 heures nous occupions nos anciennes positions.

« Une reconnaissance poussée un peu loin a fait découvrir de nouveaux retranchements aux redoutes Henry et Magloire. On a trouvé sur le champ de bataille de ce matin, beaucoup de sang, des casquettes et des fusils.

« Quelque surveillance qu'on apporte dans les corps de garde et dans les postes, on ne peut arrêter la désertion. Presque tous les Piémontais et soldats provenant des dépôts coloniaux ont déserté. Il manque également beaucoup de marins aux appels. »

18 février. — « Nous nous sommes aperçus, ce matin, que l'ennemi construisait un retranchement fort étendu sur l'habitation Landais; mais la bombe seule peut inquiéter les travailleurs parce qu'ils sont à 900 toises de nous et presque couverts. La grande redoute les chauffe cependant assez vivement.

« Dans l'après-midi, il y a eu un engagement à la case Saint-Félix près la grande redoute. Le général d'Houdetot y avait envoyé quelques hommes pour y mettre le feu; il en sortit une quinzaine d'Anglais qui prirent la fuite : deux seulement sont restés sur le carreau. Au premier coup de fusil, le commandant Prost, toujours aussi actif que vigilant, a fait sortir une compagnie de son bataillon qui, en poursuivant les fuyards, a trouvé à l'entrée du bois une grand-garde anglaise; celle-ci a échangé quelques balles avec nous et s'est enfoncée dans le taillis.

« Le feu de la nuit a été très bien nourri sur le Fort-de-France et sur tous les autres points. J'espère que les 137 bombes et les 800 boulets tirés dans cette chaîne de batteries auront fait quelque ravage, quoique l'éloignement de ces positions rende nos coups très incertains, dans la nuit surtout.

« Nos plates-formes souffrent horriblement; plusieurs de nos pièces sont déjà altérées et nos énormes mortiers de fer détourillonnés en grande partie. »

19 février. — « L'ennemi a encore, aujourd'hui, attaqué nos avant-postes à 3 heures de l'après-midi, mais ce mouvement n'avait pour but que d'attirer nos troupes sur les remparts, car, au moment où notre feu était le plus vif, il a démasqué ses batteries : Tartanson, Laugard, Patate, Larcher, Despointes, Landais et Surrirey. Elles ont tiré toute la nuit avec la plus grande activité, mais nous avons fait face à tout et nous avons répondu avec une vivacité et une précision qui (d'après les billets que j'ai reçus ce matin) a étonné les Anglais et les colons. Deux de mes affidés, sur lesquels j'ai essentiellement lieu de compter, m'assurent que nous avons dans ce moment-ci contre nous : 28 mortiers, 14 pièces de 24, 12 obusiers et qu'on construit encore 2 batteries, l'une sur le morne des Capucins et l'autre chez Champin. Les états fournis au général Stéhilin commandant l'artillerie (anglaise) portent le nombre des projectiles tirés dans les 24 heures à 700 bombes, 300 obus et 500 boulets. Je n'ai eu néanmoins que 22 hommes tués ou blessés, mais presque toutes nos plates-formes et tous nos blindages sont en canelle.

« Prost a repris ses avant-postes. »

20 février. — « L'ennemi nous bombarde et nous canonne toujours. Les directeurs de l'artillerie et du génie, leurs officiers, leurs travailleurs, mes aides de camp et moi, quittons bien rarement les remparts. Je n'épargne ni mes pas, ni mes paroles, ni ma bourse pour soutenir l'ardeur de nos canonniers et de nos ouvriers.

« Nous avons reçu au moins 1.000 bombes dans la nuit et une quantité d'obus et de boulets bien plus considérable : 34 hommes ont été tués ou mis hors de combat. »

21 février. — « Le bombardement continue sans relâche, pas un moment de répit pour réparer nos désastres. Plates-formes, blindages, affûts, casernes, magasins, pièces culbutées, tout offre l'image de la destruction, et, pour comble de malheur, presque plus de moyens de réparation.

« 44 hommes ont été mis hors de combat dans cette journée : le local de l'hôpital est déjà trop petit, quoique nous y ayons ajouté une casemate. Nos galeries de mine sont pleines de blessés; nous avons renvoyé les fiévreux à leurs compagnies; nous n'avons presque plus de médicaments... »

Encore une attaque des avant-postes par une colonne de 300 hommes; elle est repoussée par le commandant Prost, toujours en éveil, qui lui tue beaucoup de monde et lui fait un prisonnier. Du côté des Français, 10 hommes blessés.

« Une bombe a fait sauter le petit magasin à poudre du bastion n° 5, qui en contenait environ 3 milliers. L'explosion a culbuté une batterie de 2 pièces de 12 en fonte qui se trouvait auprès. Le feu s'est communiqué à une pile de bombes chargées qui avaient été apprêtées pour le tir de la journée, mais nous n'avons perdu qu'un seul homme dans ce malheureux événement. Une autre bombe, après avoir écrasé le blindage de la porte des canonniers, a tué 6 hommes dans la casemate et en a blessé 2; une troisième bombe sous une poterne en a tué 10; les 23 autres ont été tués ou blessés sur les batteries.

« Il s'est fait aussi une explosion au fort d'en bas, où nous avons vu une très épaisse fumée que j'ai cherché à éteindre en redoublant la vivacité de notre feu au cri d'acclamation de : *Vive l'Empereur*...

« Nous tirons toujours, malgré nos désastres, avec une activité qui déconcerte l'ennemi... On croit que nous avons reçu, dans ces vingt-quatre heures, plus de 2.000 bombes, plus de 600 obus et autant de boulets.

« Le ravage des bombes est d'autant plus considérable qu'elles renferment beaucoup de roches à feu, plus de 200 balles, des clous et morceaux de fer, enfin tout ce qui peut porter au loin la terreur et la mort et rendre les blessures incurables : elles sont beaucoup plus épaisses que les nôtres et ont, presque toutes, un faux culot, ce qui les rend si pesantes que, lorsqu'elles tombent sur les casemates, celles-ci en sont si ébranlées qu'on croirait qu'elles vont s'écrouler.

22 février. — « L'ennemi s'est porté en force sur nos avant-postes qui ont été obligés de se replier très promptement sur la grande redoute. La crainte qu'ils finissent par être enlevés dans la nuit a décidé le général d'Houdetot à me proposer de ne pas les pousser plus loin que la maison blanche située au-dessous du morne de la batterie Laurent.

« Au milieu des bombes et des boulets qui pleuvent continuellement sur nous, nous réparons nos désastres autant que possible : mais c'est le travail des Danaïdes et toutes nos ressources sont presque épuisées : il ne nous reste plus que quelques planches qu'on cloue les unes sur les autres pour remplacer les madriers.

« Plus de soixante projectiles, constamment en l'air, jettent parmi les soldats une consternation que ni ma bonne contenance, ni mes discours sur les batteries et dans les casemates ne peuvent plus dissiper.

« Il est impossible, même par approximation, d'estimer la quantité de bombes, boulets et obus, que nous avons reçus dans cette fatale journée, qui n'a pas laissé une batterie intacte et qui nous coûte bien une cinquantaine d'hommes.

23 février. — « Le feu de l'ennemi est plus vif que jamais et le nôtre est à peu près nul par la perte de nos meilleurs canonniers et le mauvais état de nos batteries.

La nuit a mis le comble à nos malheurs : batteries, pièces, affûts, plates-formes, presque tout est bouleversé. Il n'est sur le rempart, ni dans la place, un espace de trois pieds, où il ne soit tombé bombe, boulet ou obus. On compterait plus de deux mille puits dans un développement d'environ 600 toises.

« Les Directions de l'artillerie et du génie avaient, par précaution, dès le commencement du siège, blindé les portes de la poudrière et couvert ses reins de sacs à terre, quoique par les notes de M. Dupujet ils la regardassent comme à l'épreuve de la bombe; mais il en est tombé une si grande quantité sur ce magasin et sur la citerne (qui a perdu dans la nuit trois pieds et demi d'eau) que ces deux établissements sont l'un et l'autre fort endommagés.

« Cet accident qu'il a été impossible de cacher à la garnison lui a fait une si forte impression, que les officiers supérieurs ont cru de leur devoir de venir me faire des observations [1]. J'ai fort mal accueilli ces messieurs, mais je ne m'en suis pas moins transporté sur-le-champ à la poudrière, avec les directeurs et sous-directeurs de l'artillerie et du génie, pour tâcher de tranquilliser le soldat. Je reconnus en effet *qu'un espace de quatre briques de longueur sur cinq d'épaisseur, avait été refoulé de plus d'un pouce dans l'intérieur, et je jugeai avec ces messieurs qu'une seconde bombe qui tomberait à portée de cet endroit, crèverait la voûte et occasionnerait indubitablement l'explosion totale de ce bâtiment; ce qui détruirait de fond en comble le fort et la ville entière de Fort-de-France.*

« Désespéré, je retournai avec ces officiers et mes aides de camp sur les batteries, que je n'avais quittées que vers les 2 heures du matin; j'y affectai la plus grande sécurité, et, sous prétexte de bien constater l'état de la place, j'en ai fait le tour sur les glacis, non pour observer comme de coutume l'ennemi et diriger notre feu, mais dans l'espoir d'y trouver la mort qui volait autour de moi, par le vomissement continuel de 70 bouches à feu, dont on travaille encore à augmenter le nombre.

« Trompé dans cette attente, je rentrai chez moi où les officiers supérieurs se sont encore rendus, pour renouveler leurs sollicitations. M. le Préfet s'y est joint. Vaincu par leurs instances et la force de leurs représentations, je me suis déterminé à pourparler; et sans discontinuer mon faible feu, afin de cacher ma position à l'ennemi, j'ai envoyé mon aide de camp Boyer au général Beckwith avec une note dans laquelle je demandais à capituler, en prenant pour base que la garnison serait transportée en France, libre de toute parole. Ce général, à la réception de ma note fit le signal de

[1] Ces observations, basées sur la crainte de voir bientôt sauter la poudrière, avaient pour but d'amener le capitaine général à capituler. Les sollicitations des officiers supérieurs furent, à cet égard, très formelles et très pressantes.

suspendre le feu, et me répondit au crayon, qu'il ne pouvait entrer en négociations, sans convenir au préalable que la garnison serait portée en France, mais prisonnière sur parole.

« Cette condition me paraissant trop humiliante, et espérant obtenir ma demande par mon opiniâtreté, j'ai rompu les pourparlers malgré les prières qui m'étaient faites d'adhérer à cette proposition, et le feu a recommencé avec plus de force que jamais de la part de l'ennemi qui a ouvert de nouvelles batteries.

« Quatre caissons d'artillerie ont sauté vers 10 heures du soir au bastion n° 1. Chacun se regarde comme sur un volcan dont l'explosion ne tient qu'au hasard d'une bombe. Quant à moi, j'en ai si fort l'espoir que j'ai rejeté la proposition que m'a faite le général de brigade Directeur de l'artillerie, de transporter dans le petit magasin voûté, près de la poudrière, toutes les poudres qu'il pourrait contenir et de noyer le reste.

« J'avoue que déçu de l'espérance que j'avais eue de soutenir un siège long et mémorable, mon unique désir est de voir arriver l'événement que tout le monde redoute. Et comment ne l'avoir pas conçue cette espérance d'après la résistance du général Rochambeau [1]! Mais quelle différence aussi dans le genre d'attaque! J'éprouve un bombardement et non un siège ordinaire. Les ingénieurs Dudézerseul et Portalis, dont le mémoire doit exister à la Marine ou au Dépôt des fortifications [2], avaient bien raison de me dire que ce fort

[1] On se souvient que Rochambeau avait été enfermé dans les lignes d'investissement le 20 février, et qu'il ne signa la capitulation que le 23 mars; mais il avait eu soin de conserver le Fort-de-France, au lieu de le livrer sans combat aux Anglais et de leur permettre ainsi d'y installer immédiatement leurs premières batteries.

[2] Ces documents existent en effet, encore aujourd'hui, dans les archives de l'Inspection générale de l'artillerie de la marine, héritière du dépôt des fortifications des colonies. Nous avons même eu dans ce chapitre l'occasion de citer le mémoire de Dudézerseul dans une note de la page 344.

était bien au-dessous de sa réputation, et qu'il ne tiendrait jamais un mois s'il était bien attaqué.

24 février. — « Le magasin à poudre de la grande courtine, écrasé par la chute des bombes a sauté vers 6 heures du matin avec un fracas horrible, et a détruit de fond en comble une batterie de 4 pièces de 18.

« J'ai voulu remonter quelques pièces et réparer les plates-formes du bastion n° 1 et du front d'attaque, mais cette tentative m'a coûté en moins de 10 minutes une vingtaine d'hommes, et je me suis trouvé presque seul sur les remparts avec mes aides de camp, les chefs de l'artillerie et du génie et quelques officiers qui m'ont plutôt traîné qu'accompagné chez moi.

« Toutes les voûtes des casemates ayant été endommagées dans la nuit, et deux, entre autres, lézardées au point de menacer ruines, on est encore venu me supplier de sauver à l'Empereur des braves dont les services peuvent lui être utiles ailleurs et dont les efforts ne peuvent sauver la place.

« Convaincu enfin de l'inutilité et de l'impossibilité même de faire une plus longue résistance; la gloire des armes de S. M. et l'honneur de la garnison étant à couvert, n'ayant plus le moyen de faire acheter cher à l'ennemi, ce reste de braves qui a vu tomber à ses côtés par le fer ou la maladie, près d'un tiers de ses camarades, j'ai, à mon grand regret et la rage dans le cœur, fait arborer le pavillon parlementaire, après en avoir conféré avec M. le Préfet, et j'ai sur le champ écrit au général anglais de vouloir bien nommer des commissaires pour traiter de la capitulation du fort et indiquer le lieu où se rendraient ceux que je députerais pour cet objet.

« M. Beckwith m'ayant répondu que MM. le lieutenant général Sir Georges Prévost, le major général Maitland et le commodore Cockburn se rendraient à midi dans une masure entre les avant-postes, j'ai de suite rédigé la capitulation que j'ai portée à M. Laussat, lui en livrant absolument la rédaction en le priant d'ajouter ou de soustraire tout ce qu'il jugerait convenable [1]. »

Villaret désigna même d'abord M. Laussat, avec le général Villaret et le colonel Montfort pour aller discuter la capitulation avec les délégués du général anglais; mais celui-ci ayant eu le bon sens de refuser, fut remplacé par le commandant Boyer chef d'état-major. La discussion fut terminée à 4 heures après-midi, et le même jour, 24 février à 10 heures du soir, la capitulation fut signée [2].

Une note de Villaret, jointe à son journal de siège, dit que le lendemain matin tous les officiers généraux anglais sont venus le voir dans la matinée, et qu'après avoir fait le tour des remparts de la place « qui n'offre plus que ruines et que décombres », tous ces généraux lui ont témoigné leur admiration, en particulier le général du génie Chippley qui avait résidé dans le fort pendant six années, (au temps de l'occupation anglaise) et le général d'artillerie Stéhilin qui lui déclara avoir envoyé dans le fort plus de 8.000 bombes, 2.000 obus et 4.000 boulets.

Le Gouvernement français, ne parut pas, à cet égard, partager l'avis des généraux anglais, car l'Empereur donna à Schœnbrün, le 7 septembre 1809, l'ordre de réunir un conseil

---

[1] Laussat la dicta alors à son secrétaire sans y rien changer. Au temps de Rochambeau il n'y avait pas il est vrai de préfet colonial associé au gouvernement de la colonie, mais peut-être si ce fonctionnaire civil avait existé alors, le général eût jugé inutile de le consulter sur la rédaction de la capitulation.

[2] Voici le premier et principal article de la capitulation : « La garnison sortira avec les honneurs de la guerre, mais elle mettra bas les armes au delà des glacis. Les officiers conserveront leurs épées : les troupes françaises seront embarquées à bord des vaisseaux nécessaires, comme prisonniers de guerre. Elles seront envoyées à Quiberon sous l'escorte de vaisseaux de guerre anglais; là, il y aura un échange des prisonniers des deux nations, rang pour rang : mais d'après l'estime générale que le capitaine général Villaret, s'est acquise, il est accordé que cet officier et ses aides de camp seront envoyés en France, libres de toute restriction.

d'enquête à l'effet de connaître des causes et circonstances de la reddition de la Martinique. Ce conseil d'enquête fut en effet réuni sous la présidence du maréchal comte Serrurier et signa le 29 novembre 1809 un rapport que l'on trouvera annexé, comme pièce justificative, au présent chapitre. Ce rapport adressé aussitôt par Decrès à l'Empereur, lui fut retourné le 6 décembre 1809 avec cette annotation signée : Napoléon ; « Renvoyé au Ministère de la marine pour faire exécuter les lois de l'Empire contre les prévenus ».

Le Ministre de la marine s'occupa aussitôt de réunir le conseil de guerre qui devait être composé, pour juger Villaret ayant rang de général en chef, de 1 général ayant commandé en chef les armées, 3 généraux de division et 3 généraux de brigade : d'après lui le Conseil devait être composé mi-partie d'officiers de marine et d'officiers de terre et comprendre 1 maréchal d'Empire président, 2 vice-amiraux et 1 contre-amiral ; 1 général de division et 2 généraux de brigade. Il s'empressa donc de prier le Ministre de la guerre de mettre à sa disposition le nombre d'officiers généraux nécessaires pour ce conseil, mais le 10 janvier 1810, n'ayant pas reçu de réponse, il en rendit compte à l'Empereur ; puis le Ministre de la guerre continuant à garder le silence, il revint plusieurs fois à la charge dans le courant de l'année 1810, priant l'Empereur de lui faire connaître ses intentions. Mais l'irritation causée à Napoléon par la perte de la Martinique, et entretenue par Decrès qui n'aimait pas Villaret, avait fini par se calmer, et le conseil de guerre qui devait juger le capitaine général de la Martinique et le sous-directeur d'artillerie Ridouet de Sancé, ne fut jamais réuni.

Villaret rentra en grâce auprès de l'Empereur qui lui fit écrire par Decrès lui-même, à la date du 12 avril 1811 que : « Après avoir pris connaissance, *par elle-même*, des détails et des circonstances qui avaient amené la reddition de la Martinique, S. M. I. avait décidé qu'il serait employé dans son grade de vice-amiral sur ses flottes et dans ses ports de la manière qu'elle le jugerait convenable. » Quelque temps après Napoléon lui donnait en effet un témoignage de son estime (29 août 1811) en le nommant gouverneur général de Venise et de ses dépendances. C'est dans cette situation qu'il mourut l'année suivante (23 juillet 1812) à l'âge de 63 ans.

Les troupes qu'il avait commandées à la Martinique, et qui avaient fait vaillamment leur devoir pendant le siège eurent un sort moins heureux. Embarquées au nombre total de 2.224 hommes, sur des transports anglais, elles furent conduites [1], conformément aux termes de la capitulation, à Quiberon, pour y être échangées. Mais le Gouvernement impérial, encore sous l'impression première du mécontentement refusa de reconnaître la capitulation. Les malheureux officiers et soldats, demeurés ainsi prisonniers de guerre furent conduits en Angleterre et jetés dans les pontons de Plymouth.

Il n'est pas sans intérêt de remarquer en terminant que les quatres attaques dirigées successivement contre la Martinique par les Anglais, ont eu lieu exactement à la même époque de l'année.

L'expédition de 1759, commandée par l'amiral Moore et le général Hopson, arrive devant la Martinique le 15 janvier ; celle de 1769, commandée par l'amiral Rodney et le général Monckton, arrive devant la Martinique le 7 janvier ; celle de 1794, commandée par l'amiral John Gervis et le général Charles Grey, arrive devant la Martinique le 5 février ; celle de 1809, commandée par l'amiral Alexandre Cochrane et le général Georges Beckwith, arrive devant la Martinique le 30 janvier. La raison en est double : 1° La mauvaise influence du climat est moins grande pendant la saison sèche qu'à tout autre moment de l'année ; c'est pourquoi, afin d'éviter les dangers d'une épidémie, les Anglais, en 1809, firent embarquer, le jour même de l'évacuation du fort Desaix par les Français, toutes les troupes venues d'Halifax sous les ordres

---

[1] Sous l'escorte des deux vaisseaux *Ulysses* et *Belle-Isle*.

du général Prévost et qui n'étaient pas acclimatées aux Antilles. 2° Les coups de vents sont à craindre pendant l'hivernage, et pourraient être désastreux pour les nombreux navires qu'exige une pareille expédition [1].

[1] L'expédition de 1793 (amiral Gardner, général Bruce) fait exception à cette règle en arrivant devant la Martinique le 11 juin, mais nous avons vu comment l'approche de l'hivernage l'avait empêchée d'exécuter une attaque sérieuse. La règle se trouve ainsi confirmée, même dans ce cas.

APPENDICE AU CHAPITRE XXII.
PIÈCE JUSTIFICATIVE.

PRISE DE LA MARTINIQUE.

RAPPORT DU CONSEIL D'ENQUÊTE À BUONAPARTE.
(Extrait du *Moniteur* du 7 décembre.)

Le Conseil d'enquête composé de :
Son Excellence le maréchal comte Serrurier, président ;
Son Excellence le comte Dejean, Ministre de l'administration de la guerre ;
Le comte Lespinasse, sénateur ;
Et le comte Gassendi, conseiller d'État ;
Formé par Sa Majesté, pour connaître les causes et les circonstances de la reddition du fort Desaix et de la Martinique, après avoir pris connaissance des divers récits de ces événements, avoir fait différentes observations aux officiers qui en ont été acteurs, et se trouvent aujourd'hui en France; avoir comparé, pesé et discuté leurs réponses, et avoir reçu communication de M. le comte Decrès, Ministre de la marine, des derniers états de situation des divers approvisionnements de cette colonie,
A l'honneur de présenter à Sa Majesté les résultats suivants de ses opinions :
Au 1ᵉʳ janvier 1809, les troupes de ligne étaient de 2.400 hommes, non compris 420 malades : elles se sont accrues, le 2 février suivant, de 305 hommes de l'équipage de la frégate l'*Amphytrite*, qui a été brûlée. Dans ce nombre, sont comprises deux compagnies de canonniers de ligne (213 hommes).
Il devait y avoir dans l'île quatre bataillons de gardes nationales, qui pouvaient être de 500 à 600 hommes chacun.

Les approvisionnements de guerre, d'après les états du 1.er janvier 1808, et qui avaient été envoyés dans le courant de cette année, consistaient en :

	Fort Desaix.	Arsenal Fort-de-France.	Sur la côte et hors de service.
14 canons de 24 et 16, en bronze............	14	0	0
131 canons de fer, de 36, 24 et 18.............	34	30	67
77 canons de 12, 8, 6, 4, 3 et 2.............	34	23	20
29 canons de campagne...	12	14	3
25 mortiers............	12	6	7
9 obusiers.............	5	3	1
4 caronades de 36......	2	2	0
Totaux......	113	78	98

Ces pièces approvisionnées, en général : les canons, de 1.000 à 300 boulets, suivant les calibres; les mortiers de 200 bombes; les obus de 200 bombes;

5.000 fusils avec baïonnettes;

1.500.000 cartouches d'infanterie;

11.000 livres de plomb, fournissant 220.000 balles;

357.000 pierres à fusils;

17.000 sacs à terre.

Les approvisionnements à bouche, à la reddition de l'île, consistaient encore en :

1.300 barils de farine de 220 livres l'un;

1.500 livres de biscuits;

300 tierçons de bœuf salé;

98 barils de porc salé, etc.

On s'attendait à la Martinique d'être attaqué dès le mois de novembre 1808, d'après les préparatifs que les Anglais faisaient à la Barbade. L'artillerie et le génie étaient en mesure, autant que les moyens de la colonie avaient pu le permettre.

Le capitaine général avait ses ordres et ses instructions pour réunir, au premier coup de canon d'alarme, les gardes nationales ou milices, qu'il ne tenait pas rassemblées par la crainte de diminuer ses subsistances; il avait, de concert avec son état-major et les officiers supérieurs des troupes, arrêté un plan de défense qui consistait à concentrer ses forces dans un rayon de trois lieues autour du fort Desaix; et en avant de ce fort était un camp retranché qu'on venait de réparer. L'ardeur des troupes, le bon esprit de la colonie, lui faisaient espérer une belle défense.

Le 30 janvier, à la pointe du jour, on signala l'escadre anglaise, et bientôt après, le débarquement en deux endroits, au Robert, de 5.000 à 7.000 hommes, au Marin, de 3.000 hommes, et le reste de l'escadre filant vers Case-Navire; le capitaine général présume qu'il s'y fera un troisième débarquement de 5.000 hommes, parce qu'il a été instruit que les Anglais l'attaqueraient avec 15.000 hommes.

Le capitaine général envoie, sur chacun des deux points de débarquement effectué, deux bataillons de gardes nationales sans troupes de ligne; elles auraient dû cependant former la tête de ces deux détachements. Aussi, ces gardes nationales ne rendirent-elles aucun service : le bataillon de la pointe ne parut pas, et les autres se débandèrent deux jours après. Au contraire, le capitaine général fait marcher contre le débarquement présumé et non effectué de la Case-Navire, le 82ᵉ régiment, qui devait être fort de 1.500 hommes.

Il eût été préférable que les troupes de ligne, déjà rassemblées, volassent les premières aux points de débarquement; que, laissant un détachement pour éclairer l'ennemi sur l'un des deux points à servir de noyau à la réunion des gardes nationales, tout le reste marchât sur le second point, pour culbuter les Anglais.

On ne voit nulle part qu'on ait disposé quelques pièces de campagne pour protéger la retraite, en supposant qu'on n'ait pas eu de chevaux pour les conduire et appuyer les troupes en marchant à l'ennemi.

Le capitaine général, averti que les Anglais doivent attaquer le camp retranché qui couvre le fort Desaix en avant du seul front attaquable, que la flotte ennemie est sous le cap Salomon, loin de Case-Navire, fait venir le 82ᵉ régiment pour défendre le camp. La colonne anglaise, venue du Robert, avait repoussé successivement jusque dans le camp les deux corps qu'on lui avait opposés.

Ce camp n'était pas tenable par les troupes trop peu nombreuses qu'on avait. Les ennemis occupaient le morne Lacalle qui le domine, et l'on ne put l'en déloger; y fût-on parvenu, par sa supériorité, il eût bientôt rejeté les Français dans leur camp. Le 2 février, les Anglais l'attaquèrent par la droite (le poste Laudais) et furent repoussés; mais la seule crainte d'être attaqué par la gauche et de voir la retraite des troupes sur le fort Desaix coupée fait abandonner ce camp le même jour.

Ainsi, ce camp est dominé : la gauche n'est pas assez forte pour forcer d'attaquer par la droite et pouvoir se retirer sur le fort Desaix si on ne peut résister; il faut trop de monde pour y tenir, parce qu'il faudrait occuper le morne Lacalle; il ne convenait donc pas pour la circonstance. Il fallait occuper les forts de France et Desaix, et le morne des Olives, position inexpugnable centrale entre Saint-Pierre et le fort de France, la Trinité, d'où l'on peut tomber sur les derrières des assiégeants du fort Desaix.

La défection des gardes nationales, le 2 février, fait résoudre le capitaine général à évacuer le fort de France sur le fort Desaix. Il donne, dès le 3, pour faire cette évacuation, 700 à 800 hommes de corvée; il fait brûler l'*Amphytrite*, etc. Il charge le sous-directeur d'artillerie de retirer ou de détruire tous les approvisionnements de guerre. Cet officier n'exécute l'ordre qu'en partie. Cependant, il a eu au moins quatre jours pour le faire, car les Anglais n'y débarquent que le 7, n'arborent leur pavillon que le 8, et, dès le 11, tirent avec les mortiers des Français et leurs bombes sur le fort Desaix, sur lequel les autres batteries ne tirent que le 19, au soir, ce qui accélère de beaucoup la fâcheuse situation de ce fort.

C'est une faute capitale et sans excuse, au sous-directeur d'artillerie Sancé, de n'avoir pas exécuté l'ordre du capitaine général, c'est aussi une faute de n'avoir pas fait surveiller cette importante opération. Mais, le parti d'évacuer le fort de France si promptement, sans être menacé de l'ennemi qui n'arrive que cinq jours après, est d'autant plus surprenant, que l'opinion d'un officier de génie très instruit, rapportée dans un mémoire sur la défense de la Martinique, qui a été apostillé et approuvé par le capitaine général Villaret, est : qu'il faut que l'ennemi prenne le fort Desaix avant de s'emparer de celui de France; et, en effet, les localités des deux forteresses bien examinées rendent cette opinion très soutenable; Les approches du fort de France, qui occupe en entier une langue de terre allongée dans la mer, sont très difficiles, et l'ennemi qui s'y est logé est écrasé par le fort Desaix qui le domine de 450 pieds.

Aussi les batteries du fort Desaix font-elles beaucoup d'effet en tirant contre les Anglais au fort de France.

On aurait pu parer, comme on l'a déjà dit, à la défection des gardes nationales, en les mêlant aux troupes de ligne, en les renfermant ensemble dans les trois points à défendre, les deux forts et le morne des Olives.

L'Ilet-aux-Ramiers, point essentiel de défense de la rade du fort de France, se rend le 4; il y avait 130 hommes, et ils n'ont eu que 4 tués et 12 blessés; ce n'est pas là se défendre. Mais la résistance était inutile, dès que le 2 on avait abandonné le fort qui défend la rade de l'autre coté.

Jusqu'au 8 février, on tire les bombes à feu sur les Anglais qu'on aperçoit; mais ces feux étaient de nul effet, les Anglais étaient à 900 toises, on ne voyait ce qu'ils faisaient, parce qu'on n'avait pas découvert les terrains environnants, ce qu'on aurait dû faire, au moins dans les lieux où, en 1794, ils avaient établi des batteries. Le but étant éloigné, on tirait sous un grand angle, ce qui détruisait les affûts et les plates-formes.

Il faut savoir arrêter un feu qui ne nuit point à l'ennemi, qui altère votre artillerie, et qui n'est qu'un vain bruit.

On n'ose faire des reconnaissances ni des sorties sur les Anglais, parce qu'on est séparé d'eux par des ravines impraticables; parce qu'ils sont plus forts sur tous les points que les troupes qu'on pourrait envoyer contre eux.

Ces opinions peuvent être contredites et discutées; mais peu importe.

Du 8 au 19, on continue des feux inutiles sur des buts éloignés.

On tire avec plus de succès sur les batteries établies par l'ennemi du fort de France, et on les fait taire plusieurs fois.

On établit, dans le fort, des ouvrages utiles, comme traverses, blindages, mais en démolissant ceux faits dans les fossés pour abriter la garnison, parce qu'on manquait de bois propres à cet effet. On garnit de sacs à terre les reins de la voûte du grand magasin à poudre, n'ayant pas de bois pour blinder : ceux qu'on a sont employés à blinder sa porte, celles des dix casemates, de la grande traverse, etc.

C'est une grande faute de ne s'être pas procuré du bois pour blinder le grand magasin à poudre, puisque l'île en pouvait fournir.

M. Dupuget avait dit qu'on croyait ce magasin à l'abri de la bombe, sans l'assurer formellement; depuis sept ans, on eût pu le vérifier. Dans le doute, et pressé par le peu d'espace des bâtiments nécessaires, c'est une grande faute encore de n'avoir pas fait évacuer ce magasin dans les galeries de contre-mines et les poternes pour se donner les moyens d'abriter les soldats entassés dans les casemates et les affûts abandonnés en plein air aux chutes des bombes qui les ont tous brisés. Cet expédient était dicté par la pénurie des bois de blindage, par le genre d'attaque que l'ennemi préparait, genre d'attaque que sa lenteur annonçait, que des espions ou des reconnaissances auraient fait découvrir; enfin, par l'évacuation qui, faite dans le siège de 1794, devait être sue de beaucoup de monde.

Le 19, au soir, les Anglais démasquèrent sept batteries. Le capitaine général dit qu'elles étaient armées de 54 bouches à feu. Le directeur du génie qui les indique, dans sa relation, par leur nom, leur emplacement, n'en compte que 39, dont 18 mortiers, 5 obusiers et 16 canons. Les bombes de l'ennemi tirent jusqu'au 24, ébranlent ou endommagent toutes les casemates, détruisent les plates-formes, les affûts, les blindages, font sauter les magasins provisionnels des batteries de ce fort. Dix bombes déjà, le 23, étaient tombées sur la voûte du grand magasin à poudre. Suivant le directeur du génie, cette voûte était enfoncée et lézardée en trois endroits; elle avait cédé sur une étendue de 3 à 4 pieds et sur une largeur de plusieurs rangs de briques. Ce dernier affaissement est le seul que mentionne le capitaine général; il lui donne la longueur de 4 briques sur 5 d'épaisseur, et 15 lignes de protubérance intérieure. Cet accident fait naître la terreur de voir sauter le magasin à poudre sous les premières bombes qui pourront y tomber.

Cette terreur, qui a été le motif de pressantes sollicitations des officiers supérieurs de la garnison auprès du capitaine général pour capituler, n'eût pas eu lieu, si on eût évacué ce magasin du 2 au 8, comme on l'a dit: car il y avait au plus 300 milliers de poudre en 3.000 barils de 100 livres, et la garnison était de 1.500 hommes; donc on avait les moyens. Mais, n'ayant pas fait cette disposition, et n'ayant pas pris, avant le siège, la mesure prescrite de tout temps de blinder le magasin, il fallait réserver les bois qu'on avait pour le blinder dans les endroits endommagés, tout de suite après la chute d'une bombe. Il paraît qu'on n'eût en à blinder qu'en dix endroits.

Cette précaution eût calmé les craintes de l'explosion, puisque les sacs à terre employés avaient été insuffisants. Le blindage des portes des casemates pouvait être suppléé par d'autres moyens : on les couvre par une traverse faite à 2 toises environ ; on défonce à 7 à 8 pieds l'intervalle entre la porte et la traverse, et on purge bien le terrain de pierres, où on laisse vide l'espace, et on communique par des planches. La méthode de défoncer les terrains intérieurs, quand on le peut, des lieux bombardés, affaiblit beaucoup les bombes ; on eût pu la pratiquer peut-être au fort Desaix.

Le capitaine général voyant la garnison tourmentée de la crainte de l'explosion du magasin, estimant qu'il avait perdu un tiers des troupes de ligne de l'île, dont 700 aux combats du 1ᵉʳ février et 200 dans le courant du siège, a cru devoir étouffer la voix de son courage, et céder aux instances réitérées des chefs et des officiers supérieurs dont il connaissait les talents, le zèle, la bravoure et l'attachement à Sa Majesté, afin de conserver, par une capitulation, des soldats valeureux, qui pouvaient être utiles encore à leur patrie. Sans doute, les troupes, dans l'enceinte des fortifications encore intactes, auraient pu essuyer, jusqu'au renversement des remparts, les feux de l'assiégeant, mais un secours nombreux était incertain, les craintes de l'explosion du magasin n'étant pas calmées. Leur petit nombre ne permettant pas de s'aller mesurer en rase campagne avec un ennemi trop supérieur, l'avis unanime des officiers étant de se rendre, le préfet colonial s'étant joint à eux, on crut devoir capituler.

Le capitaine général, dans ses lettres et mémoires envoyés au Conseil d'enquête, allègue les motifs suivants, qui, ayant rendu très fâcheuses les circonstances où il se trouvait, peuvent justifier sa conduite. Suivant lui :

1° L'attaque par le bombardement (genre inouï, dit-il). Mais les Anglais firent de même en 1794, et bombardèrent le fort avec 33 mortiers, du 13 au 20 mars (ils avaient en outre 35 canons);

2° La défection des gardes nationales. On dit, dans ce rapport, qu'en les combinant avec les troupes de ligne et les renfermant dans les forts, on eût pu, peut-être, en tirer parti;

3° La crainte de l'explosion du magasin à poudre. On a dit qu'on pouvait la prévenir, ou au moins la calmer;

4° La proclamation du général Beckwith, de déporter les hommes de couleur. L'ennemi est maître de ses proclamations;

5° Une lettre du 6 mai 1808, écrite par le préfet colonial au Ministre de la marine, et qui, tombée entre les mains des Anglais, avait provoqué l'invasion de l'île. Cette lettre a paru, au Conseil, sage, mesurée, exposant en général les besoins de la colonie, telle qu'elle devait être, et telle que le capitaine général en a écrit lui-même durant sept ans. Cette lettre, d'ailleurs, fut confiée à un bâtiment léger, excellent voilier.

En résumant les causes et les circonstances de la reddition de la Martinique, le Conseil d'enquête trouve que les principales sont :

De ne s'être pas mis en mesure d'arriver sur l'ennemi avant son débarquement;

D'avoir divisé ses troupes en trois corps, lorsqu'il n'y avait que deux débarquements effectués; d'en avoir composé un tout en gardes nationales; d'avoir renvoyé le plus fort détachement, tout en troupes de ligne, sur le troisième débarquement présumé, au lieu de marcher contre une des divisions débarquées avec le plus de troupes possible, et ne faisant qu'éclairer l'autre division ennemie;

De n'avoir pas combiné ensemble les gardes nationales et les troupes de ligne, et renfermé les premières dans les forts;

D'avoir évacué le fort de France sans attendre l'ennemi, ayant, même en troupes de ligne, de quoi y laisser une garnison;

De n'avoir pas fait surveiller les opérations du sous-directeur d'artillerie, chargé de retirer ou de détruire les munitions de guerre au fort de France, où les Anglais ont trouvé canons, mortiers, projectiles, etc.;

D'avoir occupé un camp mal choisi, puisqu'on l'a abandonné le même jour; qu'on a repoussé une attaque de l'ennemi au lieu d'occuper le poste central et inexpugnable du morne des Olives;

D'avoir entassé trop de troupes dans le fort Desaix, qui n'a de casemates que pour 300 hommes, ce qui indique une garnison d'environ 1.000 hommes;

De n'avoir pas blindé le magasin à poudre du fort Desaix, au lieu des portes des casemates;

De n'avoir pas évacué ce magasin dans les galeries des contre-mines, dans la poterne, pour avoir un local qui mit à couvert la garnison et les affûts laissés en plein air, que les bombes ont détruits;

De n'avoir pas enfin blindé, avec les débris restant des blindages des casemates, les endroits de la voûte du magasin à poudre, endommagés par les bombes, pour rassurer la garnison qui craignait l'explosion de ce magasin.

Malgré cette exposition des causes de la reddition du fort Desaix, le Conseil n'a vu qu'avec la plus grande surprise qu'on n'ait pas attendu pour se rendre que l'ennemi assiégeât la place, puisque le bombardement n'avait pas entamé les fortifications, et qu'on ait cédé à la crainte de voir sauter le magasin à poudre.

Le Conseil croit devoir dire encore à Sa Majesté que ces causes et circonstances de la reddition de la Martinique qu'il vient d'exposer sont déduites des relations du siège, du mémoire et lettre de M. le capitaine général et des réponses aux observations faites par le Conseil au chef de l'état-major, au directeur du génie, au colonel du 82e et que, si on les considérait d'après une lettre confidentielle écrite de la rade de Quiberon par un agent supérieur de la colonie, ces causes et circonstances paraîtraient sous un jour plus défavorable.

CHAPITRE XXIII.

PRISE DES SAINTES ET DE LA GUADELOUPE (1809-1810).

Au commencement de 1809, alors que la Guadeloupe se trouvait (comme la Martinique) sous la menace d'une attaque des Anglais, la situation militaire de la colonie était loin d'être brillante. Il est utile de la faire connaître, non pour excuser la capitulation si promptement signée par le général Ernouf, mais pour donner une indication exacte des ressources qu'il avait à sa disposition.

Le général de brigade Périchou-Kerversau, préfet colonial de la Guadeloupe, avait fait, à la fin de l'année 1808, dans une lettre adressée au Ministre[1], un exposé très net de cette situation : « Le 66e régiment, dit-il, est réduit à moitié, et un tiers au moins de la moitié qui nous reste, usé par le climat et par les maladies, ne peut tenir que dans un poste fermé, et est incapable de tenir la campagne et de soutenir une guerre de postes, la seule que nous puissions faire ici avec avantage.

« L'artillerie a essuyé beaucoup de pertes et aurait besoin de 300 ou 400 hommes de renfort. L'arsenal et les batteries me paraissent suffisamment approvisionnés à l'aide de 16 milliers de bonne poudre que nous avons achetée. Cette partie du service est assurée pour l'année 1809 tout entière, mais il serait important d'en faire passer pour l'année suivante, car

---

[1] Lettre au Ministre de la marine et des colonies en date du 5 novembre 1808. *Archives des colonies*, Guadeloupe, Correspondance générale, année 1808, registre n° 68.

elle est ici hors de prix : nous l'avons payée une gourde la livre, et on en demandait une gourde et demie[1].

« Nous ne pouvons soutenir ici la guerre qu'avec un nombre considérable de troupes, car nous n'avons point de forts, ou ceux qui existent seront en peu de jours au pouvoir de l'ennemi. Nous sommes forcés de défendre une ligne très étendue pour conserver quelques communications et la liberté de nos mouvements, à peine de nous voir entassés dans un poste d'où nous ne pourrions faire aucun mal à l'ennemi, et dans lequel il parviendrait tôt ou tard à nous tourner... Nous aurions besoin de 1.500 à 1.600 hommes d'infanterie de ligne. »

C'est donc un renfort de 1.800 à 2.000 hommes que le général Périchou-Kerversau jugeait nécessaire. Nous trouvons d'ailleurs dans le registre n° 68, qui contient cette lettre, le résultat de la revue d'effectif de la garnison passée au 1er janvier 1808 :

Hommes présents sous les armes	1.227
En mer	30
Aux hôpitaux	147
Détachés aux Saintes	262
Détachés à Saint-Martin	27
Détachés à la Désirade	11
Détachés à Marie-Galante	15
Total général	1.719

Ce nombre de défenseurs était évidemment insuffisant en prévision d'une attaque des Anglais qui opéraient toujours avec des forces considérables.

Enfin le général Ernouf, à la date du 21 septembre 1808, précise encore davantage les besoins de l'artillerie, dont le personnel était réduit à 98 hommes d'artillerie à pied et 150

---

[1] Valeur voisine de 5 francs, la gourde étant aux Antilles l'équivalent de la piastre.

d'artillerie de marine. Encore, dans ce nombre, sont compris tous les sous-officiers, la garnison de Saint-Martin et les hommes à l'hôpital. « Parmi ces 248 hommes, il y en a au moins la moitié de convalescents dont la majeure partie est hors d'état de faire aucun service[1]. »

La prise de la Martinique qui survint bientôt après rendit la situation de la Guadeloupe réellement critique. Déjà notre colonie de la Guyane française avait été enlevée par une expédition anglo-brésilienne commandée par l'amiral Sidney-Smith (12 janvier 1809), et le commissaire Victor Hugues avait dû capituler. Le général Ernouf, expliquant au Ministre de la marine les effets de cette capitulation, lui écrit à la date du 19 janvier 1809[2] : « Je manque d'hommes, de fusils, d'affûts pour l'artillerie, n'ayant plus de bois pour en faire et ne pouvant nous en procurer. La prise de Cayenne nous ôte toutes ressources pour cet objet. » Lorsque la Martinique eut succombé à son tour, la crise devint plus aiguë à la Guadeloupe ; cependant le général Ernouf paraissait s'apprêter à la lutte car, dans sa lettre du 7 mars 1809[3], il s'exprime ainsi : « Nous n'avions point de troupes, nous en avons créé ; nous n'avions point de vivres, nous avons rassemblé tous ceux qui étaient répandus sur le sol de la colonie ; nous n'avions pas de vêtements pour nos nouvelles levées, nous avons dit aux citoyens qui en avaient deux : *Vous les partagerez avec vos défenseurs*; le Trésor n'avait point de fonds, nous avons contracté des marchés sous la garantie de la foi publique et de l'honneur national. La Guadeloupe n'est plus une colonie; il fallait en faire un camp ou la laisser tomber entre les mains des Anglais. Nous avons transformé ses habitants en soldats et armé jusqu'aux mains esclaves qui pourraient la défendre. »

---

[1] Registre n° 68 cité plus haut.
[2] *Archives des colonies*, Guadeloupe, Correspondance générale, année 1809, registre n° 69.
[3] *Idem*.

Enfin un autre événement malheureux, la prise des Saintes par les Anglais, vint bientôt achever d'isoler la Guadeloupe et rendre ainsi sa situation encore plus précaire.

Le 28 mars 1809, le commandant Troude, avec une division composée de 3 vaisseaux de guerre de 74 canons, le *Courageux*, le *d'Hautpoul* et le *Polonais*, et deux frégates-flûtes, la *Félicité* et la *Furieuse*, vint mouiller en rade des Saintes. Il devait se rendre à la Martinique, mais, ayant appris dans sa traversée la prise de cette île, il avait dû changer sa route. En arrivant, il fit prévenir le général Ernouf que le délabrement de sa mâture ne lui permettait d'engager aucune action pouvant compromettre le retour de sa division en Europe. En conséquence, le capitaine général invita le commandant Troude à mettre à la voile dès qu'il aurait accompli sa mission à la Martinique pour éviter d'être bloqué par des forces supérieures qui ne manqueraient pas d'arriver dès que l'amiral Cochrane connaîtrait sa présence aux Saintes. Il n'y avait, en effet, à ce moment, que 3 bâtiments anglais qui croisaient dans le canal des Saintes; ils s'étaient un peu éloignés en voyant arriver la division Troude, mais demeuraient en observation, en attendant que l'escadre de Cochrane, en station à la Martinique, vint les appuyer.

Le 13 avril au soir, l'amiral Cochrane arrivait en effet en force devant les Saintes, et le 14 au matin il effectuait le débarquement de ses troupes à l'anse Carouanne et à l'anse du Figuier. Aussitôt leur débarquement terminé, les Anglais attaquent le poste du Gros-Morne ou Morne de la Vigie. Les soldats de la 1re légion, qui étaient chargés de sa défense, s'enfuient aux premiers coups de fusil; il est impossible de les rallier[1]. L'ennemi se hâte d'occuper en force ce poste

---

[1] Le récit de Boyer-Peyreleau diffère de celui du général Ernouf et disculpe les défenseurs que le général accuse nettement de lâcheté. D'après cet historien qui n'écrit pas, comme Ernouf, sous l'impression immédiate d'une capitulation inattendue, le capitaine d'artillerie Bouchard, qui était chargé de la défense du Morne avec 30 chasseurs et 50 conscrits de la

important et y établit une batterie de mortiers et d'obusiers qui tire sur le mouillage et met la division Troude en danger d'être incendiée. Le commandant, comprenant ce danger, profite d'un vent favorable pour appareiller pendant la nuit, et sort des Saintes avec ses trois vaisseaux, laissant au mouillage la *Félicité* et la *Furieuse*, qui avaient encore leur chargement de farines. Son départ reste inaperçu des Anglais qui le constatent seulement quelques heures après, au point du jour, et l'amiral Cochrane se lance alors à sa poursuite avec 5 vaisseaux, dont un à trois ponts[1].

Cependant les batteries anglaises établies à la Vigie continuèrent à faire pleuvoir leurs bombes et leurs obus sur les deux flûtes qui, pour échapper à une perte inévitable, mirent à la voile à leur tour et réussirent à arriver à la Basse-Terre, malgré le feu d'un vaisseau anglais de 80 canons qui les escorta, à portée de pistolet, depuis les Saintes jusque dans la rade du chef-lieu de la Guadeloupe. La *Félicité*, notamment, fut très maltraitée et arriva avec la plus grande partie de son gréement coupée.

On avait espéré, à la Guadeloupe et aux Saintes, que cette attaque des Anglais avait eu pour but la destruction de la division Troude et l'installation des batteries nécessaires à cet effet, et que ce but n'existant plus, il allaient rembarquer leurs troupes et se retirer; mais, si telle avait été leur intention primitive, la facilité avec laquelle ils s'étaient emparés du Morne de la Vigie devait les inciter à pousser l'opération jusqu'au bout; probablement d'ailleurs, ils étaient

1re légion, fut assailli par 200 Anglais, se défendit avec une grande vigueur, mais fut obligé de céder le terrain avant l'arrivée d'un détachement de 150 autres conscrits envoyés à son secours.

[1] D'après Boyer-Peyreleau, le commandant Troude, furieux de voir les Anglais maîtres du Gros-Morne, descendit à terre et offrit au commandant militaire 1.000 matelots armés pour aider à les culbuter, n'exigeant qu'une demande *par écrit* pour faire débarquer ses marins. Cette demande ayant été refusée, il ne songea plus qu'à se soustraire au feu de la batterie de terre qui le menaçait et aux forces navales qui l'entouraient.

d'avance résolus à s'emparer du seul point des Antilles où les bâtiments de guerre français pouvaient trouver un abri sûr[1].

La garnison des Saintes était assez forte en ce moment; au mois de mars, elle avait été portée à 570 hommes, savoir: 390 hommes du 66ᵉ, dont 200 nègres de la nouvelle levée, une compagnie suisse de 70 hommes, 30 chasseurs de couleur et 80 canonniers. La division Troude y avait ensuite débarqué 559 conscrits de la 1ʳᵉ légion de réserve ou du dépôt colonial qui étaient destinés au 66ᵉ régiment, ce qui avait porté la garnison au chiffre de 1.129 hommes qui furent répartis entre le fort Napoléon, le fort Morel, le fort l'Ilet, l'Anse-à-Mire et le Bourg.

Quant aux forces anglaises de débarquement, elles s'élevaient à peu près à 1.500 hommes de troupes, placés sous les ordres du général Maitland, avec un nombre proportionnel de matelots des équipages[2].

Il semble que dans ces conditions la garnison pouvait repousser l'attaque, ou du moins faire une bonne défense. Cependant dans la journée du 15 tous les postes détachés furent rappelés dans les forts et les Anglais s'emparèrent aussitôt des positions abandonnées. Ils établirent sur la hauteur de l'anse du Figuier 2 mortiers et 1 pièce de 18 qui dirigèrent leurs feux contre le fort l'Ilet. Dans la journée du 16 et la nuit suivante, il n'y eut que de petites affaires d'avant-postes.

Le 17 au matin, une sortie tentée par les conscrits fut repoussée par les Anglais; ceux-ci ramenant les conscrits en désordre crurent pouvoir enlever d'assaut le fort Napoléon.

---

[1] Lettre du général Ernouf au Ministre en date du 19 avril 1809. (Guadeloupe, registre n° 69 déjà cité.)

[2] Le général Ernouf porte l'effectif des troupes de débarquement à 3.000 ou 4.000 hommes, chiffre qui est évidemment exagéré; Boyer-Peyreleau le réduit à 900 hommes, ce qui doit être un peu au-dessous de la vérité.

Mais les soldats du 66ᵉ, postés sur les glacis, reçurent l'ennemi avec tant de vigueur qu'ils le rejetèrent rapidement au bas du Morne.

Deux heures après, le colonel trouvant que le fort Napoléon, dont la plupart des murs étaient en pierre sèche, ne pouvait résister au feu de l'artillerie, envoya un parlementaire proposer une capitulation qui fut signée dans la soirée même du 17 avril.

La garnison avait 6 hommes tués, 2 blessés et 80 malades, ce qui laissait 1.041 hommes valides.

La capitulation signée par le lieutenant-colonel N. Campbell représentant le major général Maitland, commandant les troupes de Sa Majesté Britannique, d'une part, et d'autre part, par le capitaine Mercier, commandant la 1ʳᵉ compagnie du 1ᵉʳ bataillon du 66ᵉ régiment, représentant le colonel Madier, stipule que les troupes sortiront avec les honneurs de la guerre, que la troupe sera prisonnière de guerre et conduite en Angleterre ainsi que les officiers.

Le général Ernouf, dans sa lettre au Ministre en date du 20 avril 1809[1], raconte, d'après les récits de quelques militaires échappés des Saintes après la capitulation, qu'il y avait dans le corps expéditionnaire employé à la conquête de ces îles « beaucoup de soldats du 26ᵉ et du 82ᵉ régiments, ci-devant de la garnison de la Martinique, qui ont pris du service chez l'ennemi, ce qui donne à penser qu'ils ont été travaillés de longue main. On y a vu quelques sous-officiers avec le grade d'officier; un tambour a reconnu un sergent déserteur du 66ᵉ régiment[2] qui est présentement lieutenant d'une compagnie anglaise. »

Ce malheureux événement de la prise des Saintes causa à la Guadeloupe, comme il était facile de le prévoir, un profond découragement; un grand nombre de miliciens le con-

---

[1] *Archives des colonies*, Guadeloupe, registre n° 69 déjà cité.
[2] Régiment en garnison à la Guadeloupe.

sidérèrent même comme un prétexte suffisant à la désertion. On en trouve la preuve dans une lettre du général Ernouf au Ministre de la marine et des colonies, le 12 mai 1809[1] :

« J'avais formé deux bataillons d'élite dans les milices, dit le capitaine général, ils montaient ensemble à 1.100 hommes, à peine ai-je pu les tenir un mois sous leurs drapeaux... Il en reste quelques-uns auprès de moi, mais le nombre est si petit qu'il ne peut remplir le but que je m'étais proposé.

« Il me reste environ 700 noirs incorporés dans le 66ᵉ régiment sur la levée de 1.500 qui avait été ordonnée. »

Un peu plus loin, le général indique son plan de défense de la Guadeloupe :

« La partie défensive de la colonie offre au moins trois lieues de front, depuis la rivière Grande-Anse, au quartier des Trois-Rivières, jusqu'à la rivière du Plessis, au quartier du Baillif. Il faut en outre garder les positions en arrière par lesquelles on peut me tourner. Il faut absolument des troupes à la Pointe-à-Pitre et à Fleur-d'Épée, et des canonniers pour servir les batteries de côte, et je n'ai pas un homme par pièce. »

Ces batteries de côte étaient d'ailleurs pour la plupart délabrées, quelques-unes même tombant en ruines. C'est ainsi que dans le courant de cette année 1809 la frégate la *Topaze* fut prise sur la côte de la Guadeloupe, la batterie sous laquelle elle s'était réfugiée s'étant trouvée impuissante à lui assurer par son tir une protection efficace.

Les deux flûtes la *Furieuse* et la *Félicité*, que nous avons vu se réfugier des Saintes à la Guadeloupe, après le départ de la division Troude, furent plus heureuses et parvinrent à échapper à la destruction que leur préparait une nouvelle tentative des Anglais.

Ces deux flûtes, qui avaient manœuvré avec tant de hardiesse et de bonheur pour venir des Saintes à la Guadeloupe,

[1] *Archives des colonies*, Guadeloupe, registre n° 69 déjà cité.

le 15 avril, étaient mouillées sous le feu des batteries, tout près des magasins du commerce établis sur le rivage. L'amiral anglais, regrettant de les avoir laissé échapper, résolut de les détruire sans avoir la peine de les combattre, et dans la journée du 31 mai il fit diriger contre les deux bâtiments un brûlot qui devait les faire sauter, ce qui aurait eu probablement pour effet de mettre le feu aux magasins voisins, et peut-être ensuite à toute cette ville, uniquement formée de constructions en bois. Ce brûlot était un brick de 8 canons qui tous avaient été préalablement chargés à mitraille. Heureusement le plan des Anglais fut encore une fois déjoué par la hardiesse et l'habileté des capitaines de ces deux bâtiments (Le Marant et Bigot) qui, profitant du moment où le vent glissant dans la coulée de la rivière aux Herbes forçait le brûlot à donner de la bande, dirigèrent leurs bordées vers sa flottaison de manière à y faire pénétrer l'eau de mer qui gagna les poudres; l'explosion fut ainsi fortement atténuée : d'ailleurs les focs du brick avaient pris feu prématurément, ce qui avait retardé sinon arrêté sa marche. Les deux flûtes et la ville échappèrent au désastre qui les menaçait : une femme seulement fut blessée sur le quai, par les projectiles des canons lancés au moment de l'explosion.

A peu près au même moment, un autre incident qui se termina moins heureusement pour la Guadeloupe avait lieu au bourg de Deshayes. Un canot envoyé par une frégate anglaise sous pavillon parlementaire s'était présenté devant ce quartier au lieu d'aller à la Basse-Terre, siège du Gouvernement et des autorités de la colonie.

Le commandant de la batterie qui défend ce point de la côte, se défiant à bon droit des ruses des Anglais et de la complicité traîtresse de certains habitants de la colonie, voulut éloigner ce canot en lui faisant envoyer quelques coups de fusil; l'une des balles tirées frappa mortellement le midshipman qui commandait le canot; le commandant anglais irrité ordonna de brûler le bourg de Deshayes, se vengeant ainsi de la perte que lui avait causée la défiance, peut-être exagérée mais certainement très compréhensible, du commandant de la batterie [1]. Sous prétexte de venger le droit des gens, les Anglais opérèrent immédiatement un débarquement à l'aide de toutes leurs chaloupes. Le quartier fut entièrement pillé, saccagé, brûlé, et ses habitants forcés à s'enfuir pour éviter les coups de fusil.

Cela n'empêchait pas toutefois les habitants, au moins dans certains quartiers, de faire preuve de leur dévouement et de résister courageusement, quelquefois même avec succès, aux entreprises des Anglais. L'exemple le plus frappant est celui qui fut donné au mois de mai 1809 par les habitants de Sainte-Rose, dont la bonne contenance sut empêcher une descente de l'ennemi.

Voici le compte rendu de cette affaire, d'après le rapport du commandant du 1er bataillon d'élite, Zénon Lemesle, au lieutenant-colonel Vatable, commandant supérieur de la Grande-Terre [2].

Le 22 mai, 3 barges anglaises parurent en vue du bourg de Sainte-Rose, enlevèrent deux nègres sur la côte, puis se dirigèrent vers le bourg. Le commandant Zénon Lemesle, prévoyant une attaque, rassembla dans le bourg une quarantaine de gardes nationaux assez mal armés; il plaça une partie de sa petite troupe dans le cimetière, qui est sur le bord de la côte, et l'autre dans le fossé de l'ancienne batterie dont les canons étaient démontés et encloués. Dès que la grande barge fut assez rapprochée, elle commença un feu très vif de mousqueterie et de pierriers. Le commandant attendit pour y répondre que celle-ci fut rendue à portée de pistolet: ses hommes, pour la plupart bons chasseurs, firent alors un feu

[1] Presque journellement, en effet, depuis plusieurs mois les côtes de la Guadeloupe étaient insultées par les Anglais: petits débarquements partiels, tentatives sur les batteries de la côte, etc.

[2] Ce rapport, en date du 31 mai 1809, qui a été transmis immédiatement au capitaine général, est conservé dans le registre n° 69 déjà cité.

très précis qui fit éprouver des pertes aux Anglais et les obligea à se retirer. Aussitôt on s'occupa à désenclouer une pièce de 12, d'ailleurs en très bon état, et on la monta, à défaut d'affût, sur un chariot fourni par un habitant.

Le lendemain 23 on vit 3 bricks anglais se rassembler au mouillage de l'Ilet-Blanc.

Le 24, ces bricks lancèrent 7 grandes barges chargées d'hommes armés. La plus grande se posta en face du bourg sur lequel elle dirigeait le feu de ses pierriers, tandis que les 6 autres se rendaient dans une anse voisine. Le commandant, laissant quelques hommes en observation devant la grande chaloupe, se porta à l'endroit menacé avec le reste de ses hommes et un détachement du 66e régiment, commandé par le lieutenant Kohlmuller, envoyé par le général pour lui prêter son appui, et qui était arrivé depuis une heure à peine. Les Anglais, intimidés par la contenance de cette vaillante petite troupe qui s'était rapprochée à demi-portée de fusil, s'apprêtaient à reprendre le large, mais on ne leur en laissa pas le temps. On commença contre eux un feu de mousqueterie très vif auquel vinrent se joindre quelques volées de la pièce de 12 récemment installée : les Anglais, après avoir riposté quelque temps avec l'artillerie des barges et les fusils de leurs hommes, furent obligés de s'éloigner. Les Français avaient 4 hommes blessés, dont un très grièvement ; les Anglais devaient en avoir un plus grand nombre.

Le 25, les Anglais firent sonder les différentes passes et les abords de la côte.

Le 26, survint un quatrième brick avec une forte goélette et 9 grandes barges. Le brick, la goélette et l'une des barges commencèrent aussitôt à canonner la terre, le premier s'étant mis au mouillage, les deux autres restant sous voiles et longeant la terre presque à portée de pistolet. La pièce de 12, tirant à mitraille sans relâche, envoya plusieurs coups à bord et dût faire beaucoup de mal à l'ennemi. Les 8 autres barges se rendaient en même temps dans l'anse où avait eu lieu l'attaque de l'avant-veille. Pour la seconde fois, le commandant s'y porta avec le détachement du 66°, le gros de la garde nationale [1] et une pièce de 4 montée sur un affût de campagne qu'on venait de construire à Sainte-Rose. La troupe fut, en grande partie, placée derrière un retranchement élevé à la hâte; le reste dispersé en tirailleurs tout autour de l'anse. Les Anglais, plus prudents que la première fois, commencèrent, à grande distance, le feu de leurs fusils, de leurs pierriers et de leurs obusiers. Le commandant Lemesle donna l'ordre d'attendre qu'ils fussent plus rapprochés et demeura ainsi près d'une heure sans tirer, faisant preuve du plus grand sang-froid. Enfin, jugeant l'ennemi assez rapproché, il fit commencer un feu à mitraille de la pièce de 4 appuyé par les fusils de toute sa troupe, dissimulée en partie derrière le retranchement. Les Anglais, surpris et fortement éprouvés par cette attaque brusque, s'enfuirent en désordre.

Le 27, le brick et la goélette tirèrent encore environ 300 coups de canon contre le bourg; ils ne réussirent qu'à endommager l'église et un certain nombre de maisons. Après l'affaire, on ramassa dans le bourg un grand nombre de boulets des calibres de 12, 16 et 22. Le 28, tous les Anglais se rassemblèrent au mouillage de l'Ilet-Blanc et disparurent définitivement dans la journée du 29 [2].

Ces tentatives des Anglais se répétaient sans cesse, tantôt sur un point de l'île, tantôt sur un autre; chacun sentait sa sécurité menacée. Le capitaine général ne laisse pas ignorer cette situation au Ministre et réclame sans cesse des secours qui n'arrivent jamais. Dans sa lettre du 8 juin 1809 [3], il s'exprime ainsi :

---

[1] Le reste fut mis en réserve pour observer les bâtiments qui canonnaient le bourg.

[2] Le général Ernouf, en rendant compte de cette affaire au Ministre, demande pour le commandant Lemesle la croix de chevalier de la Légion d'honneur.

[3] Registre n° 69 déjà cité.

« 92 voiles ennemies nous entourent; ce n'est qu'avec une adresse infinie qu'on peut sortir ou arriver à la Guadeloupe. Il n'y a pas de jour que l'ennemi ne tente quelque chose, soit sur les villes et bourgs, soit sur la côte, en faisant des enlèvements. L'amiral Cochrane a déclaré prisonniers de guerre jusqu'aux nègres et négresses..... Veuillez, Monseigneur, jeter un coup d'œil de commisération sur cette malheureuse colonie. Que Votre Excellence considère l'état de la troupe de ligne, sans souliers, sans chapeaux et bientôt sans solde, ses officiers sans appointements; qu'Elle considère que la farine seule et un peu de morue souvent gâtée font maintenant toute sa nourriture... »

Ces quelques lignes suffisent pour faire comprendre l'état misérable auquel le sévère blocus tenu par les Anglais avait réduit la Guadeloupe en 1809. Le découragement est encore plus manifeste dans une lettre adressée le 30 juillet 1809 par les trois membres du Gouvernement colonial au Ministre, et qui concluent ainsi [1] : « Le sort de la colonie n'est plus en nos mains; il est dans les vôtres ou plutôt dans celles de Sa Majesté. Elle seule peut la sauver; nous ne pouvons que nous dévouer pour la servir; tous les sacrifices sont faits dans notre cœur, etc. [2]... »

Le mois de juin avait été signalé par des attaques des Anglais à la Grande-Terre, où les habitants n'avaient pas fait preuve de la même initiative qu'à Sainte-Rose. Au Port-Louis, l'ennemi avait fait un débarquement, s'était emparé des batteries du Souffleur et de la pointe d'Antigues, les avait en partie détruites, et s'était rembarqué après avoir canonné le bourg et brûlé un bateau suédois dans la rade. Au Moule, il avait pu aussi débarquer sans résistance, prendre et désorganiser la batterie, piller le bourg, enlever un petit brick guadeloupéen et une goélette suédoise.

[1] Registre n° 69 déjà cité.
[2] Lettre du capitaine général Ernouf au Ministre, en date du 23 novembre 1809. (Registre n° 69 déjà cité.)

Un peu plus tard, au mois de novembre, le Moule fut le théâtre d'une autre affaire, moins malheureuse pour les Français. Le 19, au matin, une corvette portant 22 caronades de 33 avec une pièce de 18 montée sur affût à pivot central s'avança pour forcer la passe et venir prendre un bâtiment chargé de denrées coloniales; à cet effet, elle se faisait touer par 8 barges. 5 autres corvettes qui louvoyaient devant le port du Moule appuyaient le mouvement par un feu soutenu dirigé contre le bourg et la batterie de côte.

Mais, cette fois, le Moule était défendu par une petite garnison sous les ordres du capitaine Monnerot, adjoint à l'état-major général. Il avait fait barrer la passe par une forte chaîne, et blinder la batterie avec deux rangées de madriers entre lesquelles étaient logées des balles de coton [1]. Des pieux aigus avaient en outre été plantés sur l'avenue qui conduit au bourg pour gêner une tentative de débarquement des Anglais. Au moment où l'ennemi donna dans la passe, à 7 heures du matin, les défenseurs ouvrirent leur feu contre lui; ce ne fut que vers 1 heure de l'après-midi que celui-ci se vit forcé de renoncer à son entreprise. La barge de tête avait coulé bas, les autres avaient, pour la plupart, des avaries majeures. La corvette, très maltraitée aussi, dut reprendre le large. Deux bricks de guerre en croisière dans les environs étaient venus pendant l'action pour appuyer son attaque et s'éloignèrent en même temps qu'elle.

L'arrivée de deux frégates-flûtes, la *Seine* et la *Loire*, armées chacune de 22 canons, donna lieu à une affaire encore plus sérieuse. Ces deux flûtes, qui apportaient à la Guadeloupe un secours de 2 millions de francs, partie en or, partie en traites sur le Trésor, et 320 recrues pour le 66ᵉ régiment [2], avaient

---

[1] A noter cet essai primitif de cuirassement des batteries de côte.

[2] Elles portaient aussi 3oo Anglais prisonniers de guerre. Dans la matinée du 18 décembre, un canot parlementaire fut envoyé de la Basse-Terre à l'escadre anglaise pour proposer l'échange de ces 3oo prisonniers;

été escortées depuis Nantes par deux frégates armées, la *Clorinde* et la *Renommée*, qui, après les avoir amenées sur la côte du Baillif, reprirent le large pour rentrer en Europe (17 décembre 1809).

Les deux flûtes, aperçues par les nombreux bâtiments de la croisière anglaise, durent se réfugier dans l'Anse à la Barque. Le colonel Faujas, chef d'état-major, et le chef de bataillon Saint-Juery s'y transportèrent immédiatement pour faire procéder au débarquement et disposer les troupes nécessaires pour protéger les deux bâtiments menacés d'une attaque très prochaine des Anglais. Mais, quoiqu'on eût fait venir toutes les embarcations disponibles à la Basse-Terre et réquisitionné les pirogues des habitants de la côte, leur nombre trop restreint ne permettait pas d'aller bien vite en besogne. Heureusement les 4 bâtiments anglais qui s'étaient réunis pour l'attaque furent retenus par le calme et durent se borner à un échange de coups de canon sans grand résultat avec la batterie Duchêne.

Le lendemain 18 décembre, au matin, les Anglais furent renforcés par 2 vaisseaux et 3 frégates, ce qui portait leurs forces à 9 bâtiments : 3 vaisseaux, 2 frégates, 3 bricks et 1 goélette. « A 2 heures, dit le général Ernouf[1], l'ennemi se dirigea vers l'Anse à la Barque. Je suivis son mouvement avec mon état-major et un détachement d'élite. » Ce qui prouve que le capitaine général avait tenu à assister à cette affaire. Les forces qu'il avait réunies sur le terrain étaient d'ailleurs assez considérables : 370 hommes d'élite du 66e venant de la Basse-Terre, plus le bataillon de garde nationale des quartiers sous le vent appelé d'urgence, le tout formant environ 900 hommes d'infanterie; enfin les deux flûtes avec leurs équipages et leurs canons.

le commandant renvoya le canot en disant qu'il allait venir lui-même opérer l'échange.

[1] Lettre au Ministre du 25 décembre 1809. Guadeloupe, registre n° 69 déjà cité.

L'attaque commença à 3 heures; les deux frégates de tête arrivèrent à l'entrée de l'anse, beaupré sur poupe, faisant feu par le travers sur la batterie de côte (batterie Coupart) et sur les deux flûtes qui ripostèrent avec une grande vivacité : les frégates purent néanmoins pénétrer dans l'anse, arriver à demi-portée de fusil des deux flûtes et concentrer leur feu contre elles.

Un vaisseau de 74 canons, l'*Abercombrie*, s'embossa alors devant le grand front de la batterie. Le sous-directeur d'artillerie d'Anthouard, commandant de la batterie, fit diriger sur ce vaisseau le feu de deux de ses pièces, tandis que les deux autres continuaient à tirer sur les frégates : son feu très vif et très précis se joignant au feu des deux flûtes mit bientôt la frégate de tête hors d'état de manœuvrer et de se servir de son artillerie. La seconde frégate parvint à se dégager au moment où le valet parti d'un canon français mettait le feu à sa voilure et put gagner le large. Quant à la flûte la *Seine*, elle fut moins heureuse, et sauta quelques instants après [1].

Cette explosion qui pouvait être très dangereuse pour les défenseurs de la batterie fut loin de les intimider, car tous y répondirent, officiers et soldats, en montant sur l'épaulement pour y pousser le cri de : Vive l'Empereur !

Mais le feu de l'explosion s'était communiqué à la *Loire* qui ne tarda pas à sauter aussi; l'équipage eut le temps de quitter le bâtiment.

L'escadrille anglaise, qui comprenait maintenant jusqu'à

---

[1] D'après le récit officiel du général Ernouf, cette explosion de la *Seine* est un accident de combat dû au tir des Anglais, ce qui est très admissible; cependant Boyer-Peyreleau prétend que l'équipage mit lui-même le feu à son navire pour l'empêcher de tomber aux mains de l'ennemi. Une partie du chargement fut ainsi perdue. Heureusement, avant le commencement de l'action, on avait pu débarquer les deux millions de valeurs et les recrues du 66ᵉ régiment. L'équipage quitta le navire après y avoir mis le feu et parvint à gagner la terre.

14 bâtiments, vint entourer la batterie à portée de fusil afin de permettre à ses barges d'aller dégager la première frégate restée au fond de l'anse, mais elles ne purent y parvenir et durent aller se rallier au large.

A 5 heures du soir, au moment où l'ennemi levait son embossage, il s'aperçut que l'incendie communiqué aux herbes sèches et aux broussailles qui couvrent la pointe de terre où est située la batterie coupait la communication aux troupes chargées de la soutenir, il fit alors un nouvel effort et envoya ses péniches border la rampe d'accès de la batterie. La situation de celle-ci était alors doublement affaiblie parce que deux pièces avaient été démontées et le magasin aux cartouches détruit. Il lui fut donc impossible d'empêcher les Anglais de monter à la batterie sous la protection du feu de leurs péniches[1], et ses défenseurs durent l'évacuer. Le détachement anglais, fort d'une centaine d'hommes, se hâta d'enclouer les canons, de briser les affûts, de désorganiser la batterie. Celle-ci fut réoccupée un quart d'heure après par les troupes qui, dit le général Ernouf, « passèrent malgré la violence du feu » [du feu qui brûlait les herbes], ce qui permet de penser que si les troupes avaient eu plus de sang-froid elles auraient pu se dispenser de l'abandonner momentanément.

Le capitaine général termine son rapport en citant : le lieutenant Dupont du 66ᵉ qui, avec le feu de 8 soldats de son régiment, a fait taire le feu des hunes du vaisseau ennemi,

[1] La batterie Coupart, outre le petit nombre de canonniers affectés au service de ses 4 pièces, n'était gardée que par un détachement de 15 hommes du 66ᵉ commandé par un lieutenant. Boyer-Peyreleau prétend que les troupes avaient été mal disposées sur le rivage et durent se cacher derrière des rochers pour échapper à la mitraille des frégates anglaises. Quoi qu'il en soit, leur présence empêcha toute tentative de débarquement dans la baie. Il paraît seulement regrettable que la troupe de soutien de la batterie Coupart n'ait pas été plus nombreuse ; car si elle eût été un peu plus forte, elle eût pu certainement empêcher l'invasion et le sac de cette batterie par les Anglais.

puis a longtemps empêché le débarquement des Anglais sur la rampe de la batterie;

Le sergent Glaize du 1er régiment d'artillerie et son détachement de 7 hommes qui, pendant deux heures, se sont défendus avec 3 pièces contre 14 bâtiments anglais;

Le sous-directeur d'artillerie d'Anthouard qui a dirigé la défense avec autant d'habileté que d'énergie;

Les capitaines du génie Boreux et Pautrizel qui, occupés, au moment de l'attaque, à la construction d'ouvrages à une demi-lieue de la batterie, ont couru s'y renfermer, aidant à servir les pièces d'artillerie, dirigeant le feu de la mousqueterie, donnant l'exemple du plus grand sang-froid;

Enfin, un habitant nommé Maindibourg, capitaine de flibustiers, qui s'était spontanément joint aux défenseurs, et resta constamment sur l'épaulement pour faire pointer les pièces et observer les coups.

La perte des Français par le feu de l'ennemi était insignifiante, mais l'explosion de la *Loire* avait causé un grand nombre de morts et de blessés, parmi lesquels le colonel Faujas atteint dans la région du cou.

Dès le lendemain, les capitaines d'Anthouard et Pautrizel firent réparer la batterie et la remirent en état.

D'après le rapport du général Ernouf, les pertes subies par les Anglais dans cette affaire furent considérables : « Pas un de nos coups de canon n'a été perdu, le vaisseau sous la batterie a été démâté de son grand mât de hune; une frégate totalement désemparée; la frégate la *Blonde* a perdu une partie de son gréement, deux ancres et un grand morceau de son plat-bord; la frégate la *Thétis* a considérablement souffert, elle est allée se réparer à Antigues ainsi qu'un vaisseau; une corvette n'a pu entrer aux Saintes, il a fallu la remorquer. D'après les rapports que j'ai reçus, la perte de l'ennemi se monte à 600 hommes, tant tués que blessés, dont 15 officiers. On a trouvé sur la batterie le corps de celui qui commandait le détachement qui a monté la rampe. »

Cette même semaine de décembre 1809 fut encore marquée par la prise d'un autre bâtiment français sur la côte de la Guadeloupe.

Le brick le *Nisus* était arrivé de France le 1er décembre 1809 et avait été obligé de rentrer à l'anse Deshayes; le capitaine général n'avait pas jugé utile de le faire venir à la Basse-Terre pour éviter le danger que lui aurait fait courir la croisière très resserrée des Anglais[1], et il envoya un corps de troupes suffisant pour protéger ce petit bâtiment.

Dix jours après, le 11 décembre, vers 6 heures du soir, 1 frégate et 2 bricks anglais se présentèrent devant l'anse et envoyèrent 8 barges pour s'emparer du *Nisus*. Le feu du brick, joint à celui de la batterie de côte, fit bientôt rebrousser chemin aux péniches qui essuyèrent des avaries.

Le 12, les Anglais ne parurent point.

Le 13, sur les 10 heures du matin, 6 bâtiments furent signalés, savoir : 1 frégate, 4 bricks et 1 goélette. Cette escadrille met une vingtaine de barges à la mer pour tenter d'opérer un débarquement.

Le capitaine Cabasse, commandant la compagnie des chasseurs de couleur du 3e bataillon des milices, avait fait ses dispositions pour s'opposer aux projets de l'ennemi. Un détachement du 66e sous les ordres du sous-lieutenant Courtoison fut placé à la batterie avec celui du 86e arrivé sur le *Nisus*.

Un poste avancé fut mis à l'anse du Soldat, un autre à

---

[1] A la date du 4 décembre 1809, le général Ernouf, rendant compte de ce fait au Ministre, détaille ainsi les forces anglaises qui se trouvent en ce moment autour de la Guadeloupe : 2 frégates de 50, 1 corvette de 28, 3 bricks de 18 et 1 goélette devant la Basse-Terre, tenant croisière depuis les Saintes jusqu'à l'Anse à la Barque; 1 frégate et 2 corvettes dans le canal croisant depuis les Saintes jusqu'à la Pointe-à-Pitre; 1 corvette et 2 bricks sur les côtes du Gozier, de Sainte-Anne et de Saint-François; 7 bricks et 2 goélettes devant les côtes du Moule de Port-Louis et la baie Mahault. - (Registre n° 69 déjà cité.)

l'anse à Fou, et la réserve près du fond de l'anse de Deshayes pour se porter où besoin serait.

Ces dispositions de défense arrêtèrent probablement la tentative de débarquement. L'ennemi se contenta de faire un feu très vif contre la batterie et le *Nisus* qui ripostèrent avec une égale vivacité; cet échange de coups de canon, sans grand résultat d'ailleurs, dura jusqu'à 11 heures et demie et les bâtiments anglais reprirent le large.

A 4 heures et demie la frégate revint avec 3 bricks; les quatre bâtiments mirent en travers et dirigèrent leur feu sur la batterie, puis, à la nuit tombante, ils firent débarquer 200 hommes dans l'anse à Fou. Le capitaine Cabasse, prévenu de ce débarquement, fit occuper le sentier conduisant à la batterie et disposa des tirailleurs à droite et à gauche du sentier; mais l'ennemi, conduit par un traître du pays, se fraya à travers les bois un chemin jugé jusqu'alors impraticable, et put arriver à 6 heures du soir sur la batterie sans avoir été aperçu. Il s'en empara ainsi facilement et dirigea aussitôt le feu d'une de ses pièces sur le *Nisus* qui avait en même temps à combattre l'attaque rapprochée de la frégate et de deux bricks[1]. Son commandant Lenetrel soutint le combat pendant deux heures dans ces conditions désavantageuses et n'amena son pavillon qu'après avoir fait sauver la majeure partie de son équipage.

« L'ennemi, ajoute le général Ernouf, avait fait encore un débarquement à l'anse du Soldat et avait obligé les troupes qui la gardaient à se retirer sur les hauteurs. Cette expédition avait été faite avec des troupes que les Anglais avaient été prendre à Antigoa et à Montserrat. »

Outre la perte du *Nisus*, la fin de l'année 1809 est tristement signalée par le découragement général des défenseurs de la Guadeloupe. En effet, à la date du 30 décembre de

[1] Lettre du capitaine général Ernouf au Ministre, en date du 29 décembre 1809. (Registre n° 69 déjà cité.)

cette année, le général Ernouf écrit[1] : « Les habitants de la Grande-Terre, sous prétexte de misères et de maladies, n'ayant point voulu, en majeure partie, concourir à la défense de la colonie, j'ai été obligé d'abandonner les postes du Moule, de Port-Louis, Saint-François et Sainte-Anne, et de réunir toutes mes forces pour défendre ceux où les habitants témoignent le désir de repousser l'aggression des Anglais.

« Je garde Fleur-d'Épée, la Pointe, et la partie de la côte depuis ce dernier point jusqu'à l'anse de Deshayes y compris la baie Mahault. La majorité de mes forces est concentrée entre les Trois-Rivières, à partir de la pointe au-dessus de la Grande-Anse, jusqu'à la rivière Duplessis.

« J'ai eu l'honneur de prévenir Votre Excellence de la petite quantité de canonniers qui me restent pour servir une artillerie aussi nombreuse que celle de la Guadeloupe. Il ne m'est encore arrivé aucun secours pour cette arme sur laquelle je fonde la principale partie de ma défense.....

« J'ai été instruit, par voie sûre, que le brick de l'État le *Béarnais* a été pris et conduit au port Saint-Jean d'Antigues par une frégate anglaise de 50. C'est encore un grand malheur pour la Guadeloupe. »

L'état moral de la Guadeloupe était donc loin d'être satisfaisant au commencement de l'année 1810, au moment où allait se produire l'attaque des Anglais. Il n'y a d'ailleurs pas lieu de s'en étonner si l'on songe qu'elle était bloquée par l'ennemi longtemps avant la prise de la Martinique, et que depuis la capitulation de l'île sœur, c'est-à-dire depuis un an, toutes les forces navales des Anglais s'acharnaient après elle, insultant journellement ses côtes et venant détruire ou capturer les navires français jusque sous le feu de ses batteries.

Quant à la garnison, elle se composait alors de 16 compagnies du 66ᵉ régiment formant un effectif total de 2.500 hommes

[1] Lettre du capitaine général au Ministre. (Registre n° 59 déjà cité.)

y compris les noirs enrégimentés et les renforts arrivés récemment de France[1]; de 3 compagnies régulières de chasseurs de couleur, fortes chacune de 340 hommes; de 3 compagnies d'artillerie dans lesquelles on avait incorporé 300 matelots canonniers provenant des bâtiments détruits ou pris sur la côte; d'une compagnie d'ouvriers d'artillerie qui s'élevait à 100 hommes par suite de l'adjonction des sapeurs de couleur; soit en tout 4.000 hommes de troupes.

On pouvait en outre mettre en ligne de 3.000 à 4.000 hommes pris dans l'élite des gardes nationales.

Le capitaine général, ainsi qu'il l'explique dans la lettre précitée du 30 décembre 1809, avait évacué la Grande-Terre et s'était concentré de manière à défendre la ligne des Trois-Rivières, les hauteurs de la Basse-Terre et le réduit du Matouba[2]. 150 hommes furent placés à Dolé, 130 hommes à l'habitation du Gommier, 135 dans le bourg du même nom, 128 sur l'habitation Galbert; ces 543 hommes appartenaient tous au 66ᵉ régiment. En outre 140 chasseurs de couleur

---

[1] Savoir 359 hommes dont 20 apportés par le *Nisus*, 20 par l'*Oreste* et 319 hommes débarqués par la *Seine* et la *Loire*.

[2] Nous avons déjà cité à propos de la défense de Delgrès contre le général Richepanse les critiques formulées par le lieutenant général Ambert contre le choix de ce réduit du Matouba. Il ajoute à propos de cette nouvelle attaque : « C'est néanmoins à ce poste que paraît se confier encore le général Ernouf d'après ses dispositions, à la suite de l'apparition d'une escadre anglaise en 1808. Il fait couper les passages de la rivière Saint-Louis, coupe par là la retraite de ses troupes qui pourraient s'engager dans la rivière du Plessis; il occupe en outre les hauteurs entre la rivière Noire et le Palmiste par des redoutes au morne Bouël et au Gommier, et par des retranchements à la tête du Palmiste, moyens qui n'ont de force que contre une attaque de front. Sa défense n'embrasse que le point où ses troupes sont postées. »

Mais il ne suffit pas de faire connaître les critiques du général Ambert sur le réduit du Matouba, il importe de faire connaître le plan de défense qu'il préconise : « La disposition des lieux et l'expérience, dit-il dans la conclusion de son mémoire, ont déterminé la véritable défense de la Guadeloupe dans *l'espace compris entre la rivière du Bananier et celle du Galion.* »

furent établis à la Grande-Anse et 130 au Vieux-Fort[1]; enfin une centaine de canonniers fut distribuée dans les diverses batteries de côte.

L'expédition que les Anglais allaient diriger contre la Guadeloupe s'était préparée à la Martinique; les commandants en chef étaient les mêmes que ceux de l'expédition qui avait pris la Martinique l'année précédente, à savoir: le vice-amiral Alexander Cochrane et le lieutenant général Georges Beckwith. Le 22 janvier 1810 elle fit voile de la Martinique et vint se concentrer dans l'anse du Prince-Rupert, à la Dominique.

Nous n'avons pu retrouver le détail des bâtiments employés pour cette expédition; mais ceux-ci devaient constituer une force proportionnelle aux troupes de débarquement.

Quant à ces troupes de débarquement, elles formaient un corps d'armée de 2 divisions composées chacune de 2 brigades avec une réserve, sans compter l'artillerie, le génie et les matelots que les Anglais mettaient habituellement à terre dans toutes leurs expéditions pour les joindre aux troupes de débarquement. On trouve les noms des généraux qui les

---

Il rappelle qu'après la paix de 1763, M. le comte de Nolivos, gouverneur de la Guadeloupe, et M. de Rochemore, directeur des fortifications des îles du Vent, s'étaient déjà prononcés pour cette position, puis il ajoute : « Dans cet intervalle, l'ennemi n'a que deux points de débarquement, l'un à la Grande-Anse, au bas du quartier des Trois-Rivières, l'autre à la rivière de Sens, sous le feu du fort Richepanse. L'ennemi n'a que ces deux points de débarquement parce que toute la côte, depuis la rivière de Sens jusqu'à la grande anse des Trois-Rivières, est bordée par le groupe impraticable des montagnes du Houëlmont. Mais il est probable que l'ennemi ne tentera même jamais de débarquer à la rivière de Sens. Un rideau élevé et presque à pic, qui borne la plage en arrière et qui se lie aux montagnes du Houëlmont, empêcherait son développement, lors même qu'il parviendrait à se mettre à terre malgré le feu direct et croisé des batteries qui défendent cette plage. »

[1] Le Vieux-Fort est le nom d'un petit quartier situé à la pointe sud de l'île, et qui est séparé de la Basse-Terre par les montagnes du Houëlmont. L'altitude maxima de ce massif atteint 424 mètres.

commandaient, dans l'ordre du jour adressé par le général commandant en chef G. Beckwith à ses troupes, le 6 février, au lendemain de la capitulation de la Guadeloupe. Ce curieux document se trouve dans le numéro de la *Gazette de la Guadeloupe* du 1ᵉʳ mars 1810, lequel est conservé dans le registre n° 70[1].

Nous reproduirons dès à présent un extrait de ce document, qui donne des renseignements sur la composition de l'armée de débarquement, et semble faire l'énumération de tous les officiers généraux qui y étaient employés[2].

« Le commandant des forces exprime ses remerciements publics au major général Hislop, commandant la 1ʳᵉ division, pour sa constante attention et son zèle dans l'exécution de ses devoirs; au brigadier général Harcourt, commandant la 2ᵉ division, pour son activité à mettre à exécution le contenu de ses instructions ayant pour but de comprimer l'ennemi et pour le jugement qu'il a démontré dans la poursuite de cette opération; au brigadier général Barrow, commandant la 2ᵉ brigade, pour l'ensemble de sa conduite; au brigadier général M'Lean, commandant la 3ᵉ brigade, pour son activité en toute occasion; au brigadier général Skinner, commandant la 4ᵉ brigade, pour son empressement à exécuter tout ce qui a été confié à ses soins; et au brigadier général Wale, commandant le corps de réserve, d'abord pour l'extrême soin qu'il a porté pour faire arriver les provisions de l'armée du

---

[1] *Archives des colonies*, Guadeloupe, Correspondance générale, années 1810-1814, registre n° 70.

[2] Remarquons que l'abondance de cette distribution de félicitations permet de croire que les défenseurs de la Guadeloupe se sont défendus avec vigueur; le général anglais fait d'ailleurs, dans cet ordre du jour, allusion aux pertes éprouvées ε qui, quoiqu'elles doivent causer des regrets par le mérite et le caractère de ceux qui ont succombé, seront jugées médiocres, comparées à la nature de l'entreprise. -

On peut remarquer que le commandant de la 1ʳᵉ brigade n'est pas mentionné auprès de ses trois collègues : il figurait peut-être parmi les morts.

lieu de débarquement à Sainte-Marie, ensuite pour le jugement qu'il a développé en pénétrant à travers les bois des hauteurs des Trois-Rivières à l'extrémité supérieure du Palmiste dans la matinée du 2, et pour sa marche sur le morne Houël dans la même nuit.

« Le général fait aussi ses remerciements au brigadier général Gladstanes, quartier-maître général, et à tous les officiers de son département pour leur activité et leurs services; au brigadier général Ramsay, adjudant général, et à tous les officiers de son département, pour leur attention uniforme à leurs devoirs; au brigadier général sir Ch. Shipley, commandant les ingénieurs royaux, pour ses opérations près la 2ᵉ division de l'armée; au colonel Burton, de l'artillerie royale, pour le bon ordre manifesté par les détachements de ce corps attachés sous son commandement aux différentes brigades. »

Le général continue en félicitant de la même manière le commissaire général Bullock et son département, le docteur Bailey, inspecteur des hôpitaux, son état-major, enfin tous les officiers, sous-officiers et soldats « pour la constance avec laquelle ils ont soutenu les fatigues d'une marche difficile, à travers un pays inaccessible de sa nature, et pour l'ardeur qu'ils ont manifestée en toutes occasions à joindre l'ennemi. »

Il résulte de cet ordre du jour que le corps de débarquement formait ce qu'on appellerait aujourd'hui un corps d'armée comprenant 2 divisions et 1 brigade de réserve, mais les effectifs étaient bien faibles, comparés à ceux de nos corps d'armée actuels, car l'effectif total était, d'après les Anglais, un peu inférieur à 7.000 hommes; d'après le général Ernouf, égal à 9.000 hommes. En adoptant le chiffre moyen de 8.000 hommes on ne doit pas être bien loin de la vérité. Ces forces étaient beaucoup moindres que celles que nous avons vu figurer à la prise de la Martinique.

Le 27 janvier à midi, les bâtiments portant la 1ʳᵉ division (général Hislop) et la réserve (général Wale) vinrent mouiller devant le Gozier[1], et une sommation de se rendre fut aussitôt envoyée par Beckwith et Cochrane à la ville de la Pointe-à-Pitre. Le commandant de la garde nationale, le brave Fournier, fit aussitôt battre la générale, réunit près de 800 hommes, se porta au Gozier et répondit au parlementaire qu'il était décidé à défendre la ville et les forts. Les Anglais se décidèrent alors à partir pour Sainte-Marie, et le lendemain 28, ils y effectuèrent leur descente sans opposition à 9 heures du matin. Ce fut le 8ᵉ régiment des Indes-Occidentales qui fut jeté le premier sur la plage de la baie; il se mit immédiatement en possession des hauteurs qui la commandent afin de pouvoir au besoin protéger le débarquement des autres troupes. A 1 heure et demie de l'après-midi, la colonne était formée ayant comme avant-garde un bataillon de troupes légères, et elle se mit en marche vers la rivière des Pères-Blancs, ayant une provision de vivres dans les havresacs; à 5 heures du soir, elle arriva au Marigot et y bivouaqua; elle repartit le lendemain 29 entre 10 et 11 heures du matin et atteignit avant la nuit les Bananiers, où elle bivouaqua pour la seconde fois; les troupes légères furent envoyées sur l'habitation Lacaze, au Trou-au-Chien. Ce périlleux défilé était gardé par un poste qui se retira sans combat. On s'explique difficilement pourquoi ce passage si important et si facile à défendre n'a pas été défendu[2]. Le général Ambert, dans le mémoire déjà cité, y attache avec raison une grande importance : « La rivière des Bananiers, dit-il, présente une bonne défense : elle est traversée à son embouchure par le chemin de la Basse-Terre et, de là, part

---

[1] Nous avons fait remarquer à la fin du précédent chapitre que toutes les attaques dirigées par les Anglais contre la Martinique avaient eu lieu dans les mois de janvier et de février. On voit que l'attaque de la Guadeloupe en 1810 s'exécute précisément à la même époque de l'année.

[2] On verra cependant plus loin que l'abandon de cette importante position doit être expliqué (mais non excusé) par une fausse démonstration de débarquement de la 2ᵉ division anglaise aux Trois-Rivières.

un sentier qui conduit à l'habitation Lacaze ou à la plaine située dans la gorge élevée qui se trouve entre la petite montagne et la Magdeleine[1]. Elle couvre ces défilés que *l'on peut assimiler au passage des Thermopyles*, à la différence que celui du Trou-au-Chien n'a pas la moitié de la largeur que l'histoire donne à celui défendu par les Grecs. La position dite du Trou-au-Chien offre un réduit qui domine tout devant lui. »

Les troupes qui défendaient les batteries de la Grande-Anse ne firent pas beaucoup plus de résistance et se laissèrent promptement déloger par quelques compagnies de tirailleurs.

Le 30, à 9 heures du matin, la colonne abandonnant la hauteur descendit sur le bourg des Trois-Rivières, mais elle y rencontra un poste avancé de 130 hommes du 66e régiment qui l'accueillit par un feu si bien nourri que les Anglais durent se replier et aller prendre position à 3 kilomètres en arrière du bourg. Mais, en dépit de ce succès, le capitaine chargé de la défense de cette ligne des Trois-Rivières, effrayé par un mouvement de l'armée anglaise que le général Beckwith fit appuyer à droite, s'imagina que les Anglais l'avaient tourné par les bois et débordaient sa gauche. Il profita donc de la nuit pour évacuer la ligne qu'il était chargé de garder, après avoir fait enclouer toutes les pièces en batterie à Dolé et détruire leurs munitions.

Le 31 janvier, l'ennemi en prit possession et y passa la journée du 1er février[2].

Le 2 février, il se dirigea en deux colonnes sur le Palmiste, où s'étaient retirés les défenseurs de la ligne des Trois-Rivières; la première colonne y parvint par le chemin direct, mais difficile, qui aboutit au centre de la crête, tandis que

[1] L'altitude du morne de la Magdeleine, un des plus élevés de l'île, atteint 1.350 mètres.

[2] Le journal de siège du général Ernouf n'existe pas dans le registre des Archives relatif à la capitulation de la Guadeloupe. On a donc suivi

la seconde tournait la position par la droite, vers le Valkanar. En même temps la réserve, conduite par le général Wale, passait à travers les bois et prenait possession du poste dit de l'Anglais, et du morne Houël qu'on avait abandonné en enclouant ses canons.

Le capitaine général avait tenté, pendant ce temps, d'exécuter une contre-attaque en faisant inquiéter l'ennemi sur ses derrières par des hommes de bonne volonté pris dans la garde nationale de la Basse-Terre. 200 hommes se réunirent ainsi sous les ordres du major Solier, partirent de la Basse-Terre à 7 heures du soir le 1ᵉʳ février, et cheminant la nuit par des sentiers très difficiles, arrivèrent près des Anglais et engagèrent la fusillade; mais ne voyant pas les troupes du Matouba effectuer l'attaque de front qu'ils avaient pour mission de seconder, ils se retirèrent à la Basse-Terre où ils arrivèrent dans la matinée.

Le 3 février, la 1ʳᵉ division anglaise, que nous avons laissée au Palmiste, descendit le revers de cette hauteur sur une seule colonne, traversa la rivière des Galions au passage du Grand-Camp, le seul qui fût praticable, puis, reprenant une marche ascendante, vint prendre position entre la ville de la Basse-Terre et le Matouba, la 1ʳᵉ brigade à une demi-lieue en avant du pont de Nozières, et la 2ᵉ brigade à l'habitation Pelletier, où elle s'empara d'un magasin de vivres abandonné.

Encouragés par la facilité de leurs succès, les Anglais résolurent d'attaquer immédiatement le pont Nozières qui, de ce côté, est le seul passage donnant accès dans le réduit du Matouba; mais ils furent repoussés et durent renoncer à

pour la raconter, l'histoire de Boyer-Peyreleau et le récit fait par Moreau de Jonnès, ancien chef d'état-major de l'armée de la Martinique, dans un mémoire très documenté intitulé : *Considérations militaires sur les opérations de guerre dans les Indes-Occidentales*. Ce mémoire est conservé à l'Inspection générale de l'artillerie, dans les archives de l'ancien dépôt des fortifications des colonies. Martinique, carton n° 8, document n° 514.

leur projet après avoir subi des pertes assez considérables. Leur réserve, partie du morne Houël, fut plus heureuse en tentant de tourner le Matouba par les hauteurs, vers la gauche. Le général Wale, chargé de cette entreprise et ayant sous ses ordres les chasseurs d'York, pénétra, en passant sous bois, jusqu'au ravin qui défend les approches du Morne-Sec; il tenta d'en forcer le passage, mais il fut repoussé par trois compagnies du 66ᵉ postées sur ce morne où elles s'étaient couvertes par quelques abatis. Les Français étaient persuadés que leur gauche était inaccessible, mais le guide de la troupe anglaise lui indiqua un sentier pratiqué sur sa droite dans les fourrés, ce qui lui permit de gagner la crête du plateau et lui donna le moyen de venir attaquer les défenseurs sur leur flanc, et dès lors elle put facilement les disperser. A 8 heures du soir, elle compléta son opération en faisant enlever par ses tirailleurs une batterie mal soutenue, disposée un peu en arrière. Elle était désormais maîtresse du sentier qui couronne les hauteurs du Matouba, et pouvait facilement descendre sur ce dernier réduit de la défense.

C'est ce qu'elle fit le lendemain matin 4 février. Au moment où le capitaine général se mettait à table pour déjeuner, les trompettes anglaises retentirent près de lui; l'ennemi avait pénétré dans le réduit un peu avant le jour. Le général Ernouf fit alors arborer le pavillon parlementaire et un instant après deux officiers anglais pénétrèrent dans la salle. Un officier français fut envoyé au général Beckwith qui accorda une suspension d'armes. Le surlendemain 6 février, dans la matinée, la capitulation était signée et ratifiée. La garnison tout entière était prisonnière de guerre, mais on lui accordait les honneurs de la guerre.

Pour ne pas ralentir le récit des opérations de la 1ʳᵉ division et de la réserve anglaises, opérations qui aboutirent si rapidement à la capitulation de l'île, nous avons négligé les opérations combinées de la 2ᵉ division (général Harcourt) qui avaient pour base la côte occidentale de l'île. Cette division, partie des Saintes dans la soirée du 29 janvier, avait fait une fausse démonstration de débarquement aux Trois-Rivières, afin de faire abandonner aux défenseurs la passe du Trou-au-Chien ; puis, laissant arriver vent arrière pendant la nuit, elle se trouva, le matin du 30 janvier, entre le bourg des Vieux-Habitants et la rivière Duplessis, et mit aussitôt ses troupes à terre. 4 compagnies du 66ᵉ furent envoyées contre cette division dès que son débarquement fut signalé; mais le général anglais réussit à faire agir ses tirailleurs sur les deux flancs du détachement français qui dut rétrograder lentement et se retirer assez loin en arrière sur le morne Belair qui formait l'extrême droite de la ligne fortifiée du Matouba, et dont l'attaque et la prise constituaient l'objectif des opérations de la 2ᵉ division.

Le lendemain (31 janvier), l'ennemi se porta sur une crête parallèle à celle du morne Belair, à la distance de 1.000 à 1.200 mètres; il espérait franchir le ravin profond qui les sépare, ou bien tourner la position en suivant la ligne des points culminants, mais ses reconnaissances lui ayant démontré que ces deux projets étaient également impraticables, il se borna à établir sur le point qu'il occupait une batterie de 2 canons et 2 mortiers qu'il ne put d'ailleurs faire arriver qu'au prix des plus grands efforts sur ces hauteurs d'un accès très difficile. Les Français, de leur côté, avaient installé deux canons de 12 dans la position de Belair qui se trouvait alors défendue par 5 compagnies du 66ᵉ et 1 compagnie de chasseurs de couleur.

Dans la soirée du 2 février, le général Harcourt fit occuper par un bataillon de grenadiers et un régiment de troupes noires le prolongement inférieur de la crête de Belair : ces deux corps se trouvaient ainsi isolés du gros de la division. Le colonel Vatable, commandant le 66ᵉ et le poste de Belair, résolut alors de les attaquer. Le 3 février dans la matinée, il descendit sur les pentes de la crête avec 400 hommes, attaqua les Anglais avec vigueur et leur fit éprouver des pertes sérieuses avant que les troupes de secours aient eu le temps d'arriver. Obligé de se retirer devant les forces supérieures qui arrivaient et le prenaient en flanc par la droite, il renouvela la même attaque avec le même succès dans la même journée.

La résistance des défenseurs de Belair et de leur énergique chef, le colonel Vatable, aurait pu se prolonger bien longtemps encore dans ces conditions, malheureusement la capitulation du Matouba vint prématurément y mettre un terme dès le lendemain. La 2e division anglaise avait été moins heureuse que la 1re dans ses opérations, mais elle avait contribué au succès final en attirant sur elle tout l'effort des solides troupes qui défendaient la position de Belair.

Le général Ernouf fut embarqué le 25 février pour l'Angleterre avec tout son état-major. Il fut échangé au commencement de l'année 1811 contre un prisonnier anglais. Pendant ce temps, il avait été déféré à un conseil d'enquête pour sa capitulation à la Guadeloupe en même temps que les colonels Cambriels et Madier pour la capitulation de Marie-Galante et des Saintes.

Le conseil d'enquête, qui devait examiner avec la capitulation de la Guadeloupe celle de ses dépendances, les Saintes et Marie-Galante, fut formé le 18 juillet 1811; il comprenait : le maréchal, duc de Conegliano (Moncey) président, le général de division, comte Bourcier, conseiller d'État, et le général de division Éblé, de l'artillerie, membres; mais, le 14 janvier 1812, le général Bourcier reçut l'ordre d'aller rejoindre l'armée à Hanovre.

Le maréchal écrivit le même jour au Ministre de la marine et des colonies, comte Decrès, pour lui demander de faire remplacer ce général dans le conseil, et lui exposa le résultat de ses travaux. La première séance avait eu lieu le 3 août 1811; le dépouillement, le classement et l'analyse raisonnée des pièces qui lui étaient soumises avaient pris plusieurs semaines. Ensuite on dut entendre le général Ernouf, le général Ambert, le colonel Faujas, le colonel Madier, alors employé à Perpignan, les colonels Cambriels et Vatable, le chef de bataillon Merlen, le capitaine de grenadiers Mongin, etc.[1], en sorte que l'instruction de l'affaire était fort avancée au moment du départ du général Bourcier. C'est le général du génie, comte Chasseloup-Laubat, conseiller d'État, qui fut désigné pour compléter le conseil, et il dut d'abord prendre une connaissance détaillée des pièces et de l'instruction déjà faite, ce qui amena du retard pour la continuation de cette instruction. Néanmoins, le 15 février 1812, le duc de Conegliano put envoyer au Ministre de la marine le rapport du conseil d'enquête[2], et, le 19 février, Decrès le transmettait à l'Empereur.

Après la lecture du rapport, Napoléon fit mettre en arrestation le général Ernouf, le colonel Madier et le sieur Malespine, et, le 29 février, le maréchal duc de Conegliano transmit à S. E. le Grand-Juge, Ministre de la justice, toutes les pièces de l'enquête.

Le procureur général près la cour impériale de Paris fut alors chargé d'instruire une procédure contre le général Ernouf et ses coaccusés; mais cette instruction marcha bien

---

[1] Le lieutenant-colonel d'Anthouard, directeur de l'artillerie, prisonnier des Anglais depuis la capitulation, écrivit au Ministre une lettre très violente contre le capitaine général contre lequel il articule les graves accusations suivantes : « 1° Les troupes de Sa Majesté ont reçu l'ordre formel de ne point attaquer et de se replier sur le Matouba; 2° Le colonel Faujas et des officiers étrangers à l'arme de l'artillerie ont reçu et donné les ordres pour que les forts et batteries fussent détruits avant l'arrivée des forces anglaises; 3° Pour se venger de la résistance des troupes françaises, elles ont été arrêtées et désarmées sans ordre, sans forme et traitées avec une infamie sans exemple.» Archives des colonies. Guadeloupe, Correspondance générale, années 1810-1814, registre n° 70. D'Anthouard s'exprime avec une animation qui permet de mettre en doute l'impartialité de son jugement.

[2] A la minute de ce rapport est jointe cette annotation du Ministre : «Faire faire une prompte expédition du rapport par cinq mains à la fois.»

lentement. On trouve en effet, à la date du 25 août 1813[1], une lettre du Ministre de la justice, le duc de Massa, portant le timbre du bureau de la justice criminelle, par laquelle celui-ci demande à Decrès divers renseignements concernant cette affaire, et le Ministre de la marine lui répond en lui envoyant les renseignements demandés, le 9 septembre 1813. Plusieurs autres lettres, espacées à la fin de l'année 1813 et au commencement de 1814, prouvent qu'on s'occupait toujours de cette affaire; un certain nombre se rapportent au citoyen Malespine, négociant, adjudicataire de plusieurs marchés, bailleur de fonds, qui faisait des avances au trésor colonial.

On arriva ainsi à la première Restauration de 1814. Le général Ernouf profita de ce changement de gouvernement pour adresser au Ministre de la marine une pétition, par laquelle il demandait d'être remis à la disposition du département de la guerre et d'être payé du traitement qui lui était dû jusqu'à l'époque de sa rentrée en France. Le Ministre de la marine transmit cette demande au Ministre de la justice qui se décida à lui donner satisfaction. Il paraît bon de faire connaître les termes dans lesquels il en avisa le général Ernouf :

Paris, 6 août 1814.

« Monsieur le lieutenant général, j'ai reçu, quelques jours après votre lettre datée du premier de ce mois, une lettre de M. le chancelier de France à laquelle était jointe une copie de l'ordonnance du Roi du 25 juillet dernier portant qu'il ne sera donné aucune suite à la procédure commencée à Paris contre vous en votre qualité de ci-devant capitaine général à la Guadeloupe. En conséquence, je vous ai remis, par une dépêche d'hier, à la disposition de son Excellence le Ministre secrétaire d'État de la guerre, à dater du 27 avril 1811, jour

---

[1] *Archives des colonies*. Registre n° 70 déjà cité.

de votre rentrée en France, et je vais statuer très incessamment sur votre compte de solde de prisonnier de guerre.

« Recevez, monsieur le général, l'assurance de ma considération très distinguée[1]. »

L'ordonnance royale du 25 juillet, que le Ministre signifie par cette lettre au général Ernouf, est rédigée en termes assez sévères pour lui et est présentée comme une grâce plutôt que comme une justice rendue; elle exprime en effet la volonté du roi *d'user d'indulgence envers un officier général qui avait rendu d'utiles services à la patrie.* La bonté du roi ne fut pas perdue, car au mois d'avril 1815, après le retour de l'île d'Elbe, le général Ernouf fut un des très rares généraux qui non seulement restèrent fidèles au roi, mais encore osèrent combattre Napoléon dans le midi de la France, sous les ordres de S. A. R. le duc d'Angoulême. A la suite de l'insuccès de cette petite campagne royaliste, Ernouf passa à l'étranger et rentra en France avec le roi à la deuxième Restauration. Il reçut le commandement de la 5ᵉ division militaire et fut, en outre, envoyé à la Chambre des députés par le département de l'Orne.

Le général Ernouf avait été nommé grand officier de la Légion d'honneur, sous l'Empire, avant d'être envoyé à la Guadeloupe. Il était honoré de l'amitié du maréchal duc de Dantzig, comme le prouvent quelques lettres adressées à ce personnage et qui se trouvent, avec la correspondance officielle, dans les Archives. Le maréchal obtint même sa mise en liberté dès les premiers jours de 1814, sous son cautionnement personnel. Jusqu'alors il était resté en prison pendant que le Ministre de la justice faisait poursuivre l'instruction commencée contre lui.

---

[1] Registre 70 déjà cité. Une autre pièce, mise à la suite de celle-ci dans le même registre, constate que la procédure est également abandonnée contre le colonel Madier et le citoyen Malespine. La question est définitivement enterrée. Ces pièces ne portent pas de signatures : ce sont les minutes écrites par le Ministre lui-même.

Comme épilogue de la prise de la Guadeloupe, il faut mentionner la prise des îles Saint-Martin et Saint-Eustache (15 et 21 février 1810) qui furent enlevées sans résistance par le général Harcourt, commandant la 2ᵉ division de l'armée de siège de la Guadeloupe. Dès lors, la France ne possédait plus une seule île dans la mer des Antilles.

CHAPITRE XXIV.

LES ANTILLES EN 1814 ET 1815.

Tant que dura l'empire de Napoléon, les Antilles françaises demeurèrent entre les mains de l'Angleterre. Après l'abdication forcée de l'empereur à Fontainebleau et la restauration du roi Louis XVIII sur le trône de France, les puissances alliées signèrent un traité de paix avec Sa Majesté très chrétienne (30 mai 1814). La France rentrait, en principe, dans ses limites du 1er janvier 1792. L'Angleterre consentait donc à lui rendre Bourbon, la Guyane, Pondichéry et les autres comptoirs de l'Inde, les pêcheries de Terre-Neuve, la Martinique et la Guadeloupe avec ses dépendances, mais, fidèle à son habitude de tirer toujours quelque profit des guerres où elle s'est engagée, elle retenait, dans la mer des Indes, l'île de France qui prenait le nom de Maurice, et, dans la mer des Antilles, Tabago et Sainte-Lucie. La perte de Sainte-Lucie était surtout regrettable à cause de l'origine toute française de ses habitants et de leur dévouement à la mère-patrie, dévouement dont nous avons vu les preuves dans les luttes soutenues contre les Anglais.

Pendant la période qui s'écoula depuis la prise de la Martinique et de la Guadeloupe jusqu'à la Restauration, la première de ces îles fut successivement gouvernée par le lieutenant général sir Georges Beckwith, le major général John Brodrick, le major général Ch. Wale et le major général John Lindsay, la seconde, par le général sir Georges Beckwith, le major général Carmichaël, le vice-amiral Alexander Cochrane, et le major général Skinner. C'étaient donc les deux majors généraux Lindsay et Skinner qui gouvernaient les deux îles au moment où s'ouvrent les événements qu'il nous reste à raconter.

§ 1. LA MARTINIQUE.

Le traité du 30 mai 1814 donnait un délai de trois mois pour la remise à la France des colonies qui devaient lui être restituées par l'Angleterre; ce délai expirait donc le 30 août, et dès le 4 août le général Lindsay avait fait publier le traité dans la colonie. D'autre part, une ordonnance royale du 13 juillet 1814 avait nommé gouverneur de la Martinique, le vice-amiral comte de Vaugiraud[1]; le chevalier Louis-François Dubuc était désigné comme intendant de la colonie, le colonel baron de la Barthe, comme commandant en second, et le colonel de Malherbe comme commandant de la légion de la Martinique.

Pour éviter de compromettre le Gouverneur, à son arrivée, dans des discussions avec les Anglais, le Gouvernement envoya d'abord deux commissaires délégués, chargés de reprendre possession de l'île. C'étaient le colonel de la Barthe, commandant en second, qui devait exercer provisoirement, et par intérim, les fonctions de Gouverneur, et le conseiller Perrinelle-Dumay qui devait exercer, dans les mêmes conditions, celles d'intendant.

L'expédition qui portait ces hauts fonctionnaires ainsi que les troupes destinées à constituer la garnison comprenait : le vaisseau le *Lys*, commandant Milius; la frégate l'*Érigone*, commandant de Rigny, et la corvette le *Vésuve*, comman-

---

[1] Le comte de Vaugiraud était venu à la Martinique en 1781 comme major général à bord de la *Ville-de-Paris* sous les ordres du comte de Grasse. Le chevalier Dubuc était un créole du pays, ainsi que le baron de la Barthe et le colonel de Malherbe lequel avait servi dans l'ancien régiment de la Martinique. Le gouverneur, dans son discours solennel de prise de possession, fait allusion à ces nominations dans les termes suivants : « Les liens qui les unissent tous les trois à la Colonie vous indiquent assez, Messieurs, le désir que le père commun des Français a de vous voir régis d'une manière conforme aux vœux de vos cœurs. »

dant de Missiessy. Elle ne put partir de Brest que le 1ᵉʳ septembre et arriva en rade de Fort-de-France le 8 octobre[1].

A peine arrivé, le colonel de la Barthe s'empressa de communiquer au général Lindsay les pouvoirs dont il était revêtu, et l'ordre de restitution transmis à l'ambassadeur de France à Londres par le gouvernement britannique. Mais le général anglais déclara n'avoir reçu aucun ordre direct et jugea nécessaire d'en référer à sir James Leith, général commandant en chef les forces anglaises dans les Antilles, et d'attendre ses ordres. Cependant les délégués français, impatientés d'attendre sur les navires où les troupes étaient entassées, écrivirent le 18 octobre au général Lindsay pour réclamer la prompte exécution du traité de Paris, démarche, qui n'eut, d'ailleurs, pas de succès, et ils durent pour le moment se contenter de rendre compte au Ministre[2] des difficultés qu'ils rencontraient et de la mauvaise volonté qui leur était opposée.

Le 21 octobre, la réponse de sir James Leith arriva à la Martinique; elle n'était qu'à demi satisfaisante. Le général n'avait encore reçu du ministère anglais aucune instruction relative à la remise des colonies à la France, mais, comme il ne pouvait tarder d'en recevoir, il invitait le général Lindsay à faire ses préparatifs pour une prochaine évacuation.

Ce ne fut pourtant que le 1ᵉʳ décembre que sir James Leith et l'amiral Durham arrivèrent avec les bâtiments de transport nécessaires pour l'évacuation de l'île. On put procéder alors à la remise effective : le 2 décembre, la ville de Saint-Pierre et dépendances; le 5, l'Ilet-à-Ramiers, la batterie de la pointe des Nègres et le camp de la redoute Bouillé; enfin, le 9 décembre, le fort Saint-Louis et le fort Bourbon, ainsi que les

---

[1] Le *Vésuve*, obligé de relâcher à la Corogne pour réparer des avaries, arriva à Fort-de-France dix-neuf jours après les deux autres bâtiments, le 27 octobre 1814. L'*Erigone* qui avait devancé le *Lys* était au contraire arrivée le 5 octobre.

[2] Pierre-Victor baron Malouet. Ministre de la marine et des colonies.

derniers petits postes occupés par les Anglais sont rendus aux Français et le pavillon blanc remplace partout le pavillon anglais.

Les retards de l'évacuation avaient été si prolongés que celle-ci était à peine terminée au moment où le gouverneur et l'intendant titulaire vinrent relever de leur intérim le colonel de la Barthe et le conseiller Perrinelle-Dumay. En effet, le 9 décembre 1814, au moment même où le gouverneur anglais, général Lindsay, quittait la Martinique, le gouverneur français, vice-amiral comte de Vaugiraud, grand-croix de l'ordre royal et militaire de Saint-Louis, officier de la légion d'honneur, entrait en rade de Fort-de-France sur la frégate la *Duchesse-d'Angoulême* qui devançait de vingt-quatre heures le vaisseau le *Marengo* [1]. Il avait déclaré que, par économie, il voulait le moins d'appareil possible dans sa réception, mais le gouverneur anglais s'étant fait saluer à son départ de 99 coups de canon, l'amiral « sentit que les honneurs à rendre au représentant de Louis XVIII ne pouvaient être moindres [2]. » En conséquence, ce même salut fut exécuté par toutes les frégates et bâtiments sur rade, ainsi que par toutes les batteries de terre, et accompagné des cris de « Vive le roi » poussés par la foule nombreuse qui couvrait le rivage. Aussitôt après le débarquement, le nouveau gouverneur assista, à l'église, au chant solennel d'un *Te Deum*.

Ses premières préoccupations se portent sur le triste état des bâtiments militaires, et surtout de ceux destinés aux logements des troupes [3]. Ils avaient, en effet, été abandonnés par les Anglais qui, à leur dernière prise de possession, avaient détruit les ouvrages du fort Bourbon, et ne tenaient plus à la Martinique, comme lors de leur première occupa-

---

[1] A ce moment la frégate la *Méduse*, qui portait l'intendant Dubuc, était déjà sur rade.

[2] *Archives des colonies*, Martinique, Correspondance générale, année 1814, registre n° 116 bis. Lettre du 21 décembre 1814.

[3] Lettre n° 3 en date du 21 décembre 1814. *Idem, ibidem*.

tion, le quartier général de leurs troupes des Antilles. Le surlendemain, 23 décembre 1814, il rend compte au Ministre que les magasins de l'artillerie et du génie sont dépourvus des objets nécessaires à ces deux services. Un peu plus tard, le 20 janvier 1815[1], il transmet au Ministre les rapports des directeurs de l'artillerie et du génie, en appuyant les propositions de ces officiers qui demandent, le premier, un envoi de canonniers et d'ouvriers, le second, une compagnie de sapeurs dont les officiers formeraient un appoint à l'état-major du génie.

Mais ce qui se passait en Europe allait bientôt le détourner de ces préoccupations d'organisation intérieure. Napoléon, revenu de l'île d'Elbe, avait traversé la France sans coup férir, et avait rétabli l'Empire à Paris, forçant Louis XVIII à se retirer à Lille, puis à Gand.

La nouvelle des événements de mars 1815 fut portée à la Martinique par une corvette anglaise dans les premiers jours du mois de mai. Le comte de Vaugiraud s'empressa d'écrire au roi[2] que les représentants de Sa Majesté, les chefs civils et militaires, les colons étaient tous animés du meilleur esprit, mais qu'il n'en était pas de même des troupes et des équipages de la station navale; le corps des sous-officiers d'infanterie, en particulier, lui paraît très mauvais.

Il renouvelle ensuite le serment de consacrer sa vie au soutien de la cause du roi.

En même temps les gouverneurs des Antilles anglaises donnaient au gouverneur de la Martinique l'assurance de leur dévouement à la cause royale, et ce dernier se concerta avec eux sur les mesures convenables pour empêcher l'entrée à la Martinique d'aucune force nouvelle venant de France. Ces pourparlers aboutirent à une convention proposée le 20 mai

---

[1] *Archives des colonies*, Martinique, Correspondance générale, année 1815, registre n° 117.

[2] Lettre du 5 mai 1815. *Archives des colonies*, Martinique, Correspondance générale, année 1815, registre n° 117.

1815 par sir James Leith, commandant supérieur des troupes britanniques dans la mer des Antilles, et acceptée le 23 mai par le gouverneur et l'intendant de la Martinique [1]. Voici quelles étaient les conditions de cette convention :

« L'île reste sous la souveraineté de Louis XVIII. Les troupes anglaises occuperont le fort Royal, le fort Bourbon, la redoute Bouillé et l'Îlet-à-Ramiers; elles agiront comme force auxiliaire.

« Elles seront aux frais du Gouvernement anglais. Elles ne seront pas soumises aux lois françaises. Elles appelleront à ces lois dans le cas où elles auraient à se plaindre de sujets français.

« M. de Vaugiraud demeure en pleine possession du gouvernement.

« Toutes tentatives pour arborer le pavillon tricolore seront réprimées par la force des armes. »

Cette convention fut complètement exécutée le 5 juin; les officiers anglais et ceux de la milice de l'île adoptèrent une cocarde blanche et noire en signe d'alliance. M. de Vaugiraud écrivit au gouverneur de la Guadeloupe pour l'engager à suivre son exemple.

Il restait à se débarrasser des soldats bonapartistes: ils furent désarmés et embarqués sur un navire marchand pour Bordeaux, mais ce bâtiment fut arrêté en route par une frégate anglaise, qui les prit et les emmena prisonniers à Plymouth. Il y avait 375 hommes dont 350 du 26e régiment et

---

[1] Lettre du 7 juin 1815, à M. le comte de la Châtre, ambassadeur de France à Londres. (*Archives des colonies*, Martinique, Correspondance générale, année 1815, registre n° 117.) Le gouverneur s'était décidé à accepter cette convention surtout parce que les canonniers de la garnison, les ouvriers militaires et quelques hommes du 26e avaient demandé à partir pour France; il voulut les embarquer sur la corvette le *Vésuve*. Mais son commandant, M. de Missiessy, refusa de les recevoir. Le gouverneur dut faire partir cette corvette, et aussi la frégate la *Duchesse-d'Angoulême*, car le séjour de leurs équipages pouvait, en se prolongeant, devenir dangereux pour le repos de la colonie.

25 canonniers. Le 26ᵉ régiment qui comptait 800 hommes se trouva donc réduit à 450.

Les fusils des troupes ainsi embarquées furent distribués pour l'armement des milices.

Pendant ce temps, la corvette française l'*Actéon* avait été enlevée par son équipage qui, après avoir désarmé le commandant, M. de Venancourt, et maîtrisé les officiers, voulait se diriger vers la France pour se ranger sous les ordres de l'Empereur. Une corvette anglaise la poursuivit et la ramena à Fort-Royal; le gouverneur fit traduire les mutins devant une commission militaire.

Peu de temps après, comme nous l'expliquerons bientôt, les Anglais s'emparaient de la Guadeloupe où flottait le drapeau tricolore, et le comte de Vaugiraud envoyait les trois bâtiments dont il disposait (corvettes l'*Actéon* et le *Messager*, brigantin le *Diligent*) prendre part à cette expédition, faite au nom du roi de France. Après la prise de l'île, sir James Leith chargea même le commandant de l'*Actéon* de remettre à l'amiral de Vaugiraud l'épée de l'amiral Linois.

En rendant compte de ces faits [1], le gouverneur de la Martinique exprime l'espoir que « la prise de la Guadeloupe ne sera considérée, par le prince régent d'Angleterre, que comme un dépôt qui retournera à Sa Majesté, du moment où l'objet de la guerre qui doit lui assurer la possession de son trône sera rempli. »

Après la prise de la Guadeloupe, le gouverneur écrit au Ministre une longue lettre [2] dans laquelle, revenant sur les événements récents, il expose que bien que le 26ᵉ régiment ait été débarrassé de ses plus mauvais éléments, le mauvais esprit des officiers et des hommes lui fait désirer le rappel en France de ce régiment; il demande qu'il soit remplacé par un régiment suisse, car « de longtemps, dit-il, on ne

[1] Lettre du 15 août 1815. Registre n° 117 déjà cité.
[2] Lettre du 14 septembre 1815. Registre n° 117 déjà cité.

doit songer à y envoyer des nationaux. La Guadeloupe devra être traitée de la même manière lorsqu'elle sera rendue. Il admet, d'ailleurs, qu'un bataillon de 500 à 600 hommes et 100 hommes d'artillerie, dans chacune de ces colonies, constitueront une garnison bien suffisante pour le temps de paix. Il demande, d'autre part, à conserver la garnison anglaise jusqu'à ce que la garnison de la colonie ait été reconstituée sur les bases qu'il propose, et déclare que cette force auxiliaire se conduit «admirablement bien.»

Il est à remarquer que les directeurs de l'artillerie et du génie (colonel de Pont-Bodin et capitaine Garcin) témoignèrent dès le commencement des événements le désir d'obtenir un congé que le gouverneur jugea politique de leur accorder [1].

Quant aux officiers du 26e régiment, ils étaient au nombre de 60 à la fin de l'année 1815; aussi le gouverneur propose, à la date du 16 décembre, de réduire ce nombre proportionnellement à celui des soldats qui restent, et à renvoyer le surplus en France.

Le gouverneur avait d'ailleurs, en attendant, réorganisé les milices de la Martinique par deux règlements provisoires en date du 1er mars 1815 [2]. Le premier de ces règlements porte à l'article 1er que :

Les milices de la Martinique comprendront tous les habitants depuis l'âge de 16 ans jusqu'à celui de 55;

A l'article 2, que ces milices seront formées en six bataillons : le premier formé des paroisses de Fort-Royal, Lamentin et Case-Pilote; le deuxième, des paroisses de Fort-Saint-Pierre, Mouillage, Prêcheur et Carbet; le troisième, des paroisses de Macouba, Basse-Pointe, Grande-Anse, Marigot et Sainte-Marie; le quatrième, des paroisses de la Trinité, Gros-Morne, Robert et François; le cinquième, des paroisses du Marin,

[1] Deuxième lettre du 14 septembre 1815. Registre n° 117 déjà cité.
[2] Même registre.

de Vauclin, Sainte-Anne et la Rivière-Pilote; le sixième, des paroisses de Rivière-Salée, Trois-Ilets, Anses d'Arlet, Diamant, Sainte-Luce, Saint-Esprit et Trou-au-Chat.

Chaque bataillon devait comprendre, comme précédemment, une compagnie de grenadiers, une de chasseurs, des compagnies de fusiliers en nombre variable et une compagnie de dragons.

Le deuxième règlement, à la même date, était relatif à la « formation d'une ou plusieurs compagnies de sapeurs-pionniers par bataillon de milices ». Ces compagnies étaient créées pour utiliser les hommes de couleur *non libres*, qui d'après les nouvelles ordonnances ne pouvaient être reçus désormais dans les compagnies ordinaires de la milice, et qui avaient fait preuve précédemment de bonne conduite et de moralité. Ces compagnies de sapeurs-pionniers étaient composées de 43 hommes, officiers compris, savoir :

1 capitaine, 1 lieutenant en premier, 1 lieutenant en second, 1 sergent-major, 3 sergents, 6 caporaux, 10 sapeurs, 20 pionniers.

Après huit ans de service dans ces compagnies, les sapeurs-pionniers devaient être affranchis et pouvaient alors passer dans les compagnies de gens de couleur libres du bataillon.

En revanche, le comte de Vaugiraud se montrait très défiant envers la marine, et demandait, à plusieurs reprises, la diminution de la station navale de la Martinique. Nous citerons, pour faire comprendre le motif de cette défiance, quelques passages de sa lettre du 25 décembre 1815 [1] : « Le danger que je prévoyais [2] alors de multiplier sur le même point un trop grand nombre d'officiers et d'équipages est devenu si pressant, que je crois ne pas devoir perdre un instant pour vous en informer...

---

[1] Lettre adressée au Ministre de la marine et des colonies. Registre n° 117 déjà cité.

[2] Dans de précédentes dépêches, notamment dans celle du 5 novembre 1815.

« Déjà, depuis l'arrivée de l'*Euryale*, de l'*Expéditive* et de l'*Aigrette*, il y avait eu des incidents très fâcheux au Fort-Royal, où de jeunes officiers ou aspirants, indisciplinés, et qui paraissaient animés d'un très mauvais esprit, avaient tenté d'élever quelques rixes avec la garnison anglaise qui, toujours impassible et modérée, n'avait même pas porté de plaintes officielles...

« Mais hier, le général Delaval, commandant la garnison britannique, a été lui-même insulté par les officiers et aspirants de marine, sur le terrain où il faisait manœuvrer ses troupes. La réserve et le sang-froid qu'il y a mis en s'abstenant de faire arrêter les coupables les a encore soustraits, jusqu'à présent, au châtiment. Il s'est borné à se retirer avec tous ses officiers après la manœuvre, et la police de la ville a été obligée de se tenir jusqu'à une heure fort avancée sur la place pour éviter de nouveaux désordres. »

Puis il ajoute qu'il sera forcé peut-être de faire des exemples très graves pour assurer le repos de la colonie « qu'il a eu le bonheur de maintenir, pendant la crise la plus forte où jamais un pays se soit trouvé et qu'il a la douleur de voir compromettre au moment où cette crise est passée, et cela *par la présence seule de quelques bâtiments de France.* »

Toutefois, à ce moment, les traités de 1815 étaient déjà signés, la Martinique restait à la France, et bientôt une garnison française allait venir réoccuper la Martinique ; les Anglais, qui étaient d'abord venus en conquérants dans l'île et qui y étaient maintenant revenus à titre d'auxiliaires, allaient très prochainement l'évacuer, et, cette fois, d'une façon définitive.

§ 2. LA GUADELOUPE.

Nous avons laissé l'Angleterre maîtresse de la Guadeloupe en 1810 ; mais, pour entraîner la Suède dans la coalition contre la France, elle lui céda cette colonie trois ans après. En effet, par le traité du 3 mars 1813, la Suède s'engageait à fournir 30.000 hommes à la coalition, tandis que l'Angleterre lui promettait en échange un subside de 24 millions et la cession de la Guadeloupe. Un commissaire suédois fut envoyé dans le courant de l'année 1813 pour reconnaître et constater la situation de l'île, mais les événements de 1814 survinrent avant que la prise de possession ait été effectuée, de sorte que la Guadeloupe était encore au pouvoir des Anglais lorsqu'elle fut restituée à la France par le traité du 30 mai 1814.

L'ordonnance du 13 juin 1814, qui nommait le gouverneur et les hauts fonctionnaires de la Martinique, nommait en même temps pour la Guadeloupe : gouverneur, le contre-amiral comte de Linois; intendant, le chevalier de Guilhermy; commandant en second, le colonel baron Boyer de Peyreleau.

Comme pour la Martinique, le commandant en second et un ordonnateur, M. de Vaucresson, furent délégués pour aller reprendre possession de l'île et partirent avec eux. Les troupes destinées à reprendre possession de chacune de ces deux colonies, et qui étaient portées, comme on l'a vu, par les trois bâtiments de la division, comprenaient 300 hommes d'infanterie, 60 canonniers du 6ᵉ régiment et 74 ouvriers militaires. En outre, le colonel Boyer de Peyreleau s'était fait remettre 400 fusils pour armer les compagnies de gardes nationales de la Guadeloupe qui avaient été désarmées par les Anglais [1].

Nous avons vu quels longs retards le général Lindsay avait apportés à la remise de la Martinique. Les deux commissaires pour la Guadeloupe espérant être plus heureux dans cette colonie se décidèrent à partir sans attendre la solution des difficultés pendantes entre le général anglais et le colonel

---

[1] Pendant la traversée, les canons des navires de l'expédition étaient dans la cale, parce que les Anglais ne permettaient pas encore à la France de faire sortir de ses ports un vaisseau armé en guerre; les bâtiments de l'expédition étaient donc armés en flûte.

de la Barthe. On fit passer à bord du *Lys* tout ce qui était destiné à la Guadeloupe, et ce vaisseau, ayant mis à la voile le 14 octobre, arriva le lendemain matin à 8 heures sur la rade de la Basse-Terre. D'après Boyer-Peyreleau, témoin oculaire et acteur principal, « à la Guadeloupe, comme à la Martinique, l'apparition des Français chargés de rallier à la métropole une colonie dévouée, y fit éclater les transports d'une joie inexprimable. On pouvait juger par les cris et les démonstrations des habitants de toutes les classes et de toutes les couleurs, accourus sur le rivage, combien était vif leur attachement à la France. Des canots vinrent en foule entourer le vaisseau; le son des instruments et des chants chers aux Français retentissaient de toutes parts. Tous les habitants de la ville se présentèrent pour servir d'escorte aux commissaires du roi. »

Le gouverneur anglais, surpris par cette brusque arrivée des commissaires royaux, fut sur le point de leur remettre immédiatement la colonie; mais il se ravisa presque aussitôt[1] et chercha à retarder le plus possible l'exécution du traité.

Une lutte opiniâtre s'engagea alors entre les commissaires du roi, d'une part (Boyer et Vaucresson), et le gouverneur et son chef d'administration, d'autre part (Skinner et Dubuc Sainte-Olympe). Les premiers, fatigués de la mauvaise volonté évidente qu'on leur opposait, s'adressèrent au général Leith, commandant en chef dans les Antilles, qui résidait alors à Antigues.

Les réponses que ce général fit aux commissaires du roi étaient très polies dans la forme, mais très évasives quant au fond.

Le temps se passait et le général Skinner en profitait pour achever de dépouiller la Guadeloupe et faire charger sur ses

[1] D'après Boyer-Peyreleau, ce revirement fut opéré par le conseil d'un créole, Dubuc Sainte-Olympe, qui était chef de l'administration de l'île pendant l'occupation anglaise et qui exerçait une grande influence sur l'esprit du gouverneur Skinner.

navires tout ce qu'il pouvait emporter. Le vaisseau le *Vénérable*, monté par le contre-amiral Durham, et la frégate la *Barossa* s'employaient jour et nuit à enlever tout ce qui pouvait être embarqué, notamment les canons et les munitions d'artillerie. On emporta même des barres de fer qui, depuis nombre d'années, étaient en approvisionnement au fond des magasins de l'arsenal. C'était une violation manifeste de l'article 11 du traité du 30 mai 1814, stipulant que la colonie serait rendue à la France dans l'état où elle se trouvait au moment de la signature de ce traité.

Le colonel Boyer-Peyreleau crut devoir faire à ce sujet des représentations assez vives, mais elles demeurèrent sans effet. Il demanda alors la permission de débarquer ses malades, dont le nombre croissait tous les jours parmi des soldats fatigués d'un longue traversée et resserrés dans l'étroit espace disponible à bord du *Lys*. Le général Skinner, après avoir opposé une assez longue résistance, comme si la présence de quelques Français malades pouvait inquiéter les 3.000 hommes de troupes anglaises qu'il avait sous ses ordres, se décida enfin à laisser établir ces malades dans une maison particulière, louée pour être transformée en hôpital provisoire.

Le 3 novembre 1814, l'amiral Cochrane montant le vaisseau le *Tonnant* parut à la Guadeloupe. Le colonel Boyer-Peyreleau recommença, auprès de lui, les démarches déjà faites auprès des généraux Skinner et Leith, mais sans plus de succès; l'amiral remit à la voile sans laisser autre chose que des promesses illusoires.

Le colonel finit cependant par obtenir l'autorisation de débarquer ses troupes et put les établir au camp de Boulogne. Cinq jours après, 22 novembre, le *Lys* repartait pour France, laissant aux troupes quelques provisions de bouche et quelques cartouches.

Une sourde irritation régnait dans la colonie, provoquée par les retards et les exactions des Anglais, lorsque enfin, le

5 décembre 1814, le général en chef, sir James Leith, arriva de la Martinique, dont il venait de faire la remise aux Français, pour opérer à son tour la restitution de la Guadeloupe.

Dès le lendemain matin, 6 décembre, il signait avec le colonel Boyer une convention pour la reprise de possession de l'île. Le pavillon blanc devait être arboré le jour même, à 9 heures du matin, à la Basse-Terre, sur la batterie des Trois et dans le camp occupé par les Français [1]; les Anglais se donnaient la faculté de conserver le fort, la douane et le gouvernement au plus tard jusqu'au 9 décembre, jour fixé pour l'entière évacuation. Le commandant en chef anglais repartit après avoir arrêté toutes les dispositions nécessaires; il n'était resté que deux jours à la Guadeloupe.

Le jour même de son départ, le colonel Boyer, gouverneur par intérim, fit afficher une proclamation à la Basse-Terre, fit chanter un *Te Deum* en grande pompe dans les églises et installa le conseil supérieur de la colonie.

Cependant le général Skinner s'efforçait de mettre toutes sortes d'entraves à l'exécution des dispositions convenues.

Les troupes envoyées à la Pointe-à-Pitre pour prendre possession de la ville qui, aux termes de la convention devait être remise le 7, furent obligées de rester quatre jours dans une petite île de la rade; la restitution ne fut opérée que le 11. Ces délais prolongés, sans aucun motif valable, par la mauvaise volonté du général anglais avaient exaspéré la population de la ville, un mouvement hostile commençait même à se produire chez les habitants, et il fallut, pour le calmer, toute la prudence et la fermeté de l'aide-major Fromentin, qui n'avait encore aucunes troupes à sa disposition.

A la Basse-Terre, une émeute avait aussi éclaté contre Dubuc Sainte-Olympe, ce créole qui s'était attaché aux Anglais et qui avait été leur chef d'administration pendant toute la période de l'occupation étrangère. Le colonel Boyer ré-

[1] Camp de Boulogne.

prima l'émeute avec énergie et livra les meneurs à la justice des tribunaux [1].

Quant aux dépendances de la Guadeloupe, les Anglais les avaient abandonnées sans aucun avis préalable ; le colonel Boyer put donc, sans difficulté, faire réoccuper Marie-Galante le 9 décembre, les Saintes et la Désirade le 10, et Saint-Martin dans les premiers jour de janvier. Le lieutenant-colonel de Saint-Juery commandait les troupes dans cette île, avec le titre de commandant particulier.

Le 12 décembre, le contre-amiral comte de Linois arriva à bord du vaisseau le *Marengo*, et le même jour, l'adjudant général anglais Douglas vint apporter au major général Skinner l'ordre de hâter l'évacuation de la colonie.

Enfin, le 14 décembre, le pavillon français fut arboré sur le fort de la Basse-Terre et sur tous les autres postes, le gouverneur put alors débarquer et faire son entrée solennelle. Les délais de restitution prévus par le traité de Paris étaient expirés depuis plus de trois mois. L'allégresse des habitants de la colonie se manifesta de la manière la plus franche et la plus vive : *Te Deum*, illuminations, concerts, réjouissances publiques ; toute la population y prit part avec une même ardeur.

Cependant l'évacuation n'était pas terminée, un petit nombre de soldats anglais restaient encore et s'étaient retirés dans le camp de Beausoleil, elle se continua lentement les jours suivants et fut enfin terminée le 19 décembre. Nous avons toujours vu, dans le cours de ce récit, les Anglais peu empressés à se dessaisir des terres qu'une guerre heureuse avait fait tomber entre leurs mains, et cette observation

---

[1] Dans la matinée du 6, Dubuc avait été arrêté et renversé de cheval par un blanc qui se disait offensé par lui et dont la famille avait plus particulièrement souffert de l'odieux trafic des farines imaginé par cet intendant des Anglais. Un attroupement considérable et d'une attitude très hostile à Dubuc se forma aussitôt, et il fallut toute la fermeté de Boyer pour sauver cet administrateur de la fureur publique.

pourrait être généralisée. Mais le major général Skinner avait exagéré ces procédés avec si peu de dignité, que ses officiers eux-mêmes dirent publiquement qu'ils étaient humiliés des moyens mesquins employés par leur général pour retarder la remise de la colonie, d'autant plus que la conduite du gouverneur Skinner formait un contraste frappant avec les procédés pleins de franchise et de loyauté que le commandant en chef, sir James Leith, avait apportés dans ses rapports avec les commissaires du roi, pendant les deux jours qu'il avait passés auprès d'eux.

Les Anglais laissaient d'ailleurs la colonie dans le plus grand délabrement; à la Pointe-à-Pitre, il fallut emprunter deux canons et acheter de la poudre pour pouvoir saluer le pavillon du roi : « Ils n'ont laissé que ce qu'ils n'ont pu emporter » disent très énergiquement les commissaires délégués dans une lettre adressée au Ministre le 16 décembre 1814 [1].

Quelques incidents qui se produisirent sur mer après l'évacuation de la Guadeloupe achevèrent de démontrer combien difficilement les Anglais renonçaient à leur souveraineté absolue aux Antilles. Le brick français de commerce, l'*Aurore*, parti de la Pointe-à-Pitre le 4 janvier 1815 pour se rendre à Bordeaux, se trouvait le 6 au matin à deux lieues de Marie-Galante lorsqu'il rencontra un corsaire anglais la *Josepha*, armé d'un canon sur affût à pivot central. Ce corsaire amarina le brick et le conduisit à Montserrat. Le comte de Linois et M. de Vaucresson intendant par intérim durent écrire au gouverneur général des îles du Vent anglaises, à Antigues, une lettre collective à l'effet d'obtenir que l'*Aurore* fût relâché et que les corsaires anglais laissassent librement passer nos bâtiments de commerce [2]. Le gouverneur général,

[1] *Archives des colonies*, Guadeloupe, Correspondance générale, année 1814, registre n° 71.

[2] *Archives des colonies*, Guadeloupe, Correspondance générale, année 1815, registre n° 72. Lettre de l'amiral Linois au Ministre, du 22 janvier 1815.

sir James Leith, s'empressa de répondre en termes très convenables et très obligeants que ce brick avait été relâché et autorisé à continuer sa route pour France, que le corsaire anglais avait été condamné aux dépens de l'information, et que les armateurs avaient la faculté de se pourvoir devant le Conseil de l'amirauté pour réclamer une indemnité en raison des retards éprouvés par leur bâtiment.

Le 12 janvier, deux bricks anglais, de 18 canons chacun, le *Satellite* et la *Colombine*, vinrent mouiller sur la rade de la Basse-Terre sous prétexte de faire de l'eau.

Le 22 janvier, le brick français de commerce, le *Louis*, de 204 tonneaux, allant de la Pointe-à-Pitre à la Basse-Terre fut chassé dans le canal par un brick de guerre portant pavillon français, qui lui tira plusieurs coups de canon pour l'obliger à diminuer de voile; le capitaine du *Louis* voulut se réfugier aux Saintes, mais le brick le poursuivit en arborant alors le pavillon américain; puis il vint mouiller à l'entrée de la baie auprès du *Louis* en arborant cette fois le pavillon anglais. C'est sous ce pavillon qu'il visita le brick français et examina ses papiers. Il le laissa d'ailleurs rentrer le lendemain à la Basse-Terre. L'amiral Linois rendant compte de ce fait au Ministre [1] ajoute : « Je n'ai pas encore su le nom du brick de guerre anglais; sa conduite est inconvenante puisqu'il a tiré du canon sous pavillon français et à portée du canon de terre. Je suis bien convaincu, d'après la lettre honnête et obligeante que m'a écrite le lieutenant général sir James Leith, commandant à Antigues, d'après les principes qui y sont professés, qu'il n'approuvera pas la conduite de ce brick de guerre et je profiterai de la première occasion pour en informer ce général. »

Cependant ces tracasseries des Anglais n'empêchèrent pas l'amiral de Linois de protéger nos nationaux au Venezuela et

---

[1] *Archives des colonies*, Guadeloupe, Correspondance générale, même registre. Lettre de l'amiral Linois au Ministre, en date du 24 janvier 1815.

d'intervenir à son tour dans ce pays, comme nous avons déjà vu intervenir quelques années auparavant son prédécesseur le général Ernouf. Dans une lettre adressée au Ministre, le 11 mars 1815, il lui rend compte, dans les termes suivants, des motifs de cette intervention : « Les nouvelles que nous recevions de la Côte-Ferme devenaient de jour en jour plus alarmantes, lorsque des négociants recommandables de la Pointe-à-Pitre m'adressèrent la lettre que j'ai l'honneur de soumettre à votre Excellence [1].

« Elle m'a paru d'un intérêt si pressant, Monseigneur, que je me suis déterminé à expédier pour l'île Marguerite la corvette de Sa Majesté, le *Vésuve*, afin de sauver, s'il en était temps encore, les malheureux Français qui s'y trouvent, leurs fortunes et les fonds appartenant tant au commerce de la Guadeloupe qu'à celui de la Martinique.

« La position des sujets de Sa Majesté qui s'y sont réfugiés de la Côte-Ferme est d'autant plus cruelle qu'ils y sont exposés aux mêmes horreurs que les 600 Français qui viennent d'être égorgés à Guayria dont la population de tout âge et de tout sexe a été entièrement immolée. »

Le comte de Linois n'avait d'autre bâtiment armé que le *Vésuve*[2]; il écrit en même temps au comte de Vaugiraud

---

[1] Voici le passage le plus important de cette lettre : « L'armée royale espagnole bloque l'île Marguerite, avec 3 goélettes, 2 bricks et 1 bateau. Les égorgements, sans distinction d'âge et de sexe, qui viennent d'avoir lieu à Guayria et partout où ils ont passé, le pillage général des propriétés et des fortunes font craindre le même sort pour *plus de cent Français* qui sont dans cette île. Si votre justice et votre bonté, M. le gouverneur, vous portent à sauver ces infortunés et leurs biens, nos bénédictions et nos actions de grâces seront éternelles.

« Un bâtiment de l'État peut sauver ces malheureux, le temps presse, etc. »

Lettre signée par de Villeret, Desbonnes, Granger et Goucy. *Archives des colonies*, Guadeloupe, registre n° 72.

[2] Le commandant de ce bâtiment, M. de Missiessy, connaissait parfaitement la langue espagnole, ce qui devait beaucoup contribuer au succès de sa mission.

pour lui demander de faire appuyer ce bâtiment par l'un de ceux placés sous ses ordres à la Martinique. Il pouvait être utile en effet de se présenter en force pour intervenir dans cette lutte intestine où les deux partis rivalisaient de férocité, où les capitulations étaient, de part et d'autre, violées sans vergogne, où la population noire massacrait les blancs sans pitié, et qui semblait enfin revêtir le caractère sanglant qui avait marqué les événements de la perte de Saint-Domingue.

Le gouverneur de la Martinique, répondant aux sollicitations de son collègue de la Guadeloupe, envoya la frégate la *Duchesse-d'Angoulême* appuyer le *Vésuve*; cette petite expédition accomplit heureusement et rapidement sa mission, car le comte de Linois, dans une lettre au Ministre datée du 3 avril 1815 [1], rend compte du retour des bâtiments ayant à bord les citoyens français qui avaient voulu quitter le pays et aussi quelques royalistes espagnols désireux d'échapper aux horreurs de la guerre civile. Il ajoute ce trait qui fait honneur à notre marine : « Vous apprendrez avec plaisir, Monseigneur, que nos frégates, en mouillant à l'île Marguerite, n'ont pas salué le pavillon des forts, parce qu'il est un signe de rébellion contre l'autorité légitime, et la conduite de nos bâtiments est en contraste frappant avec celle d'une frégate anglaise qui vint, peu après, dans cette rade et salua le pavillon des indépendants. J'aurai l'honneur d'observer à Votre Excellence que le gouverneur de cette île n'a point été irrité cependant de cette conduite de nos capitaines et les a accueillis avec la plus grande distinction. »

L'attention du gouverneur se portait aussi sur l'insuffisance de la garnison de la Guadeloupe. Cette garnison, dont nous avons vu les premiers éléments arriver sur le *Lys* avec le commandant en second de l'île, avait été complétée par un bataillon du 62ᵉ régiment venu avec l'amiral de Linois sur le

---

[1] *Archives des colonies*, Guadeloupe, 1815, registre n° 72.

Marengo, puis plus tard, le 20 janvier 1815, par deux bataillons supplémentaires du même régiment portés par le vaisseau le *Superbe*. Avec ces derniers, étaient arrivés le colonel Vatable, commandant ce régiment, et l'intendant M. de Guilhermy [1], dont les fonctions avaient jusqu'alors été exercées intérimairement par l'ordonnateur Vaucresson. Avec le comte de Linois, était arrivé le major de place de la Basse-Terre, un étranger d'origine allemande, nommé Schmaltz, que l'amiral de Linois avait autrefois connu à Java et qu'il avait fait nommer d'emblée chef de bataillon pour servir sous ses ordres à la Guadeloupe. Après avoir signalé au Ministre, dans une lettre du 27 février 1815, le mauvais esprit d'un bataillon du 62e régiment : « Ils crient, dit-il, ils chantent des chansons séditieuses, et il faudra venir à en faire fusiller », il écrit spécialement, le 13 mars suivant, pour demander qu'on pourvoie aux remplacements devenus nécessaires dans la troupe et qu'on augmente son effectif. Il sollicite l'envoi à la Guadeloupe des sous-officiers et soldats du 4e bataillon du 71e actuellement au dépôt de l'île d'Aix, qui est composé de militaires d'un excellent esprit désirant depuis longtemps servir à la Guadeloupe : « Ce corps contribuerait à ramener, par son exemple, les mauvaises têtes d'un bataillon de réfractaires qui est entré dans la formation du régiment de la Guadeloupe [2] ». Puis il ajoute qu'un dépôt du 62e a été laissé à l'île d'Oléron, mais que l'inconduite des hommes qui le composent est telle qu'on a dû les rejeter.

[1] M. de Guilhermy, ancien magistrat, jouissait de la réputation la mieux établie de probité et de vertus privées (Boyer-Peyreleau). Malheureusement il eut à lutter contre l'ordonnateur Vaucresson qui, ayant fait l'intérim avant son arrivée et soutenu par le gouverneur, s'efforça de conserver le pouvoir et refusa à l'intendant tous les documents qui lui étaient nécessaires. De là, des divisions et une lutte d'influences funestes pour la colonie.

[2] Il s'agit évidemment de ce bataillon du 62e visé dans la précédente lettre.

Il demande enfin, dans la même lettre, qu'on fournisse aux militaires qui seront envoyés à la Guadeloupe des habits et capotes de drap, au lieu des sarreaux en toile, dont l'usage est pernicieux dans cette colonie.

Mais'toutes les préoccupations du gouverneur allaient faire place à un souci plus grave. Le 29 avril 1815, on reçut à la Guadeloupe le premier avis du retour de Napoléon en France. Cette nouvelle eut d'abord pour effet de provoquer dans toute la colonie un nouvel élan de fidélité à la monarchie et d'attachement à ses devoirs envers le roi. Bientôt le gouverneur de Linois reçut du comte de la Châtre une lettre, du 24 mars, lui annonçant les événements qui venaient de se passer en en France et la retraite du roi à Lille. Cette lettre lui transmettait l'ordre de Louis XVIII, de ne laisser pénétrer à la Guadeloupe aucune force nouvelle et de n'en remettre l'administration, à qui que ce fût, sans un ordre signé de la main du roi et contresigné par M. de Blacas. Un brick anglais apporta cette dépêche à la Basse-Terre dans la nuit du 1ᵉʳ au 2 mai et en repartit avec la réponse du gouverneur [1], affirmant que la Guadeloupe serait conservée au roi.

Cependant, les événements se précipitaient en France. tout le territoire s'était rapidement soumis à Napoléon. A la Martinique, pour éviter la même défection, on avait appelé les Anglais à titre d'auxiliaires. Le gouverneur de la Guadeloupe était en correspondance continuelle avec celui de la Martinique, il lui avait même envoyé le major de place Schmaltz [2], son conseiller intime; la conclusion de ces com-

---

[1] Boyer-Peyreleau prétend que, d'autre part, un agent secret fut envoyé mystérieusement en France, par le même gouverneur, pour porter à Napoléon un acte de soumission.

[2] Ce Schmaltz, homme intelligent et d'un caractère très souple, était parti très jeune pour l'Ile-de-France, où il se livra d'abord au commerce. Puis, s'étant embarqué comme volontaire à bord d'un corsaire, il se fit déposer à Batavia, où il exerça la profession de droguiste et de médecin. Il entra ensuite comme piqueur dans le corps des ouvriers militaires hollan-

munications se traduisit, le 3 mai, par l'envoi à Antigues du brick l'*Actéon*, chargé de demander au général Leith, de la part de l'amiral de Linois, l'établissement d'une croisière au vent de la Guadeloupe, afin d'en éloigner tout bâtiment français dont l'arrivée pourrait y troubler les esprits.

En réponses à ces avances, le général Leith, avec l'amiral Durham et quelques frégates anglaises, parut en vue de la Basse-Terre et envoya à l'amiral Linois des dépêches pour lui annoncer que la croisière demandée allait être établie et lui demander une entrevue. Ce dernier n'eut pas l'imprudence de recevoir l'amiral anglais, mais il l'autorisa à occuper la rade des Saintes, point capital pour la défense de la colonie. Le général Leith s'y installa, en effet, et entretint de là avec lui des communications suivies.

Cette attitude causa une grande effervescence à la Guadeloupe qui, tant de fois pillée et ravagée par les Anglais, conservait contre eux une haine vivace; des bruits sinistres couraient dans la colonie et un véritable esprit d'insubordination se manifestait dans les classes inférieures. Le 12 juin, une goélette de l'État partie de Rochefort, l'*Agile*, parvint à déposer au bourg de Saint-François deux lettres à l'adresse du gouverneur; puis, saisie aussitôt par la croisière anglaise, elle fut conduite aux Saintes, d'où on la fit partir pour la Martinique. Mais l'amiral Durham, songeant que les paquets

dais et y devint officier, puis il dut quitter ce corps et s'établit, comme passementier, à Sourabaya. Lorsque le gouverneur général de l'Inde, lord Minto, fit attaquer la colonie hollandaise, en août 1812, l'ancien officier d'ouvriers offrit ses services au général hollandais Yensens, qui venait de succéder au général Daëndels, dans le gouvernement de Java. Deux ou trois jours après, la colonie fut prise et Schmaltz, s'étant fait passer pour capitaine du génie hollandais, fut déclaré prisonnier de guerre avec la garnison et embarqué pour l'Inde. Arrivé à Calcutta, il fournit aux Anglais des renseignements importants sur les Moluques, et en particulier sur Java, ce qui lui valut la liberté et la faveur d'être renvoyé en France. C'est là que le retrouva l'amiral de Linois, qui obtint pour lui la position de major de place à la Basse-Terre. (D'après Boyer-Peyreleau.)

importants que portait cette goélette pourraient faire naître à la Guadeloupe une agitation qui permettrait aux Anglais d'occuper cette île, comme la Martinique, se ravisa, courut après l'*Agile*, qu'il rejoignit dans le canal de la Dominique, et lui donna liberté de manœuvre.

L'*Agile* se dirigea alors vers la Basse-Terre et vint y mouiller le 15 juin. Le capitaine, qui portait la cocarde tricolore, fut acclamé quand il alla remettre au gouverneur les dépêches, journaux, etc. dont il était chargé. Le gouverneur le renvoya d'ailleurs immédiatement par une cale dérobée, lui ordonnant d'aller tout de suite porter les dépêches à destination de la Martinique; puis il convoqua aussitôt un conseil pour procéder à l'ouverture des dépêches; mais l'intendant de Guilhermy, dans son dévouement inébranlable à la monarchie, s'opposa à cette ouverture et fit prendre au conseil la résolution de les mettre sous scellés et de les envoyer à M. de la Châtre, agent du roi à Londres.

L'effet de cette décision, quelque loyal que fût le sentiment qui la dictait, mettait la Guadeloupe en état de rupture avec le gouvernement actuel de la métropole; aussi le bruit se répandit rapidement qu'on voulait livrer la Guadeloupe aux Anglais. La population, qui avait conservé un souvenir peu flatteur de leur domination en 1763, en 1794 et en 1810, ne songea plus à se retenir; on criait partout très haut qu'il fallait reprendre les dépêches, se rallier à la métropole et embarquer le gouverneur avec ses deux favoris, le major Schmaltz et l'ordonnateur Vaucresson, et tous leurs partisans. A la Pointe-à-Pitre, la fermentation était à son comble, l'insurrection et la guerre civile allaient éclater. C'est alors que le colonel Boyer-Peyreleau, qui commandait l'arrondissement de la Pointe-à-Pitre, se décida le premier à reconnaître le gouvernement de la colonie et à arborer le drapeau tricolore (17 juin). «Différer à se rendre maître du mouvement, dit-il, pour expliquer sa conduite, c'était manquer l'occasion de le diriger et de prévenir le bouleversement total de la colonie:

en prenant l'initiative, le commandant en second exposait sa
tête, en ne la prenant pas, il exposait celle de tous les habitants. Pouvait-il balancer? C'est aux âmes généreuses que
cette question s'adresse. » Cette appréciation est d'ailleurs
confirmée par un auteur désintéressé dans la question, le
chef de bataillon du génie Pardon [1], qui s'exprime ainsi à
ce sujet : « Le contre-amiral de Linois fut forcé de reconnaître
le gouvernement de Napoléon, par l'effet de l'entraînement
des troupes et des habitants; il lui aurait été impossible
d'arrêter ce mouvement, dont l'impulsion était si prononcée;
lui et le colonel Boyer ne pouvaient que se mettre à la tête
du parti qui venait de se prononcer à la Pointe-à-Pitre comme
à la Basse-Terre; c'est ce qu'ils firent tous deux. »

Nous allons maintenant résumer le récit des événements
du 18 juin à la Guadeloupe d'après le récit qu'en a laissé
l'acteur principal et qui paraît empreint d'une grande franchise et d'une grande modération [2].

Le colonel Boyer-Peyreleau quitta la Pointe le 17 juin à
dix heures du soir, accompagné d'un seul officier, arriva le
18 à six heures du matin au camp de Beausoleil, où était installé le 62ᵉ régiment [3], et n'eut pas de peine, en l'absence
de son colonel, à lui faire prendre le drapeau tricolore. Deux
compagnies de grenadiers furent envoyées au gouvernement
pour en imposer par leur présence, empêcher toute tentative
de réaction si les Anglais voulaient en provoquer et surveiller
le gouverneur. En outre, deux détachements furent envoyés
pour garder à vue Schmaltz et Vaucresson dont on pouvait

---

[1] *La Martinique depuis sa découverte jusqu'à nos jours.* Paris, Chalamel, libraire, 1877, page 149.
[2] Boyer-Peyreleau. *Les Antilles françaises, particulièrement la Guadeloupe, depuis leur découverte jusqu'au 1ᵉʳ janvier 1823.* Paris, librairie
de Béchet aîné, quai des Augustins, n° 57, 1823, tome III, pages 357 e
suivantes.
[3] Le colonel Vatable, qui commandait le régiment, était logé en vill
et s'y trouvait en ce moment.

redouter l'influence favorable aux Anglais et hostile aux projets du commandant en second.

A 9 heures du matin, Boyer descendit à la Basse-Terre et réunit la garde nationale qui se prononça avec énergie pour le Gouvernement impérial et contre les Anglais; puis il alla au gouvernement pour réclamer à l'amiral les dépêches dont la mise sous scellés avait été la cause déterminante du mouvement actuel. L'amiral demanda un délai pour avoir le temps de convoquer tous les officiers supérieurs et de conférer avec le major de place. Boyer, déférant à ce désir, fit retirer la garde mise à la porte de Schmaltz, puis il fit arborer, à midi, les nouvelles couleurs sur le fort Richepanse.

A 1 heure, tous les officiers supérieurs étaient réunis pour l'ouverture des paquets, mais les scellés se trouvaient déjà rompus, et le paquet du gouverneur ne contenait plus que les journaux et bulletins; le paquet de l'intendant seul était intact[1].

Dans l'après-midi, des députations nombreuses se rendirent chez le commandant en second, pour le féliciter d'avoir sauvé la colonie, puis auprès du gouverneur pour lui demander le renvoi de l'ordonnateur et du major de place; le gouverneur consentit facilement à abandonner Vaucresson[2], mais ajourna sa décision en ce qui concernait son ami Schmaltz.

Le 19 juin, dès 6 heures du matin, le gouverneur déclara qu'il reprenait ses fonctions[3]; il publia dans la matinée une proclamation constatant le devoir pour tous de se rallier au Gouvernement impérial. Il annonça en outre sa détermination

---

[1] M. de Guilhermy, protestant contre le mouvement bonapartiste, s'était aussitôt retiré à la campagne, à la Capesterre. Le paquet fut remis intact à son secrétaire. Quand le drapeau tricolore fut officiellement adopté à la Guadeloupe, l'intendant, toujours fidèle à ses principes, se retira à la Martinique.

[2] Celui-ci disparut en effet de l'île, le jour même.

[3] Depuis deux jours, il avait abdiqué en fait, et laissé au commandant en second l'entière direction des événements.

de céder aux sollicitations générales et de faire partir dans quelques jours le major de place. Bientôt le 62ᵉ régiment, ayant à sa tête le colonel Vatable, vint féliciter le gouverneur d'avoir repris ses fonctions sous les nouvelles couleurs.

A 11 heures du matin, le vaisseau anglais, le *Vénérable*, vint mouiller à la Basse-Terre; il portait l'amiral Durham qui se dit envoyé par M. de Vaugiraud pour offrir ses secours à la Guadeloupe. L'amiral Linois refusa ces offres en montrant sa nouvelle cocarde qu'il se dit disposé à défendre jusqu'à la mort. Les Anglais se retirèrent alors, disant qu'ils n'avaient pas l'ordre d'attaquer le pavillon tricolore. L'amiral hissa alors ce pavillon sur le gouvernement et le fit saluer de 21 coups de canon par le navire anglais. Puis il ordonna qu'un *Te Deum* fût chanté dans toutes les églises de la colonie.

La Guadeloupe répétait donc la révolution faite en France le 20 mars, au moment où la journée de Waterloo allait amener en France la chute définitive de l'empire.

Cependant l'envoyé que l'amiral Linois avait chargé de porter à Napoléon l'acte de soumission que nous avons signalé [1] et qui avait été dirigé d'abord sur Porto-Rico pour déjouer les soupçons, revint à la Guadeloupe le 30 juin, ayant vainement attendu pendant plus d'un mois une occasion favorable pour aller en France. A ce moment, il n'y avait plus rien à dissimuler, aussi l'amiral donna au major Schmaltz le titre d'envoyé officiel, et le fit partir sur la goélette la *Marie-Louise*, spécialement frétée à cet effet, pour aller porter à Napoléon les protestations de fidélité et d'amour de la colonie. Puis, craignant que ce bâtiment fût arrêté par les Anglais, et tenant à faire parvenir son adhésion à l'Empereur, il fit partir quelques jours après, son fils et aide de camp, le capitaine Linois, sur un bâtiment neutre des États-Unis, le chargeant en double de la même mission, et lui

---

[1] Voir la note de la page 464.

confiant des adresses de félicitation signées par toutes les autorités civiles et militaires de la colonie [1].

Pendant ce temps, dans la nuit du 5 au 6 juillet, les Anglais avaient débarqué 300 hommes aux Saintes et s'étaient emparés de ce poste important en retenant prisonniers le capitaine d'artillerie et les quelques hommes qui constituaient la garnison. Le 18 juillet, ils s'emparèrent de même de Marie-Galante et y arborèrent le drapeau anglais sans déclaration de guerre préalable.

Ils exercèrent aussi sur les côtes de la Guadeloupe de véritables actes de piraterie : le 28 juillet, tentative de débarquement à Saint-François, ayant pour but de prendre trois caboteurs et leur chargement; cette tentative fut heureusement repoussée par les habitants; le 29 juillet, tentative analogue sur le bourg de Sainte-Anne, contre lequel ils dirigent un tir à mitraille; cette fois encore la bonne attitude des habitants force les Anglais à s'éloigner.

Le 3 août, un parlementaire anglais parti des Saintes, où l'on venait d'apprendre la journée de Waterloo, vint sommer la garnison de mettre bas les armes pour être envoyée comme prisonnière à la disposition du duc de Wellington.

Le gouverneur renvoya le parlementaire et fit paraître

---

[1] Quand ces deux envoyés arrivèrent en France, la seconde Restauration était un fait accompli. En apprenant cette nouvelle, Schmaltz s'empressa de détruire ses papiers et s'annonça comme banni de la Guadeloupe, par le commandant en second révolté, à cause de son attachement à la cause royale; il fut bien reçu partout et le Ministre de la marine lui donna une place à la direction des colonies. L'honnête M. de Guilhermy juge très sévèrement cet officier : «Ce n'est pas un royaliste, dit-il, ce n'est pas même un buonapartiste, c'est un jacobin.» Ce qui, sous la plume de ce fidèle royaliste, dénote un profond mépris. Quant au capitaine Linois, inaccessible à tout sentiment vil, il se borna à détruire ses dépêches et se vit, dès lors, dans l'impossibilité de justifier son retour de la Guadeloupe. Aussi dut-il subir une détention de dix jours à la prison militaire de l'Abbaye, à Paris.

aussitôt une proclamation qui menaçait de mort quiconque faciliterait l'attaque des Anglais.

Le lendemain, 4 août, 21 voiles anglaises allèrent mouiller au Gozier et sommèrent la Pointe-à-Pitre de se rendre; mais cette nouvelle tentative n'ayant eu aucun succès, les bâtiments anglais regagnèrent les Saintes le 5 août.

En présence de ces faits, avant-coureurs certains d'une attaque prochaine, on s'occupait de préparer la défense de l'île dans la mesure où le permettait la pénurie de canons, d'armes et de munitions de guerre.

Les spoliations que la Guadeloupe avait eu à subir des Anglais commandés par le général Skinner et l'amiral Durham, avant sa remise aux Français, avaient en effet réduit beaucoup ses moyens de défense.

Un document qui se trouve dans les *Archives des colonies* donne à ce sujet des renseignements assez précis. C'est l'extrait d'un rapport adressé au Ministre de la marine par M. Caussade, capitaine d'artillerie, sous-directeur à la Guadeloupe, à la date du 1er mars 1815. Ce rapport donne l'inventaire général du matériel d'artillerie de la colonie au 1er février 1815, inventaire qui n'a pu subir que des modifications insignifiantes au moment où les Anglais allaient attaquer l'île. Cet inventaire mentionne 78 bouches à feu montées, 90 bouches à feu non montées et 4.711 livres de poudre. Il constate la nécessité, pour compléter la défense de la colonie, d'un envoi de 21 bouches à feu, 150.000 livres de poudre et de 300.000 cartouches.

La situation de la 21e compagnie d'artillerie, la seule qui existe dans la garnison, est, au 1er mars 1815, de 63 hommes, officiers compris. Le capitaine Caussade demande que cette unique compagnie soit portée et entretenue à son complet de guerre de 150 hommes et qu'on y joigne 20 canonniers ouvriers et 5 armuriers.

Il constate que la dotation de l'artillerie pour l'année 1815 est de 118.000 francs.

Puis il joint à son rapport la copie d'une lettre adressée par lui au gouverneur et dans laquelle il dit : « Il faudrait 1.000 canonniers et plusieurs milliers de fantassins pour armer la colonie comme elle fut armée sous le gouvernement de Victor Hugues, et alors il faudrait envoyer de France un matériel suffisant. Dans les demandes que l'on fait aujourd'hui, on a pris seulement pour base le nombre des bouches à feu de côte qui existent dans l'île, 20 bouches à feu de campagne, et 3.000 hommes d'infanterie, soit troupes de ligne, soit garde nationale. L'armement sur ce pied exigera trois années en y employant 20 ouvriers [1]. »

Par économie, le sous-directeur propose d'ailleurs de conserver dans les magasins le matériel qui sera confectionné, et de ne le monter qu'au moment de la guerre, sauf à armer en partie, dès à présent, les principaux points comme la Basse-Terre et la Pointe-à-Pitre où les canonniers de l'artillerie seraient placés, et les Saintes, Marie-Galante, le Moule, qui devraient être servis par la garde nationale.

On trouve dans le même registre une lettre du capitaine du génie Courtois, transmise avec avis favorable au Ministre par le gouverneur Linois, le 28 avril 1815, et par laquelle cet officier demande l'envoi d'une compagnie de sapeurs de son arme, qui lui paraît indispensable pour les travaux à exécuter. Dans une autre lettre, le même officier traite la question d'entretien et de réparation des camps, des forts et batteries de l'île. « La presque totalité des batteries de côte sont à réparer, les réparations des épaulements et des plates-formes équivalent à une demi-reconstruction, elles sont, pour la plupart, sans magasin à poudre et sans corps de garde [2]. »

---

[1] Guadeloupe, année 1815, registre n° 73.
[2] Guadeloupe, année 1815, registre n° 73. Dans cette même lettre, le capitaine Courtois fait connaître que le budget du génie, à la Guadeloupe, s'élevait pour l'année 1815 à 187.000 francs, ce qui fait pour les deux services de l'artillerie et du génie un total de 305.000 francs. Dans la première lettre, il se prononce, d'accord avec son collègue de la Martinique.

La troupe de ligne constituant, à ce moment, la garnison de l'île ne comprenait que le 62ᵉ régiment réduit à un effectif de 1.100 hommes et qui avait 4 compagnies à la Pointe-à-Pitre, 1 à la Capesterre, 1 aux Trois-Rivières, 2 dans le fort Richepanse et les autres en réserve au camp de Beausoleil.

Quant à la garde nationale, elle comptait 150 hommes armés au quartier du Baillif, 300 hommes à la Basse-Terre, et 400 hommes pour les quartiers du Vent; ces 400 miliciens étaient réunis au camp de Paul, au-dessus de la rivière du Coin. Au total, la colonie disposait d'un nombre de défenseurs armés qui n'atteignait pas 2.500.

Cependant, les Anglais avaient employé la première semaine du mois d'août à rassembler toutes les forces de terre et de mer dont ils pouvaient disposer dans la mer des Antilles. Les troupes étaient placées sous les ordres du général sir James Leith, commandant en chef de l'expédition, assisté des généraux Murray, Shipley, Stehelin, Johnston et Douglas; la flotte était commandée par l'amiral Durham.

Le 8 août, de grand matin, les Anglais se présentèrent devant la grande anse des Trois-Rivières avec 72 bâtiments et débarquèrent une colonne de 1.500 hommes dans la petite anse de Saint-Sauveur. Les milices du camp de Paul avaient été portées la veille en avant de Sainte-Marie, afin de pouvoir observer les mouvements de l'ennemi concentré aux Saintes, et avaient reçu l'ordre de s'opposer à tout débarquement. Mais leur commandant, au lieu de porter toute sa troupe en avant, se contenta d'envoyer contre les débarquants la garde nationale de la Rivière-Salée et une compagnie de gens de couleur de la Pointe-à-Pitre qui furent facilement refoulées par les Anglais et se replièrent sur leur camp après une courte lutte.

pour l'utilité de la création, dans chacun des 3 régiments des sapeurs de France, d'une compagnie destinée au service colonial. L'une de ces compagnies serait destinée pour la Guadeloupe, l'autre pour la Martinique, la troisième serait répartie entre Cayenne et Bourbon.

Le colonel Boyer, entendant la canonnade des Anglais, se porta au galop au bourg des Trois-Rivières et réunit à la hâte 3 compagnies sur la côte; mais le terrain, sans abri, était enfilé par le feu des bricks et des canonnières, et, les 1.500 Anglais débarqués venant prendre les défenseurs à revers, il fut impossible de se maintenir dans la position; il fallut battre en retraite vers la Basse-Terre, tandis que les Anglais opéraient à leur aise, dans la grande anse, un débarquement complémentaire de près de 5.000 hommes.

Il est à remarquer que trois bâtiments français, envoyés de la Martinique par le comte de Vaugiraud, l'*Actéon*, le *Diligent* et le *Messager*, prirent part à cette opération et mêlèrent leur feu à celui des bâtiments anglais. La Guadeloupe, quoique toute dévouée à la mère-patrie, se trouvait donc, comme en 1801, en lutte déclarée avec elle par la fatalité des circonstances.

Dans la journée, les Anglais atteignirent Paulrizel, chassèrent les quelques gardes nationaux qui défendaient cette position et s'en emparèrent, coupant ainsi la Basse-Terre des troupes du camp de Paul.

Le colonel Boyer voulut tenter la nuit même un effort pour chasser les Anglais des positions dont ils venaient de s'emparer sur le morne Paulrizel et rétablir ainsi ses communications avec le camp de Paul. Le gouverneur[1] accueillit bien ce projet et promit de venir prendre part au mouvement.

En conséquence, Boyer partit de la Basse-Terre à 8 heures et demie du soir à la tête de 800 hommes, tant du 62ᵉ que des milices de la ville. Un détachement de 200 hommes partit en même temps pour le Palmiste, afin de rallier les gardes nationaux qui avaient dû évacuer Paulrizel, et d'attaquer avec eux cette position au moment où le signal serait donné par la colonne de Boyer. Mais une forte pluie d'hivernage accompagna tout le temps la marche des colonnes, redoublant

[1] L'amiral de Linois, malade ce jour-là, n'était pas sorti de son hôtel.

l'obscurité de la nuit et rendant la marche très pénible dans les mauvais chemins de la montagne. On n'arriva à Dolé qu'à 1 heure du matin, et après avoir laissé en arrière un très grand nombre d'hommes. La plupart des officiers firent alors observer à Boyer qu'il n'était pas possible d'exécuter l'attaque avec des troupes harassées de fatigue, désorganisées par suite du grand nombre des traînards et fort exposées d'ailleurs à se tirer les unes sur les autres. A ce moment arriva le gouverneur qui déclara que lui aussi n'était pas d'avis d'attaquer et qu'*il fallait renoncer à ce projet*, puis il repartit pour la Basse-Terre sans laisser aucun ordre.

Boyer, resté seul, ne crut pas pouvoir rester à Dolé, l'ennemi occupant le morne Pautrizel et faisant, en outre, filer des troupes sur le morne Boucanier; il recula donc par échelons sur les hauteurs voisines de la Basse-Terre pour couvrir la ville.

Le 9 août, au point du jour, il alla prendre les ordres du gouverneur [1] et convint avec lui d'établir les troupes sur le Palmiste, d'où elles pourraient, si les circonstances l'exigeaient, reculer pas à pas jusqu'au morne Houël, considéré comme le dernier réduit de la défense. En conséquence, après avoir posté un bataillon du 62e au défilé de Valkanar, à cheval sur les routes de Dolé et du Boucanier, il porta le reste de ses troupes au Palmiste pour barrer le chemin aux Anglais venant de Pautrizel.

Précisément le même jour, dans la matinée, les Anglais débarquèrent au Baillif la brigade du général Douglas, forte d'environ 1.500 hommes : c'était leur troisième débarquement. La garde nationale de ce quartier, commandée par un chef vigoureux nommé Levannier, fit à ce débarquement, soutenu par un feu redoutable, une courageuse résistance, mais fut obligée de céder malgré l'arrivée tardive des deux compagnies du fort Richepanse. La brigade Douglas, pour-

[1] Toujours malade en son hôtel.

suivant sa marche, vint alors couronner les hauteurs du morne Saint-Louis, menaçant ainsi la droite des communications du morne Houël; la gauche se trouvait menacée, en même temps, par la colonne débouchant de Pautrizel, tandis que le bataillon du 62ᵉ placé à Valkanar était refoulé par la colonne venant du Boucanier.

Boyer se vit alors obligé d'évacuer le Palmiste et de repasser la rivière des Galions : deux compagnies du 62ᵉ furent développées sur la rive et se virent bientôt assaillies par les têtes de colonne de l'ennemi, en sorte que la retraite dut se poursuivre jusqu'au morne Houël, où Boyer arriva à 3 heures de l'après-midi et retrouva le gouverneur.

La plupart des gardes nationales s'étaient retirées dans leurs foyers, et le 62ᵉ restait seul pour défendre le morne Houël contre toutes les forces débarquées, dont l'effectif atteignait près de 8.000 hommes. Le gouverneur, jugeant la résistance impossible [1], envoya pendant la nuit un aide de camp au général Leith pour lui faire des ouvertures, et, dès le point du jour, le lendemain 10 août, arbora le pavillon parlementaire. Le texte de la capitulation fut aussitôt apporté par le général Murray et signé dans la journée. Il portait que le gouverneur, le commandant en second, les troupes françaises et les administrateurs militaires seraient renvoyés en France, *au duc de Wellington*, comme prisonniers de guerre. En conséquence, le gouverneur expédia à la garnison de la Pointe-à-Pitre, qui n'avait pas combattu, l'ordre de déposer les armes. Cet ordre fut exécuté et les troupes furent embarquées.

Ainsi tombait, après un simple simulacre de lutte, le dernier drapeau soutenu pour la cause de Napoléon, alors que l'empereur était déjà en route pour Sainte-Hélène.

On pourrait s'étonner de n'avoir pas vu figurer dans cette prise de la Guadeloupe le colonel Vatable du 62ᵉ régiment;

---

[1] D'après Boyer-Peyreleau, l'effectif des troupes réunies au morne Houël était réduit à 475 hommes.

il ne paraît pas inutile de donner l'explication de ce fait. Dans la journée du 6 août, on avait saisi une lettre de ce colonel, adressée à un habitant tout dévoué au parti anglais qui se confondait maintenant avec le parti du gouvernement légitime de la France, laquelle lettre parut compromettante pour Vatable. On le fit donc comparaître le jour même devant le comité de défense[1] qui avait l'habitude de se réunir sous la présidence du gouverneur. On lut devant lui la lettre incriminée, et le commandant en second fit observer à Vatable que, d'après cette lettre et la correspondance qu'il entretenait avec la Martinique, on pouvait supposer que si les Anglais attaquaient la colonie on ne pourrait pas compter sur lui. Le colonel se défendit avec chaleur contre l'accusation de toute idée de trahison. Néanmoins, avant de lever la séance, le gouverneur lui prescrivit de se rendre au fort et d'y garder les arrêts, et le suspendit de ses fonctions de commandant du 62ᵉ. Cependant il quitta les arrêts le soir même, à la demande du commandant en second, qu'il accusa plus tard d'avoir voulu le faire fusiller sans jugement à cause de son dévouement aux Bourbons. Il est vrai que la conduite du colonel Vatable, commandant du 62ᵉ régiment, est appréciée d'une manière toute différente par M. de Guilhermy. Dans une lettre datée de la Martinique et adressée au comte de Blacas, le 16 août 1815, il s'exprime ainsi : « M. le colonel Vatable reste à la Guadeloupe avec l'intention d'y servir la cause du roi, étant parvenu à ramener plus du tiers des officiers et des soldats du 62ᵉ régiment, et il était convenu qu'il serait fait par eux un mouvement qui eût pu être décisif pour les intérêts de S. M. Mais cette convention était faite dans la supposition que l'expédition serait faite au nom du roi et, dès qu'ils furent in-

[1] Ce conseil de défense se composait du commandant en second, du commandant de place, des trois chefs de bataillon du 62ᵉ, des deux chefs de bataillon de la garde nationale de la Basse-Terre, des deux capitaines commandant l'artillerie et le génie, du chef de l'administration, de l'inspecteur colonial et du trésorier.

formés qu'elle aurait lieu au nom de l'Angleterre, personne ne voulut entendre à la seconder. M. Vatable eut recours aux habitants, mais ses démarches percèrent et il fut arrêté en trahison chez Linois et livré à une commission pour être fusillé en vertu de l'arrêté de ce chef des révoltés. Boyer voulait qu'il fût fusillé sur le champ, et l'on allait procéder à cet assassinat, quand l'attaque des Anglais a forcé ces gens à s'occuper d'autre chose. » La volumineuse correspondance envoyée de la Martinique aux agents de Louis XVIII[1], par l'intendant réfugié, est remplie d'éloges pour le colonel Vatable et de malédictions contre *la lâcheté* de Linois et de Boyer, et, si nous avons cité ce passage entre tous, c'est pour montrer, par l'aveu même de ce royaliste intransigeant [2], que, dans cette malheureuse affaire de 1815, la Guadeloupe et ceux qui la dirigeaient agirent au moins autant par haine des Anglais que par esprit bonapartiste. Quelque temps auparavant (31 mai 1815), M. de Guilhermy écrivait d'ailleurs lui-même au comte de Blacas : « Ce qui rend l'opinion des militaires très fâcheuse, c'est une haine excessive contre les Anglais. »

Après la capitulation du 10 août 1815, le général Leith exerça les fonctions de gouverneur de la Guadeloupe, mais le traité du 20 novembre 1815 ayant rendu cette île à la France, le général comte de Lardenoy fut nommé gouverneur général de cette île (11 mai 1816) et le colonel Vatable, promu maréchal de camp, nommé commandant en second. Ils partirent de Rochefort le 23 juin 1816 et arrivèrent à la Basse-Terre le 25 juillet. Ils amenaient avec eux la nouvelle garnison

---

[1] *Archives des colonies*, Guadeloupe, 1815, registre n° 72.

[2] Guilhermy fut à peu près le seul fonctionnaire de la Guadeloupe qui demeura fidèle au roi dans ces circonstances difficiles. « Le commissaire Décugis est le seul qui ait suivi le même parti que moi », dit-il, dans sa lettre du 29 juin 1815.

Aux Saintes, le chef de bataillon Desgranges agit de même : il refusa d'arborer le pavillon tricolore et préféra se réfugier à la Martinique avec l'intendant.

composée de la 39ᵉ légion ou légion de la Guadeloupe, d'une compagnie d'artillerie et d'un détachement d'ouvriers. La colonie fut remise sans difficultés par le général Leith, et depuis cette époque elle a joui d'une paix ininterrompue.

APPENDICE AU CHAPITRE XXIV.

L'amiral Linois et l'adjudant commandant Boyer, rentrés en France au mois d'octobre 1815, furent aussitôt incarcérés à la prison militaire de l'Abbaye, à Paris, puis ils furent déférés à un conseil de guerre qui se réunit le 6 mars 1816; il était composé de la manière suivante :

Le comte Law de Lauriston, lieutenant général, président;
Le comte Claparède, lieutenant général, juge;
Le comte Bordesoulle, lieutenant général, juge;
Le baron Digeon, lieutenant général, juge;
Le baron d'Aboville, maréchal de camp, juge;
Le baron de Montbrun, maréchal de camp, juge;
Le vicomte de Fezenzac, maréchal de camp, juge;
Le comte de Sesmaisons, colonel, rapporteur;
Le chevalier Sartelon, commissaire-ordonnateur, procureur du Roi.

Ce conseil, après six jours de débats, prononça le 11 mars un jugement qui, à l'unanimité, acquittait le contre-amiral Linois et condamnait le colonel Boyer de Peyreleau à la peine de mort [1].

---

[1] Les deux questions posées aux juges à l'égard de ce dernier et résolues unanimement par l'affirmative étaient les suivantes :

1° Le baron Boyer de Peyreleau, etc., est-il coupable d'insubordination envers son supérieur le comte de Linois, gouverneur général de la Guadeloupe?

2° Est-il coupable d'être auteur, fauteur et instigateur de la révolte qui, le 18 juin, a fait passer la colonie de la Guadeloupe sous la domination de l'usurpateur?

Toutefois le conseil de guerre, sur la proposition du général d'Aboville, signa une demande en grâce pour le condamné. Louis XVIII voulait l'accorder pleine et entière, mais, sur les remontrances du Ministre de la marine [1], il se borna à commuer la peine en une détention de 20 ans.

Enfin, près de 3 ans après, il fut rendu à la liberté, et une ordonnance spéciale lui rendit tous ses droits et son rang sur les contrôles de l'armée.

Quant à l'amiral de Linois, mis en liberté au mois de mars 1816, après le prononcé du jugement qui l'acquittait, il fut mis en retraite quelques jours après, le 18 avril 1816. Il avait fait preuve en effet, dans la révolte du 16 juin, d'une singulière faiblesse, et il eût été difficile de lui confier un nouveau commandement.

[1] F.-J. Gratet, vicomte du Bouchage.

TABLE SOMMAIRE.

		Pages.
Chapitre I.	Situation de la Martinique et de la Guadeloupe en 1792-1793.............................	3
— II.	Insurrection royaliste à la Martinique. — Attaque de l'île par l'amiral Gardner...................	11
— III.	Prise de la Martinique par les Anglais en 1794.....	30
— IV.	Prise de Sainte-Lucie et de la Guadeloupe par les Anglais en 1794...........................	58
— V.	Reprise de la Guadeloupe par Victor Hugues en 1794.	73
— VI.	Luttes extérieures de Victor Hugues contre les Anglais.	88
— VII.	Suite des luttes de Victor Hugues contre les Anglais.	117
— VIII.	Conquête de Sainte-Lucie par les Anglais.........	128
— IX.	La Guadeloupe État indépendant. — V. Hugues souverain absolu.............................	147
— X.	Dénonciations contre V. Hugues. — Son rappel en France et son remplacement par le général Desfourneaux.................................	162
— XI.	Expulsion de Desfourneaux.— Revanche de V. Hugues.	183
— XII.	Les agents des consuls. — Expulsion du général Laveaux. — Expédition de Curaçao..............	194
— XIII.	Le capitaine général Lacrosse. — Révolte des troupes noires................................	206
— XIV.	Le capitaine général à la Dominique.............	221
— XV.	Expédition du général Richepanse...............	226
— XVI.	Affaire de Pélage et de ses complices............	246

Chapitre XVII.	Restauration du capitaine général Lacrosse.......	254
—	XVIII. La Martinique après la rupture de la paix d'Amiens.	261
	XIX. La Guadeloupe après la rupture de la paix d'Amiens..	273
—	XX. L'escadre de l'amiral de Missiessy et l'escadre de l'amiral Villeneuve aux Antilles................	277
—	XXI. L'état de guerre aux Antilles de 1805 à 1809....	293
	XXII. Prise de la Martinique par les Anglais (1809)....	338
	XXIII. Prise des Saintes et de la Guadeloupe (1809-1810).	378
	XXIV. Les Antilles en 1814 et en 1815...............	413

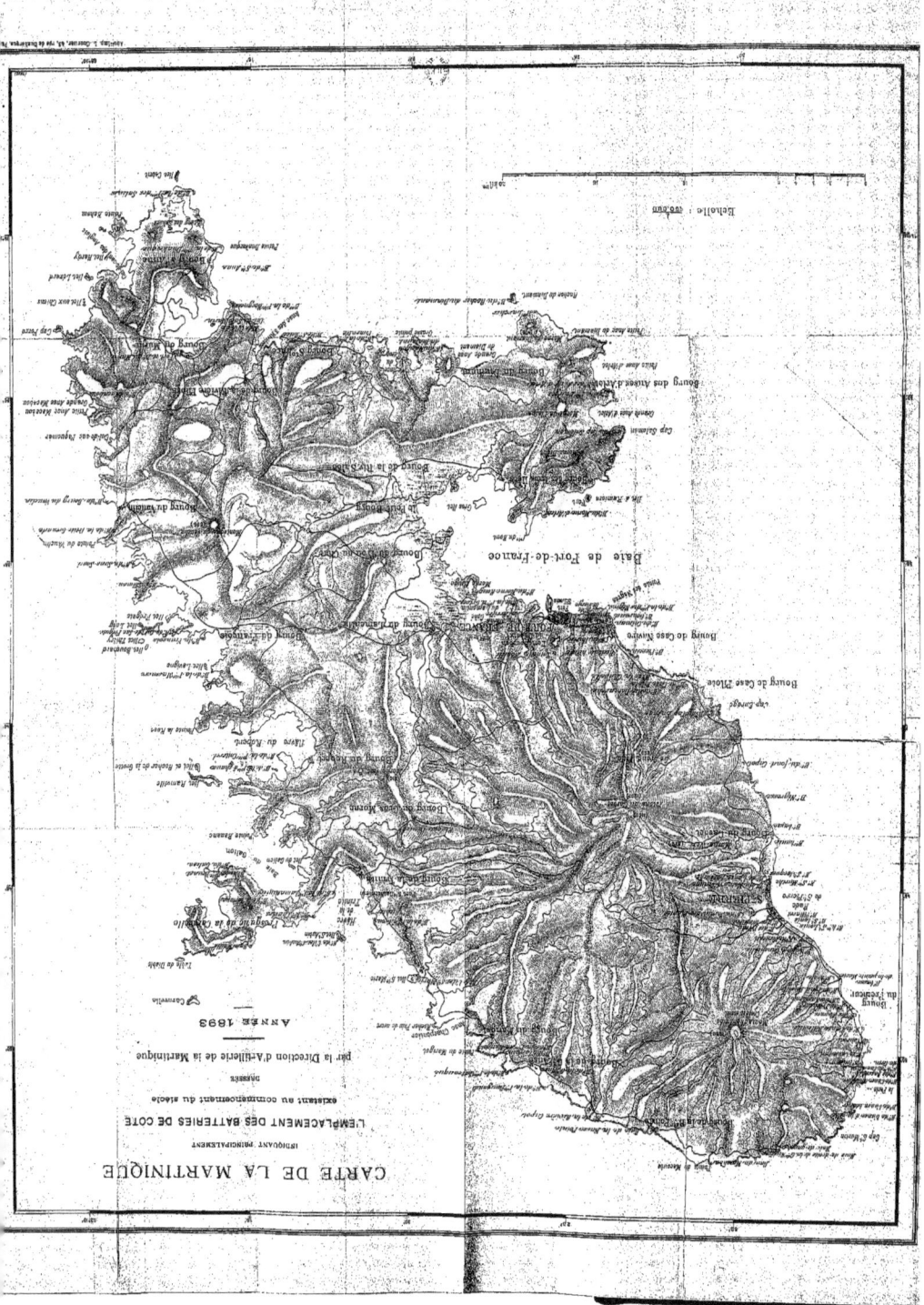

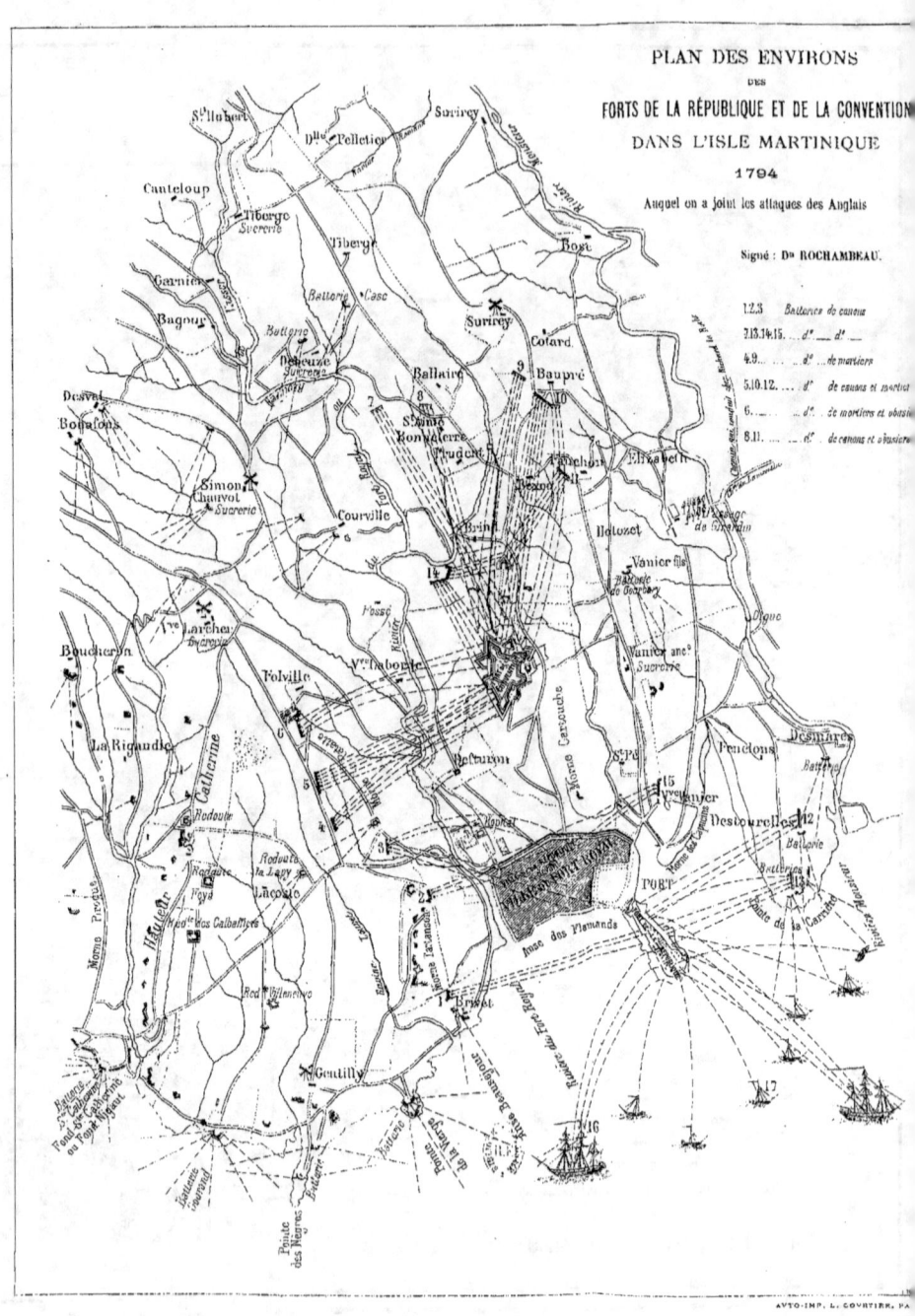

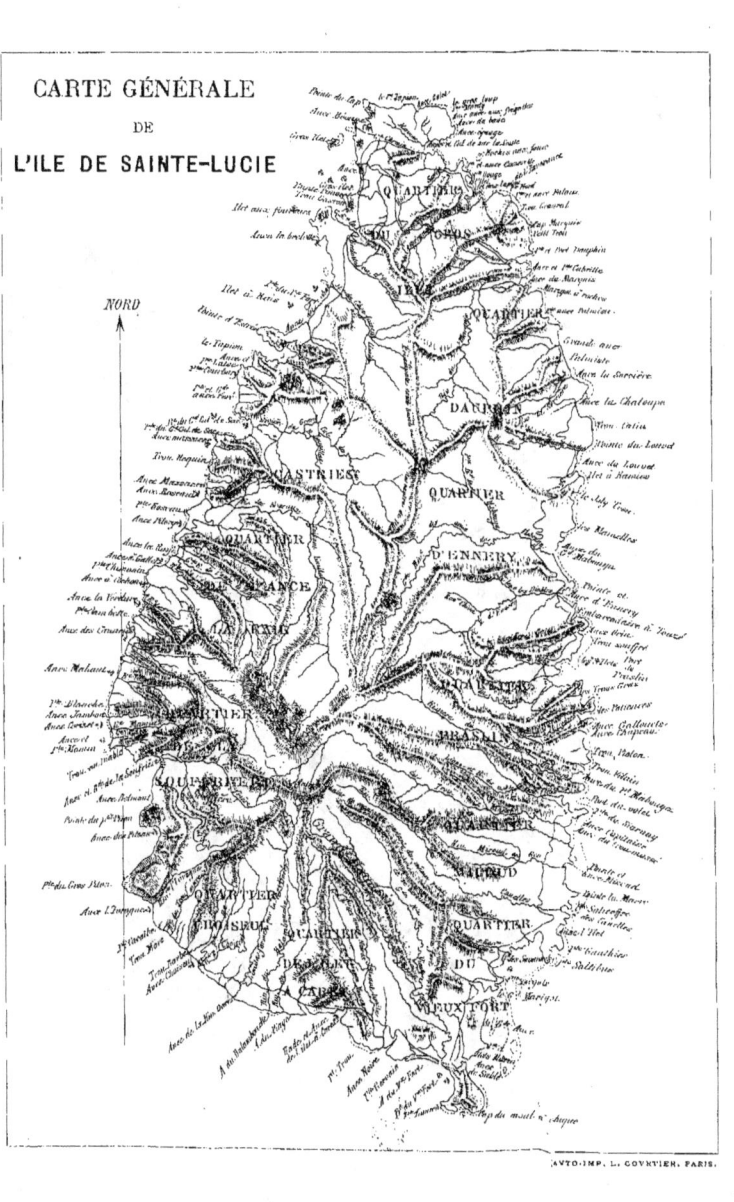

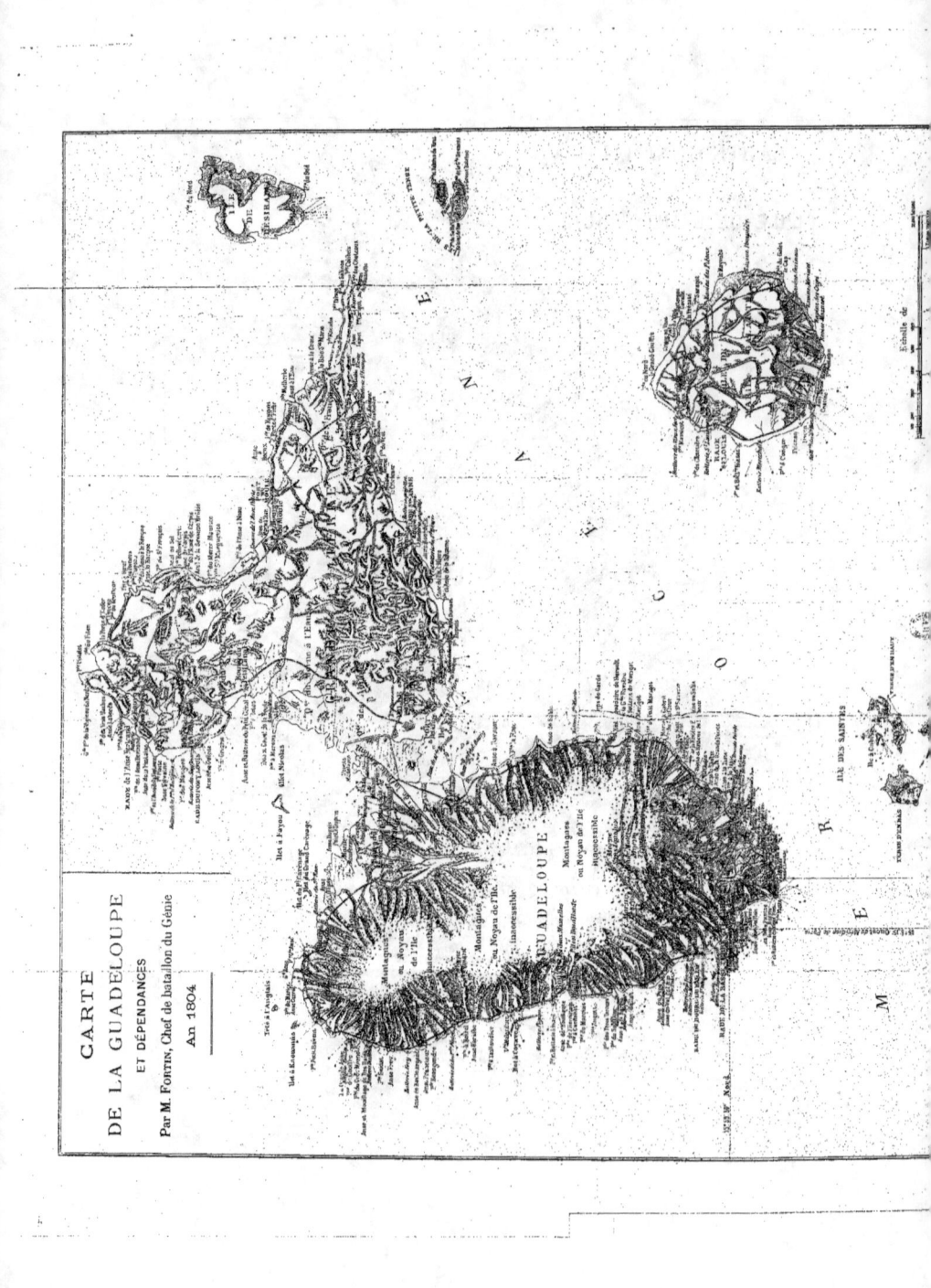

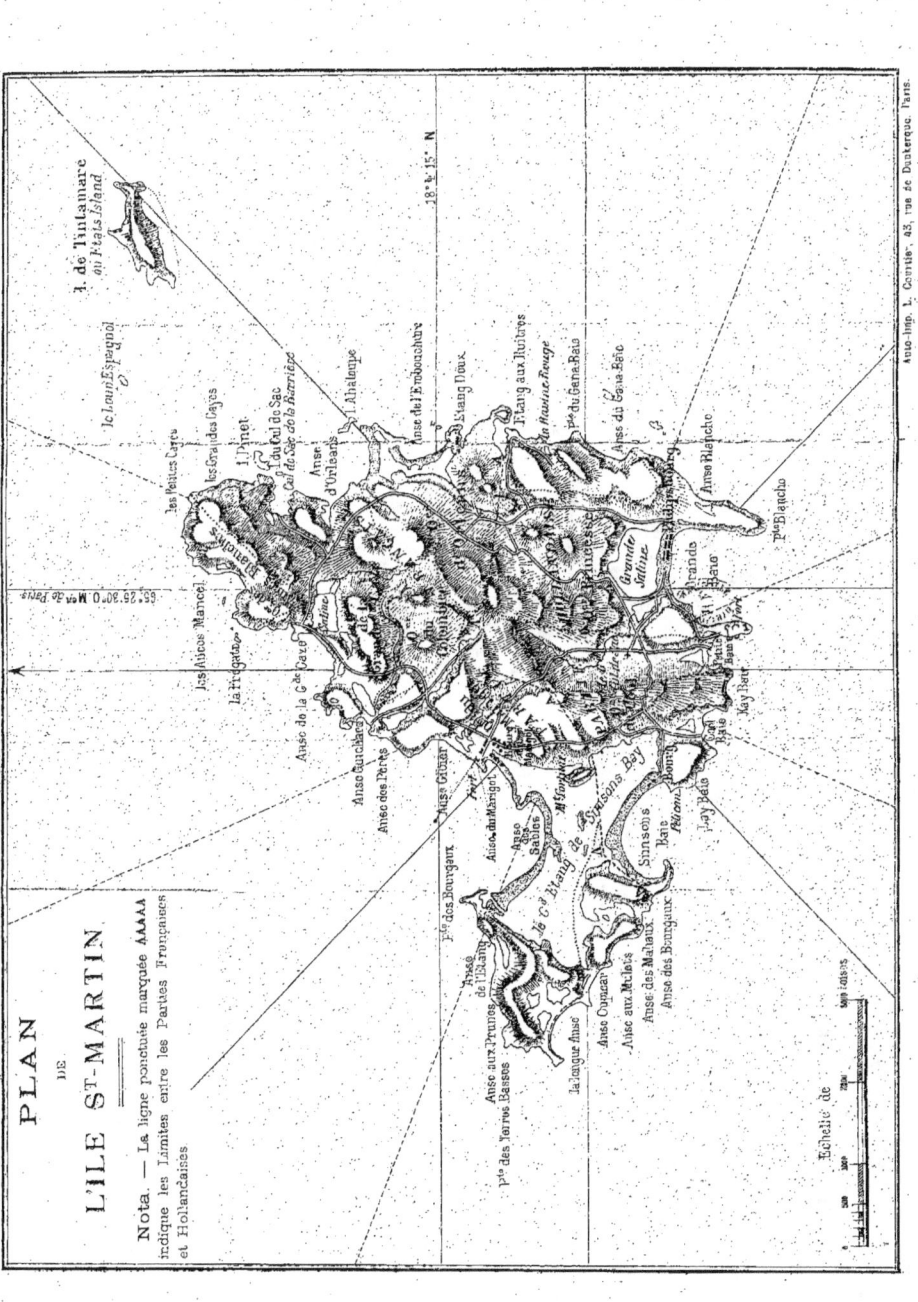

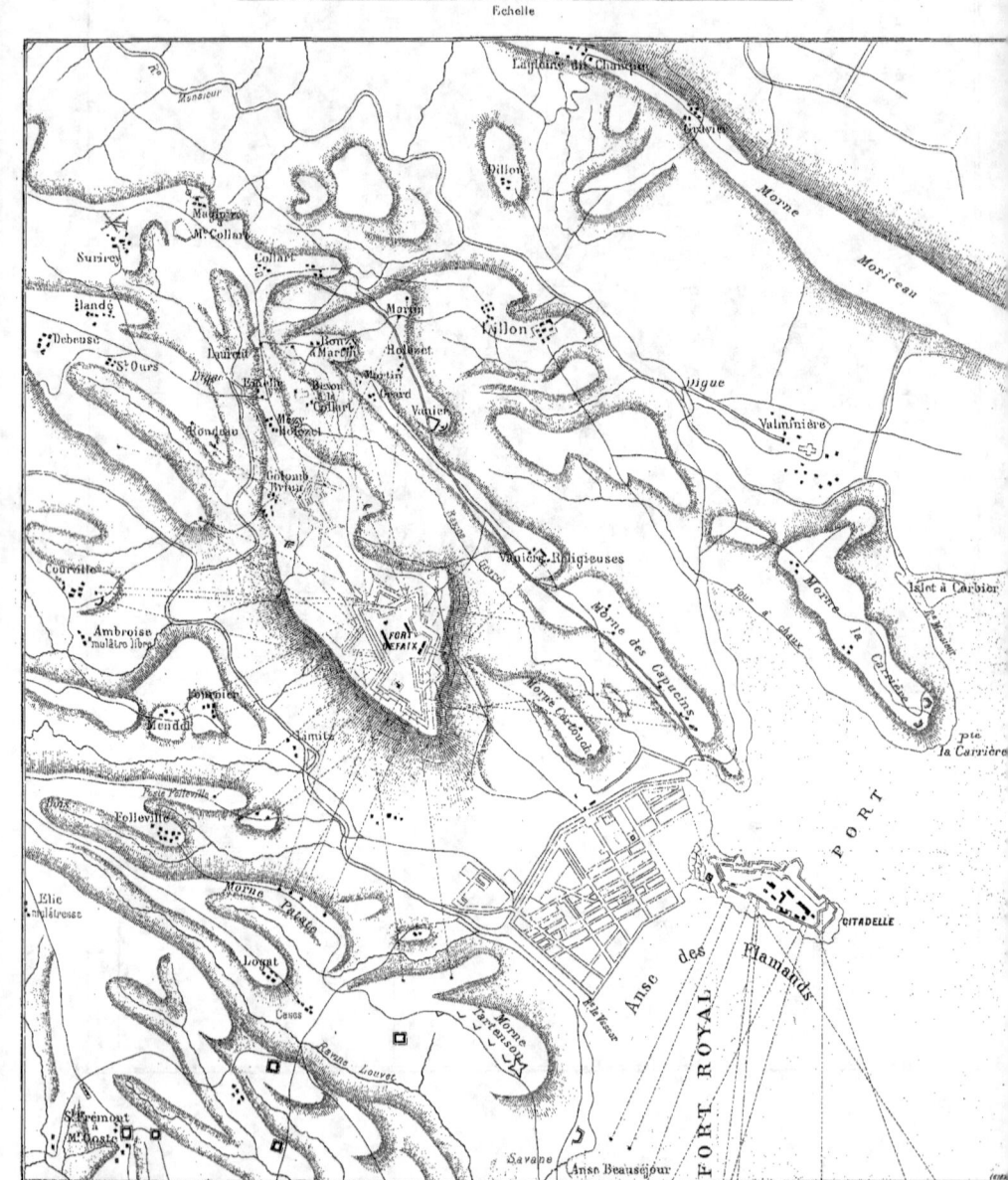

EXTRAIT DE LA CARTE MILITAIRE
DU THÉATRE DES OPÉRATIONS DE LA GUERRE A LA MARTINIQUE

DRESSÉE

Conformément aux ordres de S. E. le Vice-Amiral VILLARET-JOYEUSE

Capitaine-Général de la Colonie

par ALEXANDRE MOREAU, Aide de Camp du Général Commandant les Troupes
et Chef d'État-Major de l'Armée de la Martinique.

1809

Echelle

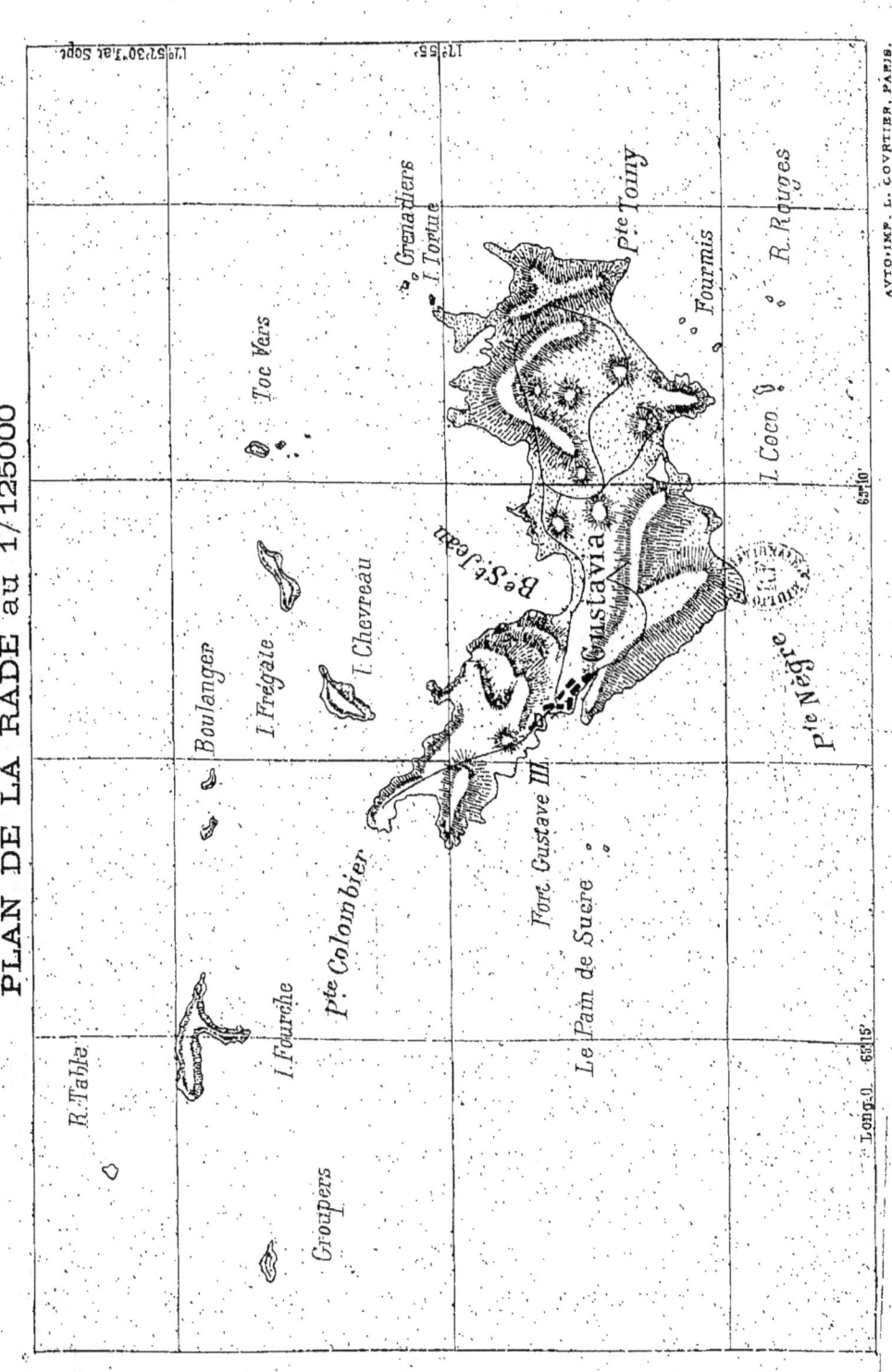